F

INSTITVTION
AV DROICT

FRANÇOIS

PAR M. GVY COQVILLE,
SIEVR DE ROMENAY.

Chez .... au premier pillier
de la grand' Salle du Palais.

M. DCVII.
AVEC PRIVILEGE DV ROY.

INDICE

DES TITRES DE

CE LIVRE.

ã ij

Extraict du priuilege du Roy.

PAr grace & Priuilege du Roy il est permis à Abel l'Angelier,
Marchand Libraire iuré en l'Vniuersité de Paris, d'imprimer
ou faire imprimer, vendre & distribuer vn liure intitulé *Institution*
au droict des François, par M. Guy Coquille, sieur de Romenay. Et sont faictes tres-expresses defences à tous autres Imprimeurs & Libraires
d'imprimer ny vendre ledit liure, partie ou portion d'iceluy, ny ex-
traire quelque piece ou tout, en quelque sorte & maniere que ce
soit, sinon de ceux qu'aura imprimé ledit l'Angelier, iusques au
temps & terme de dix ans, sur peine de mille escus d'amende, moitié applicable au Roy, l'autre moitié audit l'Angelier, & de confiscation de tous les liures qui se trouueront: outre voulons qu'en
mettant ce present extraict de Priuilege, au commencement ou à
la fin dudit liure, il soit deüement signifié, comme plus amplemens
est declaré és lettres Patentes, donné à Paris, le 8. Mars, 1607.

par le Roy en son conseil

BRIGARD.

TABLE
DES PRINCIPALES
MATIERES CONTENVES
en ce liure.

A

A

TABLE.

B

A iij

TABLE

B

E.

C

TABLE.

Celuy

D

Q.

R.

E.

TABLE.

E ij

FIN.

INSTITVTION
AV DROICT DES
FRANCOIS.

LA France est gouuernee par Monarchie dés le commencement que les François se firent seigneurs d'vne partie des Gaules. Qui est le gouuernement le plus asseuré, tant par l'experience du passé, que par la comparaison & exemple des corps superieurs: entre lesquels est le Soleil commandant à tous les autres & loge au milieu d'eux : & de l'œconomie & mesnage, qui est comme vn petit Royaume: & de ces petits animaux les plus industrieux de tous , les mousches à miel. De faict ceste Monarchie dure sont ja vnze cent ans & plus : a receu des afflictions, mais n'a eu de subuersion : a tousiours esté gouuernee par hômes, sans y admettre la succession ny commandement des femmes. A esté attribuee par lignage & non par election: qui est vne marque de bon-heur, pource que les elections souuent engendrent des guerres ciuiles & se gouuernent ordinairement par menees & brigues où les plus fins, les plus forts , les plus riches & puissans ont ordinairement la faueur pardessus les plus genereux & plus gens de bien. Nous voyons encores auiourd'huy la lignee du Roy Hugues dict Capet, qui dure sont six cens ans en ligne masculine, qui est vn tesmoignage tres-certain de la benediction de Dieu, pource que peut-estre n'aduint iamais en Royaume que la ligne masculine durast si long temps. Lequel Hugues fut Roy par vocation legitime, qui fut le consentement des Princes & Seigneurs, & du peuple des trois Ordres de France, lors que ceux qui restoient de la

lignee de Charles le Grand essayerent par tous moyens de
rendre la France subiecte aux Alemans,& mettre à neant
ceste coronne,& qu'on eust moyen de recognoistre l'vsur-
pation que Charles Martel bas Alemand & sa posterité,
auoit faite de ladite coronne sur les vrais François,& s'en
venger aussi en remettant icelle coronne sur la teste dudit
Hugues, descendu en droicte ligne masculine des anciens
seigneurs de Saxe, autheurs & ancestres des Roys de France,de la premiere lignee qui auoient par vraye conqueste
establmy ceste Monarchie. Ceste Monarchie donc establie
par les anciens François Saxons,a esté gouuernee par certaines loix qui pour la pluspart n'ont esté escrites,pource
que les anciés François grands guerriers & bons Politiques,
s'adonnoient plus à faire & bien faire , que à dire ny à escri-
re. Aucunes desdites loix se trouuent escrites és constitutions anciennes de nos Roys. Les autres se trouuent aussi
escrites és liures coustumiers des Prouinces,qui ont esté re-
digez & arrestez depuis le temps du Roy Charles septries-
me , qui ainsi le commanda en l'an mil quatre cens cinquante trois, apres auoir chassé les Anglois de France, &
s'estre rendu Roy paisible de tout ce Royaume:à la Coronne,duquel il estoit arriué auec le surnom de petit Roy de
Bourges, aussi à bon droict il acquist le tiltre de victorieux.
Et par ladite ordonnance est defendu apres la redaction des
coustumes d'alleguer & prouuer autres coustumes , comme aussi la Cour a blasmé les Iuges inferieurs qui appointét
les parties a informer par turbes sur la maniere d'vser des
coustumes redigees. Et y en a vn iugé entre de Sauigny &
d'Anglure à la prononciation solemnelle du 5. Auril 1541.
auant Pasques. Toutesfois si on pretend que la coustume
ait esté de nouuel introduite, & prescripte depuis la redaction du cayer coustumier, les parties peuuét estre receuës
à en informer par turbes de tesmoins. Ainsi fut iugé és Arrests de sainct Matthias 1528. entre de Chasteau-vilain &
Monstrauel au rapport de M. Desmier. Aucunes desdites
loix sont non escrites,qui sont apprises par long vsage &
experience. De toutes ces sortes de loix principalement

de celles qui font par les couftumes i'entends parler fommairement en ce traicté.

Du droict de Royauté.

E Roy eft Monarque, & n'a point de compagnon en fa Majefté Royale. Les honneurs exte-
rieurs peuuent eftre communiquez par les Roys à
leurs femmes ; mais ce qui eft de Majefté, reprefentant fa
puiffance & dignité, refide infeparablemēt en fa feule perfonne. Auffi enl'affemblee des Eftats à Orleans, les gens du
tiers eftat n'eftimerēt raifonnable que le tiltre de Majefté
fuft attribué à la Royne, vefue & mere de Roy. Vray eft
que felon l'ancien eftabliffement il a des Confeillers les
vns naiz, les autres faits, fans l'affiftence defquels il ne doit
rien faire, puis qu'en fa perfonne il recognoift toutes les in-
firmitez qu'ont les autres hommes. Les Confeillers naiz
font les Princes de fon fang, & les Pairs de France, tāt laiz
que Ecclefiaftiques. Les Confeillers faits font les Officiers
generaux de la couronne, comme Conneftable Grand
Chambellan, Grād Maiftre, Grand Efchançon, Chance-
lier, & les quatre Marefchaux de Frāce: la charge defquels
Marefchaux eft aide ou compagne de celle du Conneftable. Ces dignitez font à vie, & ne font pas hereditaires ny
adherentes à Euefchez, Duchez & Comtez, comme font
les Pairries. Au temps de Philippe Augufte Roy, & iufques au Roy Philippes le Bel, lefdits Officiers generaux de
la Coronne, affiftoient & foubsfignoient à toutes les expeditions d'importāce que les Roys faifoient, mefme quand
ils ordonnoient quelques loix.

L'vn des principaux droicts de la Majefté & auctorité
du Roy, eft de faire loix & ordonnances generales pour la
police vniuerfelle de fon Royaume. Les loix & ordonnances des Roys, doiuent eftre publiees & verifiees en Parlement, ou en autre Cour fouueraine, felon le fubiect de l'affaire : autremēt les fubiects n'en font liez, & quād la Cour
adjoufte à l'acte de publication, que ce a efté de l'expres
mandement du Roy. C'eft vne marque que la Cour n'a

pas trouué l'Edict raifonnable. Et combien que felon les
decifions du droict Canonique & des Docteurs, il foit loifible à tous Colleges & communautez approuuées, de faire ftatuts, concernans les affaires communs: toutesfois la
Cour de Parlemét a accouftumé de les reprouuer & mettre au neant. Ainfi elle iugea le Mardy 3.May, 1552. C'eft la
premiere partie de la Iuftice, confiftant à fi bien regler les
actions des hommes, qu'ils foient aduifez de rendre à chacun le fien, & ne faire tort à autruy. ce qu'eftant ne fe trou-
ueroient aucuns procés ny noifes. Quand les Roys veulent ordonner loix perpetuelles importantes à l'Eftat du
Royaume, ils ont accouftumé de conuoquer les trois
ordres de leur peuple, qu'on appelle Eftats. & font l'E-
glife, la Nobleffe, & les Bourgeois, dits le tiers Eftat. En
chacune Prouince font efleus aucuns perfonnages defdits
trois ordres, aufquels tout le peuple defdits trois ordres,
donne pouuoir de reprefenter le corps dudit peuple és
Eftats generaux, y propofer les articles, dont les cayers
leur font donnez, & accorder ce qu'ils verront bon eftre.
Efdits Eftats generaux le Roy propofe la caufe pour laquelle il a appellé fon peuple: commáde aux deputez de
f'affembler, conferer entr'eux, & dreffer des cayers generaux, fur lefquels il promet faire refponfe, & ordóner loix
falutaires à l'Eftat En cette afsémblee d'Eftats generaux, le
Roy feant en fon throfne de Majefté Royale, eft affifté des
Princes de fon fang, des Pairs de France tant laiz que Ecclefiaftiques, & des Officiers generaux de la couronne: oit
les propofitions qui luy font faites de viue voix, par les
Orateurs de chacun ordre, & apres auoir receu les cayers
ordonne loix, qui font dites loix faites par le Roy tenant
fes Eftats. qui font loix ftables & permanentes, & qui par
raifon font irreuocables, finon qu'elles foient changees en
pareille ceremonie de conuocation d'Eftats: toutesfois plu
fieurs Roys s'en font difpenfez.

L'autre partie de la Iuftice, pource que les hommes yffus
d'Adam ne font pas affez fages pour toujours bien faire,
confifte à rendre Iuftice & faire raifon à ceux qui ont receu
tort d'autruy. Auquel effect font eftablies les Cours fou-

ueraines, mesmes les Parlemens, lesquels d'ancienneté
estoient souuerains pour toutes causes.

De plus grande ancienneté estoit vn seul Parlement
celuy de Paris, qui est le vray consistoire du Roy, où il a
accoustumé de seoir & tenir son lict de Iustice, auec les
Princes du sang Royal & Pairs : & encores auiourd'huy
ledit Parlemét est nommé la Cour des Pairs. Depuis a esté
erigé le Parlement de Tholose pour le Languedoc : celuy
de Bourdeaux pour la Guyenne : celuy de Roüen, qui souloit estre eschiquier pour la Normandie : celuy de Dijon
pour la Bourgongne, apres que le Duché de Bourgongne fut re-uny à la Couronne : celuy de Grenoble pour
le Dauphiné : celuy d'Aix pour la Prouence : celuy de
Renes, que l'on souloit nommer Grands-jours, dits Parlement en Bretagne, pour la Bretagne. Ces Parlemens
sont establis par forme de contracts faits par le Roy auec
le peuple, & pour le soulagement d'iceluy, pourquoy és
commissions extraordinaires que le Roy octroye, la clause
y doit estre mise, nonobstant l'establissement de nos Parlemens, sans laquelle les procés seroient nuls, à cause des
clauses & decrets irritans. En ces Parlemens ressortissent
les appellations des Iuges Royaux des Prouinces. Car les
appellations interjectees des Iuges des Seigneurs, doiuent
passer par l'estamine des Iuges Royaux, chefs desdites Prouinces auant que venir en Parlement, horsmis des Iuges
de Pairries, dont les appellations vont droict au Parlemét,
& au seul Parlemét de Paris ; iaçoit que les Pairries soient
assises en-dedans le territoire d'autre Parlement. Les Parlemens sont fondez en Iurisdiction souueraine de toutes
sortes de causes. Vray est que les Roys par occasions ont
eclipsé aucuns articles & sortes de causes & affaires, dont
ils ont attribué la cognoissance souueraine à autres Cours
establies à cet effect. Comme les Cours des Aydes, où se
traictent en souueraineté les causes des Tailles, Aydes, Ga-
belles, & Finances extraordinaires qui ne sont du domaine
du Roy : Les Chambres des Comptes où se traictent en
souueraineté, les comptes que doiuent rendre tous Offi-

ciers manians les finances du Roy, tant du domaine & ordinaires que extraordinaires, qui s'entend de tout ce qui
passe en ligne de compte. Et si aucune desdites Cours en-
treprend de cognoistre d'autres affaires que de son attribution, on en peut appeller, & le Parlemét en reçoit les appellations & les iuge. Ainsi fut fait en vne plaidoyrie du
17. Mars 1543. & fut dict mal decreté par les generaux, con
tre vn qui estoit accusé d'auoir offencé le general du Mont
estant en commission, sans auoir exprimé par le decret, le
cas priuilegié, qui estoit que l offence auoit esté faite au có-
tempt de sa commission. Et le 12. Decembre 1544. fut dit
nullement procedé par les gens des Comptes, qui auoient
entrepris cognoissance d'vn appel interiecté de l'emprisonnement par eux decerné. Car leur pouuoir souuerain
n'est qu'en ligne de compte. Le grand Conseil est ambulatoire & suit la Cour, & le seiour du Roy. Sa principale
fonction est pour iuger les debats qui sont entre deux Parlemens, quand chacun d'eux pretéd la cognoissance d'vne
cause, le grand Conseil iuge auquel elle doit appartenir.
Cognoist aussi des debats meus pour raison des Prelatures,
qui sont à la nomination du Roy, & des benefices subiects
aux indults des Cardinaux.

L'autre chef de la Majesté, auctorité & dignité Royale,
est d'indire & commander la guerre contre autres seigneurs souuerains, qui est vne forme de Iustice. quád vn seigneur souuerain refuse de faire raison à l'autre souuerain, il
est loisible de le contraindre à ceste raison par la force des
armes. Et comme quád les Iuges sedentaires condamnent
aucun à mort & le font mourir pour son forfaict, ils ne sont
pas reputez homicides : ainsi quand la guerre est comman-
dee par le Roy, ses sujets, qui tuent les estrangers en guerre
ne sont pas coulpables d'homicide. Dont resulte que les
sujets du Roy ne peuuent prendre les armes, & s'assembler
armez sans pecher contre le commandement de Dieu, qui
defend de tuer. De là resulte aussi qu'en France par loy ancienne, le crime de port d'armes est cas Royal ; duquel les
seuls Iuges Royaux cognoissent : Le port d'armes n'est pas

pour estre garny de harquebuzes, halebardes, cuyrasses ou
autres armes offensiues & defensiues : mais est quand aucuns s'assemblent en nombre de dix ou plus, estans armez
auec propos deliberé pour faire insult & outrage à autruy.
Ainsi le crime de port d'armes, cas Royal, implique en soy
l'assemblee illicite d'hommes en armes. De grande ancienneté les seigneurs de Frãce auoiët droict de faire guerre les
vns aux autres, & faire confederations à offense & defense
pour la conseruation de leurs droicts & reparation des tors
& iniures : & à cest effet employoient leurs vassaux, qui à
cause de leurs fiefs deuoient leur faire seruice en leurs
guerres. Philippe IIII. Roy dit le Bel, fut le premier qui
esbranla ce droict, & du temps de Loys X. son fils dit Hu-
tin, les nobles de Niuernois & Donziois, firët grande instãce, à ce que ce droict leur fust restably & conserué; surquoy
leur fut respondu par le Roy, qu'il feroit enquerir commé
on en auoit vsé auparauant. ce fut en l'an 1316. dont y a
Charte en la Chambre des Comptes à Neuers. Mais en la
fin ce droict s'est trouué aboly de tous poincts. Les marques de ceste ancienneté sont que plusieurs Baronnies
mouuans de Duché ou Comté, retiennent encores le tiltre
de Mareschal ou Senechal de Prouince, & par leurs anciés
adueuz denombroient auoir droict de mener la premiere
bataille en l'armee du Duc ou du Comte, comme est le Baron de la Ferté Chauderon en Niuernois.

L'autre droict Royal est le Dom aine de la Coronne, &
ainsi s'appellent les Duchez, Comtez & autres seigneuries,
qui de toute ancienneté sont vnies à la Couronne, comme
Paris, Orleans, Tours. Aussi sont du mesme domaine les
Duchez, Contez & autres seigneuries, qui par reuersion
& droict de fief sont escheuës aux Roys tant par felonnie
que par defaillãce de ligne masculine, & par mariages comme Bourgongne, Normandie. Guyenne, Champagne,
Languedoc, Bretaigne, Poitou. Aussi sont du Domaine
Royal, les Comté de Blois & seigneurie de Coucy, qui fu-
rët acquis par Loys fils du Roy Charles V. Duc d'Orleans,
& estoiët vrais propres hereditaires en la maison d'Orleans

auec pouuoir d'aliener. Mais apres que les Rois Loys XII. & François I. naiz en la maison d'Orleans, sont venus à la Coronne, ils les ont vnis pour estre du Domaine de la Coronne. Ce Domaine est non alienable, sinon en deux cas: l'vn pour appanaige des enfans de France, l'autre pour les necessitez vrgétes des guerres. L'appanaige est de deux sortes, aux enfans masles de Rois, pour leur estre propre & hereditaire à eux, & aux descédans d'eux en ligne masculine, seulemt, & à defaut des masles est subiect à reuersion: & au preiudice de ceste reuersion ne peut estre alienee: & aux filles de Rois pour estre racheptable en deniers à tousiours sans aucune prescription. Car la dot ou appanage d'vne fille de France est originairement en deniers. Ainsi fut allegué par M. Lizet Aduocat du Roy le 30. Iuillet 1528. sur la publicatiõ des lettres patentes du Roy, par lesquelles Chartres auec Montargis & Gisors furent erigez en Duché, pour estre appanaige de France, & baillez à Madame Renee de France mariee au Duc de Ferrare, pour deux cents cinquäte mil escus; & apres la publication, la Cour ordonna que ce seroit par engaigement seulement: & de mesme fut iugé contre François de Tardes, pour la terre de sainct Laurens du Pont, le 2. Iuin 1534. L'alienation du Domaine pour les necessitez vrgétes de la guerre, est aussi à rachapt perpetuel sans prescription. En tous ces cas d'alienation, les lettres patentes du Roy doiuent estre verifiees en la Cour de Parlement à peine de nullité. Ainsi fut iugé par Arrest le Lundy 5. May May 1544. en plaidant, & le 27. Iuin audit an; & encores en la Chambre des Comtes. Lon tient communément que le rachapt ne se peut faire sinon pour consolider & reunir au Domaine: toutesfois à cause de la grande deception, fut receu le rachapt pour en faire bail nouueau par Arrest en plaidant du vendredy 12. Iuin 1551. Toutesfois selon mon aduis, que l'euenement de plusieurs inconueniens m'ont fait prendre, les gens du Roy ont esté trop exactes obseruateurs en ce point de Domaine non alienable. La verité est que le droit de souueraineté, qui represente la Majesté Royale, & est le vray droict de la Coronen

ronne eſt non alienable. Mais ce qui eſt de la Seigneurie
vtile pour les profits & honneurs, ſemble eſtre alienable,
pourueu que la directe ſeigneurie la ſouueraineté & le reſſort demeurent au Roy: & eſt plus expedient que les Roys
par cet expedient recompenſent les grands, & excellens
ſeruices des Princes & grands Seigneurs, que par deniers:
Car les deniers ne ſe leuent ſans l'oppreſſion du peuple &
n'eſtanchent iamais la ſoif d'vn auaricieux, & le benefice
n'apparoiſt pas à la veuë de tous, pour ſemondre tous gẽ-
tils cœurs à faire ſeruice à leur Roy, ains tels biens-faicts
demeurent couuerts, & ordinairement font peu de profit
à ceux qui les reçoiuent. Nos hiſtoires teſmoignent que
la Normandie fut ainſi alienee de la Couronne, pour vn
grand bien du Royaume, retenu au Roy la ſouueraineté
& le reſſort. Et euſt eſté mieux de ainſi iuger, au faict du
Comte de Dreux, contre la maiſon de Neuers: car les merites de la maiſon d'Albret ſont bien remarquez par l'Arreſt. Et ainſi ſe doit dire du Comte d'Auxerre qui aida à faire le traicté d'Arras, qui a remis ſus la Couronne.

C'eſt auſſi droict Royal l'inueſtiture que tous Eueſques
nouuellemẽt inſtituez doiuent prendre du Roy, en luy pre-
ſtant ſerment de fidelité, ayans l'vne des mains ſur la poitri-
ne, & l'autre ſur les ſaincts Euangiles: ledit Eueſque ayant
l'eſtole au col, & le Chambellan du Roy luy dict la forme
du ſerment, & le ſerment faict, l'Eueſque baiſe le liure. Ce
droict d'Inueſtiture fut premierement concedé à Charles
le Grand, à cauſe de ſes grands merites enuers l'Egliſe du
temps du Pape Adrian, ainſi qu'il eſt recité au grand Decret en la ſoixante troiſieſme diſtinction, *in can. Adrianus.*
2. En conſequenſe de ceſte inueſtiture, & ſerment de fidelité, quand vn Eueſché vient à vacquer de fait ou de droict.
Le Roy prend en ſa main & gaigne tous les fruicts & reue-
nus de l'Eueſché, horſmis les fruicts puremẽt ſpirituels. Les
fruicts purement ſpirituels, ſont les collations des Egliſes
parrochiales ayans charge des ames, & l'emolument du ſeel
Epiſcopal. Les autres fruicts que le Roy prend, ſont le reuenu des ſeigneuries, & autre reuenu temporel, la collation

des prebendes & autres benefices non ayans charge d'ames, & des offices, les difmes annexees à l'Euefche & autres tels. Ce droict eft appellé vulgairement, Regale & des differens qui en fourdent le feul Parlement de Paris cognoist & iuge, & ce priuatiuement à tous autres Parlements & Cours Royales.

Depuis foixāte dix ans en ça les Roys de Frāce ont obtenu vn autre droict és benefices Ecclefiaftiques, qui eft la nomination qu'ils peuuent faire au Pape, pour la prouifion & inftitution de perfonnes qualifiees aux Prelatures electiues, foiēt Archeuefchez, Euefchez, Abbayes, Priorez, & autres quād vacatiō en aduiēt, pourueu qu'elles n'ayent priuilege d'eflire. Ce droict fut octroyé par le Pape Leon dixiefme, au nom du fiege Apoftolique au Roy François premier & fes fuccefleurs Roys. Et furce furent faits les Cōcordats en l'an 1516. & la Pragmatique Sanction abolie qui auoit efté tant odieufe aux Papes, comme tiree du Concile de Bafle, auquel fut arrefté conformément au Concile de Conftance œcumenique, que le Concile vniuerfel legitimement affemblé tient fa puiffance & auctorité immediatement de Dieu, & que ledit Concile a droict de reformer l'Eglife au chef, & és membres, enquoy eft compris le Pape. Et par le mefme Concile de Bafle furent abolies les annates & vacans des Benefices confiftoriaux. Par les mefmes Concordats furent reftablies lefdites annates, & abolies les elections, que les Ecclefiaftiques faifoient de perfonnes pour eftre pourueuës defdites Prelatures, fauf comme dit eft, quant aux Eglifes ayans priuilege d'eflire. A l'efgard defquelles le Pape octroya vn indult perfonnel à la vie dudit Roy François premier, pour pouuoir nommer aufdites prelatures ayans priuilege d'election, & les Roys fuccefleurs à leur aduenement ont fait renouueller ledit Indult pour leur vie. Vray eft qu'on en a excepté les monafteres qui font chefs d'ordre comme Cluny, Premonftré, Citeaux, & Grādmont, le Val des Efcolliers, Sainct Anthoine de Viénois, la Trinité dicte des Mathurins, & le val des Choux, & cinq Abbayes de la reformation de Chezau-Benoift, qui

font Chezau-Benoiſt. Sainct Sulpice de Bourges, Sainct
Vincent du Mans, Sainct Martin de Seez, & Sainct Allire
de Clermont: auſquelles Abbayes a eſté conſerué le droict
d'eſlire: Auſſi a eſté conſerué le droict d'eſlire aux quatre
premieres filles de Citeaux, qui ſont les Abbayes de Pon-
tigny, la Ferté, Cleruaux, & Morimont.

L'autre droict de Royauté eſt, que le Roy eſt protecteur
& cõſeruateur des Egliſes de ſon Royaume, non pas pour y
faire loix en ce qui concerne le faict des conſciences & la
ſpiritualité, mais pour maintenir l'Egliſe en ſes droicts, &
anciennes libertez. Ce droict de protection & conſerua-
tiõ eſt teſmoigné en la Pragmatique-Sanction, qui à ceſt eſgard recite le Decret du Concile de Conſtance, par lequel
eſt attribué au Roy & à ſa Cour de Parlemẽt de faire garder
les ſaincts Decrets. Ces libertez qu'on dict vulgairemẽt les
libertez de l'Egliſe de Frãce, ne ſont pas priuileges qui ayẽt
eſté octroyez par les Papes à icelle Egliſe, comme ſe figu-
roit vn deputé du tiers Ordre és ſeconds Eſtats de Blois,
qui en vne Conference particuliere d'aucuns choiſis des
trois Ordres au nombre de douze de chacun Ordre ; oſa
dire que ces libertez, qu'il appelloit priuileges eſtoient
comme chimeres, ſans ſubſtance de corps, pource diſoit-
il qu'il n'y en a rien eſcrit: ains la verité eſt que ces libertez conſiſtent en ce que l'Egliſe de France, en s'arreſtant
aux bien anciens Decrets n'a pas admis & receu beaucoup de conſtitutions Papales faictes depuis quatre cens
ans, qui ne concernent l'entretenemẽt des bonnes mœurs,
& de la ſaincte & louable police de l'Egliſe, mais tendent à
enrichir la Cour de Rome & les Officiers d'icelle, & à exal-
ter la puiſſance du Pape ſur les Empereurs, Roys, & Seigneurs temporels: aucunes deſquelles conſtitutions par
ſimplicité d'obeiſſance ont eſté receuës en France, les autres refuſées. Celles qui ont eſté receuës ſont les preuentions dont le Pape vſe pour conferer les Benefices, qui ne
ſont electifs concurremment auec les collateurs ordinaires. De conferer les Benefices vacans en Cour de Rome
priuatiuement à tous collateurs. De creer penſions ſur Be-

nefices. De receuoir des refignations *in fauorem*. De bailler
Benefices en commandes perpetuelles. Les reigles de Chá-
cellerie Romaine qui femblent eftre inuentees pour donner caufe aux difpenfes qui fe font contre icelles. Ces conftitutions & inuétions font depuis les decretales anciennes
auctorifees par le Pape Gregoire IX. Celles qui ont efté re-
fufees, font les preuentions és caufes ciuiles non feulement
des Ecclefiaftiques, mais auffi des laiz, dont les Papes ont
autrefois vfé, cóme fe cognoift par la lecture des Decretales antiques. La cognoiffance que les Papes ont prife, &
qu'ils ont attribuee aux Cours Ecclefiaftiques de cognoiftre de caufes laïcales entre laiz fous pretexte du ferment
qui a efté prefté en faifant contracts: difans que l'obferua-
tion du ferment eft faict de confcience, dont à l'Eglife appartient la cognoiffance: jaçoit que tel ferment foit feulement acceffoire, qui fe doit regler felon la mefme nature du contract principal. *l. vlt. C. de non numerata pecu. l. non
dubium. C. de legib.* La cognoiffance de l'execution des teftamens. La cognoiffance, fur-intendence, & commande-
mét precis fur les Hofpitaux, maladeries, fabriques des E-
glifes & autres lieux pitoyables. La cognoiffance de toutes caufes d'immeubles, meubles, & droicts appartenans
aux Eglifes *etiam* par action petitoire & reelle. Les graces
expectatiues par lefquelles les impetrans prenoient affeu-
rance d'obtenir certains Benefices, quand ils viendroient
à vacquer. Les referuations que les Papes faifoient à eux
de la collation de certains Benefices, mefme des Euefchez, Abbayes, & autres gras benefices, en oftant les
voyes ordinaires des eflections & collations, qu'ils decla-
roient nulles par la claufe du decret irritant : lefquelles referuations eftoient colorees d'vn beau pretexte, pour
conferer tels benefices par le Pape, felon le confeil & aduis
des Cardinaux fes freres, affemblez en Confiftoire, pourquoy on les a appellez benefices confiftoriaux. Les difpenfes des regrés, qui font quand aucun refigne fon benefice,
& luy eft referué de le reprendre, fi le refignataire meurt
auant luy. La fuperiorité que les Papes ont dit auoir fur

la temporalité des Royaumes, mesme de les oster & donner selon les occurrences, sur quoy est la decretale *Ad Apostolicæ de sentent. & re Iudic. in vj.* La puissance souueraine absoluë, qu'on appelle plenitude de puissance, que les Papes ont dit auoir en toute l'Eglise Chrestienne, ne se contentans de la puissance souueraine ordinaire, reiglee selon les anciens Conciles œcumeniques & saincts Decrets. Aucunes de ces constitutions refusees en France, ont esté repetees & confirmees par le Concile de Trente : qui a esté cause en partie, que ledit Concile n'a esté receu en France comme derogeant aux droicts du Roy, & aux libertez de l'Eglise de France. Ces constitutions faites ou introduites depuis quatre cens ans en ça, n'ont esté receues en France; mais ouuertement contredites, se retenant l'Eglise de France aux anciens decrets, & refusant ces nouueaux grandement suspects d'auarice & d'ambition, par lesquels le nerf de la discipline Ecclesiastique estoit affoibly & corrompu. Cette retention d'obeïssance aux decrets anciens, & refus de s'assubjectir à ces nouuelles inuentions & constitutions plus bursales que sainctes, est ce qu'on dit, les Libertez de l'Eglise Gallicane, desquelles le Roy est protecteur & conseruateur, & quand il y a quelque entreprise contre ces libertez par les Superieurs ou Iuges Ecclesiastiques, on a recours au Roy, en ses Cours de Parlement, par appellations comme d'abus : dont lesdits Parlemens cognoissent. Et quãd l'abus est en l'impetration d'aucun rescript du Pape, par honneur on ne se dit pas appellant de l'octroy du rescript, ains seulement de l'execution, comme pour blasmer seulement l'impetrant, sans toucher au concedant. Et quand l'abus est en l'octroy ou iugement fait par vn Euesque ou son Official, on se declare appellãt de l'octroy, du iugement, & de l'execution. Et si le Parlement iuge qu'il y ait entreprise contre lesdits anciens decrets, ausquels l'Eglise de France s'est retenuë, il dit que mal & abusiuement a esté octroyé, executé & procedé, renoque tout ce qui a esté fait, & par ce moyen fait iouïr l'Eglise, les Ecclesiastiques, & le reste du peuple de France,

de l'ancienne liberté de l'Eglise. Dont depēd qu'ores que
ce soient causes pures spirituelles, dont sans contredit la
cognoissance appartient aux Euesques ou leurs Officiaux:
toutesfois ceux d'vn Parlement ne sont pas tenus d'aller
plaider en la Cour d'Eglise, dont le siege est en autre Parlement, & doit l Euesque donner Vicaire ou Official, en-
dedans du Parlement duquel sont les parties. Ainsi fut
iugé par Arrest à l'esgard de l'Archeuesque de Bordeaux,
le 27. May, 1544. & à son refus permis de s'addresser à autre
metropolitain. Aucunes Eglises sont en la protection &
garde speciale du Roy, comme celles qui sont de fondation Royale. Et celles que les Roys de grande ancienneté
ont cheries & aimees, & leur ont octroyé priuilege de
n'estre tenuë de plaider pardeuāt aucun Iuge sinon Royal,
& leur sont deputez Iuges par lettres du Roy, qu'on appelle lettres de Garde-gardienne.

Faire monnoye d'or, d'argent, ou de metaux meslez &
alloyez est aussi droict de Royauté: iaçoit que d'ancienneté
plusieurs Seigneurs de France eussent droict de faire monnoye autre que d'or, lequel droict ils tenoient en fief du
Roy, & estoit leur monnoye reiglee par certaines loix. Peu
à peu les Seigneurs ont perdu ce droict qui est demeuré au
Roy seul, & à cette occasion on a faict le crime de faulse
monnoye cas Royal. Mesme les gens du Roy ont estendu
si auant ce droict, que par aucunes coustumes les consisca-
tions des cōdamnez pour faulse monnoye sont attribuees
au Roy. Et cōbien que d'ancienneté fult loisible au commun peuple d'entrer en la cōsideration de la bonté intrinseque des monnoyes, quand les marchez se faisoient à forte & à foible monnoye, ce qui semble bien raisonnable,
mesme à l'esgard de ceux qui ont à trafiquer auec les estrā-
gers: toutesfois depuis soixāte ou quatre vingts ans en ça,
on a voulu que le peuple se contentast de recognoistre le
coing du Roy, & tenir la monnoye pour bonne & loyale,
qui seroit de ce coing: qui a esté cause d'augmenter la li-
cence de ceux qui ont voulu profiter sur l'affoiblissement
de monnoyes. Mesme fut fait vn Edict, de ne faire mar-

chez autres que à fols & à liures, fans les faire en or pour
payer en or. Depuis a efté faict l'Edict de faire toutes conuenances excedans vn efcu à efcus, & non en liures : mais
l'experience nous fait voir qu'il y a grande empirance &
diminution de bonté és efcus qui fe font de prefent.

L'autre droict Royal eft que le Roy eft Iuge en la caufe
qu'il a contre fon fubject : ce qui eft contre la reigle commune, felon laquelle nul ne doit eftre iuge en fa caufe.
Et fuiuant ce eft obferué en plufieurs Prouinces, quand la
proprieté de la chofe eft contentieufe entre le feigneur &
fon fubject, que le fubject peut decliner la iurifdiction de
fon feigneur : ce qui femble bien raifonnable. Et ainfi eft
dit par la couftume de Bretagne, art. 30. 50. 51. & 52 & excepté le Roy & le Duc de Bretagne. Mais l'excellence de
cette Majefté & dignité Royale eft le ferment que le Roy
prefte à fon facre és mains des Pairs, qui eft de faire Iuftice
à fes fubjects, apres lequel fermét il n'en prefte plus d'autre,
ores qu'il fuft appellé en tefmoignage. Et l'affiftance ordinaire qu'il a de confeil & confeil choify, font caufes
fuffifantes, pour croire qu'il ne iugera rien que iufte-
ment.

Il y a vne autre forte de droict Royal, qui confifte en
octroy de graces, & difpenfes contre le droict commun.
Comme font les legitimatiõs des baftards, naturalizations
des aubains & eftrangers : annobliffemens de roturiers :
admortiffemés, remiffions pour homicides, conceffions de
priuileges à villes, communautez & vniuerfitez : cõceffions
de foires & marchez : conceffions de faire ville clofe, auec
fortereffes, & d'auoir corps & communauté. A quoy fait
l'ordonnance du Roy Loys XII. de l'an 1499. art. 70.
Aucuns defdits droicts appartiennent d'anciennaté aux
grands feigneurs, comme des remiffions que le Comte de
Champagne fouloit octroyer. Et pource que les gens du
Roy ne laiffoient de pourfuiure les homicides, on fouloit
outre la remiffion du Comte, obtenir remiffion du Roy,
& à tous les deux eftoit payé l'emolument du feel. Quand
le Comté de Champagne a efté vnu à la Couronne, on a

fait payer en la Chancelerie du Roy double émolument de feel aux impetrans de remiſſions en Champagne, & encores eſt obſerué auiourd'huy en Chancelerie. Aucuns dient que les Champenois payent double feel és remiſſions, pource qu'ils ſont chauds & prompts à frapper ; qui eſt mauuaiſe raiſon. Car lors de la cholere on ne penſe pas à tous ces inconueniens : auſſi y auroit plus grande raiſon d'ainſi dire à l'eſgard des Picards & Gaſcons, qui en menaſſant de frapper, frappent quant & quant. D'amortir au profit des Egliſes, & permettre aux roturiers de tenir fiefs-nobles : lequel droiċt fut declaré appartenir aux Comtes de Neuers, pourueu qu'il n'en priſt finance, par Arreſt du Roy donné en ſon Parlement de Pentecoſte, l'an 1290. L'Arreſt porte ces mots, *pourueu que ce ſoit par charité, ſans en prendre finance* : & par le meſme Arreſt fut permis au Comte de Neuers, de permettre aux non nobles de tenir fiefs, pourueu que ce fuſt pour remuneration de ſeruices ou autre grace, ſans reception de deniers. Toutes ces graces & priuileges ſont expediees en Chancellerie par lettres en forme de Charte, qui ſont ſeellees ſur cire verte, pendante à las de ſoye rouge & verte, & ſur le reply d'icelle eſt eſcrit *Viſa*, de la main du Chancellier, outre la ſignature du Secretaire, & au deſſous du *Viſa* la quittance de l'audiencier de France, qui eſt le Receueur de l'emolumét du ſcel de Chancelerie, par ce mot *Contentor*. lequel émolument & pour les legitimations, ſouloit eſtre de huiċt liures huiċt ſols pariſis, qui eſt le ſeau de Charte, & par l'Ediċt de l'an 1570. eſt augmenté à quatorze liures huiċt ſols pariſis, lettres de naturalité payent vingt liures huiċt ſols pariſis : Annobliſſement ſouloit payer vingt liures huiċt ſols pariſis, eſt augmenté à trente-huiċt liures huiċt ſols pariſis : Remiſſions qui eſtoient de huiċt liures huiċt ſols pariſis, ſont augmentez à quatorze liures huiċt ſols pariſis: Les pardons ne ſont en forme de Charte ; mais à double queuë, eſtoient à cinquante-ſept ſols pariſis, & de preſent doublent. Pour les ſimples communautez, & de pluſieurs perſonnes particulieres, au nombre de quatre ou plus, de

quatre

quatre feaux : des fimples villes clofes de fix feaux : des villes Epifcopales ou Prefidiales huict feaux : des villes Parlamentaires, douze feaux, & de Paris vingtquatre feaux. Et doiuent telles lettres eftre verifiees és Cours fouueraines, felon le fubject, mefme en la Chambre des Comptes, quand il y a finance de compofition à payer, comme és legitimations, annobliffemens, admortiffemens, naturalifatiõs. Comme auffi tous octrois faits par le Roy qui font de dix ans ou plus ou perpetuels, doiuét eftre verifiez és Cours fouueraines, de Parlement, des Comptes ou des Aydes, felon le fubject. Ordonnance du Roy Charles V I I. fur le fait des finances du 10. Feurier: 1444. art. 18. Si au deffous de dix ans fuffit la verification des genetaux des finances. Auffi on a mis entre droicts Royaux, les reftitutions en entier, fondees fur minorité, fur dol, fur crainte ou force, & à caufe du Velleian, ou à caufe de iufte erreur, ou pour promeffe faite indeuëmét & fans caufe, ou pour deception d'outre moitié de iufte prix : jaçoit que les lettres foient de Iuftice fans grace, dont le remede par raifon deuft eftre demandé pardeuant le Iuge ordinaire felon fon office de iurifdiction. Mais ie croy que l'introduction de tel droict eft fondee fur ce que les remedes de reftitution dependent du droict ciuil des Romains, qui n'a force de loy en France, & pour authorifer & faire valoir l'allegation qui s'en fait, on a recours à la Chãcellerie du Roy, pour obtenir lettres. Car en France, nous n'obferuons pas les loix Romaines, comme vrayes loix ; mais pour la caufe qui y eft. Dont viét qu'à Paris, ville capitale de France il n'y a eftude public de droict ciuil Romain, dont eft parlé *In cap. fuper fpecula. extra. de priuileg.* Et quand les priuileges des Vniuerfitez de loix font verifiez en Parlement, on y met la modification, fans recognoiftre que ledit droict ait force de loy en France. Ce qui n'eft requis pour faire refcinder ou declarer nuls les contracts ou difpofitions qui font interdicts par les conftitutions de nos Roys, ou par nos couftumes, qui font noftre droict ciuil, efquels cas le feul office du Iuge fuffit : comme en obligation de femme mariee non authorifee,

C

en donation faite à tuteur, en fait d'vsures.

Aussi par ancienne vsance au Roy seul en sa Chancelerie appartient d'octroyer commissions & autres expeditions generales , & en est deffendu l'octroy *etiam* aux Iuges Royaux, ores que ce soit en purs termes de Iustice, comme la commission en forme de terrier, pour contraindre les subjects d'vn seigneur à venir recognoistre les redeuances qu'ils doiuent, commission pour executer tous debteurs, qu'on appelle *Debitis*, sauuegardes , maintenuës & gardes generales. Et sans difficulté telles commissions & expeditions peuuent estre faites par les Iuges ordinaires, ores qu'ils ne soient Royaux, pourueu qu'elles soient particulieres & non generales.

A la sauce de ceste vsance, la Cour de Parlement par Arrest du 13. May 1530. entre Maistre Augustin de Thou & François de Môtereau, declara nulle vne saisie feodale faicte en vertu d'vne commission octroyee par le Lieutenant d'Estampes en termes generaux. A quoy faict l'ordonnance du Roy Loys 12. de l'an 1512. art. 60. qui defend à tous Iuges Royaux d'octroyer *Debitis* & sauue-gardes en termes generaux, & autant en est dit par l'Edict de Cremieu, parce que le Roy n'addresse ses lettres de Chancellerie sinon à officiers Royaux. Les Iuges Royaux ausquels sont addressees les lettres de terrier pour la commission d'vn Notaire, prennent cognoissance de tous les differens qui suruiennent sur l'execution des terriers : En quoy & en plusieurs autres cas, ils ont esté fauorisez par les gens du Roy en Parlemêt, qui ont estimé faire grand seruice aux Rois de deprimer & affoiblir la Iurisdiction & auctorité des seigneurs, pour augmenter la Royale. L'experience a fait cognoistre quele seruice a esté plus specieux en apparence , que profitable en effect.

Comme aussi a esté practiqué en plusieurs cas qui ne sont pas ordinaires d'auoir recours à la Chancellerie du Roy, jaçoit qu'ils soient de Iurisdiction ordinaire, & dont l'addresse est tousiours aux Iuges Royaux. Comme pour faire examiner tesmoins auât qu'il y ait contestation & appoin-

ctement d'informer quand les tefmoings font de grand
aage, font valetudinaires, & font en voye de f'abfeter qu'on
dict en Latin *abfuturi*, dont vient le mot d'examen à futur,
pource que c'eft vne regle de practique de ne faire examiner tefmoings auant conteftation en caufe, *In rubrica extra*
vt lite non conteftata non recipiantur teftes. Comme pour eftre
par le ceffionnaire fubrogé au procés au lieu de fon cedât,
foubs pretexte de la difpenfe du vice de litige. Côme pour
addreffer vne complaincte en cas de faifine & nouuelleté
au Iuge Royal, furquoy foubs pretexte de la maintenüe &
garde, pour laquelle d'ancienneté tous fubjects auoient recours au Roy, on prenoit lettres en Chancellerie, & en fin
l'vfage a emporté que fans lettres Royaux, les Iuges Royaux cognoiffent des matieres poffeffoires par preuention,
qui eft à dire fi premierement on s'addreffe à eux, ils retiennent.

Les Iuges Royaux feuls, priuatiuement à tous autres Iuges, cognoiffent des matieres poffeffoires beneficiales, &
poffeffoires decimales quâd les difmes font purement Ecclefiaftiques: & ce droict a efté recogneu aux Rois par la cô-
ftitutiô du Pape Martin cinquiefme, inferee en la premiere decifion de Guido Papé. Et côbien que ladite conftitution femble parler des poffeffions de faict, afin que le Roy
par fa main de Iuftice forte, puiffe empefcher les violences
& voyes de faict : toutesfois les Iuges Royaux cognoiffent
des tiltres & capacitez de ceux qui plaident poffeffoiremêt
pour benefices, par ce pretexte que la poffeffion de benefice fans tiltre n'eft pas reputee poffeffion *cap.* 1. *de regul. iur.*
in 6. Et ne peuuent les parties fe pouruoir pardeuant le Iuge Ecclefiaftique pour le petitoire du benefice, ou du difme
(où ledit petitoire fe doibt traicter comme matiere pure
fpirituelle) iufques à ce que le poffeffoire foit iugé & executé, non feulement en principal, mais auffi és acceffoires. Ce
qui a lieu non feulement en matieres Ecclefiaftiques, mais
auffi és profanes. Car celuy qui eft vaincu au poffeffoire,
n'eft receu à fe rendre demandeur en petitoire iufques à ce
que le poffeffoire foit fatisfaict en principal, & en liquida-

tion & payement de fruicts, dommages & interests, & en tels cas, à ce que le petitoire me soit trop retardé, est enjoint par le Iuge à celuy qui a vaincu en possessoire liquider dans certain temps qui luy est prefix, autrement le temps passé, est dict qu'il passera outre au petitoire. Ou bien si la liquidation est longue à faire, il est dict que le demandeur en petitoire baillera caution de payer apres la liquidation, & à defaut de payer dans la huictaine apres la liquidation, que l'instance petitoire surserra. Ainsi fut dit par Arrest en plaidant du Lundy 26. Ianuier 1550. & du 13. May 1544. suyuāt la *l. statulib. 5. ff. de statulib.* Et par l'Ordonnance du Roy Charles 7. art. 72. est defendu de cumuler le petitoire auec le possessoire, contre les decisions du droict Canonique. Et quant aux dismes, si l'action est petitoire & le demandeur pretende que le disme soit pur Ecclesiastique, & le defendeur die que c'est disme laïcal infeodé, & que le debat se face seulemēt à l'effect de la declinatoire pour estre iugé, si le Iuge Ecclesiastique ou Lay en doibt cognoistre; le Iuge Ecclesiatique n'en cognoistra pas, combien qu'ordinairement au Iuge appartienne de cognoistre si la iurisdictiō est sienne ou non. Ainsi fut iugé par arrest sur vn appel comme d'abus de l'Official de Pontoise, le Lundy 18. Ianuier 1551. Tant a esté fauorisee la iurisdiction laïcale, & l'Ecclesiastique affoiblie, qui autresfois par certains pretextes auoit voulu tout embrasser, comme a esté dit cy dessus.

Aussi les Iuges Royaux cognoissent par delegation des causes de ceux qui ont priuileges octroyez par les Roys, comme des domestiques officiers de la maison du Roy & de la Royne, & officiers generaux de la Coronne, officiers des Cours Souueraines qui tous ont leurs causes personnelles & possessoires commises és Requestes du Palais, laquelle iurisdiction est exercee par aucuns Conseillers du Parlement commis en ceste partie. Et lesdits Conseillers commis pour les causes qu'ils ont, plaident pardeuāt Messieurs des Requestes de l'Hostel, commis en ceste partie, qui ont leur auditoire au Palais à Paris : comme des Docteurs, Regens, Escholliers & officiers des vniuersitez d'estude qui

ont leurs caufes commifes pardeuant le Iuge Royal de la
ville où eſt eſtablie l'Vniuerſité: Mais le corps de l'vniuerſité de Paris, a ſes caufes cõmiſes droit en Parlement auec
ce tiltre de fille aiſnee de la maiſon & Coronne de France.
Et auec ce meſme tiltre ſon Aduocat plaide au banc des
Princes du ſang, & Pairs. L'autre grand droict Royal n'eſt,
qu'au Roy ſeul appartiẽt leuer deniers & eſpeces ſur ſes ſu-
jets, dont eſt venuë l'indiction des tailles: l'impoſition du
huictieſme, du vingtieſme & du quart de vin: l'impoſition ſur les marchandiſes & denrees, qui ſont venduës en
gros ou en detail, au lieu de laquelle en pluſieurs prouinces, a eſté miſe la taille qu'on appelle l'equiualent: la ga-
belle du ſel: l'entree de vin és villes. D'ancienneté noz bõs
Rois ne mettoient ſus les ſubſides, ſans le conſentement
du peuple, que le Roy aſſembloit par forme d'Eſtats generaux, & en iceux propoſoit la neceſſité des affaires du
Royaume, & en ceſte ancienneté leſdits ſubſides n'eſtoiẽt
ordinaires, comme ils ſont de preſent. Ceux du Duché de
Bourgongne ont retenu ſagement leur liberté, & ne payẽt
les tailles qu'on appelle fouaiges, ſinõ en trois ans vne fois,
aprés que leſdits fouaiges ſont accordez par les Eſtats du
pays, qui ſont tenus de trois en trois ans. Et ſouloiẽt en ceſte anciẽneté les Rois promettre à leur peuple, ſi toſt que le
beſoin ſeroit ceſſé, de faire ceſſer leſdits ſubſides. Se void par
vne ordonnance du Roy Philippe ſixieſme dict de Valois,
de l'an 1348. art.1. qui eſt mal quottee és liures imprimez de
l'an 1318. car en l'article ſecond le Roy nomme ſon fils le
Duc de Normandie, qui depuis fut le Roy Iean. Le peuple
de France, qui touſiours a eſté bien obeïſſant à facilement
enduré la continuation, & les Rois ſe ſont auancez à mettre & à croiſtre tous ces ſubſides, ſelon qu'il leur a pleu; &
iuſques à ce que le peuple accablé n'a plus moyen de fournir. Les deniers Royaux, ſoient du domaine, ſoient de ſes
finances extraordinaires ſont tellement priuilegiez, que le
ſeul maniement deſdits deniers, aprés qu'ils ſont receus du
peuple vaut obligation par corps, & emporte hypotheque
deſlors qu'on les manie, encores que ce ne ſoit pas vn offi-

cier Royal. I'ay dit apres qu'il est receu du peuple, car le particulier pour son taulx des tailles, ou pour sa quottité d'autres subsides, ne peut estre contrainct par corps, & doit estre
poursuiuy par les voyes & remedes ordinaires, dont la raison dépend de l'ancienneté, selon laquelle le Roy n'auoit
droict de par soy, d'indire & leuer, ains luy estoit accordé
par le peuple. Qui fait que ce ne sont deniers Royaux, iusques à ce qu'ils soient receus, & que la reigle de droict, que
le donataire ne peut estre contrainct, outre ce que bonnement il peut faire. Et quant aux deniers deus par les particuliers, l'ancienne reigle estoit que le receueur ou le fermier n'estoit receuable à demander apres les six mois sequens a l'annee en laquelle ils estoient deus.

Autre droict du Roy, est que le Roy a droict de mettre
és Monasteres electifs vn soldat estropié aux guerres, pour
estre nourry comme religieux lay. Ce qu'on a entendu aux
Monasteres collatifs, qui sont conuentuels & opulens : ainsi fut allegué par l'Aduocat du Roy, en vne plaidoyerie du
Lundy 14. Iuin 1568. L'ancien droict estoit qu'és Monasteres de la garde du Roy, le Roy auoit droict de mettre vn religieux ou vne nonain. Es arrests de la Chandeleur en l'an
1274.

DES PAIRS DE FRANCE.

Ar l'ancien establissement sont en France douze
Pairs, six Ecclesiastiques & six lais. L'Archeuesque & Duc de Reims, l'Euesque & Duc de Lan-
gres, l'Euesque & Duc de Laon, l'Euesque &
Comte de Beauuais, l'Euesque & Comte de Chaalons, l'E-
uesque & Comte de Noyon. Le Duc de Bourgongne
Doyen des Pairs, le Duc de Normandie, le Duc de Guyenne, le Comte de Champagne, le Comte de Flandres, le
Comte de Tholose. Les pairries Ecclesiastiques sont demeurees en leur entier & en leur nombre. Les pairries laïcales ont receu changement. Car Bourgongne, Norman-

die, Guyenne, Champagne & Tholose, ont esté reünies à
la Corone : Flandres a esté eclipsee de la souueraincté de
France par le traicté de Madril, quand l'Empereur Charles cinquiesme tenoit prisonnier le Roy François premier.
Les Roys au lieu desdites anciennes pairries laïcales en
nombre de six, ont erigé autres pairries en beaucoup plus
gråd nôbre, tant en tiltre de Duché que Comté, entre autres Niuernois: Oeu: Guise: Aumale: Mayenne : Vendos-
mes: Rethelois : Montmorency : Montpensier : & autres. L'vne des principales functions desdits Pairs, est
d'assister le Roy à son sacre à Reims, où chacun d'eux à son
office & deuoir particulier. Ils reçoiuent le serment
solénel que le Roy faict d'estre protecteur de l'Eglise & de
ses droicts, estre protecteur du reste de son peuple, le garder d'oppression & luy faire Iustice. Et les Pairs au nom
du peuple, promettent obeissance & seruice au Roy. L'autre fonction est d'assister le Roy, & le conseiller quand il
tient ses Estats generaux pour faire loix à la conseruation
vniuerselle du Royaume. L'autre fonction est d'assister le
Roy, & le conseiller quand il sied en Parlement tenant son
lict de Iustice. Les Pairs ont ce droict que les appellations
interiettees de leurs Iuges de Pairrye vont droict en Parlement sans passer pardeuant les Iuges Royaux des Prouinces: Pource que les Pairs ne sont tenuz de plaider ailleurs qu'en Parlement, qui s'entend du Parlement de Paris, qui à cause de ce est nommé la Cour des Pairs, & selon
l'ancienne obseruance les Pairs deuoient respondre des iugemens donnez par leurs Iuges de Pairrie, & s'il estoit dict
mal iugé, les Pairs payoient l'améde au Roy. Et à ce moyen
par les reliefs d'appel prins en Chancellerie le Roy adiour-
noit en cas d'appel les Pairs, & leur enjoignoit d'auoir auec
eux leurs Iuges qui auoient donné le iugement. L'estat des
choses estoit tel. Il estoit bien raison puis que les Pairs n'a-
uoient autre Iuge superieur que le Parlement, que les appellations interiettees de leurs Iuges ressortissent droict en
Parlement. Et est obserué quåd il est dict mal appellé, que
l'appellant ne paye l'amende ordinaire de soixante liures.

parifis, mais la paye telle qu'il euft payé au fiege Royal, qui eft de foixante fols parifis. Les apvellatiõs interjettees des Iuges d'autres Seigneurs doyuent paffer au fiege Royal auant que venir en Parlement, fi ce n'eft és matieres criminelles quand il y a appel de iugement de mort, de banniffement, de fuftigation ou autre peine corporelle, de queftion auec tourmens, d'amende honnorable à Iuftice, efquels cas l'appel va droit en Parlement de quelque bas Iuge que ce foit, par Edict du 20. Nouembre 1542.

DES DVCS, COMTES, BARONS, Seigneurs Chaftellains.

AV temps de la grandeur de la maifon & lignee de Charlemagne Roy de France, les Duchez & Comtez n'eftoient hereditaires, ains eftoient dignitez à vie, comme font auiourd'huy les gouuernemens en France, ou bien eftoient enuoyez par les Prouinces pour y exercer leurs charges durant certain temps. Les Ducz & Comtes auoient droict d'adminiftrer Iuftice tant en ciuil que criminel: mais c'eftoit foubz le nom & auctorité du Roy. Comme ladicte lignee cõmença à decliner & s'affoiblir, à l'exemple de ce qui au mefme temps fut faict en Allemagne, les Duchez & Comtez furent faicts hereditaires & patrimoniaux, & leur fut attribué le droict de faire & adminiftrer Iuftice qui fut annexé, & vny infeparablement aufdicts Duchez & Comtez: & par mefme moyẽ leur furent attribuez plufieurs droicts de fifque, comme le droict des biens vacans, des efpaues, des confifcations, des amendes, des peages, les gardes des Eglifes, hors-mis des Euefchez. Car les gardes des Euefchez font toufiours demeurees vnies à la Corõne en confequẽce du droict de Regale. Et à la fuitte defdites grãdeurs & dignitez, les Barons, les Seigneurs Chaftellains & autres Seigneurs eurent la mefme attribution de droict de Iuftice & droict de fifque hereditaires & annexez aux Seigneurs: de

telle

telle forte, que à quiconque venoit la proprieté de la Seigneurie, fuſt par heredité ou acquiſition: Il auoit le meſme
droit de Iuſtice & de fiſque, d'où vient qu'en France on
dict les Iuriſdictions & Iuſtices eſtre patrimoniales: qui ne
s'entend pas pour en tirer profit, côme de ſon patrimoine
(car les autres grands droicts & reuenuz attribuez aux Seigneurs, leur ont eſté donnez, afin qu'ils euſſent meilleur
moyen de faire faire Iuſtice) Mais pource que le droict eſt
hereditaire comme des autres biens que chacun à en ſon
patrimoine. Aucuns s'abuſent, diſans ſimplement que le
Roy ſeul à fiſque, & que le droict de fiſque eſt inſeparable
de la Coronne. Le Roy de vray ſeul à le vray droict de foncier & direct de fiſque: Mais les Seigneurs en fief de luy, &
comme procureurs de luy en leur propre affaire exercent
les droicts de fiſque vtilement, pource qu'ils en prennent
les profits, & pour cauſe d'iceux font ſeruice au Roy de
leurs perſonnes. Les Comtes par l'ancien eſtabliſſement
eſtoient prepoſez és villes Epiſcopales, & les Ducs auſſi és
villes Epiſcopales ou Archiepiſcopales qui eſtoient ſuperieures, quant à la temporalité, de pluſieurs autres villes
Epiſcopales, & ſe diſoit que le Duc auoit douze Comtez
ſoubz ſon obeiſſance. Ceſt ordre à depuis eſté inuerty, &
ont eſté eſtabliz Duchez & Comtez en villes non Epiſcopales. Les Ducs ſont ornez en la teſte de chapeaux ou Co-
ronnes à gros fleurons : Les Comptes ont leurs chapeaux
ornez de rang de perles toutes de ſuitte. Les marquis qu'õ
eſtime eſtre plus que Comtes, ont leurs chapeaux auſſi ornez de perles qui ont en ſurhauſſement autres perles. La
marque de Iuſtice Ducale, qui eſt le gibet où ſe font les
executions à mort, eſt à douze pilliers, trois par rang, &
quatre rangs, quand ce ſont Duchez ſuperieures de toute
vne prouince. La marque de Iuſtice Comptable quand le
Comte eſt Seigneur d'vne Prouince entiere, eſt à neuf pilliers. Si c'eſt vn Comte de moindre qualité, la marque de
Iuſtice eſt à ſix pilliers. La marque de Iuſtice du Baron eſt
à quatre pilliers, qui peuuët eſtre à lyens dedans & dehors:
Et le Baron a droict de porter banniere à ſes armes en car-

D

ré, les autres Seigneurs moindres, portent leurs armoiries
en eſcuſſon. Le Baron par vraye marque de Baronnie, le
doit auoir ſoubs luy & en ſon reſſort deux ou trois Chaſtel-
lenies, vne ville cloſe, Abbaye ou Egliſe collegiale. Ce qui
n'eſt perpetuel, mais pour le plus commun. Le Seigneur
Chaſtellain à droict d'auoir chaſtel auec fortereſſe entiere,
qui eſt de chaſtel auec foſſez & pont-leuiz, baſſe-court
fermee & fortifiee, & donjon dans le chaſtel. A droict d'a-
uoir ſeel authétique à contractz, & de créer Notaires pour
le deſtroit de ſa Iuriſdiction. A droict de Bailliage qui emporte reſſort & cognoiſſance des cauſes d'appel : & à ceſt
effect de tenir aſſiſes, eſquelles les Iuges inferieurs doiuent
comparoir: Et par ancienne obſeruance le Seigneur en ſon
Aſſiſe ſouloit prendre pour con-Iuges ſes vaſſaux, qui
eſtoiét nommez Pairs de ſa Court: lequel mot *Pair* n'emporte pas parité & égalité auec ſon Seigneur : mais ainſi
ſont dicts, pource qu'entr'eux ils ſont pareils. Et encores
auiourd'huy eſt obſerué, qu'au téps que le Seigneur ſuperieur tient ſon Aſſiſe, les Seigneurs inferieurs par reſſort ne
peuuent tenir leurs plaidz & iours ordinaires. Qui eſt vne
obſeruáce generale, qui eſt rapportee en particulier par la
Couſtume de Bourbónois, art. 6. & Poictou art. 73. Du téps
de Charlemagne & Louys Empereur ſon fils, eſtoient diuers ſortes de Iuges, les centeniers qui iugeoient de cauſes
ciuiles & des criminelles, ſauf de la mort ou liberté. Les
Comtes iugeoient des cauſes arduës meſme de la v.e & de
la liberté, & de fonds d'heritage. lib. 4. cap. 26. Et par chacun an en chacune Prouince, eſtoient deleguez vn Eueſque & vn Comte, pour ouyr & iuger les plaintes qui eſtoiét
à faire contre les Iuges ordinaires. Les deleguez ou enuoyez, tenoyent vne forme d'Aſſiſe ou grands-Iours, és
moys de Ianuier, Auril, Iuillet, & Octobre. Ainſi qu'il ſe
void és Capitulaires deſdits Charlemagne & Louys. lib. 2.
cap. 25. & lib. 3. cap. 79. & 83. Les grands-Iours de la Pairrie de Niuernoys, ſont auſſi departiz, Mardy apres les Roys,
apres Quaſimodo, apres S. Iean, apres S. Denys, qui ſe rap-
portét au ſuſdit departemét. Et par la meſme cóſequence,

ledit Seigneur Chastellain a droit d'auoir en sa terre deux degrez de iurisdictiõ, l'vn pour la premiere Instãce, l'autre pour les causes d'appel. Mais par l'Edict de Rossillon de l'an 1564. art. 24. a esté ordonné qu'en chacune ville, bourg ou lieu, n'y auroit qu'vn degré & siege de Iurisdiction, & que les Seigneurs qui auoient Iuges de deux degrez opteroient. Ce qui a esté executé à l'eigard des Seigneurs: mais le Roy n'a executé la loy en ses Iustices, combien qu'elle fust generale. Qui faict que les Ducs, Comtes, Barons, Chastellains, n'ont plus deux degrez de Iurisdiction, à l'esgard de leurs subjects immediats: Et leur droict de Bailliage & ressort n'est plus que pour les Iurisdictions des Seigneurs inferieurs sur lesquelles ils ont droict de ressort. Aussi le Seigneur Chastellain à droict d'auoir la marque de Iustice à trois pilliers, auec lyens dehors & dedans. A droict d'auoir Prioré, Maladerie Foires & Marchez, qui sont les droicts communs de Chastellenie: mais non pas tous necessaires. Le seel authentique, & le droict de ressort pour cognoistre de causes d'appel, sont les plus communs & presque necessaires.

DES DROICTS DE IVSTICE
en commun.

Es seigneurs Iusticiers qui n'ont dignité de Duché, Comté, Baronnie & Chastellenie, & sont simples iusticiers, sont de trois sortes, hauts iusticiers, moyens iusticiers, bas iusticiers. En plusieurs lieux les seigneurs ont les trois sortes de iustice sous vn seul tiltre. En d'autres lieux en mesme territoire y a haut iusticier, moyen iusticier, & bas iusticier, les droicts de moyenne & basse iustice, ayans esté eclipsez & tirez de la iustice entiere. Nos Coustumes ont accommodé ce qui est de la moyenne iustice aux mesmes fonctions, que le droict ciuil Romain attribuë à ce qu'il y est nõmè *mistum imperium* qui semble estre mal à propos. Car à Rome n'y auoit aucun

magiſtrat ny office ou dignité, à laquelle fuſt attribuee ceſte puiſſance qu'ils appelloſēt *miſtum imperium*, ains par ces
mots eſtoit ſignifiee la function du Magiſtrat, auquel com-
petoit & *merum imperium*, & *miſtum imperium & iuriſdictio*.
Comme eſtoient les Recteurs des prouinces, dont les vns
eſtoient nommez Proconſuls, les autres de nom general,
Preſidens des Prouinces, leſquels en leurs prouinces auoiēt
ſemblable pouuoir, comme auoient à Rome les Conſuls,
les Prefets de la ville de Rome, les Preteurs, les Ediles. Cōme que ce ſoit, puis que nos couſtumes ont ainſi diſtribué
les pouuoirs & fonctions des hautes, moyennes & baſſes iuſtices, il s'y faut arreſter, car nos couſtumes ſont noſtre
droict ciuil, de meſme force & vigueur, comme eſtoit à Rome le droict ciuil des Romains, & ſelon mon aduis ceſte erreur de comparer nos couſtumes aux ſtatuts dont parlent
tant les Docteurs Italiens, car en Italie le droict commun
eſt le droict ciuil Romain, & ſi és villes & territoires ſe trouuent quelques loix particulieres qui ſoient contraires ou
diuerſes au droict ciuil Romain, ce ſont ſtatuts qui ſont in-
terpretez eſtroittement, pource qu'ils ſont contre ou outre
le droict cōmun. Mais en la France Couſtumiere le droict
ciuil Romain, n'eſt pas le droict commun, il n'a pas force
de loy, ains ſert ſeulement pour la raiſon, & nos couſtumes
ſont noſtre vray droict ciuil, pourquoy n'eſt beſoin d'y faire
l'interpretation à l'eſtroit, comme les Docteurs Italiens
font à leurs ſtatuts.

   Toutes les Couſtumes de France s'accordēt qu'à la haute iuſtice appartient la cognoiſſance, iugement & punition
des crimes ſubiects à perte de vie naturelle, à perte de vie ciuile, comme eſt le banniſſement perpetuel, ou condemnation aux œuures publiques à touſiours, le banniſſement à
temps, peine de mutilation de membres, ou affliction corporelle, ou peine exemplaire, ou publicque: comme de
fouetter, eſtoriller, expoſer à l'eſchelle, au pilory ou au carcan en public, marque du corps par fer chaud, amande ho-
norable, qualifiee & publique. Selon pluſieurs couſtumes
il y a diſtinction és iuſtices hautes, car à aucunes eſt permis

le iugement & execution de tous crimes capitaux, horſmis de certains priuilegiez, comme d'homicides commis par inſidiation, qu'on appelle de guet à péd, de femme forcee, & de bouteſeu, leſquels cas ſont reſeruez au ſeigneur ſuperieur du ſimple haut iuſticier. A autres hauts iuſticiers appartient ſeulement la marque du pilory, des ceps & du carcan & non droict d'auoir marque de iuſtice à deux piliers. Ce qui eſt ordinaire és iuſtices qui n'ont grand & ample territoire, ou qui ſont iuſtices violentes, eſpanchees ſelon les heritages qui ſont tenus des ſeigneurs en directe ſeigneurie, ou qui ſont en leurs domaines: & qui n'ont pas limites certaines de grands chemins, riuieres & autres apparentes. Mais à tous hauts iuſticiers appartient la confiſcation des biens meubles & immeubles de ceux, qui ſont cōdamnez à mort naturelle ou ciuile, (mort ciuile eſt banniſſement perpetuel, ou condamnation à œuures publiques à touſiours, ou condamnation de priſon perpetuelle, ou retruſion à perpetuité en vn Monaſtere) La confiſcation des biēs de ceux qui ſont executez à mort eſt de l'ancien droict François, ainſi qu'il eſt rapporté és Capitulaires de Charlemagne, *lib.3.cap.47.* ſ'entend des biens immeubles aſſis au territoire de leur haute iuſtice, & des meubles qui y ſont trouuez lors de la condamnation, car en ce cas les meubles ne ſuiuent la perſonne, de tant qu'ils ne ſont acquis aux ſeigneurs, par le moyen ou miniſtere de la perſonne condānee, mais ſont pris par le ſeigneur, comme biēs vacquās, qui ne ſont en la proprieté d'aucun, ainſi dient les couſt. de Niuernois des confiſc. art. 2. Troyes art. 120. Laon art. 86. qui dit par expres que les meubles ne ſuiuēt le domicile en ce cas, Reims ar. 343. 346. Aucunes couſtumes, cōme Vitry, donnent les meubles quelque part qu'ils ſoiēt au ſeigneur du domicile: Toutesfois à l'eſgard de ceux qui ſont executez à mort, le geollier de la priſon a droict de prēdre la ceincture du condamné, ores qu'elle ſoit d'argent, non excedant le poix d'vn marc, & ſa bourſe, & ſon argent monnoyé iuſques à dix liures, & ce qui eſt au deſſus de la ceincture appartient au boureau. Par aucunes couſtumes n'y a confiſcation des biens de ceux qui font iugez à mort, finon en certains crimes, comme en Berry, en Touraine, Bretaigne. Berry excepte le crime de leze majefté humaine au premier chef. Touraine, excepte le crime de leze majefté diuine & humaine,& crime de faulſe monnoye. Bretagne, octroye la confiſcation des meubles & fruicts des immeubles,durant la vie du condamné,quand il eſt banny par cōtumace, & ſi apres le banniſſement, il commettoit crime capital lors il confiſque la proprieté des immeubles. Et eſdits païs où par les couſtumes la confiſcation a lieu, au profit des Seigneurs hauts Iuſticiers, ſont exceptez en aucuns ſeulement,le crime de leze-Majeſté humaine,en autres de leze-Majeſté diuine & humaine,& és autres eſt adiouſté le crime de fabrication de faulſe monnoye: Eſquels crimes la confiſcation appartient au Roy au preiudice des haults Iuſticiers. Au crime de leze-Majeſté humaine, ſi le fief du condamné eſt mouuant immediatement du Roy, il ne viēt au Roy par cōfiſcation,mais par reuerſiō & vnion à la Coronne,ſans charge de debtes ny hypothecques . Si pour autres crimes Royaux, les biens appartiennent au Roy, à charge des debtes,comme ſera dict cy apres des confiſcations: & audict cas ſi le fief eſt mouuant du Roy,immediatement il le peut vnir à la Coronne:ou bien le mettre hors de ſes mains, comme conqueſt & fruict & emolument de ſa Iuſtice. Et ſi le fief ou autre heritage acquis au Roy par confiſcation, eſt mouuant d'autre Seigneur que de luy, il en doibt vuider ſes mains:car il ne peut eſtre vaſſal de ſon vaſſal, ny redeuancier de ſon ſubject. On a excepté ſi le fief confiſqué au Roy eſtoit tenu de l'Egliſe:car les Roys n'ont pas deſdaigné,de tenir terres en fief de l'Egliſe par deuotion.

Auſſi aux Seigneurs haults Iuſticiers appartiennent les biens vacans qui ſe trouuent ſans proprietaire. Quand ce ſont meubles on les appelle eſpaues. Selon le droict des Romains,les choſes meubles & immeubles eſtans en commerce,qui ſe trouuoient ſans proprietaire, eſtoient acquiſes au premier qui les occuppoit & en prenoit la iouyſſan-

ee.l.1.ff. pro derelicto. Mais selon le droict des François telles choses sont acquises aux Seigneurs haults Iusticiers: & si au mesme territoire y a vn bas Iusticier, il prendra sur lesdites choses la somme de soixante sols pour son droit de Iustice. Les biens se trouuent vacquans en diuerses sortes comme quand aucun meurt sans heritiers habiles à succeder, soit d'vne ligne ou d'autre. Quand aucune chose est abandonnee par le proprietaire, que les Latins dient, tenuë pour derelicte: car deslors il perd la proprieté de la chose abandonnee.*d. l.* Quãd aucune beste ou autre chose mobiliaire est esgaree, & dedans certain tẽps le proprietaire ne la vient reclamer. Quand aucunes terres hermes & sans culture ny soing ne sont recogneuës par aucun proprietaire. Quand les riuieres publiques par amas de terre que les Latins appellent *alluuion*, font vne isle ou mothe de nouuel. Quand vn thresor caché de si long temps, qu'il n'y a memoire de la deposition d'iceluy, est descouuert. Au premier cas, pource que, peut-estre y aura heritier demeurant en lointain pays, & ne sera aduerty de la mort de son parent, le seigneur haut iusticier doit faire inuẽtaire des meubles, auec appreciatiõ, & les donner en garde à quelque personne notable, doit faire proclamer & bailler en accesse & ferme les heritages, au plus offrant, auec cautions, pour conseruer le bien de l'absent, & à qui il appartiendra. Et fera bien de temporiser pour vn an, & n'appliquer à luy lesdits biens, en attendant si aucun heritier se presentera. Aucunes coustumes mettent vn temps certain dedans lequel l'heritier est receuable à venir demander les biens de l'heredité, comme celle de Vermandois à Laon, qui donne dix ans pour recouurer par l'heritier les meubles & fruicts des immeubles. Apres dix ans, iusques à vingt ans pour recouurer les immeubles, & perdre les meubles & fruicts des immeubles. Apres les vingt ans que le Seigneur haut iusticier gaigne tout, & ne rend rien. Autres coustumes mettent moins de temps, pourueu que les proclamations ayent esté faictes. Es prouinces esquelles les coustumes sont arrestees, il les faut suiure: Et quand il n'y a point de coustume particuliere pour

ce faict me semble que l'expedient mis par la Couſtume
d'Orleans, art 474. eſt conſonant à la raiſon qui ſe peut tirer du droict des Romains, & à la raiſon du ſens commun :
aſſauoir que le procureur du ſeigneur de la iuſtice, face
creer vn curateur auſdits biens, dont nul ne ſe preſente proprietaire, & ſur luy face faire la ſaiſie & les criees deſdits biés
par la forme introduicte par l'Edict des cryees : Et apres les
criees rapportees en iuſtice, ſi aucun ne ſe preſente pour
vendiquer leſdits biens, & les reclamer comme à luy appartenans, ils ſoient adiugez en proprieté au ſeigneur haut
iuſticier, comme biens vrayement vacquans, ou comme
delaiſſez & abandonnez par les proprietaires. Les loix Romaines & le droict canonique, & les Docteurs qui ont me-
dité, ſur ce ont donné la reigle, quand on veut s'aſſeurer cõtre vn tiers qui peut pretendre droict, ſi on ſçait qui il eſt,
il faut nommément & particulierement l'appeller & ſemondre pour venir faire demãde de ſon droict dedans certain tẽps, auec declaratiõ que le temps paſſé il en demeurera decheu ſelõ la pratique de la *l. diffamari. C. de ingenuis ma-*
nu. Si on ne ſçait qui il eſt, il ſuffit de l'appeller auec proclamation & cry public en mettant le terme aſſez long : & les
iugemens donnez apres telles proclamations & ſemonces,
ont forces de choſes iugees contre toutes perſonnes qui
ne ſont apparuës. Ainſi eſt dit par Bart. *In l. ſi eo tempore. C. de*
remiſſ. pig. Et les Canoniſtes *in ca. vl. extra de electione in 6.* Et ſi
ladite forme de criees n'a eſté obſeruee, le proprietaire ſera
receu dedans les trente ans à recouurer ſon bien, ſi ce n'eſt
que les couſtumes abregent le temps. Il y peut auoir difference quand les heritages ſont acquis au ſeigneur haut iuſticier à faute d'heritiers apparens ſimplement, ou quãd ils
ſont acquis par confiſcation, car au premier cas il y a heredité qui eſt cenſee proprietaire, & repreſente la perſonne
du defunct. *l. non minus. §. vlt. ff. de hered. inſt. l. legat. qu.eſt. 159.*
§. ſeruo. ff. de legatis primo. Mais quand il y a confiſcation,
il n'y a point d'heritier car le fiſque prend les biens
& non l'heredité. *l. eius qui. ff. de teſtam. l. ſi quis filio. §. irritum.*
ff. de iniuſto rupto. Pourquoy au premier cas ſi les heritages
ſont

sont vendus par decret sur le curateur à biens vacans, il y
eschet retraict, car c'est le curateur de l'heredité jacente.
Ainsi dit Paris art. 151.153. Mais au secōd cas n'y eschet retraict, car il n'y a aucune heredité, & les biens sont acquis
au Seigneur iusticier par tiltre, qui n'est subject à retraict:
car l'acquisition ne se fait pas moyennant deniers. *Vide in-
fra.* En tous les cas susdits faut excepter les mineurs, & ceux
qui sont absens pour les affaires publiques par commandement du Roy: ausquels par raison doit estre octroyee la re-
stitutiō en entier selō le droict Romain. L'autre cas de biés
vacquans est quand aucun proprietaire d'vne chose mobiliaire ou immobiliaire, se sent chargé de l'auoir, & aime
mieux la quitter & abandonner: dont est parlé au droict
Romain sous le tiltre *pro derelicto*: car celuy qui abandonne,
deslors perd la proprieté, *l.1.ff.pro derelicto*, & en est parlé en
la nouuelle coustume de Paris art 153. L'autre cas est des espaues, qui est vn mot François, signifiant les choses mobiliaires esgarees, desquelles on ne sçait le maistre & proprietaire. Ce mot a donné occasion à aucuns Chrestiens de facile crea nce, de s'addresser par prieres à sainct Anthoine de
Padoüe, de l'ordre de sainct François, pour recouurer les
choses esgarees, parce que en ancien lāgage Italien, que les
contadins retiennent encores, on appelloit Paua, ce qu'aujourd'huy on appelle Padoüa, en laquelle ville repose & est
grandement veneré, le corps de sainct Anthoine dict de
Padoüe ou de Pade: que d'ancienneté on appelloit sainct
Anthoine de Paue. Les coustumes presque toutes s'accordent que telles choses esgarees apres que la proclamation
en est faicte en l'Eglise parrochiale & és marchez, si aucun
ne les vient reclamer, demander & prouuer estre siennes,
sont adiugees aux seigneurs hauts iusticiers des lieux, où elles sont trouuees & apprehendees, dedans quarante iours
apres la premiere publication, qui est le terme prefix presque par toutes les coustumes. Et la raison est que le proprietaire est reputé, d'auoir tenuë sa chose pour derelicte &
abandonnee, qui a demeuré tant de temps sans la rechercher, & par la raison de ladite loy *si eo tempore*. Et si ceste es-

E

paue est chose mouuante, pasturable ou perissable, le iuge
peut ordonner apres la premiere ou seconde publication,
qu'elle sera venduë au plus offrant, & les deniers deposez
pour estre deliurez à celuy, qui dedans les quarante iours &
auant l'adjudication au seigneur, viendra recognoistre la
chose venduë: ledit prix en ce cas tenant le lieu de l'espaue:
Ainsi dit la loy Romaine, quand la chose a esté venduë de
bonne foy, par le non proprietaire, qu'il est quitte en rendant le prix. *l. vlt. §. vlt. ff. de lega* 2. Aucunes coustumes ont
donné à celuy qui a trouué l'espaue, le tiers du proufit qui
en vient quand il a reuelé à iustice de bonne heure, comme
Bretagne art. 60. Autres coustumes quant aux mousches à
miel en abeillõ, qui sont espaues, & ne sont poursuiuies par
le proprietaire, ont donné à l'inuenteur & reuelateur la
moictié du proufit, comme Bourbonnois. art. 3 3 7. Auuergne art. 7. chap. 26. & Touraine art. 54. Mais aussi quand
aucun trouue vne espaue, & ne la reuele pas à iustice dans
les 24. heures ou autre temps ordonné par la coustume, il
est condamné en l'amende, qui par la plus-part des coustumes est arbitraire, & par aucunes est de soixante sols. De
vray c'est delict correspondant à furt, car ores que l'inuenteur ne sçache pas à qui l'espaue appartient, qui est l'excuse
vulgaire, il sçait bien qu'elle ne luy appartient pas, & en retenant le bien d'autruy, il commet larcin, selon la loy Romaine, *in l. falsus. §. qui alienum. ff. de furt.* L'autre sorte de
biens vacquans est des terres, pasturages & autres heritages
qui sont hermes, incultes & non recogneuës en la proprieté
d'aucun: vray est que les gens des villages les appellent vulgairement communes, comme si elles appartenoient à l'V-
niuersité d'vn village en commun. Ce qui ne se peut dire
sinon qu'ils en ayent tiltre, ou que particulierement ils
payent redeuance pour lesdites terres: car la redeuáce qu'ils
payent pour la blairie és lieux où la blairie a lieu à cause des
vaines pastures, n'est pas pour certains heritages: mais confusément pour le pascage de leur bestail, és heritages qui
ne sont defensables. Le cinquiesme cas est d'accroisse-
ment de terre, que les Latins appellent *alluuion*, que font les

riuieres publicques, en augmentant les riuages & les isles qui se font au milieu, desdites riuieres, lesquels accroisse-mens & isles appartiennent aux seigneurs hauts iusticiers cóme terres vacquantes & sans seigneur: enquoy nous ne suyuons pas le droict Romain, qui donne le droict *d'alluuion* aux proprietaires des terres, ausquelles les riuieres adjou-stent, & donne les isles aux proprietaires des terres qui sont sur la riue pl° proche desdites isles. Vray est que ledit droict Romain *in l. in agris, ff. de acquir. rer. dom. & l. 1. §. si insula. ff. de fluminib.* n'attribuë lesdits droicts d'isle & de *alluuion* aux proprietaires, ausquels ont esté baillees terres limitees, c'est a dire auec vne mesure d'arpens certaine & arrestee, ainsi que l'on auoit accoustumé d'en donner aux vieux soldats qui auoient acheué leur seruice de guerre, & estoient distri-buez *verbi gratia*, à chacun soldat dix ou vingt arpens de ter-ritoire conquesté sur les ennemis. La coustume de Bour-bonn. art. 340. 341. 342. dóne les isles & accroissemés au sei-gneur haut iusticier auec vn temperamét que la motte fer-t. e, conserue au proprietaire ce qui y accroist, comme si la riuiere inonde partie d'vne terre, & l'autre non: & quelque temps apres la riuiere abandonne ce qu'elle auoit inondé, & me semble bien raisonnable d'ainsi l'obseruer quand il n'y a coustume contraire, & ce selon le droict Romain, qui presume que ce soit l'ancienne forme restablie en son estat, qu'vne forme nouuelle par les raisons de la *l. & attilicinus. ff. de seruit. rust. prad. & l. si vñus. §. quod in specie. ff. de pact.* La sixiesme sorte de biés vacquás est des thresors cachez en ter-re: surquoy le droict Romain disoit, que si aucun trouuoit thresor en son heritage qu'il le prenoit comme sien. S'il le trouuoit en heritage d'autruy: la moictié estoit au proprie-taire de la terre, l'autre moictié à l'inuenteur. En chacun cas estoit excepté si le thresor auoit esté trouué par art ma-gique, auquel cas il estoit appliqué au fisque. Selon la rei-gle ordinaire de nostre droict François, si par la vision des pieces d'or ou d'argent, ou autres choses trouuees en thre-sor, il ne se peut cognoistre de quel temps elles ont esté ca-chees, pour iuger si audit temps les predecesseurs du pro-

E ij

prietaire eſtoit ſeigneur de la terre: car ſi c'eſt monnoye, on cognoiſt par eſcriture de quel temps elle a eſté faicte, & ſi les predeceſſeurs des proprietaires du lieu, eſtoient lors ſeigneurs. En ce cas d'incertitude les ſeigneurs hauts iuſticiers deuroient auoir les threſors, deſquels n'eſt certain à qui ils appartiennent. On allegue vn Arreſt dóné en Parlement à la prononciation de Natiuité Noſtre Dame, l'an mil deux cens cinquante neuf, entre l'Abbé de ſainct Pierre le Vic de Sens, & le Procureur general du Roy, par lequel fut dit que ce qui eſt d'or, que ledit Arreſt appelle fortune d'or, appartient au Roy ſeul: les autres pieces du threſor appartiennent au ſeigneur haut iuſticier. Et és arreſts de la feſte ſainct Martin 1261. Le Roy ordonna que le threſor trouué à Loches, en baſtiſſant fuſt rendu au proprietaire, & neantmoins ordonna, quand en apres aucun threſor ſeroit trouué, qu'il luy fuſt rapporté, auant que d'en rien faire. Aucunes Couſtumes cóme Bourbonnois, Sens, Auxerre ont mis vn temperament qui ſemble tres-equitable, aſſauoir que des threſors trouuez, le tiers ſoit au proprietaire du lieu : le tiers à l'inuenteur , le tiers au ſeigneur haut iuſticier : & ſi aucun trouue en ſon heritage : Il ſoit par moitié a luy & au Seigneur hault-Iuſticier. C'eſt autre droict des minieres d'or, d'argent, & autres metaux & mineraux: car ce ſont matieres puremét naturelles, eſquelles n'y a rien eu de main ny de miniſtere d'homme, ſinon pour les chercher & trouuer: Car tels mineraux ſont portion de la terre, & ſont dicts cóme entrailles de la terre, *l. In lege fundi. ff. de contrah. empt. l. fructus. §. ſi vir in fundo. ff. ſoluto matri.* Ainſi ſe dict de l'eau viue qui eſt en terre. *l. Is qui in puteum. ff. quod vi aut clam.* Pourquoy ie croy que le Seigneur proprietaire de la terre , au fonds de laquelle ſont les mineraux, eſt Seigneur d'iceux mineraux, ores qu'il ne ſoit Seigneur Iuſticier: pourueu qu'il ſoit vray proprietaire, tenant ou en fief ou en cenſiue, ou allodialemẽment. Ie voudrois excepter le detéteur ſuperficiaire, comme l'emphyteote, le bourdelier , le conducteur à longues annees: car tels ayans le droict de la ſuperficie , n'ont pas droict de muër & changer la forme d'icelle, & doyuent seulement prendre les profits qui apparoissent en la superficie, & non prendre les minieres dedans terre. Si ce n'estoit que la miniere ou perriere, eust esté ouuerte de long temps auparauant le bail, où depuis iceluy trente ans durant, le Seigneur direct le sachant bien : Car en ce cas les mineraux & pierres seroient iugez au rang des fruicts. *l. fructus vel. l. diuert. §. si vir in fundo in fine. ff. soluto matri.*

Aux Seigneurs haults Iusticiers & non à autres, appartient donner asseurément, Niuernois Iustice art. 15. Sens art. 8. Meleun. 3. Auxerre 12. Sens art. 171. L'asseurément est quand aucun doubte d'estre offensé par autruy, apres qu'il a iuré la doubte, le iuge contrainct celuy duquel on se doubte, de promettre toute seureté à celuy qui se doubte : & outre le Iuge met ce doubteux en la sauue-garde de Iustice, & faict defenses à l'autre de luy mesfaire en sa personne & biens, à peine de la hart, qui est à dire de la corde. Et d'ancienneté telle estoit la peine de l'asseurement enfraint, comme est rapporté par les Coustumes de Sens, art. 171. Auuergne, chap. 10. art. 4. Troyes, art. 125. L'vsage & aucunes Coustumes, ont temperé ceste peine rigoureuse, pour arbitrer la peine, ou corporelle sans mort, ou pecuniaire, selon la grauité de l'offense. Bourbonnois, art. 57. Et presque toutes sont d'accord que l'asseurement n'est pas enfraint par iniures verbales, ains seulement par voye de faict. Bourbonn. art. 57. Auuergne, chap. 10. art. 6. met vne notable presomption, qui a grande apparence de raison. Que si celuy qui a esté asseuré se trouue mort ou blessé, celuy qui a donné asseurement, soit tenu purger son innocence. Autres-fois a esté practiqué en donnant asseurement, que le Iuge commettoit la personne du doubteux, à la garde de celuy duquel il se doubtoit : Qui faict que l'asseurement ne se donne, sinon auec sommaire cognoissance de cause : en quoy l'on a practiqué de se contenter du serment, hors-mis quand l'asseurement est requis par le subject contre le Seigneur Iusticier, par le Moyne contre son Abbé, par le Clerc contre son Euesque, par le vassal contre son Seigneur, par le parent plus ieune, contre son parent

E iij

plus aagé. Esquels cas & autres semblables, on n'applique asseurement, sinon qu'il y ait information de pleine creance des menaces & occasions de doubter, pource que l'asseurement touche aucunement l'honneur de celuy duquel on se doubte : & pource que la presomption n'est pas que le superieur vueille employer sa grandeur, pour offenser celuy qui est son subject. Quand au Seigneur Iusticier, il est obserué pour loy generale en France, que s'il faict iniustice par malice, ou s'il offence son subject en sa personne, ou en son honeur sás cause, ou s'il luy dénie faire droit: Le subject peut & doibt estre exempté de sa Iustice, pour estre subject à la Iustice superieure. Comme aussi si vn Seigneur ayant Iustice, offense le sergent de son Seigneur qui exploicte en sa terre: Ce Seigneur Iusticier iuferieur perd sa Iustice, qui est reünie à la Iustice superieure. Pour la denegation de droict, y en a rapport en particulier par la Coustume d'Auuergne chap. 30. art. 10. 12. Et Bretagne art. 37. 38. Et s'obserue en general. Ceste rigueur anciéne de la peine de la hart qui est capitale, a esté cause d'attribuer la cognoissance des asseuremés aux hauts Iusticiers. Presque toutes les Coustumes de France interdisent au Seigneur hault Iusticier de releuer les pilliers da la marque de sa Iustice, quád ils sont versez & cheuz par terre y a plus d'vn an, sans cógé du Seigneur superieur; côme si par sa negligence d'an & iour, il auoit perdu sa possession d'auoir telle marque de Iustice. Mais pourtant n'est pas decheu de sa possession, en l'exercice de la haute Iustice: car le Iuge peut iuger à mort, & faire executer en vn arbre. Niuernoys, Iustice, art. 9. 10. 11. Meleun, 1. 2. Bourgongne, art. 8. Sens, art. 3. Troyes, art. 123. Côme aussi interdisent aux Seignrs quelque degré de Iurisdiction qu'ils ayent, de n'eriger de nouuel la marque de la Iustice, sans le congé du Roy, ou du superieur de la Prouince, auquel appartient d'enquerir & cognoistre si le Seigneur a droict de Iustice, & en quel degré de dignité, & de quelle marque doibt estre le signe patibulaire.

Le Seigneur hault Iusticier qui prend la confiscatió paye

les debtes de celuy qui a confifqué , tant des deniers dotaux & droicts de la femme, qu'enuers autres creanciers:
Niuernoys, Iuftice, art. 12. Rheims, art. 348. Orleans, arr.
331. Bourbonnoys, art. 350. Et s'il y a des biens en plufieurs
Iuftices, chacun Seigneur paye les debtes felon la valeur
des biens qu'il prend. Poictou, art. 202. Laon, art. 87.
Rheims, art. 347. *Alexand. Confil.* 31. *vol.* 1. Sans que pource il foit derogé au droict du creancier, lequel nonobftant
cefte proportion, peut s'addreffer à tels biens du defunct.
qu'il aduifera pour fa commodité , fauf au Seigneur leur
recours à l'vn contre l'autre. Et femble impertinente la diftinction d'aucunes Couftumes, comme Poictou, art. 300.
Senlis, art. 199. qui chargent le Seigneur prenant les meubles, de payer les debtes mobiliaires: qui depéd de l'ancienne opinion erronee, qui chargeoit ainfi l'heritier mobilier, dont fera parlé cy apres au tiltre des fucceffions, Dieu
aydant. Comme fe dict de la confifcation, ainfi fe dict quád
les Seigneurs prennent les biens vacquans de celuy qui
meurt fans heritiers pour payer les debtes ; Mais il y a de
plus en ce cas cy, que le Seigneur qui prend les biens vacquans, accomplit le teftament du defunct, & paye les fraiz
de fes exeques & funerailles, felon la dignité & eftat du defunct. Rheims, art. 347. Laon, art. 87. Ce qui ne fe dict
pas en la confifcation: car le teftamét de celuy qui eft condamné à mort, deuient à neant. *l. fi quis filio. §. Irritum. ff. de
iniufto, rupto & irrito, l. fi aliquis ff. de mortis caufa donat.* Et en
tous les cas fufdicts , faut entendre que les Seigneurs ne
payent les debtes, finon iufques à la concurrence de la valeur des biens, & non pas precifément, comme font tenuz
les heritiers fimples. Ainfi dict le droict Romain. *In l. 1. §.
in bona ff. de iure fifci.* Ainfi dict Poictou art. 202. Niuernoys
Iuftice, art. 12. Auffi nous obferuons ce qui eft dict par le
droict Romain. *In l. in fumma. l. quod placuit. ff. eodem titulo,*
que les creanciers en la difcuffion des biens de celuy qui
confifque, font preferez aux peines & amendes adiugees
au fifque. Ce que ie voudrois entédre, quand telles amendes font vrayes & pures peines. Car fi vn financier eftoit ac-

cuſe de peculat & confiſquaſt : ie croy que le quadruple
qui par les ordonnances doibt eſtre adiugé au fiſque n'eſt
pas pure peine, mais eſt le vray intereſt public, entant que
les functions & affaires publiques, ont eſté retardees par
l'interuerſion de la pecune fiſcale:& a ce moyē auec grande raiſon ſe peut dire,que le fiſque a ſon hypothecque du
iour,que le financier eſt entré en charge.*l. 2. C. In quib.cauſ.
pig, vel hypoth.* Et ce, non ſeulement pour le ſort principal
interuerty: mais auſſi pour les dommages & intereſts du
fiſque,qui ſont arbitrez & liquidez par le quadruple. Leſquels dommages & intereſts ſont deubs comme ſomme
principale,& comme ſubrogez,*per l. ſi ab alio.In fine.ff. de re
Iud.* Aucunes Couſtumes,comme Senlis, art. 200. dient
que les fraiz de Iuſtice faicts pour faire declarer la confiſcation,ſont preferez aux creanciers. Ce qui ſemble non
raiſonnable:car les Seigneurs doibuent Iuſtice à leurs propres fraiz,ſans recompenſe: bien croy-ie que les Seigneurs
Iuſticiers,qui prennent part aux biens confiſquez,doiuent
contribuer aux frais que l'vn d'eux a faicts pour faire le procez & le iugement, & ainſi le monſtre la Conſtume de Niuernois au tiltre des cōfiſcations art. 5. & la raiſon y eſt bié,
car de tels frais reſulte le profit, que les hauts Iuſticiers
prennent, qui eſt la confiſcation,qui ne ſeroit,ſi le procez
n'auoit eſté faict par la raiſon de la *l.quantitas.ff.ad leg.falcid.
& l.quod priuilegium,ff.depoſ.* Mais ne reuient aucun profit
au creancier, à cauſe de tels frais, car ſoit que ſon debteur
confiſque,ou qu'il eſchappe,le droict du creancier eſt touſiours pareil. Bien croy-ie que le creancier eſt tenu aux frais
faits par la cōſeruatiō des biés,par la *l.ſoror.ff.ſi pars hered.pet.*
Au faict des confiſcations pluſieurs Couſtumes de France,
ont eſté auec raiſon fauorables aux maris , à cauſe de Seigneurie qu'ils ont és biens meubles & cōqueſts, de la communauté d'eux & de leurs femmes : Entant qu'elles ont
ordonné que la femme confiſquant perdiſt ſeulement ſes
propres, & ne perdiſt ſa part des meubles & conqueſts,qui
doiuent demeurer au mary comme ſeigneur d'iceux. Ainſi
dient, Niuernois, tiltre des confiſcations.art. 4. Sens, art.
26.27.

16.27. Laon, art. 12.13. Auxerre, art. 28.29. Troyes, art.
155. Meleun, art. 10.11. de mesme adiouftant la modification, fi la femme eft executee par mort naturelle. Orleans,
art. 209. modifie auffi difant que la part des meubles &
conquefts de la femme, viennent aux heritiers d'elle. Ce
qui femble bien raifonnable, quand les enfans font les heritiers.   Mais quand font heritiers autres qu'enfans, il y a
plus de raifon que le mary ait les meubles & conquefts:
parce qu'il en eft feigneur en effect, ayant pouuoir de les
aliener fans le confentement de fa femme durant le mariage: & comme la femme par paction & volonté expreffe ne peult empefcher ce droict de fon mary: ainfi par fon
delict elle ne luy peut-ofter. Autres Couftumes dient que
la femme confifque fa part des meubles & conquefts: comme Bourbonnois art .266.& Touraine, art.255. Auffi quãd
vn homme ou femme de condition feruile confifque, il ne
s'en acquiert rien au Seigneur hault Iufticier: mais tous les
biens viennent au Seigneur de la feruitude, cõme en main-
morte, pource que le ferf en delinquant ne peut faire perdre à fon Seigneur le droict qu'il a en fes biens. Ainfi dict
Niuernois, tiltre des cõfifcations, art.5. Sens, art. 23. Bourbonnois, art.349. Quand c'eft vn ferf de main-morte ou
mortaillable, Bourgongne, art. 11. donne au Seigneur de
main-morte les heritages main-mortables. Si vn homme
d'Eglife feculier eft és termes de confifcatiõ, cõme fi pour
l'atrocité & grande enormité du delict, il eft degradé &
depofé de l'ordre Ecclefiaftique, & delaiffé à la Cour fecu-
liere qui le condamne à mort: La degradation & tradition
au bras feculier, doibt eftre non feulement quand le clerc
fe trouue incorrigible, qui eft le cas mis *in cap. cum non ab
homine extra de iudic.* qu'aucuns Cononiftes dient eftre cas
fpecial, comme ils dient de la falfificatiõ des lettres Apo-
ftoliques, *cap. ad falfariorum. extra de crimine falf:* En cas
d'herefie, *cap. ad abolendam. extra de heret.* mais auffi en tous
cas de grande enormité & atrocité.   Ainfi qu'il eft dict *In
can. iftud. 11. queft. 1.* De faict, les Parlemens contraignent
les Euefques Diocefains par faifie de leur temporel, à de-
grader les gens d'Eglife cõuaincus de tels delicts tres-atro-

F

ces & enormes , combien qu'ils ne soient du nombre de ceux que les decretales specialement ont renduz subjects à degradation. Du Molin en l'annotation sur le conseil 8. d'Alexandre. *vol.* 1. dict qu'és delicts tres-attroces, le Iuge seculier peut prendre le clerc, luy faire son procez, & l'executer à mort, & allegue, *Ioan. and. in c. cum non ab homine. extra de iudic. Gemin. en c.* 1. *de homicid. in* 6. Audict cas de degradatiõ, celuy qui est cõdáné par le Iuge lay, sans difficulté cõsisque tous ses biés meubles & immeubles au seigneur hault Iusticier, parce qu'il est priué de tous droicts de Clericature. Mais quand le Iuge d'Eglise iugeant Ecclesiastiquement, condamne vn Prestre à chartre ou prison perpetuelle : ou le cõdamne d'estre retrus en vn monastere pour toute sa vie: il est certain que la consisation y est. Car tel condamné perd sa liberté & les droicts de cité , qui le faict tenir comme mort ciuilement. *l. 2. l. tutel. es* §. *Item. ff. de capite minutis. l.* 1. §. *hi quibus. ff. de lega.* 3. Mais aucunes Coustumes ont dit qu'en ce cas les meubles du Clerc ainsi condamné, appartiennent à son Euesque, comme la nostre de Niuernois au tiltre des consisations , art. 8. qui semble auoir esté introduict par erreur, soubs pretexte de l'ancienne ordonnance du Roy Philippe le Bel, qui faict les meubles des Ecclesiastiques exempts de la iurisdiction seculiere, comme leurs personnes en sont exemptes. Es Capitulaires , liu. quatriesme article 15. la composition du Prestre meurtry appartient à l'Eglise, pour en estre la moitié employee pour l'Eglise : l'autre moitié à l'aumosne de l'Euesque. Mais quãd le Clerc perd sa liberté & toute cõmunion du droict ciuil, le fisque qui est representé par le Seigneur hault Iusticier, prend ses biens comme vacans , à cause de sa Iurisdiction, entant que les biens se trouuẽt en son territoire. Or les Euesques à cause de leur Iurisdictiõ Ecclesiastique, n'ont aucun territoire ny droict de prehension reelle: dont s'ensuit qu'ils n'ont aucun droict esdicts meubles de Clercs, pource que ce ne sont plus meubles appartenãs à Clercs, ains se trouuent vacans: qui faict que le priuilege de la personne n'est considerable.

Au faict des consisations, si le Seigneur hault Iusticier

prend l'heritage qui ne sera tenu de luy, ains d'aultre Seigneur soit en fief, soit en cens, ou autre redeuance emportant Seigneurie directe aucunes Coustumes dient que ledict Sieur hault Iusticier doibt mettre tel heritage hors de ses mains dans l'an & iour. Comme Niuernois, tiltre des confiscat. art. 6. Meleun, art. 75. & toutes deux disent la cause de vuider ses mains, afin que de telle alienation le Seigneur feodal reçoiue profit, car il ne luy en est point deub pour la confiscation. Niuernois met la peine de commise & perte du fief, à faute de vuider dans l'an & iour de la confiscation acquise. Orleans, art. 21. dict l'an & iour à compter de la requisition faicte au Seigneur, & ne met autre peine que le gaing des fruicts. Vitry, art. 36. & Orleans art. 21. dient que le Seigneur hault Iusticier peut retenir à luy le fief en payant droict de rachapt. Sens, art. 207. & Auxerre, art. 74. dient que ledict Seigneur hault Iusticier en fera hommage au Seigneur feodal. Mais il semble bien raisonnable, puis qu'il y a mutation d'homme, autrement que par succession & heredité, que le Seigneur feodal ou censier en ait proufit, pour l'approbation de ce nouuel homme. Car les proufits du quint denier de rachapt, & de lots & ventes, sont attribuez aux Seigneurs directs par leur indemnité, & recompense de la mutation d'homme. *l. vlt. C. de iure emphyth.* Aussi peut aduenir, comme plus communément aduient, que le Seigneur hault Iusticier, soit superieur feodal du Seigneur feodal de ce fief confisqué, ou qu'il soit Seigneur en plus hault degré de grandeur : parquoy est l'interest du Seigneur feodal immediat de n'auoir vn vassal plus grand que soy : & d'aultre part est mal-seant au Seigneur hault Iusticier d'estre vassal d'vn moindre que soy, & peut-estre de son vassal. Pourquoy les Coustumes semblent plus raisonnables, qui commandent au Seigneur hault Iusticier precisément de vuider ses mains. Vray est que la commise du fief est biê rude, le gain des fruicts est vne peine plus tolerable. Semblable raison est si l'heritage tenu à cens, ou à bourdelage est confisqué au seigneur haut Iusticier. Et ainsi de Niuernois des confiscations, art. 6.

La moyenne & la baſſe Iuſtice n'ont pas les reigles certaines & communes, comme a la haulte Iuſtice: hors-mis
que preſque toutes les Couſtumes attribuent au moyen
Iuſticier, le droict de bailler & confirmer tuteurs & curateurs, faire main-miſes & ſaiſies, ſeeller huys & coffres,
faire inuentaires, faire ſubhaſtations, criees, & adiudications par decret, faire emancipations. Ainſi dient les
couſtumes de Niuernois tiltre de iuſtice art 14. Sens art 13.
15. Auxerre art. 16. Bourbonnois art. 3. Senlis art. 112. Poictou art. 16. Touraine, art. 51. Aucunes couſtumes attribuēt
au moyen iuſticier la cognoiſſance de toutes cauſes ciuiles
dont l'amande n'excede ſoixante ſols. Ainſi dit Touraine
art. 69. Blois, art. 21. Meleun, art. 1. 5 Valois art. 4. & Poictou
ar. 16. Et quant aux cauſes criminelles, aucunes couſtumes
attribuēt au moyen iuſticier de cognoiſtre de crimes autres que capitaux, & qui ne ſont commis par inſidiation:
les autres reſtraignent aux crimes dont l'amande ne doit
exceder ſoixante ſols. Poictou, Touraine, & Troyes, attribuēt au moyen iuſticier le droict d'adiuſter meſures. Auſſi les couſtumes varient au faict de la baſſe iuſtice, les vnes
y attribuēt la cognoiſſance de toutes matieres ciuiles, cōme Bourbonnois & Sens: les autres des cauſes ciuiles iuſques à ſoixante ſols. Et des cauſes criminelles, dont les a-
mendes n'excedent ſoixante ſols, & les autres iuſques à
ſept ſols ſix deniers d'amande: auſſi preſque toutes les couſtumes octroyēt aux moyen & bas iuſticiers de prendre les
delinquans meſmes en flagrant delict, & les reſſerrer, non
pas pour les iuger, ſi le crime excede le pouuoir de leur iuriſdiction: mais pour les rendre és mains du haut iuſticier
dedans les xxiiij. heures, ou pour le moins luy denoncer dās
vingt-quatre heures. Aucunes couſtumes dient qu'apres
la denonciation, le haut iuſticier doit enuoyer querir le
priſonnier, cōme Niuernois, tiltre de iuſtice, art. 17. Bourbonnois, art. 4. Blois, art. 29. Autres couſtumes dient que
les moyen ou bas iuſticiers, doiuent mene. le priſonnier
audit haut iuſticier, comme Meleun, art. 16. Touraine, art.
46. Auuergne chap. 7. art. 5. dit que le ſeigneur haut iuſti-

cier, demandant le renuoy du prisonnier, doit payer les frais faits en la iustice inferieure.

Ceste distinctiõ de haulte, basse & moyenne Iustice, a pris sa source dés le temps de Charlemagne, auquel les Iuges, dicts Centeniers, ne cognoissoient des causes de mort ou liberté: mais en cognoissoient les Comtes, ou les enuoyez de l'Empereur. Es capitulaires, lib. 3. c. 78.

DES FIEFS.

LA plus commune institution des fiefs a esté du temps que plusieurs droicts Royaux ont esté octroyez aux seigneurs inferieurs, non pas pour les exercer en souueraineté, & de leur propre droict: mais vtilement pour en receuoir le profit, & comme procureurs des Seigneurs souuerains. Auparauant estoit bien quelque forme de fiefs, mais c'estoit directement pour les tenir du souuerain, & pour luy faire seruice en ses guerres, quand il cõuoquoit son hereban, que depuis par nom corrompu on a appellé arriere-ban. De cet hereban, auec ce nom, est parlé és capitulaires de Louys Empereur, fils de Charlemagne, *lib. 4. cap. 70. & lib 3. cap. 14.* où est mise la taxe que chacun doit porter selon la valeur de son bien. Depuis ces droicts Royaux octroyez aux seigneurs hereditairement, lesdits seigneurs commencerent à mouuoir & faire guerre les vns aux autres pour la conseruation de leurs droicts, & à cet effect bailloient des seigneuries ou domaines en fief, ou bien à prix d'argent, ou par autre composition acqueroient le droict de feudalité, pour estre seruis par leurs vassaux en leurs guerres: & nonobstant ce, deuoient seruice à leur souuerain en son hereban, pour lequel faire ils delaissoient le seruice de leurs seigneurs immediats. Ceste institution ancienne des fiefs, estoit cause que les fiefs ne pouuoient estre tenus que par masles: & au commencement les fiefs estoient concedez seulement pour les descendans, & estoit interdit de les aliener sans permission du seigneur à peine de commise. La frequence & l'vtilité publique & commune des fiefs, ont esté cause d'introduire

certains remedes contre ces rigueurs anciennes, qui sont
compositions arrestees & certaines par consentement cōmun de tout le peuple, à sçauoir de payer le quint denier
du prix, ou le reuenu d'vn an, quand aucun aliene son fief,
aussi il peut l'aliener sans le congé du seigneur. En plusieurs
prouinces: payer le reuenu d'vn an quand le fief eschet en
succession collaterale : que les femelles soiét receuës à succeder aux fiefs, mais les masles en succession directe ayent
aduantage, & en succession collaterale les excluent. Et par
ces moyés les fiefs qui estoient presque personnels & mas-
culins, ont esté faicts patrimoniaux auec quelques reigles
& modifications particulieres, dont sera traicté cy-apres.
De ceste tres-ancienne vsance est venu le mot de *reprise*,
qui signifie le renouuellement d'hommage, comme si le
fief estoit failly, & retourné au seigneur par le deceds du
vassal, & que le vassal le reprist du seigneur, comme par
nouuelle concession.

Tout vassal tenant fief doibt faire la foy, & prester le serment de fidelité à son seigneur feodal. Ce serment est si
exactement personnel, qu'il doit estre renouuellé à chacune mutation de personne, & fust de pere à fils. Et si le vassal
auquel est escheu le fief par succession, ores que la succession soit telle qu'il n'en doiue proufit, & doiue seulement
la bouche & les mains, il doit venir rechercher son seigneur feodal, pour luy faire la foy & hommage, & s'il ne
le faict, le seigneur peut saisir le fief ouuert à faute d'homme, & faire les fruicts siens en pure perte du vassal. La pluspart des coustumes dient que le seigneur ne peut saisir, sinon quarante iours apres le deceds du vassal ancien, & incontinent par la saisie fait les fruicts siens. Ainsi dient Niuernois des fiefs art. 1. Paris, art. 1. & 7. Orleans, art. 50.
Troyes, art. 24. Auxerre, art. 42. Touraine, art. 22. Blois,
art. 53. 76. Reims, art. 99. Autres coustumes permettent
de saisir incontinēt apres le deceds, mais ne faire les fruicts
siens sinon apres quarante iours, comme Melcun, art. 22.
Auuergne, chap. 22 art. 1. 2. 3. Senlis, art. 159. Laon, art.
183. Autres Coustumes octroyent au vassal quarante iours
apres la saisie pour faire la foy, & empescher le gain des

fruicts, comme Berry, chap.des fiefs.art.9. Auuergne, art.
45. Vitry art.41. Bourgongne art.12. n'octroye au sieur feodal de saisir pour gaigner les fruicts, sinon apres l'an & iour
du deceds. Quand le fief change de main par autre voye
que de succession, aucunes Coustumes donnent vingt
iours à l'acquereur pour faire son deuoir, comme Niuernois, Des fiefs.ar.1. Blois, art.53. Autres dient quarâte iours
par tout, comme Meleun, art.21. Estampes, art.11. Les autres permettent de saisir incontinent apres l'alienation, Orleans, art.43: Troyes, art.28. Reims, art.99. Ce sont droicts
particuliers. Mais la reigle generale est qu'en cas d'ouuerture de fief, qui est quand le fief change de main, soit par
succession ou alienation, le seigneur feodal peut saisir &
mettre en sa main feodale le fief mouuant de luy, à faute
d'homme, droicts & deuoirs, non faits, non payez, & par le
moyen de sa saisie, gaigner à luy les fruicts en pure perte du
vassal, iusques à ce que ledit vassal ait fait son deuoir. Peut
ledit seigneur, ayant saisy, iouyr par ses mains, s'il veut,
pource qu'il prend le fief comme sien, & comme à luy retourné. Ce qui depend de la tres-ancienne vsance és fiefs,
selon laquelle la concession estoit finie par la mort du vassal, & le seigneur mettoit en sa main son fief. Ce qui a esté
aboly, quant à la proprieté: mais est demeuré en vsage
quant au gain des fruicts. La coustume de Touraine. art.
22. permet au seigneur leuer par ses mains, ou bien s'il veut,
il y fera establir vn commissaire comptable, duquel il sera
responsable, ou bien apres auoir saisy realement, & notifié
sa saisie au vassal, il peut temporiser pour cognoistre si le
vassal continuëra sa iouyssance, & si le vassal continuë à
iouyr, il se rend comptable à son seigneur, parce qu'en apres
le vassal se presentant à son debuoir, le seigneur n'est tenu
de le receuoir ny luy faire mainleuee, sinon en restablissant
les fruicts que le vassal a perceus depuis la saisie. Et non seulement par voye d'execution, comme dessus: mais aussi par
voye d'actiõ, le seigneur pourra contraindre son vassal à luy
rendre les fruicts par la condiction generale, dont est parlé
in l. si & me, & Titium. ff. si certum petatur. En quelque façon
que le seigneur iouysse, il doit vser du fief comme bon pere

de famille, comme *verbi gratia*, ne doit moissonner ny vendanger, sinon en temps de maturité competente, ne doit
pescher les estangs, ny couper les bois taillis, sinõ en saison
deuë, doit empoisonner ou laisser l'alleuin és estangs pes-
chez, garder le bois couppé, labourer & façonner les terres
& vignes en temps deu. Ainsi dient les coustumes. Paris, ar.
1. Poictou, art. 119. Auxerre, art. 64. Orleans, 70. Laon, art.
211. Et par l'ordonnãce du Roy Philippe le Bel, de l'an 1302.
art. 3. 4. 5. où est parlé de la regale qui est, *ad instar* de saisie
feodale, & d'autres saisies feodales. Vray est qu'il préd les
fruicts en l'estat qu'il les trouue, & fussent ils prests à cueillir, sans estre tenu de payer les labeurs, semences, & autres
amendemens, en ce qui touche l'interest du vassal. Mais
si vn metayer, laboureur ou autre y employe son labeur &
ses semences ou autres frais, le seigneur ne leuera les
fruicts, au preiudice de tel laboureur ou mercenaire. Car il
ne doit prendre, sinon ainsi que le vassal eust pris, s'il n'y
eust eu saisie. Ce qui depend & de la raison du sens cõmun,
& du droict Romain, qui dit que les fruicts sont entendus
ce qui reste apres les frais du labourage, semence, & conseruation deduits & precomptez, & que nul cas ne peut
interuenir qui empesche ceste deduction. *l. si à dõmino. §. vlt.*
ß. de petitione hered. l. fundus qui. ff famil. ercisc.

Le vassal qui veut auoir mainleuee de son fief saisy, ou
qui veult preuenir la saisie en faisant son deuoir, doit aller
trouuer son seigneur feodal au lieu du fief dominant, pour
en faire la foy & hommage, & n'est tenu de l'aller chercher
ailleurs. Aucunes coustumes dient que le vassal est tenu
d'aller trouuer son seigneur à sa personne, s'il est en la mesme prouince, comme Niuernois, art. 1. Poictou art. 110.
Bourgongne, art. 12. Orleans art. 45. dit quand le fief est
saisy que le vassal doit aller chercher le seigneur iusques à
dix lieuës. Si l'n'y a point de saisie, il suffit d'aller au fief dominant: mais puis que le deuoir de fief est à cause de la
chose, le plus commun est d'aller au lieu du fief dominant:
car aussi bien le seigneur n'est pas tenu de receuoir son vassal se presentant en autre lieu, ainsi dit Paris, art. 64. &
Bourbonnois, art. 378. Poictou, art. 111. met vne limitation
qui

qui sëble raiſonable, que ſi le vaſſal a vne fois fait ſõ deuoir
au lieu de fief dominãt en l'abſence du ſeigneur, qu'apres
il peut faire la ſoy à la perſonne du ſeigneur quelque part
qu'il la trouue. Ce qui ſe rapporte au droict Romain, quãd
il eſt queſtion des droicts d'vn heritage, de s'adreſſer au lieu
où il eſt aſſis. *l. dies. §. toties ff. de damno infecto.* Le vaſſal doibt
s'enquerir ſi le ſeigneur y eſt, ou s'il y a aucun commis pour
luy à recceuoir les hommages. S'il ne trouue à qui s'addreſſer, il doit requerir les officiers ou entremetteurs des affaires du ſeigneur, ſur le lieu d'aſſiſter au debuoir qu'iceluy
vaſſal entéd faire. Et ſoit qu'ils y côparent ou nõ, ou que le
vaſſal ne trouue perſonne de ceſte qualité, ledict vaſſal fera au deuant la porte de la maiſon ou lieu ſeigneurial le deuoir tel qu'il feroit au ſeigneur s'il eſtoit preſent: a ſçauoir
eſtre nuë teſte, mettre vn genoüil en terre, oſter ſon eſpee
& ſes eſperons, & en ceſt eſtat, declarer & recognoiſtre que
tel fief luy eſt eſcheu par ſucceſſion de tel, ou qu'il la acquis
ou luy a eſté donné: qu'à cauſe dudict fief il eſt vaſſal dudit
ſeigneur, luy en faict l'hommage, iure & promet luy eſtre
fidele, & d'accomplir tout ce à quoy par la nature de ſon
fief il eſt tenu. La Couſtume de Touraine, art. 115. faict
vne diſtinction qui ſemble raiſonnable, pour eſtre generale, Que ſi l'hommage eſt ſimple, il ſe fera par le vaſſal, nuë
teſte, les mains ioinctes auec le baiſer. Si l'hõmage eſt lige,
il ſe doibt faire les mains ioinctes ſur les Euangiles, nuë teſte, eſpee deſceinte, auec le baiſer. A quoy ſe rapporte Bretagne, art. 328. 329. & Poictou, art. 113. Si le vaſſal à acquis
le fief ou luy a eſté dõné, il doit exhiber le côtract. Si aucũs
profits ſont deubs, ſoit de quint ou de rachapt, il en doibt
faire offre à deſcouuert auec vne ſõme de deniers pour les
frais de la ſaiſie, s'il y a eu ſaiſie, & pour l'eſtimatiõ des fruicts,
ſi le vaſſal les a perceuz depuis la ſaiſie, & à parfaire. Et du
tout requerir acte par eſcript au Notaire qu'il doibt auoir
auec luy en preſence de teſmoings. Et ores qu'il n'ẽ ſoit requis, doit laiſſer coppie du tiltre ſi aucun il exibe, & de l'a-
cte contenant ſon deuoir, parce que le vaſſal doit inſtruire
ſon ſeigneur, & le ſeigneur doibt eſtre aſſeuré, & auoir

G

tesmoignage deuers luy de la recognoissãce que son vassal
a faicte. Ainsi dict Bourb. art. 380. Auuergne art. 50. Paris,
art. 63. Estampes, art. 11. Berry, des fiefs, art. 20. Laon, art.
187. Rheims, art. 110. Et ie tiens pour reigle, que toutes &
quátes fois qu'õ ne parle à la personne à qui on a affaire, &
qu'õ veut auoir acte de son deuoir, il faut laisser copie ores
qu'elle ne soit requise : car autrement ce seroit vn deuoir
faict par acquit, & en telle sorte que celuy à qui on a affaire
ne pourroit estre certioré. Qui est autãt que si on ne faisoit
rien. l. ait qui aliter. ff. quod vi aut clam. Si le vassal ne trouue
personne à qui parler & delaisser copie, il la delaissera au
proche voisin, ou bien l'attachera à la porte du lieu Sei-
gneurial s'il est habitable, ou à la porte de l'Eglise parrochiale du lieu. Mais apres, le seigneur estant de retour, il
peut signifier sa venuë au vassal, & luy assigner iour competent, pour venir faire son deuoir : & s'il y defaut le seigneur
pourra saisir. Ainsi dict Niuernois des fiefs, art. 2. Sens, art.
182. Et Poictou, art. 112. dict que le Iuge ou Officier du seigneur, en son absence pourra donner surceance au vassal
iusques au retour du seigneur : & luy de retour, le vassal
doit venir à peine de la saisie, & perte des fruicts. Touraine, art. 110. dict que le vassal estant aduerty du retour, doit
venir trouuer le seigneur. Orleans, art. 46. dict que si le seigneur saisit derechef, le vassal aura quarante iours apres la
saisie. Il a esté dict cy dessus, que s'il est deu profit de bourse par la mutation que le vassal le doibt offrir, soit en absence ou presence : Car l'offre doibt estre si accomplie, que
si celuy à qui elle est faicte estoit present, & vouslust accepter, il deust à la mesme heure receuoir, ores qu'il y eust demeuré de la part de celuy à qui l'offre est faicte. l. seruus si he-
redi. §. Imperator. ff. de statu lib. l. vlt. ff. de lege commissoria. S'il
n'y a point de profit, lors se practique le mot vulgaire obserué par tout, que le vassal ne doit, & ne doit offrir que la
bouche & les mains : aucuns ont estimé que la bouche signifie la parole du vassal qui se recognoist tel, & faict le serment de fidelité : Mais la verité est, que la bouche signifie le
baiser, & telle estoit l'vsance ancienne, que le seigneur en
receuant son vassal l'honoroit du baiser en signe d'amitié.

Ce qui est representé par la Coustume de Bretaigne, art.
322.327.& Touraine, art.115. Les mains signifient que le
vassal doibt ioindre les mains, & le seigneur les préd & ser-
re entre les deux siennes, & en cet estat le vassal fait la foy,
& preste le serment. Audict cas, quãd le vassal ne doibt que
la bouche & les mains, il doibt chambellage qui est vne
piece d'or que le vassal donne aux officiers ou seruiteurs du
seigneur feodal: & ainsi dict Laon, art.158.& est general en
France.

Si le vassal est pupille & n'est en aage de faire la foy, &
prester le serment de fidelité, presque toutes les Coustumes s'accordent, que le seigneur est tenu de bailler souffrance au tuteur iusques à l'aage accomply des mineurs.
Ainsi dient, Paris, art.41.Meleun, art.34. Auxerre, art.78.
Orleans, art.23.24. Laon, art.170.Rheims, art.112. Niuernois, art.3.4. dict que le tuteur doit faire recognoissance
de fief & non l'hõmage. Autres Coustumes permettent au
tuteur de faire l'hommage. Sens, art.157.Orleans, 23.Tou-
raine, art.343.Mais Bourbonnois, art.379. donne au seigneur le choix, ou de receuoir le tuteur à la foy, ou bailler
souffrance. Orleans, art.34. Estampes, art.18.19. dient, s'il
n'y a tuteur, qu'vn parent des mineurs peut demander la
souffrance. Paris, art.41. adiouste vne seureté, qui est raisonnable par tout, que le tuteur demãdant souffrance, doit
declarer les noms & aages des mineurs: afin que le seigneur
soit asseuré en quel temps ils deuront l'hommage. Aucunes Coustumes diffinissent l'aage des masles à quatorze
ans, & des femelles à douze, qui est l'aage de puberté declaré par le droict Romain, cõme Niuernois, art.5.Rheims
art.113.Betry, des fiefs, art.37.Troyes, art.18.Laon, art.260.
Blois, art.8.Bourgongne, entre nobles, art.54. Autres coustumes diẽt des masles à vingt ans, & quinze ans aux filles.
Paris, art.32. Estampes, art.19.Montfort, art.21. Laon, art.
171. Les autres dient à dix-huict & à quatorze ans. Meleun,
art.31. Sens, art.219.Touraine, art.346. Les autres à vingt
& quatorze ans. Orleans, art.24. Selon la raison de l'antiquité & la vraye doctrine, l'aage doibt estre au masle de

G ij

porter les armes, qui est le deuoir des fiefs, & à la femelle d'estre nubile, afin que son mary face le seruice pour elle. Ainsi seroit bien par tout à dix-huict & à quinze ans. Dix-huict ans est la pleine puberté selô le droict Romain. *l. me-la. ff. de alim.leg. l. arrogato. ff. de adopt.*

Les seigneurs feodaux accordent souffrance, ou sursean-ce de faire la foy non seulement au cas susdict de pupilla-rité: mais aussi en cas d'absence, maladie ou legitime em-peschement du vassal. Car le seigneur n'est tenu de rece-uoir l'hômage de son vassal par procureur s'il ne luy plaist. Et audict cas d'empeschement bien tesmoigné, le seigneur doibt faire l'vn des deux, ou receuoir l'hommage par pro-cureur, ou accorder souffrance iusques apres l'empesche-ment cessé. Ainsi dient presque toutes les Coustumes. Ni-uernois, des fiefs, ar. 44. Paris, art. 67. Meleun, ar. 26. Sens, art. 181. Poictou, art. 114. Auxerre, art. 43. Berry, des fiefs, art. 19. Orleans, art. 65. Bourbonnois, art. 378. Auuergne, chap. 22. art. 26. Troyes, art. 40. Touraine, art. 115. Laon, art. 217. Blois, art. 57. Rheims, art. 111. & Laon, art. 220. mettent vne exception qui a grande apparence de raison. Que si le seigneur feodal n'est en personne à la reception de ses fiefs, & y ait commis, le vassal peut faire deuoir par procureur. Aussi les seigneurs quelquesfois par grace, ac-cordent souffrance à leurs vassaux. Et tant que ceste souf-frâce dure, elle equipolle à foy à cest effect que le seigneur ne face les fruicts siés, & que le vassal iouysse. Ainsi dict pres-que toutes les Coust. Estápes, art. 22. adiouste vne belle limitation, qui a sa raison generale pour estre obseruee par tout, que si le pupille de sô chef est tenu à quelque profit de bourse, le seigneur n'est tenu de bailler souffrance sinon en payant: Vray est que ceste Coustume dict apres. Que si le profict est deu d'autre chef que du mineur, le seigneur neantmoins doit donner souffrâce, sans estre payé, sauf au seigneur de poursuiure par action son droict. Ce qui ne me semble pas raisonnable: car le seigneur de sô droict, & plein droict, ayant saisi à faute d'homme, peut retenir en sa main le fief iusques a ce qu'il soit payé des profits, & n'est tenu de

receuoir la foy, & faire main-leuee du fief, sinon en payant:
cóme dit Niuern. art. 62. Meleun. 26. Orleans, art. 2. & est
general. Or la suruenance du mineur, heritier du majeur,
ne doibt rié immuer du droict d'autruy. *l. pol la. C. de ys quib.
et ind. l. 11. ff. de verb. oblig.*

Aucunes coustumes ont prescripte la forme de la saisie
feodale. Et combien que ce soient loix particulieres, elles
sont fondees en raisons generales, pour estre estendues par
tout.   Asçauoir si le seigneur feodal a droict de iustice au
fief dominant, & il ne l'a pas au fief seruant; il peut faire
saisir le fief mouuant de luy en autre iustice, en demandant permission au seigneur d'icelle: s'il n'a iustice, il doit
faire saisir par le sergent de la iustice du lieu où est le fief. Et
en tous cas le sergent doit auoir commission particuliere
du seigneur: car les commissions generales sont interdites
aux seigneurs & aux iuges Royaux, comme il a esté dit
cy-dessus, & est declaré par la coustume de Touraine ar. 19.
La saisie doit estre realisee, c'est à dire, faicte sur le mesme
lieu du fief, au principal manoir, s'il y en a, sinon en quelque lieu apparent du fief. Touraine, art. 20. dit qu'il faut
apposer vn brandon pour marque de saisie, ce qui semble
auoir raison generale; ou apposer quelque autre marque
apparéte. Ce qui est conforme au droict Romain, qui veut
les pignorations en forme iudiciaire, estre faites en la mesme chose, & non par paroles seulement *l. non est mirum. ff.
de pignor. act.* Et n'est assez d'auoir faicte la saisie sur le lieu,
ains conuient la notifier au vassal, & luy en bailler coppie,
ensemble de la commission: & se doit faire à sa personne,
ou à son domicile: s'il en a au lieu du fief saisy: Sinon en
parlant à quelqu'vn de ses officiers, ou entremetteurs d'affaires. Au lieu & à defaut d'iceux, par affixe au lieu public
du fief, ou à la porte de l'Eglise parrochiale. Ce qui a quelque conformité au droict Romain. *l. aut qui aliter. §. 1. ff. quod
vi aut clam. l. dies. §. toties. ff. de damno infecto. l. sedet i. §. de quo
palam. ff. de instit. act.* Et suiuant ce, sont les Coustumes de
Niuernois, des fiefs, art. 7. Paris, art. 37. Blois, art. 101. Bourbonnois, art. 371. Auuergne, chap. 22. art. 4. Touraine, art.

20. Paris, art. 31. met vne belle limitation, qui semble bien raisonnable, pour estre generale, à sçauoir que les saisies soient renouuellees de trois en trois ans, autrement n'ayer effect que pour trois ans. Autant en dit Orleans, art. 51. La raison, est tant en faueur du cõmissaire, pour estre perpetuellement obligé, qu'en faueur du vassal, an que la longueur du temps, qui apporte oubliance, ne soit captieuse.

Or est la saisie necessaire pour attribuer au seigneur le gaing des fruicts: car presque toutes les coustumes s'accordent à vne reigle brocardique, tant que le seigneur dort, le vassal veille, comme aussi se dit au contraire, tant que le vassal dort, le seigneur veille, qui est à dire, tant de temps que le seigneur n'a saisy, le vassal iouyt & gaigne les fruicts: aussi du temps que le seigneur tient le fief saisy, le vassal qui ne fait son debuoir, perd les fruicts: horsmis qu'Estampes, art. 17. dit que le seigneur apres les quarante iours du deceds du vassal, gaigne les fruicts de la premiere annee, sans saisie: pour les autres annees, doit saisir. La raison du brocard, est que le seigneur en temporisant fait assez entendre qu'il se contente de son vassal, & le vassal apres la saisie, ne faisant debuoir, monstre par effect, qu'il mesprise son seigneur, & auec iuste cause perd les fruicts.

La principale cause de saisie feodale, est quand le fief est ouuert par defaillance du vassal decedé, ou qui a alierné. Le commun vsage és saisies, est que l'on y cumule trois cas, à faute de foy & hommage non faicts, droicts & denoirs non payez, & denombrement non baillé. La saisie au premier cas, sans difficulté, attribuë les fruicts au seigneur. Mais les coustumes, ne sont d'accord au second cas, quand le vassal est receu à foy, si le seigneur peut saisir & faire les fruicts siens, à faute des profits non payez, Niuernois des fiefs, art. 8. Auxerre, art. 61. Troyes, art 42. permettent la saisie & le gain des fruicts en ce second cas: mais Meleun, ar. 26. Sens, art. 22. Laon art. 223. Reims, art. 125. Blois, art. 97. n'octroyent au seigneur la saisie ny le gain des fruicts, si par expres, il n'en a fait reseruation, en receuant le vassal à hômage, & dient qu'il doit demander ses profits par action.

Berry, des fiefs, art. 38. dit de mefme, & excepte encores s'il
y auoit quelque ouuerture auec profit que le vaffal euft
cachee. Auquel cas, felon le droict Romain, fe peut dire
que par dol il a extorqué du feigneur, la reception en foy,
qui partant ne luy doit feruir, par la raifon, *l. fi quafi. f. de pignor. act.* La faifie pour denombrement non baillé, n'attribuë les fruicts au feigneur, mais punit feulement la contumace du vaffal, par fequeftration des fruicts de fon fief, afin
qu'eftant ennuyé & moleité, il fe contraigne a fon deuoir,
qui eft la raifon mife *in cap. 2. extra de dolo & contu.* Pourquoy
apres que le vaffal a fatisfaict à bailler fon denombrement,
le commiffaire luy doit rendre comte, & payer le reliqua,
à quoy prefque toutes les couftumes s'accordent, horfmis
Troyes, art. 30. qui dit fi le vaffal apres le temps prefix demeure plus d'vn an, fans bailler fon denombrement que le
feigneur gaigne les fruicts, & Poictou, art. 85. donne les
fruicts au feigneur, fi le vaffal condamné par iuftice a bailler fon adueu, dans certain temps ne le fournit.

La faifie feodale, qui eft à faute d'homme, & foy non faite eft tellement priuilegiee, qu'elle eft preferee à la faifie
que les creanciers du vaffal feroient pour les hypotheques,
& à l'acquifition qui pourroit eftre faicte au feigneur haut
iufticier, & non feodal, par confifcation. Et la raifon y eft en
ce que le droict du feigneur eft focier; procedant de la premiere & originaire conceffion : & le vaffal ne peut hypo-
thequer à fes creanciers, ny tranfmettre par confifcation
au feigneur iufticier, finon le droict de feigneurie vtile, tel
qu'il l'a, & aux charges qu'il l'a tiét *l. lex vecti. f. de pig. l. fi finit.
§. fi de vecti. ff. de damno infect.* A quoy s'accordent aucunes
couftumes, Meleun, art. 78. Berry des fiefs, art. 82. Laon, ar.
207. Vray eft quand vn fief eft faifi fous la main feodale, &
les creanciers du vaffal veulent pourfuiure l'execution de
leurs hypotheques par criees. La Cour de Parlement a dóné remede : premierement par vn Arreft donné en plaidant le premier Decembre, 1544. qui porte que le feigneur
& les creanciers nommeront vn curateur qui fera la foy,
payera les profits, fi aucuns font deus, & par fon deceds y

aura ouuerture de fief, en attendant qu'il y ait homme certain par l'adiudication par decret. Et depuis la nouuelle
couſtume de Paris, art.34. en a dit autant en effect. Et auparauant celle de Berry, des fiefs. art.82.83.qui adiouſte
que tel curateur payera les profits, à prendre ſur les fruicts
des heritages criez. Orleans, art. 4. parle auec plus de temperament, diſant que le ſeigneur eſt tenu de bailler fouffra-
ce à ce curateur, ſauf au ſeigneur à ſe pouruoir ſur les deniers de l'acceſte, que fait le commiſſaire pour eſtre payé de
ſes profits, ou ſur les deniers du decret. Cet expedient ſemble eſtre fondé en raiſon plus iuridique. Autre priuilege y a
en la ſaiſie feodale, que le ſeigneur ne doit plaider deſſaiſy,
& quelque oppoſition ou appellation qu'il y ait, ſa main
feodale doit tenir. Ce qui eſt repreſenté és lettres royaux
de terrier, que l'on prend en chancellerie, eſquelles la clau-
ſe eſt ordinaire telle, & en cas d'oppoſition, la main-tenant
quant aux heritages tenus noblement. L'exception eſt ſi le
vaſſal deſaduoüe à ſeigneur celuy qui a fait ſaiſir. Car en ce
cas le deſaduoüant à main-leuee par prouiſion durant le
procez. Touraine, art.22. met vne autre exception, ſi le vaſſal monſtre promptement le deuoir par luy faict. A quoy
s'accorde Orleans, art.80.& Laon de Vermandois, article
218.

De ce que deſſus depend autre reigle, miſe par pluſieurs
couſtumes, qui porte que le vaſſal ne ſe peut dire ſaiſy du
fief contre ſon ſeigneur, par contraire ſaiſine à celle dudit
ſeigneur, qui a ſaiſy, quelque debuoir qu'il ait faict enuers
iceluy ſeigneur, ſinon apres qu'il a eſté receu en foy par luy,
ou qu'il ait eſté receu en main ſouueraine par le ſeigneur
ſuperieur. Ainſi dit Niuernois des fiefs, article cinquante,
Sens, article 183. Troyes, article 41. Autres couſtumes
dient apres que le vaſſal a faict ſon deuoir entier qu'il peut
ſe dire ſaiſy contre le ſeigneur feodai, & iouïr de ſon fief,
ſans offence: & aucunes deſdites couſt. dient qu'il peut former complainte côtre le ſeigneur qui l'empeſche de iouyr,
côme Auxerre, ar.46. Orleans, ar.45.68.& 88. Meleun, ar.
23. Berry des fiefs. art. 23. Laon art. cent quatre-vingts ſix:

Mais

Mais Poictou, art.92. permet au vaſſal qui a fait ſon deuoir, d'appeller du refus que fait ſon ſeigneur de le receuoir. Mais cela depend de la couſtume particuliere de Poictou, qui donne la iuriſdiction au ſeigneur feodal ſur les fiefs mouuäs de luy, art.108. Pourquoy l'appel eſt à propos quãd celuy qui a iuſtice refuſe faire iuſtice. Mais preſque toutes autres couſtumes dient que fief & iuriſdiction n'ont rien de commun, comme ſera dit cy-apres. En tout ce que deſ-ſus eſt à excepter quand le fief eſt ſaiſy ſous la main du Roy, qui ſe pretẽt ſeigneur feodal immediat. Car luy qui eſt fon-dé de droict commun, & qui eſt la ſource originaire des fiefs, ne plaide iamais deſſaiſy. Le temperament, à l'eſgard des autres ſeigneurs que du Roy, eſt de s'addreſſer par let-tres Royaux au iuge Royal, ou au ſeigneur ſuperieur du ſeigneur feodal, pour apres cognoiſſance de cauſe ſommai-re du deuoir que le vaſſal, a faict receuoir ledit vaſſal, com-me en main ſouueraine : & y en a formulaire en Chancel-lerie non ſeulement quand il y a contention de la ſuperio-rité feodale entre deux ſeigneurs : mais auſſi quand le ſei-gneur ſans iuſte cauſe refuſe d'admettre ſon vaſſal à ſa foy, & luy faire mainleuee, & y en a article. Niuernois des fiefs, art.50.

Les lettres & la prouiſion de main ſouueraine, comme dit a eſté, peuuent eſtre obten.ües eſdits deux cas, aſçauoir pour la contention de deux ſeigneurs : & quand le ſeigneur ſans iuſte cauſe refuſe. Au premier cas parlent les couſtu-mes de Paris, art.60. Meleun, article 87. Eſtampes, arti-cle 36. Montfort, article 38. Orleans, article 87. Bourbon-nois, article 385. Laon, article 202. Reims, art.124. Maiſtre Charles du Molin. dit qu'il n'eſt beſoin d'obtenir lettres Royaux, ny de s'addreſſer au iuge Royal, ſi ce n'eſt que l'vn des pretendans ſoit vaſſal du Roy immediatement. Car, dit-il, ſi tous les deux ſeigneurs pretendants la feudali-té ſont vaſſaux d'vn Duc, d'vn Comte, ou autre ſeigneur : ce ſeigneur ſuperieur de tous deux, cognoiſtra de la main ſouueraine, & receura le vaſſal en main ſouueraine, com-me eſtant ſuperieur des deux ſeigneurs pretendans la feu-

H

dalité. Celuy qui requiert eſtre receu par main ſouueraine
au premier cas, doit offrir & conſigner pardeuant le iuge
de la cauſe, les profits, ſi aucuns ſont deus, & les fruicts, s'il
en a perceus depuis la ſaiſie: ce fait, il eſt receu à faire & cõ-
ſigner la foy par prouiſion, en forme de ſequeſtre és mains
du iuge qui cognoiſt de la cauſe, lequel octroye main-leuee du fief ſaiſy. Et à la charge de reſtablir ladite foy & l'hõmage à celuy des deux ſeigneurs, qui en fin de cauſe ſera
vainqueur. Et le vaſſal qui ainſi eſt receu, doit ſe ſubmettre
à ce faire. Au ſecõd cas, auant que reccuoir le vaſſal, le iuge
doit cognoiſtre de la ſuffiſance de ſon deuoir, qu'il a pre-
ſenté, & s'il le trouue ſuffiſant, il le receura comme par
main ſouueraine, ſans le renuoyer au ſeigneur feodal.

Le ſeigneur qui ſaiſit à faute d'homme, droicts & deuoirs
non faits, non payez, gaigne les fruicts du fief ſaiſy, en pure
perte du vaſſal (comme dit eſt). Les couſtumes s'accordent
qu'il prend les fruicts en tel eſtat qu'il les trouue lors de la
ſaiſie, & tels que le vaſſal les deuroit prendre, ores que ce
ſoient les fruicts de pluſieurs annees, comme s'il ſe trouue
vn bois taillis preſt à coupper, eſtang preſt à peſcher: & n'eſt
pas comme quand le ſeigneur prend les fruicts d'vn an
pour ſon droict de relief ou rachapt: car en ce cas il prendra
les fruicts du bois taillis, ou de l'eſtang, pro rata des temps.
Quand il prend à faute d'homme, il n'entre point en ceſte
raiſon de proportion: vray eſt que le ſeigneur ne les gaigne,
ſinon qu'il ait fait ſeparer les fruicts du fonds, iaçoit qu'il
ne les ait encores enleuez, ou quant à l'eſtang qu'il ait leué
la bõde. Ainſi dient Niuernois des fiefs, art. 57. Meleun, ar.
79. Orleans, art. 5. Montfort, art. 35. Berry des fiefs, art. 42.
où il fait diſtinction, telle que deſſus, ſi le ſeigneur préd les
fruicts à faute d'homme, ou s'il les prend pour ſon droict
de relief, Bourbonnois, art. 374. Blois, art. 106. & ſera pris
pour general ce que dit Orleans, art. 71. que ſi le ſeigneur
préd les fruicts, à faute d'hõme, il n'en precompte rien ſur
les fruicts à luy deus pour le rachapt: toutesfois en la regale,
qui eſt *ad inſtar* des matieres feodales, quãd le ſeigneur feodal ſaiſit. Le Roy ne prend pas les fruicts, ſelon qu'ils ſe pre-

fentent à prendre, mais les prend pro rata du temps que
l'ouuerture a duré. Ainſi fut iugé par Arreſt, en la regale de
Meaux, du 19. Iuin, 1557. ou 1567. Prédra le ſeigneur, dis-ic,
les fruicts, ſans rébourſer au vaſſal les frais qu'il aura faicts:
mais ſi vn metayer, laboureur ou autre mercenaire y auoit
employé ſon labeur, ſes grains à ſemer, ou autres frais, le
ſeigneur deuroit le rembourſer, ou bien ſe contenter de
prendre la part & droict, que le vaſſal y euſt pris. Et ſi le domaine ou autre reuenu auoit eſté baillé à ferme, & accenſé
à petit nombre d'annees, & ſans fraude: le ſeigneur feodal
deuroit ſe contenter de prendre la ferme ou moiſon. Ainſi lit la couſtume de Paris, art. 56. Auxerre, art. 64. Orleans,
art. 72. Reims art. 101, 102. Ce qui eſt bien raiſonnable, &
non pas aucunes couſt. anciénes & aucunes nouuelles: per-
mettans au ſeigneur de leuer la deſpouïlle entiere, en rendant au labourer ou au fermier ſes labeurs & ſemences:
car puis que le vaſſal a adminiſtré par bon meſnage à la maniere accouſtumee, celuy qui vient en ſon lieu, ores qu'il
n'ait droict, & cauſe de luy, doit eſter au marché que le vaſſal a fait, ainſi eſt dit *in l. in vendittone. §. 1. ff. de bon. aut iud. poſſid.* Auſſi le laboureur ou fermier qui a employé ſes
moyens & ſon labeur à faire venir ſes fruicts, a ſur iceux &
dedans iceux hypotheque & droict auec priuilege, au preiudice de tous autres, par la raiſon de la *l. interdum. l. huius
enim. ff. qui pot. in pig. hab.* Et il n'eſt pas recompenſé ſuffiſamment quand il eſt rembourſé en deniers, car ſon atten-
te & eſperance, pour ſa prouiſion y eſt couchee, dôt il n'eſt
recompenſé, en luy payant ſes iournees & ſemences, car
deniers ne ſont pas du bled, & n'eſt raiſon que le
ſeigneur qui prend en pur gain, ſoit enrichy auec le dommage d'autruy: *Multo magis,* puis que toutes les couſtumes
s'accordent que le ſeigneur doit vſer comme bon pere de
famille, en quoy eſt compris d'obſeruer la couſtume &
viance. *l. ſi ſine. §. Lucius. ff. de adminiſt. tut.* Et quand le ſeigneur prend la ferme ou moiſon, qui ſe paye *verbi gratia* à
la feſte ſainct Martin, ſi les fruicts ont eſté ſeparez du
fonds au tẽps de la ſaiſie, le ſeigneur prendra la moiſon ou

ferme, iaçoit que lors du terme efcheu, le fief foit remply, &
la faifie leuee. Car de vray la moifon eft deuë deflors de la
perception, & le terme eft pour la commodité du debiteur. A quoy s'accorde ce qui eft dit *in l. defuncta. ff. de vfufr.*
Et fi le feigneur doit prendre les mefmes corps des fruicts,
la preuention & commencement de cueillir attribuë le
droict pour tous les fruicts de la mefme piece d'heritage,
pourueu que ce foit en maturité raifonnable & accouftu-
mee, & de mefme à l'eftang fi la bonde eft leuee. Ainfi dit
Niuernois des fiefs, art. 57. Bourbonnois art. 374. mais
Blois, art. 100. & Orleans, art. 69. femble donner les fruicts
au feigneur ou au vaffal, felon qu'ils fe trouuent pendans
ou feparez du fonds lors du deuoir faict par le vaffal à fon
feigneur vaffal. Reims, art. 102. adioufte vne limitation,
que fi le fermier a payé par anticipation au vaffal, il ne laif-
fera de payer derechef au feigneur. Ce qui femble dur, veu
que le fermier a payé à celuy qui lors eftoit proprietaire:
mais auffi eft à confiderer que fi le feigneur vouloit *fummo
iure*, il prendroit les fruicts qui font pendans lors de fa faifie.
Et c'eft par temperamét qu'on fait côtenter le feigneur de
prédre la ferme. Pourquoy ie penfe que fi le fermier aimoit
mieux de laiffer prendre les fruicts que de payer la ferme,
le feigneur deuroit s'en contenter. Audit cas d'auance
faicte le feigneur ayant faify, préd nô feulement les fruicts
naturels & induftriaux qui corporellement fe perçoiuent:
mais auffi les fruicts qu'on appelle ciuils ou cafuels. Comme la prefentation de benefices, & collation d'offices qui
font comptez en fruicts, depuis la conftitution d'Honoré
III. Pape. *in cap. illa. extra ne féde vacante,* felon la glofe. *in ca.
cum olim. extra de maior. & obed.* A ce tiltre, durant l'ouuerture de regale, le Roy non feulement prend les fruicts, qui
font vrais fruicts de l'Euefché: mais auffi confere les prebé-
des, & autres benefices qui n'ont charge d'ames : les quints
deniers, les lots & ventes, & autres tels droicts, fi les vacations efcheent, & les alienations font faites du temps
de la faifie. Ainfi dit Niuernois des fiefs, art. 58. qui doit

valoir en general. Par la mesme consequence, si l'arriere-
fief soubs le fief saisi, se trouue ouuert au temps de la saisie,
le seigneur du plain fief saisi, pourra saisir l'arriere-fief, & y
exploicter & gaigner les fruicts, tout ainsi que de son plain
fief, mesme receuoir l'hommage de l'arriere-vassal & les
profits. Ainsi dient les Coust. de Niuernois, des fiefs, art.
59. Paris, art. 54. 55. Meleun, art. 81. Sens, art. 197. Estapes,
art. 32. Senlis, art. 259. Troyes, art. 45. Rheims, art. 131.
Blois, art. 77. Mais ie croy quant aux profits, qu'il se doibt
entendre, s'ils escheent durant le temps de la saisie du seigneur superieur. Car s'ils sont escheuz auparauant, ils ont
appartenu au vassal qui iouyssoit & veilloit quand le seigneur dormoit. Et si le vassal auoit saisi cet arriere-fief
auant que son seigneur du plain fief eust saisi le sien, ledict
seigneur de plain fief pourra s'aider de la saisie de son vassal, & prendre les fruicts & profits escheans durant sa saisie.
Ainsi dict Bourbonnois, art. 373. Il a esté dict cy dessus, que
le seigneur feodal exploictant son fief, doibt en vser comme bon pere de famille. Doibt estre aussi entendu qu'il
doibt se comporter selon l'amitié & deuoir reciproque
d'entre le seigneur & le vassal. Pourquoy selõ que la Cour
auoit de long temps ordonné par aucuns arrests, mesme le
dernier Decembre, 1537. & en plaidant le douziesme Ianuier 1551. entre les seigneurs de Brouillier & Sauigny ; en
certaines prouinces a esté accordé pour Coustume, que le
seigneur saisissant ne deslogera son vassal ny sa famille, &
se contentera d'auoir à son vsage les caues, granges, & autres bastimens seruans à recueillir les fruicts, auec vne châ-
bre pour loger ledict seigneur feodal, quand il y voudra aller. Ainsi dict Paris, art. 58. Orleans, art. 73. qui adiouste,
que si la maison est loüee, le seigneur feodal prendra les
loüages, ou bien le dire de preuds-hommes, quand au fief,
n'y a autre heritage qu'vne maison. Et Touraine, art. 134.
qui vse de plus grande ciuilité : car il ne dict pas vne chambre pour loger le seigneur feodal : mais pour loger son ser-
uiteur ou commis auec ceste conditiõ, si le logis peut commodément porter. Poictou, art. 158. dict que maisons ne

H iij

tombent en rachapt: mais que le vassal doibt bailler hostel
pour loger les fruicts. Bretagne, art. 77. en dict autant en
cas de rachapt, de ne desloger le suruiuant des mariez, ny
les enfans, ny les heritiers du defunct, dont resulte, que si
le fief est baillé a ferme de bonne foy, & que le seigneur soit
tenu de ester à la ferme, ledict seigneur n'a que faire de rien
retenir.

En la grande ancienneté, les seigneurs feodaux n'estoiët
tenuz de receuoir toutes sortes de personnes pour vassaux.
Mesmes n'estoient tenuz de receuoir à leur hommage les
roturiers, pource que selon ceste mesme ancienneté les roturiers ne pouuoient tenir fiefs. Ce qui est rapporté par la
Coustume de Vitry, art. 46. & de Troyes, art. 16. Bretagne,
art. 345. ne permet au roturier de tenir fief sans en payer rachapt, qui est la composition qui se faict auec le seigneur
feodal pour le souffrir. Pour le iourd'huy l'on tiêt que c'est
au Roy seul à dispéser le roturier de tenir fief, & pour la sou-
france du passé, de n'auoir contrainct le roturier à mettre
le fief hors de ses mains. Le Roy en vingt ou en trente ans
vne fois, prend finance des roturiers, qu'on appelle des
francs-fiefs & nouueaux acquests. Les Comtes de Neuers
par ancien droict, pouuoient dispenser les roturiers à tenir
fiefs, & les Eglises à tenir heritages par amortissement,
pourueu que ce fust sans prendre finance. Se void és registres de Parlement vn arrest donné au profit d'Amaury de
Meudon, de l'octaue de Chandeleur, de l'an 1260. par lequel fut iugé que le vassal Cheualier n'estoit tenu de faire
hommage au seigneur feodal roturier, qui auoit acquis le
fief dominât. En la plus grande ancienneté, les fiefs estoiêt
encores plus à l'estroict: car nul ne les pouuoit tenir, sinon
les masles qui peuuent faire seruice en guerre. Le vassal ne
pouuoit aliener sans congé du seigneur, à peine de commise. Mais en fin les fiefs ont esté faicts patrimoniaux &
hereditaires pour y succeder indistinctement, pour estre
tenuz par femelles, & pouuoir estre alienez libremët soubs
les modifications des Coustumes. Ainsi dict Niuernois des
fiefs, art. 17. 18. Poictou, art. 29. Berry, des fiefs, art. 2. Bour-

bonnois art. 365. art. 367. Auuergne, chap. 21. art. 3. chap. 22. art. 33. Troyes, art. 37. 48. Blois, art. 46. 60. La Couſtume de Bourgongne, art. 19. attribuë la cõmiſe au ſeigneur ſi l'acquereur prend la poſſeſſion ſans le conſentement du ſeigneur: Art. 16. 17. dict qu'autrement eſt en ſucceſſion & partage: pourquoy on dict qu'en Bourgongne les fiefs ſont de danger.

Cy apres eſt traicté des droicts des ſeigneurs en cas de mutation d'homme, quand par ladicte mutation eſt deub profit de bourſe. Preſque toutes les Couſtumes s'accordẽt, que quand le fief eſt vendu à prix d'argent, le ſeigneur feodal a droict de prendre le quint denier ou la retenuë. Qui eſt la compoſition, qui autres-fois a eſté faicte par conſentement commun des Eſtats, afin de ſe redimer du droict de commiſe, qui eſtoit quand le vaſſal vendoit ſans congé du ſeigneur, & ſans l'en faire le premier refuſant. Par aucunes Couſtumes, la charge de payer le quint eſtoit au vendeur, parce que ſelon la nature du contract de vente le vendeur ores qu'il n'en ſoit rien dict eſt, tenu de garentir à l'achepteur, & le faire iouyr de la choſe vẽduë. Ainſi dict le droict Romain. *In l. nõ dubitatur. C. de euict.* Et pource que ſelon ceſte tres-anciẽne vſance, la vente du fief ne pouuoit cõſiſter ſans le conſentement du ſeigneur feodal, c'eſtoit à faire au vendeur de compoſer auec luy pour la valider. Aucunes Couſtumes ont retenu ceſte vſance, que le vendeur d'euſt payer le quint, comme Senlis, art. 135. Meleun. art. 67. Sens, art. 191. Vitry, art. 51. Laon, art. 174. Rheims, art. 93. Blois, art. 80. Eſquelles Couſtumes, ſi le vendeur ne ſe chargeoit du quint, & il ſtipulaſt d'auoir francs deniers: en ce cas l'achepteur doibt quint & requint: c'eſt à dire, le quint denier du ſort principal, & encores le quint du quint. Cõme s'il y a Cent eſcus, le quint eſt de vingt eſcus, & le requint de quatre eſcus. Paris, art. 23. & Orleans, art. 1. ont abandonné ceſte vieille vſance, & ont voulu que l'achepteur payaſt ſans requint. Autres Couſtumes d'ancienneté, dõnent la charge du quint à l'achepteur. Niuern. des fiefs, art. 21. Eſtápes, art. 7. Auxerre, art. 61. Mais Troyes, art. 27.

donne la charge du quint au vendeur, & a l'achepteur par
moitié. Bourbonnois & Bourgongne, n'ont en Couſtume
le quint denier: Bourbonnois attribue au ſeigneur la retenuë, & en Bourgongne les fiefs ſont de danger, & ſubjects
à commiſe, ſi les acquereurs entrent en iouyſſance ſans le
contentement du ſeigneur. En Berry, des fiefs. art. 3. en
vente de fief n'y a quint denier, mais droict de rachapt. Niuernois attribuë le quint denier en toutes alienatiõs, hors-
mis en certains cas de donations, & faict le quint denier en
montant, c'eſt a dire, que le prix que le vendeur reçoit, &
la part que le ſeigneur doibt receuoir: comme faiſant portion du prix, tout cela eſt compté au prix, tout ainſi que ſi
le ſeigneur feodal, & le vaſſal, vendoient par enſemble
par vn ſeul prix. Qui faict que quand le vendeur doibt receuoir cent francs, le ſeigneur a vingt-cinq francs, comme
ſi le vray prix eſtoit de ſix vingts cinq francs. Et quant l'a-
lienation n'eſt à deniers, le prix ſe prend ſelon l'eſtimation
de l'heritage. La pluſpart des autres Couſtumes attribuët
au ſeigneur le rachapt, qui eſt le reuenu d'vn an, és autres
alienations, qui ne ſont à prix d'argent, comme ſera dict cy
apres. Paris, art. 23. a attribué le quint denier quand le fief
eſt baillé à rente racheptable, *etiam*, deuant que le rachapt
ſoit fait: & y a bien raiſon, car le prix eſt certain en deniers.
Autant en voudrois-ie dire, quand vne rente conſtituee à
prix d'argent eſt baillee en contre-eſchange d'vn fief, parce
que le prix de ceſte rente eſt certain, & la rente eſt racheptable à touſiours, & le debiteur de la rente la conuertira
en deniers quand il voudra: & partant reçoit ſonction en
ſon genre: comme il ſe dict de l'eſpece qui eſt baillee auec
eſtimatiõ. *l. ſi pro mutua. C. ſi cert. pet.* mais ceux de Paris le pra-
ctiquent autrement, & le reputent vray eſchange.

Non ſeulement la vente de gré à gré, mais auſſi la vente
par decret ſur criees eſt ſubjecte à quint denier: Et Paris,
art. 83. dict, que ſi le decret eſt adiugé à la charge d'vne rente, qui de ſoy ſoit racheptable, comme ſi c'eſt rente conſtituee à prix d'argent, que le ſort eſt compté au prix, & en
eſt deu quint denier. C'eſt ſuiuant vn retentum de la Cour
sur

sur vn arrest donné le dixiesme May, 1557. sur la reformation du 58. Article de l'ancienne Coustume de Paris. Lequel arrest est imprimé au grand Coustumier, adnoté par
du Molin, & est à la fin du procez verbal de ladicte Coustume de Paris. Et si la vente se faict de gré, à la charge que
l'heritage sera decreté pour purger les hypothecques, il en
est deu vn seul profit: au choix du seigneur, ou de prendre
son profit sur le prix conuenu entre les contrahans, ou sur
le prix du decret. Ainsi dict Paris, art. 84. Ainsi s'il aduient
que l'achepteur apres auoir payé le profit, soit euincé par le
moyen des hypotheques constituees par son aucteur, &
l'heritage soit vendu par decret en sera deu vn seul quint:
au choix du seigneur côme dessus. Ainsi dict, Paris, art. 79.
Et Orleans és cés. art. 115. Ce qui doit estre tenu pour general en France, pource que la raison est generale: & de ceste opinion a esté du Molin auant la redaction desdictes
deux Coustumes, disant que des deux ventes n'y en a que
l'vne auec effect & efficace. Ledict du Molin estoit tres-
docte au droict Romain & au droict François, autant ou
peut estre plus qu'aucun autre Docteur, qui ait esté durant
ceste centaine d'annees. Et és Coustumes qui ont esté redigees de nouuel, depuis trente ans en ça, les articles nouueaux ont esté pour la pluspart tirez des opinions qu'il a tenuës: côme aussi en ont esté tirez plusieurs Arrests seruans
de loy. Vray est que quelquesfois ledict du Molin s'est rendu trop grand sectateur des opinions communes des Docteurs vltramontains, comme sur la succeßiô des nepueux,
enfans de diuers freres, à leur oncle contre l'opiniô d'Azo,
approuuee par ladicte Cour, & par la pluspart des Coustumes, & en quelques autres cas.

Si le fief est vendu à faculté de rachapt. Niuernois, art. 23.
donne le quint denier, tant pour la vente que pour le rachapt s'il est faict. Ce qui est fort dur, & non bien consonât
auec la raison du sens commun, & de droict Romain, qui
dict que la paction de rachapt faict portion du prix, & que
le rachapt n'est que l'accomplissement des conuenances
faictes lors du côtract: & de faict pour iceluy on agit *actio-*

I

ne ex eo contractu, pource que la paction faict portiõ du contract. *l. 2. C. de pact. inter empt. & vend. l. 1 uris gentium. §. adeo
ff. de pactis. l. fundi partem. ff. de contrah. empt.* Ce qui s'entend
quand la faculté de rachapt est accordee au mesme traicté
de la vente. Auquel cas plusieurs Coustumes n'attribuent
qu'vn quint denier pour la vente, & rien pour le rachapt,
comme Meleun, art. 122. Sens, art. 236. Auxerre, art. 99.
Orleans, art. 12. Bourbonnois, art. 406. en cens, & Auuergne, chap. 16. art. 11. Mais si la faculté de rachapt estoit accordee apres le contract de vente du tout accomply, seroit
deu profit pour la vête & pour le rachapt. Ainsi dict Sens,
art. 236. Orleans, art. 12. Bourbonnois, art. 406. Aucunes
Coustumes, n'attribuent aucun profit au seigneur, ny pour
la vente, ny pour le rachapt quand la faculté est pour trois
ou cinq ans, ou moins de dix ans, & le rachapt est faict
dedans le temps. Ainsi dict Berry des fiefs. art. 49. Touraine, art. 148. Troyes. art. 34. Vitry, art. 22. Rheims, art. 91.
Blois, art. 82. Bretagne, art. 63. 66. Ces Coustumes sont
fondees en grande equité & douceur, pource que le brief
temps, & le rachapt monstrent que le vassal n'a eu volonté
de vêdre, mais seulement de s'accommoder en ses affaires
par forme d'engagement.

La vête selõ le droict Romain est dicte parfaicte en deux
sortes, l'vne deslors que les parties sõt d'accord dela chose
venduë, & du prix certain. L'autre, quand il y a tradition:
auãt la tradition, le vêdeur demeure proprietaire, en sorte
que s'il vêd à vn autre, & luy faict tradition, le secõd achepteur sera preferé au premier. *l. qui tibi. C. de hered. vel act.
vend. l. quoties. C. de rei vend.* vray est qu'auant la tradition,
les profits & le peril de la chose venduë, sont à la charge de
l'achepteur. *l. 1. C. de periculo & commodo rei vend.* Aussi les
Coustumes se trouuent diuerses en cas que les contrahans
se departent de la vente incontinêt, ou peu de temps apres
qu'elle est côclue s'il y a quint denier. Niuernois des fiefs,
art. 23. dict s'ils se departent dãs le mesme iour, sans fraude
n'ê est deu profit. Auxerre, art. 73. pour les fiefs, & art. 90.
pour les cens dedans vingt-quatre heures. Autres dient,

s'ils se defiftent auant que partir du lieu. Les autres fi auant
les lettres paffees. Les autres fi auant la poffeffion prife.
Ainfi Sens. 206.273.234. Troyes, art. 77. Bourb. art. 367.
Touraine, art. 149. qui femble eftre fondees fur la *l. ab emptione. ff. de pact.* Mais Laon, art. 138. & Rheims, art. 157.
donnent huict iours. Bourbonnois, art. 397. y met vne limitation qui a grande apparence, pourueu qu'ils fe departent pour caufe raifonnable, comme pour euiction immi-
nente. Orleans, art. 112. met vn cas prefque femblable. Si
l'achepteur n'ayant moyen de payer, remet l'heritage és
mains du vendeur pour le mefme prix, il en eft deu vn feul
profit, qui eft de la vente & non du defiftement. Mais fi en
paffant la vente auoit efté accordé par exprés, qu'à faute
de payer le prix dans certain temps, l'heritage feroit pour
non achepté: ie croy qu'il ne feroit deu profit, ny de la
vente, ny de la refolution, pource que la refolution fe fait
en vertu de la paction originaire & effentielle: Comme il
eft dict par Bart. *in l. fi ex duobus.* §. *fed & Marcellus. ff. de in
diem addict.* Et au cas de la Couftume d'Orleans, la refolution fe faict par nouuelle volonté hors le contract contre le gré du vendeur qui defiroit de receuoir deniers, &
ne pouuant ce faire, eft contrainct de reprendre fon heritage.

Comme dict a efté, en cas de vente du fief, le feigneur
prend le quint denier, ou retient le fief pour le mefme prix
à fon choix. Les Couftumes d'Orleans. art. 49. & Blois, art.
18. octroyent la retenuë aux feigneurs Chaftellains, & non
à inferieurs. Aucunes Couftumes dient, que le feigneur
feodal ne peut retenir, finon pour reünir à fon fief. Vitry,
art. 38. Touraine, art. 188. & art. 181. dict que ce droict ne
peut eftre cedé à vn autre. Mais Bourbonnois, art. 457. &
Auuergne, chap. 21. art. 20. dient que la retenuë peut eftre
cedee. Meleun, art. 164. femble en dire autant, mefme à
l'efgard des Colleges & corps de main-morte, Du Molin
tient cefte opinion, que la retenue n'eft octroyee aux feigneurs, finõ pour reünir, partant ne peut eftre cedee. Mais
la commune opinion des Palais eft auiourd'huy, que la re-

tenuë peut eſtre trâſportee par le ſeigneur à vn tiers, pource que la retenuë eſt droict domanial & profitable, entant
que le ſeigneur deſire auoir pour luy le profit du bon marché, pourquoy eſt ceſſible. Peut eſtre n'a-il pas agreable
d'auoir pour vaſſal l'acquereur, & ayme mieux auoir vn
autre. Peut eſtre ne luy eſt commode de reünir, & il void
que l'heritage eſt vendu à vil prix en fraude de luy. Quant
aux Egliſes & corps de main-morte, ſans difficulté ils peuuent ceder la retenuë. Car le Procureur du Roy peut les
contraindre, à en vuider leurs mains: & ſemble qu'il y en a
deciſion formelle. *In cap. 2. in tertio capite .extra de feudis.* Au
cunes Couſtumes a ceſte occaſion, ont oſté la retenuë aux
Egliſes & corps de main-morte : Comme Niuernois en
cens. tit. des cés. ar. 8. Bourb. ar. 479. Berry, de retenuë, art.
4. Eſtampes, art. 26. commande à l'Egliſe preciſément de
vuider ſes mains dans an & iour apres qu'elle a retenu, autrement le fief retourne au premier acquereur. Et Poictou,
art. 33. & Touraine, art, 38. concedent à l'Egliſe le droict de
retenuë, à la charge d'en vuider les mains dedans l'an s'ils
en ſont requis. Le Parlement de Paris par vn Arreſt de la
Chandeleur, l'an 1526. pour de l'Angice Prieur de Pont-
neuf, adiugea à l'Egliſe droict de retenuë, ſans preiudice
au Procureur du Roy de la contraindre à vuider ſes mains.
Et depuis iugea ſans ceſte charge au profit du Chapitre de
Neuers en faict de Bourdelage, contre Maiſtre Iean Ma-
rigot, par Iugé du 24. Ianuier 1573. Le temps octroyé au
ſeigneur pour retenir, eſt pour le plus commun de quarante iours apres l'exhibition à luy faicte par l'acquereur du
contract d'acquiſition. Ainſi dient Niuernois des fiefs, art.
16. 35. Paris, art. 20. Sens, art. 186. Auxerre, art. 49. Berry,
des preſcriptiôs, art. 7. Vitry, art. 54. Laô, art. 257. Rheims,
art. 220. La forme de ceſte exibition & notification au ſeigneur, qui eſt miſe par la Couſtume de Niuernois, eſt fondee en grâde raiſon: & eſt à propos de la tenir pour generale, à ſçauoir de faire veoir au ſeigneur la lettre d'acquiſitiô,
& luy en bailler coppie ſignee de Noraire (car le mot de *Vi-*
dimus emporte cela) aux deſpens de l'acquereur: de vray le

seignenr a interest d'auoir tesmoignage certain par escript
de laverité de la vente, pour euiter les fraudes qui luy pourroient estre faites, s'il croyoit en simple parole, & à ce qu'il
ait moyen de contraindre l'acquereur de luy payer ses profits, à la raison de vray prix & sçache aussi en cas qu'il vueille retenir, quelle somme de deniers, il doit offrir. Vitry, art.
45. dict de mesme. Touraine, art. 34. dit que le seigneur
peut garder le contract quinze jours, sinon que l'acquereur
luy en baille coppie collationee. Les autres coustumes dict
simplement exhibition & notification. Bourbonn. ar. 424.
& Auuergne, chap. 22. art. 29. & chap. 21. art. 1. 2. donne
trois mois pour la retenuë: partant est à excepter si l'acquereur est lignager du vendeur, du costé & ligne, dont meut
l'heritage: car le seigneur n'a retenuë sur le lignager: le retraict lignager est preferé à la retenuë, *imo*, & si le seigneur
auoit retenu, le lignager retraira de luy. A quoy s'accordent toutes les coustumes. Aussi est à excepter de la retenuë, si le seigneur auoit pris le quint denier: & par aucunes
coustumes est excepté si le seigneur auoit donné souffrance. Paris, art. 21. & Troyes, art. 27. Aucunes coustumes
dient que le temps de retenuë court contre mineurs, & absens, sans restitution, Auuergne, chap. 21. art. 1. 2. Touraine,
ar. 197. Mais Berry, de retenuë, art. 10. dit que le seigneur ne
peut vser de retenuë sur l'heritage vendu par decret, sinon
dás les huict iours, qui sont octroyez à l'adjudicataire pour
consigner. Et Touraine, art. 180. oste du tout la retenuë, sur
decret, sinon qu'auparauant y eust eu pris conuenu: ce qui
peut estre fondé sur le droict ancien, selon lequel il falloit
rendre le seigneur le premier refusant, quand le vassal vouloit vendre, & le seigneur est assez semons de venir achepter, si bon luy semble, quand l'heritage est en criee.

Il a esté dit, que par plusieurs coustumes, n'est deu quint
denier, sinon en cas de vente: & pour autres alienations,
qui ne sont à prix d'argent, est deu droict de relief ou rachapt, qui est le reuenu d'vn an. Le mot de rachapt depend
de la tres-ancienne vsance des fiefs, selon laquelle les fiefs,
en plusieurs cas, retournoient au seigneur feodal : comme

I iij

li le vaſſal mouroit ſans enfans, ou s'il alienoit ſans congé
de ſon ſeigneur feodal. Et pour racheptER ceſte reuerſion,
fut par compoſition generale des eſtats de chacune prouince, accordé aux ſeigneurs, le reuenu d'vn an, qui s'appelle rachapt, comme en cas de vente, on paye le quint denier. En aucuns lieux, on l'appelle droict de relief, comme
ſi de nouueau on reprenoit le fief : & qu'on releuaſt le fief
eſtant tombé en caducité par la reuerſion. Doncques par
pluſieurs couſtumes eſt deu au ſeigneur feodal relief ou
rachapt quand le vaſſal meurt ſans enfans, & que la ſucceſſion vient en ligne collaterale. Paris, art.33. Meleun, art.58.
Sens, art. 193. Eſtampes, art.24. Auxerre, art.62. Orleans,
art.22. Senlis, art.157. Troyes, art.26. Vitry, art. 29. Laon,
art.166. Reims, art. 78. Blois, art.84. Touraine, art.133. dit
qu'il n'y a rachapt en ſucceſſion de freres & de ſœurs : mais
en autres collaterales y a rachapt. En Niuernois n'y a aucun profit au ſeigneur, pour ſucceſſion de lignage : & ne
doit l'heritier que la bouche & les mains.   Auſſi par pluſieurs couſtumes eſt deu droict de relief ou rachapt, quand
le vaſſal donne ſon fief : ſauf quand l'aſcendant donne au
deſcendant, en auancement d'hoirie, ou en faueur de mariage, auquel cas n'eſt deu aucun profit. Ainſi dit Paris, art.
26. Meleun, art.52.53. Sẽs, art.200.221. Auxerre, art.70.79.
Berry, des fiefs, art 16. & 41. Orleans, art.14. Touraine, art.
151.190. Blois, art.87. Troyes, art.33. Vitry, art.30. Laon, art.
179. Reims, art.82. Mais Orleans, audit article 14. dit qu'il
n'eſt deu rachapt, ſi la donation eſt faicte pour Dieu, & en
aumoſne. Auſſi Eſtampes, art.2. Montfort, art.17. Reims,
art.75. exceptent ſi le deſcendant donataire ſe tient à ſon
don ſans eſtre heritier, qu'il doit rachapt, en ce que ſon don
excede la portiõ hereditaire, qu'il euſt priſe s'il euſteſteheri-
tier.   Dont la raiſon peut eſtre en ce que cet excez n'eſt
pas auancement d'hoirie; mais eſt comme ſi on donnoit à
vn eſtranger. Mais Laon, art.179. dit qu'il n'eſt deu relief,
ores que le don excedaſt le droict, qui viendroit par la voye
d'*inteſtat*. Bretagne, art.78. dit quand aucun vaſſal decede
auec hoirs, en quelque aage que ce ſoit, le ſeigneur prend

le reuenu d'vn an, qui est le droict de rachapt. Et fut ainsi ordonné par le Duc Iean, en muant le bail en rachapt: & art.
81. est dit que celuy qui decede, delaisse la garde de ses enfans à qui bon luy semble. Sera consideré qu'en quelques
prouinces, mesmes en Normandie le seigneur feodal a le
bail de ses vassaux pupilles, & à cause du bail, fait les fruicts
siens. Il est à croire qu'au lieu dudit bail, ledit Duc Iean, mit
sus le droict de rachapt. En aucunes coustumes, mesmes
à Pontoise les fiefs releuent de toutes mains, c'est à dire
qu'à chacune mutation y a droict de relief. Aussi Senlis,
art. 214. & Vitry, art. 30. dient que si la donation est recom-
pensatiue, qu'il en est deu quint denier, pource que la recompense est estimable, & peut estre faicte en deniers, &
Vitry 39 si la donation est faicte pour estre nourri le donateur par le donataire. Mais Niuernois des fiefs, art. 31. 33. 34.
dit que pour donation, en faueur de mariage, de parent à
autre parent, ores qu'il ne soit de la ligne, n'est deu quint
denier. Aussi n'est deu quint denier de donation simple de
parent à parent de la ligne: sauf si elle est à charge ou pour-
recompense. Encores audit cas, n'en est rien deu si le donataire est au proche degré pour succeder. Et sera consideré qu'en Niuernois n'y a droict de relief ou rachapt, ains le
seul profit est de quint denier, selon le pris, ou selon l'estimation de la chose.

Par lesdites coustumes où le droict de rachapt est pra-
tiqué, en eschange n'est deu quint denier: mais droict de
rachapt. Aucunes coustumes dient simplement qu'en eschange est deu rachapt. Paris, art. 33. Sens art. 213. Meleun,
art. 66. Orleans, art. 13. Senlis, art. 257. Troyes, art. 32. Blois,
art. 87. Mais autres coustumes adjoustent modification,
quand les fiefs eschangez sont de diuerses mouuances, &
s'ils sont de mesme mouuance, n'en est rien deu: ainsi dit
Estampes, art. 6 Berry des fiefs, art. 41. Touraine, art. 143.
Laon, art. 178. dont la raison est que le seigneur ne change
de vassaux, & a tousiours les mesmes vassaux qu'il souloit
auoir. Or le profit est deu aux seigneurs pour l'approbation
qu'ils font d'vn nouueau vassal, au lieu de l'ancien. Aussi

l'exception y est quand il y a soulte de deniers, qu'il est deu quint denier pour la soulte. Reims, art.84.Laon, art.177. Meleun, art. 66. Auxerre art. 80. En Niuernois y a quint denier en eschange, qui est pris selon l'estimation du fief. des fiefs, art. 21.Soit veu ce qui sera dit cy-apres au chapitre de retraict lignager,quand l'eschange est presumé frauduleux, auquel cas on le tient pour vente subjette à retenuë ou retraict.

Selon plusieurs coustumes est deu au seigneur droict de rachapt,quand la dame du fief seruant se marie. Aucunes dient que pour le premier mariage d'vne fille, à qui le fief est escheu en ligne directe, n'est deu rachapt,comme Paris, art.37.Orleans,36.37.Meleun,ar.64.Sens,art.211.Troyes, ar.46.Vitry, ar.27.Laon, art.168 & par les mesmes coust. elles doiuent rachapt, quand elles se remarient en secondes ou tierces nopces. Par autres coust. elles doiuent rachapt de premier, & autres mariages. Senlis art,132. Poictou,art.116.quand elle est Dame d'vn fief separé.Meleyn, art.64. Les autres dient que si le frere aisné a porté la foy pour luy & ses sœurs,qu'il les garentit de rachapt pour leur premier mariage. Ainsi Paris, art.35.36. Meleun,art. 60. Estampes, art. 5. Mont-fort,art.23. Et si le frere n'a fait la foy elle doit rachapt.

Le droict de rachap ou relief est le reuenu d'vn an. Et quand tel droict eschet,le vassal doit aller vers son seigneur luy faire trois offres,pour par le seigneur en accepter l'vne, A sçauoir de iouyr par le seigneur du reuenu du fief, vn an durant par ses mains, ou ce que deux preud'hommes arbitreront,ou vne somme de deniers. L'an commence du iour des offres deüement faictes, & a le seigneur quarante iours pour choisir. Ainsi dit Paris,art.47.49. Sens, art. 193. Estampes,art.12.Auxerre, article 62. Orleans, article 52. Mais Senlis, article 158. Troyes article 26. Laon, article 166. Reims,article 76. ne dient pas simplement le reuenu d'vn an : mais l'annee, commune des trois annees precedentes, c'est à dire, qu'on fera amas du reuenu de trois annees,& le tiers de cet amas sera reputee

tee l'annee commune. Ce qui eſt biē raiſonnable, àfin que
ny le ſeigneur, ny le vaſſal ne ſoiēt endommagez ſi l'annee
courante ſe trouuoit, ou grandement fertile, ou grandement ſterile. Et quant aux fruicts qui ſe perçoiuent à vne
fois pour pluſieurs annees, comme de peſches d'eſtangs,
ou couppe de bois taillis, le ſeigneur ne prendra que *pro ra-*
ta d'vn an. Et ſi le fruict eſt tel qu'il ſe perçoiue deux fois
en vn an : comme ſi vendanges ſont tardiues ou auancees
de trois ſepmaines ou vn mois, le ſeigneur ne prēdra qu'vn
fruict. Auſſi ſi le ſeigneur trouue les terres emblauees, ou
autre façon faicte pour les fruicts, il laiſſera les heritages
en pareille façon, & laiſſera auſſi les pailles & ſourrages, ſelon qu'il eſt accouſtumé : car il doit vſer en bon pere de
famille & ſelon la couſtume & vſance. Et ſi les heritages
ſont baillez à ferme de bonne foy, le ſeigneur tiendra la
ferme, pour les raiſons cy-deſſus. Et afin que le ſeigneur
qui voudra iouyr par ſes mains, ſçache quel eſt le reuenu,
le vaſſal deura luy cōmuniquer ſes terriers & papiers de recepte, & endurer qu'il en prenne copie. Ainſi dit Eſtampes,
art. 13. Montfort, art. 31. Poictou, art. 157. Orleans, art. 56.
Et ſi le ſeigneur a ſaiſy à faute d'homme, quand y a rachapt, pour la mutation, les fruicts que le ſeigneur gaigne
en vertu de ſa ſaiſie, à faute d'homme, n'acquittent & ne
deſchargent en rien le rachapt. Berry, des fiefs, ar. 33. & Orleans, art. 71. Car quand le ſeigneur gaigne les fruicts, par
la ſaiſie à faute d'homme, c'eſt pour la peine de la contumace de ſon vaſſal: & les fruicts deus en cas de rachapt ou
relief, ſont pour l'approbation du nouuel homme. Ainſi
dient les loix Romaines, quand il y a peine ſtipulee pour
punir le contemnement, on peut demander les deux, la
peine & l'intereſt. *l. non diſtinguemus. in princip. ff. de arbit. &*
not. in l. ſi quis a ſocio. ff. pro ſocio. Sil aduient qu'en vne
meſme annee le fief chee en rachapt pluſieurs fois par
mort, en eſt deu vn ſeul rachapt. Ainſi dit Orleans, article dix-ſeptieſme. Touraine, article cent trente ſept, dit
que tous rachapts eſcheus en vn an, auront lieu : mais le
premier finira par l'offre reelle du ſecond. Blois, article

quatre-vingts douze, semble exposer bien clairement en ceste sorte. Si en vne mesme eschoite, y a double profit, comme si à femme mariee, eschet vne succession collaterale, sera deu vn seul profit. Si durant l'annee que le sieur iouït aduient autre profit, la iouïssance de la seconde annee commencera au temps, de l'eschoite dudit second profit, & le premier cessera.

Les coustumes sont fort diuerses au faict des baux perpetuels à cens ou rente, que font les vassaux de leurs fiefs, entiers, ou de partie d'iceux. Niuernois, article vingt-sept, vingt-huict, vingt-neuf, a traicté cet affaire bien ciuilement, que le total du fief noble, ny le principal manoir, ny la iustice ne peuuent estre baillez à cens, ou sous autre prestatiõ, disant estre fief noble celuy auquel y a iustice, ou maison fort, ou notable edifice, ou mote auec fossez, ou autre marque de noblesse & ancienneté. Et que le fief rural, qui n'a pas ces marques de noble, ou partie du fief noble, peuuent estre baillez à cens, ou à bourdelage, sans qu'il soit deu quint denier : sinon que le bailleur eust pris argent d'entree, qui fust de plus grande valeur que la redeuance, auquel cas est deu quint de l'entree, quand au fief noble, il y a raison d'honneur, pource qu'il n'est pas bien seant, que ce qui est marque de grandeur, comme la iustice, & le chastel soient profanez par redeuance roturiere & mesnagement, qui est en vsage aux plus viles personnes. Et est l'interest du seigneur feodal, que ce qu'il a baillé noblement, soit exercé & mesnagé noblement. Quant au fief rural ou partie du fief noble, qui consiste en pur mesnagement de labeur. Il y a bien raison, que le vassal, qui n'a pas moyen ou volonté de mesnager par ses mains, reçoiue le profit par perception de redeuance, qui correspond à plus prés au reuenu des fruicts. Plusieurs coustumes permettent au vassal se iouer & esbatre de son fief, sans qu'il se demette de la foy, c'est à dire, qu'il demeurera tousiours chargé de l'hommage enuers son seigneur. Esbattre &

ioüer s'entend d'en faire bail , pourueu qu'il ne baille
pas plus des deux tiers , & en ce cas n'est deu aucun profit au seigneur. Ainsi dient Paris, article cinquante &
vn, Meleun, article septante-neuf, cent. Estampes, article trente quatre. Les autres dient en gros, bailler le tout,
ou partie, sans demission de foy: comme Sens, article deux
cens neuf. Auxerre, article quatre-vingts deux, Senlis, article deux cens cinquante & vn, Reims , article cent dix-
sept. Autres permettent iusques à la tierce partie, comme Blois, article soixante & vn. Du Molin dit quelque part en vne annotation que lesdites coustumes doiuent estre entenduës , pourueu qu'il retienne en ses
mains, partie de son fief en suffisance pour maintenir le
debuoir de vassal, & l'honneur du fief : car retenir la
foy nuëment , sans auoir subsistance d'aucun corps ,
pour la manutention du vassal, seroit plustost irrision que
mesnage.

Mais en tous les cas susdits, & selon toutes lesdites
coustumes , si le seigneur feodal vient à exploicter son
fief en cas d'ouuerture ou de reuersion, il n'aura aucun
esgard ausdites rentes , sinon qu'elles soient infeodees,
c'est à dire que ledit seigneur les ait approuuees. Reims,
article quatre-vingts dix, dit que s'il y a bail à plus de neuf
ans, auec bourse desliee, qu'il en est deu quint: & s'il n'y a
bourse desliee , est deu relief. La mesme coustume, article cent dix-sept , permet au vassal se ioüer de son fief,
sans demission de foy, en le baillant à cens & rente, mais
à la charge susdite , que le seigneur exploictant le fief,
n'y a esgard. Orleans, article sept , permet au vassal bailler son domaine , sous charge de prestation, retenant à
luy la foy, & sous la mesme charge , de ne preiudicier
au seigneur Bourbonnois , article trois cens trente trois,
defend au vassal , de charger rente sur le chef fief : mais
si le seigneur en estant aduerty demeure trente ans sans
se plaindre la charge demeurera , & permet de surcharger les membres du fief: Auuergne chapitre vingt-deux,

article quatorze, dit que le vaſſal ne peut charger le fief, de cens ou preſtation. Touraine, article cent dix-neuf, & 122. dit qu'il eſt deu hommage, qui ſignifie profit, quand le vaſſal tranſporte partie de ſon fief, ſans retention de de-uoir, ou tranſporte plus du tiers en retenant deuoir. Vitry, article vingt-trois, met vne belle modification, qui merite d'eſtre priſe pour generale: àſçauoir que le vaſſal peut bail-ler à cens partie de ſon fief, pourueu que le cens ou pre-ſtation ſoit raiſonnable, & qu'il n'ait pris argent pour la faire plus petite: car de vray tel bail giſt plus en meſnage-ment & adminiſtration, qu'en alienation ou diminution: parce qu'il n'aduient pas touſiours que les gentils-hom-mes ſuyuans les armes, ou eſtans au ſeruice des Rois & Princes, ayent la commodité de faire valoir par leurs mains, les domaines qu'ils ont, & la preſtation qu'ils recueillent, quand il n'y a point d'argent d'entree, vray-ſemblablement rapporte ce que le vaſſal pourroit par-ceuoir par ſes mains, tous frais faits. Et ce que le vaſſal fait en bonne adminiſtration, ſans apparence de mauuais meſnage, ne peut eſtre contredict par le ſeigneur, puis que le vaſſal, ores qu'il ſoit ſeigneur vtil, toutesfois eſt proprietaire, & plus que ſuperficiaire: mais ie ne trouue pas que ce remede, introduict par aucunes couſtumes d'en prendre quint denier ou relief, ſoit de bon meſnage. Car en ce faiſant le ſeigneur approuue la charge, & cela vaut infeodation. Pourquoy eſt meilleur au ſeigneur de re-jetter entierement ceſte ſurcharge ſi le fief en eſt diminué notablement: & ſi la preſtation eſt raiſonnable, ſans en-tree de deniers, de l'endurer, comme acte de meſnage-ment.

Noſtre couſtume de Niuernois des fiefs, article vingt-ſept, a temperé ceſte conſideration, diſant, s'il y a argent d'entree, excedant l'eſtimation & valeur pour vne fois, de la redeuance, qu'il eſt deu quint denier de cet en-trage, comme preſuppoſant à cauſe de la preua-lence, que ce ſoit pluſtoſt vente que bail, comme ſe dit en eſchange. Mais ſembleroit raiſonnable de dire, quand il n'y a autre charge que la redeuance, que ce soit acte de vray mesnagement, dont ne soit deu profit. S'il y a entrage, qu'il soit reputé pour auoir autāt diminué le reuenu annuel, & en fust deu profit indistinctement, *ad instar*, de ce qui est dict des cens, art. 23.

Les vassaux, ores qu'ils soient seigneurs vtils proprietaires, toutesfois ils n'ont pas la disposition libre. Car de ce qu'ils tiennent en leur domaine, qui est incorporé en leur fief, ils n'en peuuent faire arriere-fief. Mais bien peuuent en acquerant l'arriere-fief ou autre heritage tenu d'eux soubs charge, le reünir à leur fief pour estre plain fief. Ainsi dict Niuernois des fiefs, art. 30. Sens, art. 189. Vitry, art. 24. permet aux Barons & Chastellains, bailler partie de leur heritage à gentils-hommes en fief, & art. 25. dict pour autres, que le vassal ne peut de son fief faire son arriere-fief, sinon en mariant ses enfans : & retenant à luy de son fief à suffisance. Et quant au second chef de la reünion. Orleans, art. 18. 19. dict que le vassal acquereur de l'arriere-fief, n'est tenu de le reünir, mais son heritier y est tenu : & par le decedz dudict acquereur, il est tenu pour reüny. Laon, art. 260. &. Rheims, art. 221. dient que l'arriere-fief retenu par puissance de fief, n'est tenu pour reüny, sinon que le vassal en baillant son adueu l'ait employé auec son plain fief. Et n'est tenu le reünir s'il ne veut : mais le peut tenir arriere-fief. Blois, art. 67. dict qu'auant que d'en auoir faict la foy à son seigneur : il peut en disposer en arriere-fief. Bourb. art. 388. dict que le vassal acquiert ce qui est tenu de luy, qu'il deuient plain fief : mais il le peut aliener, retenu à luy le fief. Ainsi dict Meleun, art. 49. ores qu'il ait reüny, que si apres il vēd retenāt la foy qu'il n'en doit riē au seigneur superieur : Mais, art. 74. Meleun dict qu'il doit le mettre en autre main, ou l'vnir à son fief. Et si le plein fief est tenu du Roy. Sens, art. 205. dict que le vassal doit vnir l'arriere-fief, ou le mettre hors de ses mains. Auxerre, art. 72. en dict autant. Et quant à ce qui est en roture, si le vassal acquiert ce qui est tenu de luy en censiue : il est tenu pour reüny à son fief, si par expres il ne declare qu'il le vueille tenir en roture.

Ainfi dict Paris, art. 5 ; Orleans, art. 20. defire que la declaration en foit faicte en l'acquerant. Dont refulte que
pour euiter toutes difficultez le vaffal ayant acquis, ce qui
eft mouuant de luy en fief ou en roture, doit declarer auāt
l'an & iour paffé de fon acquifition, qu'il entend le tenir en
arriere-fief ou en roture, fans le reünir & fignifier fa declaration à fon feigneur feodal: car la iouyffance d'an & iour
faict prefumer la reünion. Ainfi dict Niuernois, art. 30.
Ainfi dient les Canoniftes, quand vn beneficié acquiert de
fes deniers ce qui eft mouuant de fon Eglife. Par l Edict du
Roy Charles IX. fur le faict du domaine Royal, du mois
de Feurier, 1566. eft dict que les heritages & droicts qui ont
efté tenuz & adminiftrez par les receueurs du domaine,
par l'efpace de dix ans , & font entrez en ligne de compte:
font reputez eftre du domaine du Roy. Et au chap. 2. *extra
de feudis*, eft dict, quand vn fief ou vne emphyteofe, retourne à l'Eglife, que le beneficié en peut faire bail nouueau,
fous les charges anciennes, & que tel bail n'eft pas alienation, & n'y eft requis le decret du fuperieur.

Quant à la fucceffion des fiefs en ligne directe : prefque
toutes les Couftumes de France donnent droict d'aifneffe:
qui n'eft pas proprement le droict de primogeniture: car ce
mot regarde le premier ordre de naiffance : mais l'aifneffe
regarde le plus grand aage, qui eft lors que la fucceffion eft
deferee combié qu'il foit nay le troifiefme ou quatriefme,
les autres eftans decedez auant le pere. Et s'il y a des filles
plus aagees, le plus aagé entre les mafles aura droict d'aifneffe. Ainfi dict Laon art. 152. & Rheims, art. 41. Ains en
l'ancien lāgage François fignifie A V A N T, le Latin *Ante*:
Comme puis reprefente le Latin , *poft vel poftea*. Aifné *ante
natus*, Puifné, *poftea natus*. Aucunes Couftumes en petit
nombre ne donnent le droict d'aifneffe, finō entre nobles.
Ainfi dict Niuernois de droict d'aifneffe, art. 1. & adioufte
la modification, fi la cheuance du defunct vaut cent liures
de reuenu. Bourbonnois, art. 301. Troyes, art. 14. Poictou,
art. 289. Auuergne, ch. 12. art. 51. Mais Touraine, art. 297.
dict que fi l'heritage noble, acquis par roturiers, eft en tier-

ce foy, c'est à dire, que par succession il a continué iusques au tiers, dont l'acquereur faict le premier: il doit estre partagé noblement: à quoy s'accorde Poictou, art. 280. Les autres Coustumes attribuent le droict d'aisnesse au partage de l'heritage noble, combien que ce soit entre roturiers. Sera considéré, que d'ancienneté, nul ne pouuoit tenir fief qui ne fust noble: dont vient que le Roy faict payer aux roturiers tenans fiefs, la finance des francs-fiefs & noueaux acquests. Et l'vne des clauses des lettres d'ânoblissement est la permission de tenir fiefs & Iustices. Communément pour le droict d'aisnesse appartiët à l'aisné en precipu & hors part, le chastel ou manoir principal, auec tout ce qui est clos de murailles & fossez, compris lesdicts fossez. Et outre luy appartient le vol du chapon, qu'aucunes Coustumes dient estre vn arpent de terre, les autres vne sexterce, les autres trois sexterees, les autres quarante toises à prëdre du bord du fossé en dehors. Touraine, art. 260. donne à l'aisné le cheze qui est de deux arpens, outre le principal manoir & pourpris. Aucunes adioutent la basse court. Iaçoit que le fossé ou chemin fust entre-deux. Si ce qui est hors le fossé, & qui est enclos de murs, autres fossez, ou hayes viues, contient plus d'vn arpent, ou des mesures susdictes, l'aisné pourra l'auoir en recompensant ses freres ou sœurs en autres heritages à leur commodité, selon l'aduis de leurs parés, ou de preud'hômes. Ainsi dict Niuern. de droict d'aisnesse. art. 5. Paris, art. 13. Meleun, art. 88. Sens, art. 201. Estâpes, art. 8. Poictou, art. 289. Auxerre, art. 53. Orleans, art. 89. Blois, art. 143. Laon, 147. Vitry, art. 55. 56. Rheims, art. 44. Berry, des successions, art. 31. Senlis, art. 127. 128. Auuergne, chap. 12. art. 51. Et si dedans ledict enclos d'vn arpent, qui est hors le principal manoir, y a moulin, four, ou pressoir bannaux, le corps des bastimés appartient à l'aisné par la reigle de droict, que l'edifice cede au sol: mais le profit est commun, & à partir comme le reste du fief, & toutesfois l'aisné pourra auoir ledict profit en recompensant ses puisnez. Paris, art. 14. Sens art. 201. Auxerre, art. 54. Orleans, art. 92. Laon, 149. Rheims, art. 43.

Berry, des fucceffions, art. 31. adioufte, que fi dedans l'arpent y a garenne, colombier, grange, l'aifné l'aura iufques
à la concurrence de l'arpent: mais non pas l'eftang, moulin
ou four bannal. Bourbonnois, art. 302. 303. dict fimplement, fi dans l'enclos, ou les quarante toifes, qui font en
lieu de l'arpêt, font moulin, preffoir ou four bannaux, l'aifné pourra les auoir dedans l'an, en recompenfant : s'ils ne
font bannaux, font à luy fans recompenfe. Niuernois, art.
6 dict, fi ioignant la maifon fans interpofition d'autres heritages eftoient, grange, vergier, colombier, pré ou autre
chofe: l'aifné peut les auoir en recompenfant : car en Niuernois n'eft attribué à l'aifné, ny l'arpêt, ny le vol du chapon. Et Touraine, 261. dict que fi dedans le cheze qui eft de
deux arpens, entour le chaftel, y a eftang, pefcherie, moulin, fuye, qui eft colombier, garenne, clos de vigne, l'aifné
pourra l'auoir en recompenfant. Paris, art. 14. veut que le
moulin, ores qu'il ne foit bannal, foit fubject à recompenfe. La raifon de la bannalité eft , pource que ce droict regarde l'vniuerfel de la feigneurie, & non le feul corps du
chaftel, ny du pourpris. Et quant au moulin non bannal,
pource qu'on en tire profit autre que de la moulture, pour
la prouifion de la maifon. Il y a bien raifon qu'il ne foit reputé du corps effential de la maifon. Mais bien fembleroit
raifonnable qu'à l'aifné demeuraft en precipu , fans entrer
en partage, ou recompenfe le droict de moulture , franc
pour la prouifion de fa maifon. En toutes ces appartenances y auroit grande raifon de dire , que ce qui eft pour le
feul vfage & commodité du feigneur, & de fa famille, comme le jardin, le verger, le colombier , la garenne à conils,
pource qui eft de la prouifion domeftique , d'alimens, &
iufques à la concurrence appartinft à l'aifné , fans aucune
recompenfe: comme eftans acceffoires, deftinez fpecialement & directement pour les perfonnes. Mais en ce que le
pere de famille auroit accouftumé de mefnager, pour vendre ou bailler à ferme , comme d'vn tres-bon colombier,
d'vne bonne garenne, d'vne baffe-court, fructueufe comme i'ay veu celle de Choify aux Loges en la foreft d'Orleás.

Ie

Ie croy que le profit venant outre la prouision ordinaire
de la maison viendroit en partage. Blois, art. 143. dict, que
si endedans l'arpent y a four bannal, moulin, ou chauslee
d'estang separez du manoir, qu'ils ne sont compris au precipu de l'aisné, & y a bien raison: car le reuenu n'est directement destiné pour la prouision de la maison.

Outre lesdicts droicts, l'aisné par plusieurs Coustumes,
& croy que l'obseruance en est generale, doit auoir le nom,
le cry, & les armes pleines de la maison. Ainsi dict Sens, art.
201. & adjouste le tiltre de seigneur Auxerre, art. 54. Bourbonnois 302. Auuergne, chap. 12. art. 51. Troyes, art. 14.
Mais Bretagne, art. 522. adjouste, que les harnois de guerre, & l'eslite des cheuaux auec les harnois, appartiennent à
l'hoir principal. Niuernois, art. 5. adjouste au precipu de
l'aisné le meilleur fief mouuant de la seigneurie, & le meilleur homme de condition seruile. Touraine, art. 260. adjouste auec le precipu, vne foy & hommage, si elle y est: sinon vn arpent de terre, ou cinq sols de rente. Ainsi voyons
nous en la maison de France, que le seul aisné, qui est le
Roy, porte les armes pleines de Frãce. Les autres enfans de
Roy & leurs descendans, portent les fleurs de Lis, auec
quelque charge & difference. Les vns d'vn bord, & bord
de diuerses façons: les autres de l'ambeaux d'argent ou de
gueulles: les autres d'vn baston sur les fleurs de Lis, comme
Bourbon. Et ainsi se practique en toutes maisons nobles.

Aucunes Coustumes attribuent à l'aisné le droict d'aisnesse en chacune succession de pere & mere: cõme Blois,
art. 143. Rheims, art. 42. Senlis, art. 127. Vitry, art. 53. Paris, art. 15. 16. Meleun, art. 88. Sens, art. 2 6. Autres attribuent ce precipu en chacune Prouince ou Bailliage.
Rheims, art. 49. Vitry, art. 53. Niuernois, art 2. dict qu'en
succession de mere n'y a droict d'aisnesse. Bourbonnois,
art. 301. donne à l'aisné la maison, soit paternelle ou ma-
ternelle, Vitry, art. 69. dict, que si la mere est noble, le fils
aisné auroit droict d'aisnesse en la succession d'elle. Autres
dict que l'aisné ne prẽd precipu sinõ en l'vne des successiõs

L

Pagination incorrecte — date incorrecte

NF Z 43-120-12

de pere ou de mere. Auxerre, art. 55. Orleans, art. 97.
Rheims, art. 42.

Selon aucunes Couſtumes, l'aiſné n'a autre aduantage
pour ſon droict d'aiſneſſe, que le principal manoir & pourpris, le nom & armes pleines, le meilleur fief : & le reſte ſe
part également comme Niuernois, Bourbonnois, & Auuergne. Seló autres Couſtumes, outre ſon recipu du principal manoir, pourpris & vol de chappõ. L'aiſné a les deux
tiers de tout le reſte des heritages & droicts feodaux, quãd
ils ſont ſeulement deux enfans.　Et s'ils ſont pluſieurs enfans, il a la moitié. Ainſi dict Paris, art. 15. 16. Meleun. art.
88. Eſtampes, art. 8. Orleans, art. 89. 90. Blois, art. 143. 144.
Laon, art. 150. Rheims, art. 42. 47. Laon, Rheims & Vitry, art. 57. dient, que d'eux filles ne prennent que telle part
qu'vn ſeul puiſné. Poictou, en tout nombre d'enfans, donne à l'aiſné les deux tiers. art. 290. ainſi ſemble dire Touraï-
ne, art. 260. Bretagne, art. 567. dict que tous les iuueneurs,
qui ſont les puiſnez en ſucceſſion noble gouuernee noblement, ne prennent qu'vne tierce partie, & la part des maſles eſt à leur vie durant, & la part des femelles en heritage
propre. Les principales raiſons du grãd aduantage des aiſ-
nez, ſont à l'eſgard des nobles, pour la conſeruation de la
dignité des maiſons : car la nobleſſe eſt bien ſouuent abaiſ-
ſee par pauureté, & quand il faut partir également, la part
de chacun eſt bien petite. Les puiſnez qui n'ont point d'at-
tenduë aux grands biens de leurs maiſons, pourchaſſent
de s'aduãcer aux armes ou autrement, & ſouuent aduient
qu'ils deuiennent plus valeureux, & leurs maiſons durent
d'auantage.

Preſque toutes les Couſtumes dient, quand il n'y a que
filles venans à ſucceſſion il n'y a droict d'aiſneſſe, ains ſuc-
cedét toutes égalemét. Ainſi Paris, art. 19. Meleun, art. 66.
Sens, art. 203. Eſtampes, art. 10. Auxerre, art. 58. Orleans, art. 89. Senlis, art. 132. Troyes, art. 14. Vitry, art.
58. Laon, art. 153. Rheims, art. 41. Blois, art. 145. Niuernois, droict d'aiſneſſe, art. 2. Bourbonnois, art. 304. Au-

uergne, chapitre 12. art. 52. Mais la diuerſité eſt grande, ſi
la fille du fils aiſné, le fils aiſné eſtant mort auant ſon pere,
repreſente ledict fils aiſné audict droict d'aiſneſſe. Niuernois, droict d'aiſneſſe, art. 4. Troyes, art. 92. Rheims, art.
50. Vitry, art. 66. Rheims, art. 50. Laon, art. 156. Meleun, art. 93. Auxerre, art. 56. dient que la fille du fils aiſné ne repreſente ſon pere : ains ſeulement l'aiſné maſle
dudict aiſné. Aucunes deſdictes Couſtumes, adiouſtent la
limitation que la fille du fils aiſné, ne repreſente ſon pere,
quand le pere d'icelle à delaiſſé des freres puiſnez, ains
vient le droict d'aiſneſſe au plus aagé deſdicts freres, oncles de ladicte fille. Comme Meleun, art. 93. Troyes, art.
92. Rheims, art. 50. Vitry, art. 66. Mais s'il n'y a que des filles tantes de ladicte fille, qui eſt fille du fils aiſné, ladicte
fille de l'aiſné repreſentera ſon pere. Meleun, art. 93. Auxerre, art. 57. Laon, art. 156. Leſdictes Couſtumes qui
font aduantage à la fille de l'aiſné, ont pris la repreſentation trop à l'eſcorce, ſans conſiderer la raiſon fonciere du
droict d'aiſneſſe : Car la maſculinité eſt ſpecialement &
directement conſideree au droict d'aiſneſſe, à cauſe du
nom & des armes : ce qui defaut és filles : & les docteurs
du droict Romain ſont bien d'accord, que ſoubs le nom
d'enfans ne viennent pas les nepueux en ligne directe, ſinon que la meſme qualité, ſoubs laquelle les enfans ſont
appellez, ſe trouue eſdicts nepueux en ligne directe. Le
droict Romain en ſoy n'a rien diſtingué au faict de repreſentation; mais l'a admiſe ſimplemét, pource que le droict
d'aiſneſſe n'y eſtoit en vſage. La Couſtume de Paris, art.
324. dict que tous les enfans de l'aiſné, ſoient maſles ou femelles, repreſentent leur pere au droict d'aiſneſſe. Et s'il
n'y a que filles de l'aiſné, toutes enſemble prennent ce
droict d'aiſneſſe, ſans prerogatiue entr'elles. Orleans, art.
305. dict comme Paris : mais adjouſte que s'il y a des maſles, enfans de l'aiſné, l'aiſné deſdicts enfans prendra ſur
ſes freres & ſœurs le droict d'aiſneſſe. Berry des ſucceſſiós.
art. 31. donne aux enfans du fils aiſné le droict d'aiſneſſe.
Aucunes des Couſtumes ſuſdictes, qui excluent de l'aiſ-

nesse la fille du fils aisné, dient que ladicte fille ainsi excluse, prendra vne portion entiere telle qu'vn puisné prend:
car par lesdictes Coustumes deux filles ne prennent qu'v-
ne portion de puisné. Ainsi dict Vitry, art. 69. Rheims, art.
50. Troyes, art. 92. Blois, art. 141.

Aussi presque toutes les Coustumes dient qu'en succession collaterale n'y a droict d'aisnesse. Ainsi dict Niuernois,
d'aisnesse, art. 3. Paris, art. 331. Auuergne, chap. 12. art. 52.
Meleun, art. 98. Sens, art. 203. sauf qu'il dict que l'aisné
des heritiers collateraux, prend le cry & les armes pleines.
Auxerre, art. 59. Orleans, art. 98. Senlis, art. 136. 137. Vitry, art. 59. Laon, art. 162. Rheims, art. 52. Blois, art. 153.
Mais Bretagne, art. 562. dict que les successions collaterales qui se gouuernent noblement, viennent au principal
heritier. Aussi Touraine, art. 273. dict, s'il n'y a que filles
venans à succession collaterale de nobles, que l'aisnee a
l'hostel principal auec le cheze, qui est de deux arpens,
comme il est dict, art. 260. & le reste se part par testes. Et
art. 267. dict, que si l'aisné decede sans eufans, que l'aisné
des puisnez prend les deux tiers de sa succession, auec l'aduantage, comme en ligne directe. Et art. 282. dict qu'entre
nobles, les successions collaterales viennét à l'aisné ou aisnee, sinon quand tous les puisnez tiennent leurs portions
indiuises, & l'vn d'eux decede sans enfans.

Par plusieurs Coustumes le fils aisné peut porter la foy
pour luy, & pour tous ses freres & sœurs, & les garantir en
parage : & ce faisant, les freres & sœurs reprendront & re-
cognoistront leur aisné à seigneur. Ainsi dict Poictou, art.
125. 126. Blois, art. 69. Touraine, art. 264. Et dure ledict
garantage iusques à ce qu'il y ait partage, ou que les Parageurs soient si esloignez, qu'ils puissent se prendre en mariage: Ainsi dient lesdictes Coustumes. Et peuuent les puisnez, s'ils veulent faire la foy au superieur. Ainsi dict Blois,
art. 73. & Vitry, art. 62. dict que dedans l'an, les puisnez
peuuent reprendre de leur aisné, apres l'an doiuent reprendre du seigneur. En Poictou l'aisné est dict Chemier, & les
puisnez sont dicts Parageurs.

Aussi presque toutes les Coustumes s'accordent que quand les coheritiers ou communs partagent la chose feodale, il n'en est deu aucun quint : la raison est que partage n'est pas alienation, mais vne attribution qui se fait à chacun des partageans, de telle valeur d'heritage par diuis. comme estoit sa portion iudiuise : pourquoy se dit au droict Romain que le mineur estant prouoqué, peut faire partage sans decret. *l. inter omnes. C. de prædiis minor.* Et que pour faire reformer vn partage n'est pas requise la deception d'outre moictié de iuste prix, pource que ce n'est pas alienation par commerce, mais suffit vne lesion notable de tant que l'equalité & iuste proportion est de l'essence du partage. Ainsi la Cour de Parlement a inrerpreté la *l. maioribus. C. communia vtriusque iud.* contre l'opinion de la glosse & des Docteurs. Aucunes coustumes dient s'il y a tourne & soulte de chose non commune, qu'il est deu profit de ceste soulte. Niuernois des fiefs, art. 24. Laon, art. 160. Auxerre, art. 97. Touraine, art. 151. en disant qu'il n'est deu profit en soulte de chose mobiliaire, qui soit de la mesme succession, infere que si la soulte n'est de l'heredité, qu'il en est deu profit. Autres coustumes dient simplement que de soulte n'est deu profit. Melcun, art. 125. Troyes, art. 36. adjoustent ceste limitation, quand c'est partage d'heritages escheus, en ligne directe : excepté si les soultes estoient si grandes qu'il semblast plustost vendition que partage. Orleans, art. 15. 16. dit que pour partage n'est deu profit, ores qu'il y ait tourne, pour egaler les lots. Et art. 113. en cens qu'entre coheritiers n'est deu profit, ores qu'il y ait tournes : mais entr'autres personnes en est deu par les tournes seulement. Ce qui a grande raison, quand les choses communes se trouuent telles, que l'on ne peut les partager cómodément, parce qu'en ce cas y a mesme raison, comme il est dit cy-apres, en la licitation. Blois, art. 88 dit qu'il n'est deu profit, ores qu'il y ait soulte, pourueu que le retour n'excede la moictié de la valeur du fief. Mais si la chose ou choses communes ne peuuét bonnement estre partagees, & conuienne venir à licitation qui soit ordonnee en iustice, n'est deu profit, si ce n'estoit que l'estranger receu à licitation fust adiudicataire, Paris, art. 80. Meleun art, 24. Orleans art. 16. & 114. Et sera consideré que la coust. de Paris, art. 70. parle de licitation faicte par auctorité de iustice, & sans fraude : dont resulte que le simple consentement ou conuenance des partageans, ne suffit : mais conuient que par rapport d'expers, & à bon escient soit cogneu que l'heritage ne se puisse commodément partir, pource qu'en tel cas la licitation est necessaire, & n'estant pas vente volontaire est plustost estimee expediét de partage, que vente. *l. ad officium. l. commu. diuid.* Et le partage de la chose feodale ne preiudicie au seigneur & demeure chacun des partageans vassal pour sa part. Niuernois des fiefs, art. 19. Bourgongne, art. 18. Auxerre, art. 52. Bourbonnois art. 366. Les autres coustumes dient que le vassal ne peut desmembrer son fief, sans le consentement du seigneur, sinon par partage. Laon, art. 161. Sens, art. 217. Mais Senlis dit simplemēt que le vassal ne peut demembrer son fief, par diuision reelle, au preiudice du seigneur, art. 204. Reims, art. 115. en dit autant : mais excepte si les puisnez optent de reprendre leur portion de l'aisné, ou si le pere l'ordonne entre ses enfans, Auuergne, chap. 22. art. 38. dit que le frere ou coheritier aisné demeure en cas de partage, chargé de la foy & des seruices, sauf son recours : & art. 41, excepte si le seigneur a consenty le partage.

Le vassal doit fournir au seigneur feodal le denombrement & description de tout ce qu'il tient de luy en fief, dedans quarante iours apres qu'il est receu en foy & hommage. Le denombrement, doit contenir tous les droicts du fief, àsçauoir les heritages que le vassal tient en domaine auec tenans & confins, & les heritages tenus de luy à fief, à cens, ou à autres redeuances par les sommes & especes qui en sont deuës par les personnes qui les tiennent, & par les lieux où ils sont assis en gros. Et les hommes de condition seruile, les droicts que le vassal a sur iceux, auec la situation des mex & tenemens. Les noms de vassaux, & situation de leurs fiefs aussi en gros. Ainsi dit Niuernois des fiefs, art. 68.

& Bourbonnois, article 382. Poictou, art. 142. dit si c'est fief
lige, chef d'hommage qu'il suffit au vassal, de denôbrer en
gros: *sinon qu'il soit requis par son seigneur de denombrer par le me-*
nu. Ceste exception semble raisonnable pour seruir de reigle par tout. Et ar. 143. 180. dit, si c'est fief plein, que le vassal
doit denombrer par le menu tout ce qu'il tient, & tout ce
qui est tenu de luy. De vray y a grande raison que le vassal
ne soit quitte en denombrant si fort en gros, comme il semble que Niuernois permet. Et est l'interest du seigneur feodal, à cause des reuersions & ouuertures, de sçauoir au vray
ce qui est mouuant de luy, & que les nouueaux confins
soient mis au denombrement, en les rapportant, & faisant
conuenir aux anciens. Et croy, combien que Niuernois se
contente de dire en gros: toutesfois le seigneur peut requerir & contraindre le vassal, de dire par le menu. Aussi c'est
le profit du vassal, car le denombrement sert de tiltre, autant au vassal, comme au seigneur. Paris, art. 8. dit que le
denombrement doit estre en forme authentique, & en
parchemin. Idem, Poictou, art. 135. Il a esté dit cy-dessus
que le denôbrement doit estre baillé, dans quarante iours
apres que le vassal a esté receu en hommage. Berry dit soixante iours. Et à faute de bailler denombrement dans ledit temps, le seigneur peut saisir le fief sous sa main: mais il
ne gaigne les fruicts, do'it resulte que par necessité il doit
establir vn commissaire comptable, combien que les coustumes n'en dient rien. De ces quarante iours, & de la saisie, parlent les coustumes. Niuernois des fiefs, article 6. Paris, ar. 8. Melcun, art. 38. Poictou, art. 135. qui outre la saisie,
adjouste vne amende. Berry des fiefs, art. 24. Auuergne, ch.
22. art. 6. 7. 8. Troyes, art. 30. mais il adjouste, que si le vassal
est en demeure vn an durant, le seigneur par le moyen de
la saisie, gaigne les fruicts. Vitry, art. 42. Auxerre, art. 50.
Bourbonnois, art. 381. Senlis, art. 252. Bourgongne, art. 15.
Blois, art. 102. 103. 105.

Aucunes coustumes dient, qu'apres la presentation du
denombrement, pource que le seigneur a quarante iours
pour le blasmer, le vassal est tenu d'aller vers son seigneur,

reclamer & querir le blafme. Ainfi dit Paris, art. 10. Meleun, art. 38. Blois, art. 106. Laon, art. 203. Reims, art. 108. Et femble, puis que la raifon en eft bonne, que l'on le doit tenir pour reigle generale. De vray le vaffal, qui doit honneur à fon feigneur, doit l'aller rechercher, & non attendre que le feigneur vienne & enuoye vers luy. Plufieurs couftumes dient que le denombrement eft tenu pour receu & accepté, fi le feigneur laiffe paffer quarante iours fans le blafmer. Ainfi Niuernois des fiefs, art. 67. Paris, art. 10. Meleun, art. 38. Orleans, art. 82 Reims, art. 108. Blois, art. 106. Laon, art. 203. Mais Bourbonnois, art. 383. dit que la reception que le feigneur fait de l'adueu, pour le veoir, ne luy preiudicie, s'il ne l'a accepté. Ce qui fe dit, qu'il eft tenu pour accepté, fe doit entendre auec temperament, à ce qu'en apres le feigneur n'ait pas les priuileges octroyez par la couftume, cõme de faifie. Mais ie croy que par voye ordinaire, & comme entre toutes autres perfonnes, il peut requerir l'amendement : car ce feroit chofe bien rude, que fous ce pretexte des quarante iours paffez, le feigneur fuft tenu à fon vaffal, de luy garentir le contenu en fon denombrement, ou que le feigneur fuft exclus de contraindre le vaffal à remplir fon denombrement, qui feroit defectueux. Ce feroit contre la bonne foy, qui excellemment doit abonder en tout ce qui eft à faire entre le feigneur, & le vaffal. Pourquoy fi le vaffal veut entierement s'affeurer, il doit plus amplemét contumacer fon feigneur, & luy faire des fommations & proteftations expreffes. Cefte obligation de bailler denõbrement monftre que le vaffal doit inftruire fon feigneur, & la raifon y eft bien, puis que le feigneur, en faifant la premiere conceffion du fief, a iceluy fief commis à la garde du vaffal, qui partant eft tenu à la conferuation des droicts de fon feigneur. l. 1. in fine, cum l. feq. ff. v; ufr. quemad. caueat. l. videamus. § item profpicere. ff. locati. La queftion a efté grande, fi le feigneur doit inftruire fon vaffal, en cas que le vaffal a affermé n'auoir aucuns enfeignemens, & auoir faict deuoir d'en chercher. Surquoy les couftumes, fe trouuent diuerfes. L'ancienne opinion des praticiens eft que le vaffal

doit

doibt precisémēt aduoüer ou defaduoüer parluy ou fon'ga
réd, & que le vaſſal doit inſtruction à ſon ſeigneur, & non le
ſeigneur au vaſſal. Paris, ar. 44. dit apres que le vaſſal aura
aduoüé, le ſeigneur & le vaſſal doiuent communiquer
l'vn à l'autre adueus & titres, & doit le vaſſal ſatisfaire le
premier. Ainſi Orleans, art. 79. Mais Sens art. 215. dit apres
que le vaſſal a affermé ne ſçauoir que l'heritage ſoit tenu
en fief, & qu'il a requis le ſeigneur de l'inſtruire, s'il ne le fait,
le vaſſal peut deſaduoüer ſans peril de commiſe : ſauf quāt
au Roy ſaiſiſſant. Eſtampes, art. 42. dit ſimplement qu'ils
ſont tenus communiquer l'vn à l'autre. Et Laon, art. 200.
& Reims, ar. 128. dient apres que le vaſſal a affermé n'auoir
tiltres, le ſeigneur doit communiquer auant que le vaſſal ſoit tenu d'aduoüer ou deſaduoüer. Meleun, art. 85. 86.
dit que le vaſſal eſt tenu d'aduoüer ou deſaduoüer, toutesfois peut requerir eſtre inſtruit par le ſeigneur : Mais Auuergne, chap. 22. art. 9. 10. 11. dit que le vaſſal doit aduoüer
ou deſaduoüer, ſans que le ſeigneur ſoit tenu de l'inſtruire,
& ſi le vaſſal eſt ſommé par vn ſeigneur, il pourra l'aduoüer
ſous proteſtation de ne faire faux adueu. Es lieux où les
couſtumes ne decident la queſtion, me ſemble qu'il eſt raiſonnable que le vaſſal ne ſoit preciſémēt contrainct d'aduoüer ou deſaduoüer, apres qu'il a affermé par ſerment a-
uoir fait diligence d'enquerir, & qu'il n'a trouué aucune
inſtruction : & audit cas ſoit le ſeigneur tenu luy communiquer les tiltres qu'il a, *Saltem* que ce ſoit aux deſpens du
vaſſal, & que le vaſſal ſoit tenu aller prendre la communication en la maiſon du ſeigneur, ſans que le ſeigneur ſoit
tenu d'apporter en iugement ſes tiltres. Pour ceſte communication ſera noté que les tiltres, adueus, & denombremens, concernāts le fief, quant à l'vtilité d'iceux, ſont communs, parce qu'ils ont eſté faits pour l'intereſt & profit
tant du ſeigneur, que du vaſſal, entre leſquels y a deuoir &
obligatiō reciproque. Vray eſt que les corps deſdits tiltres
& inſtrumens ſont propres au ſeigneur, puis qu'ils luy ont
eſté deliurez. Pourquoy eſtant l'effect & l'vtilité d'iceux, inſtrumens communs : il eſt raiſon qu'il en ſoit faicte edition

M

au vaſſal, par la raiſon de la *l. prætor ait, in princip. ff. de edendo*, *l. 3. in §. ſi mecum. ff. ad exhib. & l. procurator. C. de edendo.*

En la grande antiquité eſtoient pluſieurs cas de commiſe & reuerſion de fief. Nos couſtumes n'en ont gueres retenu que deux, la felonnie & le faux adueu ou le deſadueu. Aucunes y ont mis le tiers cas, quand le vaſſal à ſon eſcient recele aucuns heritages ou droicts en ſon denombrement. Quant à la felonnie: aucunes couſtumes dient que la felónie eſt quand le vaſſal par mal talent met la main à ſon ſeigneur, comme Meleun, art. 83. & Bretagne, ar. 142. Reims, art. 129. dit quand le vaſſal machine la mort & deſtructió de ſon ſeigneur, ou pourchaſſe ſon des-honneur, ou autre dómage notable: ou expulſe ſon ſeigneur de ſon fief apres qu'il l'a ſaiſy. Seló les anciénes loix rapportees és capitulaires de Charlemagne, *lib. 3. cap. 71.* ſi vn vaſſal abandonne en bataille vn autre vaſſal ſon pair (*parem ſuum*) il perd ſon fief auec ſon honneur. Meleun, art. ſuſdit, 83. adjouſte, ſi le ſeigneur forfait à la femme ou fille de ſon ſeigneur. Sont cas de felonnie, eſquels le vaſſal cómet ſon fief en pure perte, au profit du ſeigneur. Auſſi ſi le ſeigneur excede ſon vaſſal, ou couche auec ſa féme ou ſa fille, ou fait autre meſfait notable, il perd l'hómage & fief, qui eſt deuolu au ſeigneur ſuperieur immediat dudit ſeigneur, & tel delict s'appelle auſſi felónie. Ainſi dit, Meleum, art. 84. Bretagne, ar. 621 Laon, art. 197. Reims, art. 130. Ce cas de commiſe eſt fondé, ſur ce que la premiere conceſſió du fief eſt, ou doit eſtre gratuite, cóme vne donation, & la donatió eſt reuoquee par l'ingratitude du donataire: auſſi que la principale obligatió du fief cóſiſte en hóneur, fidelité, & excelléte amitié, àſçauoir protection & amitié de la part du ſeigneur: & ſeruice, hóneur, fidelité & amitié, de la part du vaſſal. Et quád és contracts reciproques, l'vn des cótrahás defaut, en ce qui eſt de l'eſſéce ou cauſe finale du contract, il y eſchet reſolution du cótract. *l. cum te. C. de pact. inter empt. & vend. compoſ. multo magis* en cas de donation & bien-faict. *l. 2. in fin ff. de donat.* L'autre cas de commiſe eſt de deſadueu, ou faux adueu. Deſadueu proprement eſt quand le vaſſal nie tenir ſon fief de tel ſeigneur: Le faux adueu eſt, quád à ſon eſciét, il aduoue autre seigneur feodal. De la commiſe en ce cas, parlent les couſt. Paris, art. 43. Meleun, ar. 85. Eſtampes, art. 33. Sens, art. 199. Auxerre, art. 69. Niuern. des fiefs, ar. 66. Berry, des fiefs, ar. 29. & parle de denegation iudiciaire. Orleans, art. 81. Bourbonn. art. 386. Auuergne, ch. 22. ar. 18. Touraine, ar. 117. Vitry, ar. 40. Laon, art. 199. Blois, art. 101. Et dient la pluſpart deſdites couſt. qu'apres le deſaducu fait par le vaſſal, il doit auoir mainleuee par prouiſion de ſon fief ſaiſy. Paris, ar. 43. Eſtapes, 33. Laon, art. 199. Laon, ar. 200. dit auãt que le vaſſal ſoit tenu aduouër ou deſaduouër, en affermant qu'il n'a aucune inſtruction, peut requerir le ſeigneur de l'informer de ſes titres, ce que le ſeigneur doit faire de bonne foy. Sens, art. 215. dit autant, & adjouſte ſi le ſeigneur fait refus, que le vaſſal peut deſaduouër, ſans peril de commiſe.

Le tiers cas de commiſe de fief, eſt quand le vaſſal à eſciét par dol recele aucun heritage ou droict à ſon ſeigneur, ne le comprenant en ſon denombrement: Ainſi dit Niuernois des fiefs, art. 68. Meleun, art. 39. Bourbonnois, art. 381. Bretagne, art. 142. Ainſi dient les loix Romaines de celuy qui a recelé aucuns biens, eſquels il auoit droict, dont il eſtoit tenu faire declaration. *l. reſcrpitum. ff. de iis quib. vt indig. l. Faulus ſi certa. ff. ad trebell.*

Lareigle cõmune des couſt. eſt que le vaſſal, ne preſcrit cõtre ſon ſeignenr, par quelque tẽps que le ſeigneur ait dormy, ſans faire renouueller ſon hõmage. Comme auſſi le ſeigneur ne preſcrit contre ſon vaſſal, par quelque temps que le ſeigneur ait iouy en vertu de ſa ſaiſie: aucuus dient la raiſon, à cauſe de l'excellence de la foy, & deuoir reciproque qui eſt entr'eux. Les autres diẽt que la patience du ſeigneur qui ne ſaiſit en cas d'ouuerture, eſtant le droict de pure faculté, ne peut apporter preiudice au ſeigneur. Car és choſes qui ſont de pure faculté, on ne preſcrit contre celuy qui n'a exercé ladite faculté. *l. viam. ff. de via publica.* Auſſi pour preſcrire, eſt beſoin qu'il y ait quelque acte contraire: autrement ſe doit dire que celuy qui vne fois a commencé à poſſeder, retient ſa poſſeſſion *ſolo animo.* Comme auſſi quãd le ſeigneur, commence à iouyr, à cauſe de ſaiſie feodale,

telle caufe de iouïſſance eſt cenſee durer & côtinuer, pourquoy ne peut attribuer droict. *l. cū nemo. C. de acq. poſſ.* Aucunes couſt. dient ſimplemét, qu'il n'y a preſcriptió, par quelque téps que ce ſoit. Ainſi dit Niu. des fiefs, art. 13. Sens, ar.
218. 263. & ſtáp. ar. 25. Berry des preſcri. ar. 3. Bourbon. ar. 31.
387 . Auuergne, ch. 17. art. 72. Le ſieur du Molin a excepté la preſcriptioncétenaire, qu'il dit en ce cas auoir lieu. Aucunes couſt. ont dit que la preſcriptió de cent n'a lieu en ce
cas: comme Paris, ar. 12. Meleun, ar. 102. Auxerre, art. 77.
Orleans, ar. 86. Reims, ar. 133. La Cour, y a enuiron 40. ans,
iugea côtre vne iouïſſance de 300. ans, faicte par l'Eueſque
de Clermont, de la ville, cité & conté de Clermôt, au profit de la Royne mere de trois Rois, yſſus de la maiſon de
Bologne, pource que par eſcrit apparoiſſoit que l'Eueſque
de Clermont auoit cômencé ſa iouïſſance par depoſt, que
ſon frere Guy, Comte de Clermôr, auoit faict en ſes mains,
& de ce depoſt apparoiſſoit par eſcrit. Pourquoy ſi par les
anciénes lettres, il appert du droict de feudalité, la preſúp-
tion ſera que le detéteur a touſiours iouy en qualité de vaſſal, & le ſeigneur, en qualité de ſeigneur feodal. Vray eſt que
s'il y a eu côtradictió d'vne part ou d'autre, en deniát ladite
qualité, deſlors le côtrediſant cômencera à poſſeder *pro ſuo*,
& preſcrira par trente ans, parce qu'il y a eu interuerſion de
la premiere cauſe. Ainſi dit Niuernois des fiefs, art. 14. &
Bourbon, ar. 387. Auſſi vn tiers peut preſcrire le droict de
feudalité par 30. ans, contre vn autre ſeigneur feodal. Ainſi
dit Niuern. des fiefs, ar. 15. Eſtápes, ar. 25. Berry des preſcrip.
art. 9. Auuergne, ch. 17. art. 13. Reims art. 134. Mais Niuern.
aſſez à propos, met la forme de la preſcriptió, aſçauoir qu'il
y ait eu deux repriſes, à deux diuerſes ouuertures de fief,
auec ſaiſies reelles deuëment notifiees. Berry des preſcript.
art. 9. dit que les 30. ans, cômencent depuis la premiere ex-
ploictation de fief. De vray s'il n'y a eu acte & exploict exterieur apparent, qui vray ſemblablement puiſſe eſtre venu à
la cognoiſſance de celuy qui a intereſt, la poſſeſſion deuroit
eſtre preſumee clandeſtine, & non efficace pour la preſcriptió. Ainſi dit le droict Romain, és actes de iouïſſance , qui

cõmunémēt ne sõt pas apparés à tous, q̃ la sciéce de celuy
qui a interest est requise. *l. 2. C. de seruit. & aqua. l. quāuis saltus.
ff. de acqu. poss.* Mais les profits de fiefs, & les parties casuelles
qui dependent des mutations, peuuēt estre prescriptes par
trenteans. Ainsi dict Niuernois des fiefs, art. 16. Paris, ar. 12.
Meleun, art. 102. Berry des prescript. ar. 7. Orleans, art. 86.
Troyes, art. 23. Laon art. 213. Rheims, art. 133. Le Seigneur
du Molin à mise vne belle limitation, pourueu que la mutation soit apparente. Car s'il y auoit vente, & le vendeur
eust continué sa iouyssance par forme d'accense soubs l'a-
chepteur: le seigneur qui vray semblablement a ignoré, ne
sera exclus de son profit par les trente ans. La presentation
estant fondee, ou sur la negligence du creancier, ou autre à
qui le droict appartient, ou sur le tacite consentement, qui
est presumé par le laps de temps. *l. cum post. ff. de iure dotium.*
Et celuy qui n'a pas sçeu, ny eu moyen facile de sçauoir,
n'est pas reputé negligent. *cap. licet extrà de suppl. neglig.*
prælat.

S'il y a mutation de seigneur feodal, ou par successiõ, ou
par acquisition à tiltre particulier, & il vueille renouueller
les hommages deubz à sa seigneurie, en cas qu'il y ait ouuerture du fief seruant ledict nouueau seigneur peut saisir
cõme subrogé au lieu de l'ancien. En cas qu'il n'y ait point
d'ouuerture, le seigneur feodal doit faire sçauoir aux vassaux tenans fiefs mouuans de luy, qu'ils viennēt recognoistre & reprendre de luy, & leur donner terme pour ce faire, qui ne soit moindre de quarante iours, auec assignation
de iour & lieu certains. Le lieu doit estre au chastel ou manoir du fief dominant: car le vassal n'est tenu de faire la foy
autre-part. Et s'ils y faillent, le seignr̃ peut saisir & gaigner
les fruicts. La maniere de les conuoquer n'est pas semblable en toutes les Coustumes. Aucunes dient, quant aux
fiefs qui sont assis, & sont mouuans de Duchez, Comtez,
Baronnies, & Chastellenies, qu'il suffit que la conuocation
soit faicte à son de trompe & cry public. Et si les fiefs sont
hors lesdicts lieux que la signification doibt estre particuliere de chacun vassal à sa personne, ou au lieu de son fief,

en parlant aux officiers ou entremetteurs d'affaires. Ainſi
Paris, ar.65. Meleun, ar.43. Sens, art.195. Poiċtou, art.109.
Auxerre, art. 65. Orleans, art. 60. 61. 62. qui dict que les
quarante iours commencent à courir de la derniere publication. Touraine, art.114. Senlis, art. 254. Rheims, art.58.
Blois, art. 50.51. Autres Couſtumes dient ſimplement que
le ſeigneur doit faire ſignifier & aſſigner iour à ſes vaſſaux
en particulier: comme Niuernois, des fiefs, art. 55. Bourbonnois, art. 369. ſauf pour les fiefs, qui ſont en la meſme
Iuſtice du ſeigneur feodal, eſquels la proclamation publique ſuffit. Laon, art. 219. & 221. Mais Berry, des fiefs, art.35.
dict , ores qu'il y ait ouuerture du fief, ſeront auec profit,
que le nouueau ſeigneur doit ſignifier au vaſſal de venir
faire ſon deuoir.

Aucuns ont eſtimé quãd le vaſſal enfrainct la main feodale miſe au fief qu'il commet, & perd ſon fief, cõme pour
cas de felonnie. Mais comme il ne faut eſtendre les loix
penales, pluſieurs Couſtumes ont decidé qu'il n'y a commiſe, ains que le vaſſal auant que d'eſtre receu , eſt tenu de
reſtablir les fruicts. Ainſi, Sens, art. 184. Eſtampes, art. 31.
Poiċtou, art.120. Auxerre, art.47. Orleãs, art. 77. Rheims,
art. 104. Mais Orleans & Poiċtou, y adjouſtent l'amende.

Si pluſieurs ſe trouuent ſeigneurs du fief dominant, la
queſtion eſt, ſi le nouueau vaſſal doit aller les rechercher
tous. Niuernois, des fiefs, art.45. 46. dict que le vaſſal doit
premierement s'adreſſer à celuy qui iouyt du chaſtel, dont
depend le fief dominant. Et ſi le chaſtel eſt commun , doit
s'adreſſer à celuy qui a la plus grande part. S'ils ſont égaux,
à l'aiſné, & faire ſignifier aux autres. Blois, art. 55. Berry,
des fiefs, art. 20. Poiċtou, art. 115. dient à l'aiſné. Bourbonnois. art. 391.& Auuergne, chap. 22. art. 42. 43. 44. dient
premierement à celuy qui a la plus grande part, puis à l'aiſné. Mais le plus ſeur eſt de s'enquerir au fief dominant, qui
eſt celuy à qui appartient receuoir la foy, & s'il eſt au lieu
du fief s'addreſſer à luy : s'il n'y eſt, faire le deuoir au lieu
du fief dominant, auec delaiſſement de coppie , comme a
eſté dict cy deſſus.

Aussi a esté souuent agitee la question , selon quelle Coustume se gouuerne le fief seruant : ou de la Prouince en laquelle il est assis : ou de la Prouince en laquelle est assis le fief dominant. Surquoy Mante , art. 44. Laon , art. 214. & Rheims , art. 138. dient indistinctement , qu'il faut auoir esgard à l'assiette du fief seruant. Ce qui depend d'vne reigle brocardique , qui est communément és cerueaux des practiciens , que toutes Coustumes sont reelles. Ce qui semble ne se pouuoir soustenir indistinctement : pource que nos Coustumes ne sont pas statuts , ains sont nostre vray droict ciuil , comme a esté dict ailleurs : & auons esté trop prompts à suiure les opinions des Docteurs Italiens à cet égard. Car en Italie le droict Romain est le droict commun : & là les statuts , qui sont contraires ou diuers , sont du droict estroit : mais à no⁹ le droict Romain ne sert que pour raison , & le droict Coustumier peut , & doit estre entendu & extendu au large , auec benigne interpretation. Or sur la question me semble , puis qu'ainsi est que fief & iurisdiction n'ont rien de commun , qu'il est assez à propos en ce qui est des profits , & autres droicts de fief estimables en argent , de suiure la Coustume du lieu où ils sont assis. Mais en ce qui est du deuoir personnel , soit de l'honneur ou du seruice , que le vassal doit à son seigneur , parce qu'il doit aller rechercher la personne de son seigneur , au lieu du fief dominant : que pour ces deuoirs personnels , il doit suiure la loy du lieu où il les doit , par l'argument de la *l. contraxisse.* ff. *de actionib. & oblig.*

Le seigneur peut commettre autre personne à la reception de ses hommages , pourueu que ce soit personne qualifiee de noblesse , office ou autre charge notable. Ainsi dict Niuernois , art 49. & Poictou , art. 114. qui adjou.. la limitatiõ , pourueu que le commis ne soit personne vile. Bourbonnois , art. 378. ne permet au seigneur feodal de commettre , si ce n'est le Duc de Bourbonnois pour ses fiefs. Rheims , art. 111. dict , que si le seigneur reçoit ses hommages par Procureur , le vassal peut faire hommage par Procureur.

DES CENS, BOVRDELAGES, et autres redeuances qui emportent Seigneurie directe.

Y deſſus a eſté traicté des Fiefs, eſquels l'vn ſe dict ſeigneur direct, & le vaſſal ſe dict ſeigneur vtil. Le deuoir enuers le ſeigneur direct feodal eſt perſonnel & noble, conſiſtant en honneur & ſeruice és guerres. Autres heritages ſont dont le deuoir eſt appellé roturier, pource qu'il conſiſte en preſtations de deniers, grains & autres eſpeces eſtimables en deniers. Le plus commun & le plus ancien eſt le cens, dont la preſtation ordinairemēt eſt petite, & ſe paye par recognoiſſance de ſuperiorité, & nō pas pour auoir profit qui ait quelque proportion aux fraits de l'heritage chargé de ceſte redeuance. Le ſeigneur cenſier eſt reputé auoir ſeigneurie directe, comme ayant eſté le premier ſeigneur qui en a faict conceſſion ſoubs ceſte charge. Si eſt-ce que le ſeigneur vtil eſt reputé proprietaire du fonds, auec plus de droict que n'eſt pas celuy qui tiét à tiltre de Bourdelage, taille reelle ou emphyteuſe: car tel detenteur n'eſt reputé que ſuperficiaire. Et quand le droict Romain parle des d'eux, ſoubs le nom du ſeigneur dict ſimplement, il entend le ſeigneur direct, & non le ſuperficiaire. l. ſi a omius. §. vlt. ff. de lega. 1. l. damni. §. ei qui. ff. de damno infecto. L'origine du mot de cens eſt du droict Remain, & de fort grande antiquité. Car chacun citoyen contribuoit aux charges publiques ſelon ſes facultez, & eſtoit ceſte contribution tant des perſonnes, qui par delict eſtoient enroollez pour faire ſeruice és guerres, que de la bourſe pour fournir l'entretenement des ſoldats. Les cenſeurs vne fois en cinq ans, faiſoiét la recherche, tāt du nombre & aage des perſonnes, que des facultez de chacun, telle recherche eſtoit appellee CENS, & ſelon icelle les charges eſtoient diſtribuees. Depuis ceſte contribution fut miſe ſur les heritages. Qui eſt la ſource

des

des cens. La prestation censuelle est communément en deniers, qui se payent à iour certain, ou de la feste nostre Dame en Mars, ou le premier Octobre, ou autre iour & selon plusieurs Coustumes, y a amendes côtre celuy qui ne paye pas au iour, qui est la peine du contemnement, & n'est en diminution de la redeuance. En aucuns lieux l'amende est de sept sols six deniers, côme Niuernois, des cens, art.9. En autres est de cinq sols tourn. ou parisis. Paris, ar.85 Estapes, art.49. Orleans, art.102. Laon, art.135. Rheims, art.148. Blois, art.111. Et ne peut estre demandee l'amende que de l'annee derniere, s'il n'y a eu interpellation.

Quand l'heritage tenu à tiltre de cens est vendu : par la pluspart des Coustumes sont deuz lots & ventes au seigneur côtier par l'achepteur, qui sont le douziesme denier du prix qu'on dict vingt deniers pour liure. Ainsi dict Niuernois, des cens, art.2. Paris, art. 76. & art.78. quâd il y a bail à rente racheptable. Estampes, art. 47. Touraine, art. 147. Senlis, art. 246. Laon, art. 137. Rheims, art. 143. Blois, art. 115. En autres Coustumes les lots & ventes sont du sixiesme denier, qui est trois sols quatre deniers pour liure: comme Bourbonnois, art. 395. Meleun, art. 114. dont le vendeur doit la moitié, & l'achepteur l'autre. Poictou, art.21. & les appelle ventes & honneurs. Orleans, art. 106. qui dict, que si le cens est à lots & ventes, le sixieme denier y est: si à ventes seulement le douziesme. Troyes, art. 52. & à payer par le vendeur & achepteur à moitié. Mais Bretagne, art.74. dict que le vendeur doit les deux tiers des ventes, & l'achepteur le tiers. Berry, des cens, art.6. dict que l'Eglise à deux sols pour liure, & les autres vingt deniers. Senlis, art. 246. adjouste deux deniers parisis pour les gands, & Touraine, ar.147. quinze deniers pour les gands sur tout le marché. Cy dessus, sous le tiltre des fiefs, fol. 62. est mise la cause pourquoy en grande ancienneté, c'estoit à la charge du vendeur d'acquiter les profits enuers le seigneur direct.

En aucunes Coustumes sont deubs lots & ventes pour toutes alienations, & est la chose alienee quand l'alienation est autre que vente, estimee par personnes cognois-

N

santes. Ainsi Niuernois des cés, art. 2. Berry des cens, art. 6.
En autres Couſtumes ne ſont deubs lots & ventes en eſchange & en donation, & autres contracts, eſquels n'y a
fonction, comme ſera dict cy apres, ains ſeulement en vête:
Comme Paris, art. 78. Auuergne, chap. 16. art. 1. Ceſte diuerſité vient de la diuerſité des opinions des Docteurs en
la *l. fin. C. de iure emphyt.* ſi l'emphyteute auquel eſt defendu
de vendre ſans le congé du ſeigneur, l'heritage emphyteu-
tique peut le donner. Mais il me ſemble qu'il y a meſme
raiſon en l'vn des cas qu'en l'autre : car ores qu'en donation, & en eſchange le ſeigneur ne ſoit és termes de recouurer l'heritage pour le prix, comme il ſe dict en vente. Si
eſt-ce qu'il a intereſt à la mutation d'hôme: Et le profit qui
ſe paye eſt pour l'approbatiõ que le ſeigneur faict du nouuel homme: qui eſt la raiſon miſe en ladicte loy finale. *verſ.*
& ne auaritia.

Selon la pluſpart des Couſtumes y a amende deuë au
ſeigneur cenſier, quand l'acquiſition nouuelle n'eſt pas ſi-
gnifiée audict ſeigneur dedans les vingt iours, ou quarante
iours, ou autre temps preſcript par leſdictes Couſtumes.
Paris, art. 77. Meleun, art. 111. Eſtampes, art. 47. & Senlis,
art. font l'amende de ſoixante ſols pariſis, qui vallent
ſoixante & quinze ſols tournois. Sens, art. 226. Poictou,
art. 24. 25. Orleans, art. 107. ſoixante ſols tournois. Blois,
art. 118. met l'amende de cinq ſols, s'il n'y a notification
dedans les huict iours, & de ſoixãte ſols s'il y a vn an. Bourbonnois, art. 394. faict doubler les lots & ventes pour defaut de payer dans les quarante iours. Niuernois, des cens,
art. 1. met l'amende de vingt ſols apres les quarante iours
paſſez de l'acquiſition.

En cas de vente le ſeigneur céſier a la choix de prédre les
lots & ventes, ou retenir l'heritage pour le prix qu'il a eſté
vêdu. Niuern. des cés, art. 4. 5. Vitry, art. 18. Poictou, art. 23.
Mais Sens, art. 240. & Meleun, art. 128. dient que le ſeignr
cenſier n'a retenuë s'il n'y en a côuenãce. L'Egliſe n'a retenuë en cens és Couſtumes de Berry, retenuë, art. 4. & Ni-
-uernois, cens, art. 2. 8. Vray eſt que Niuern. pour recõpenſe

de la retenuë, octroye à l'Eglise le huictiesme denier pour
les lots & vétes, qui est deux sols six deniers pour vingt sols:
& Berry luy donne le dixiesme: mais ne dict pas que ce soit
pour recompense. Poictou, art. 33. donne la retenuë à l'E-
glise, à la charge d'en vuider ses mains dedans l'an, si elle en
est requise: soit icy repeté ce qui est dict cy dessus au chap.
des fiefs. fol. 67. Selon la Coustume de Niuern. la retenuë
ne dure que quarante iours, à compter du iout que l'acquereur a exhibé le contract de son acquisition au seigneur, & luy en a baillé coppie collationnee à ses despens.
Et s'il n'a exhibé & baillé coppie, la retenuë dure trente
ans. Au tiltre des cens, art. 6. Poictou, art. 23. ne donne que
huict iours apres l'exhibition du contract, & affirmation
de la verité du prix. Et art. 26. pour les trête ans, en cas qu'il
n'y ait exhibition.

Plusieurs Coustumes n'attribuent au seigneur censier
lots & ventes, pour donation faicte par liberalité & bonne
amour. Sens, art. 229. Blois, art. 121. Estampes, art. 53. Bretagne, art. 75. Auxerre, art. 86. dict que lots sont deubz
de deux sols pour vne fois, & pour tout: mais non ventes. Autres dient, que si la donation est faicte pour
recompense ou remuneration de seruices, ou à la charge
qu'il en est deu profit. Ainsi dict Touraine, art. 147. Blois,
art. 121. Orleans, art. 117. La raison peut estre, pource que
les seruices ou les charges sont facilement estimables en
deniers: pourquoy on estime n'estre pas vraye donation,
mais recompense, comme si on donnoit vn heritage en
payement Ce qui equipolle à vendition. l. si prædium. C. de
euictionib. Mais Auuergne, chap. 16. art. 16. dict que si aucun donne à charge de payer ses debtes, qu'il en est deu
profit: aussi en tel cas, c'est autant que véte, puisque la fon-
ctió est en deniers. Et Rheims, art. 151. dict que pour donation soit gratuite ou remuneratoire, n'est deu profit s'il n'y
a bourse desliee: auquel cas est deu profit selon les deniers.
Niuern. dóne lots & vétes en donation faite a estranger.

Sont aussi les Coustumes diuerses au faict de l'eschange
s'il en est deu profit. Les vnes dient, que si l'eschange est

faict but à but sans soulte, ny à lots ny ventes. Et s'il y a soulte en deniers sont deuz lots & ventes pour la soulte. Ainsi dient Estampes, art. 57. Sens, art. 227. 228. Bretagne, art. 75. Senlis, art. 257. Bourbonnois, art. 596. & dict soulte en deniers ou meubles. Auuergne, chap. 16. art. 2. Bourgongne, art. 117. Meleun, art. 120. Troyes, art. 55. Laō, art. 139. Rheims, art. 152. Les autres Coustumes distinguent, si les heritages eschangez sont de mesme cēsiue que lots & ventes ne sont deuz : si de diuerses censiues, ou estans de mesme censiue s'il y a tourne en deniers, que lots & ventes en sont deuz, comme Touraine, art. 143. 147. Orleans, art. 110. Blois, art. 120. quād les heritages eschāgez sont de mesme censiue, le seigneur a tousiours ses mesmes hommes. Et comme dict a esté, les lots & vētes sont deuz pour l'approbation du nouuel hōme, qui se presente au seigneur. Mais Auxerre, art. 85. dict qu'en eschāge sont deuz lots, qui sont de deux sols pour tout, & pour vne fois : mais ne sont deuës ventes s'il n'y a soulte. Aussi Niuernois des cens, art. 2. attribue au seigneur lots & ventes en eschange, comme en toutes alienations. Et doit estre l'heritage estimé par personnes cognoissantes, pour selō l'estimation proportiōner les lots. Par tout on excepte si l'eschāge est frauduleux, cōme quād les cōtrahans feignent d'eschanger pour empescher les lots & vētes, ou la retenuë, ou le retraict lignager : & en effect c'est vēditiō ou trāslatiō de proprieté moyennāt deniers. La preuue de laquelle fraude est declaree par aucunes Coust. cōme si dedās l'an du contract, qui apparoist eschāge, l'vn des cōtrahans rachepte l'heritage par luy baillé en eschāge. Meleun, ar. 120. Sés. ar. 228. Auxerre, art. 25. Bourb. art. 407. & 459. Vitry, art. 30. Auuergne, ch. 16. art. 12. 13. 14. Sens, & Auxerre és lieux susdicts adioustēt autre cas, si dedās l'an l'vn des deux cōtrahans se treuue possesseur de l'heritage par luy baillé en eschange. Aussi tous deux diēt qu'audit cas de fraude, sont deux doubles lots & ventes. Pour les autres cas de fraude, & moyēs de la prouuer sera traicté cy dessouz, soubs le tiltre de retraict lignager.

Aucunes couftumes permettent au feigneur cenfier, faire faifir l'heritage pour lots & ventes non payez, comme
Niuernois des cens art.16. Bourbonnois, art.413. Auuergne, chap.21. art.6.7. Bretagne, art.69. & 233. adioufte quād
les ventes font liquidees auec l'acquereur ou fon heritier.
Berry des cens, art.12.13.14.15.19. & adioufte que fi l'acquereur apres la faifie demeure plus d'vn an, fans fatisfaire, que
le feigneur gaigne les fruicts. Blois, art.38. Senlis, art. 248.
Cefte faifie de l'heritage pour les lots & ventes non payez,
fe doit entendre quand le pris de l'alienation eft certain, &
en apparoift par efcript, en forme probante. Autrement il
n'y auroit pas raifon de faifir, pour vne chofe incertaine &
non liquide. Mais plufieurs autres couftumes veulent que
le feigneur demande fes lots, ventes & profits par action,
& non par faifie. Ainfi Paris, art.81. Mante, art.49. Meleun, art. 119. Auxerre, art. 85. Laon, art.140. Reims, art.
158.

Les couftumes font diuerfes, fi pour bail à rente par le
detenteur cenfier, feigneur vtil, font deus lots & ventes au
feigneur direct cenfier. Niuernois des cens, art.23. dit qu'il
n'en eft deu, quand le bail eft faict fans bourfe deiliee, &
s'il y a bourfe defliee font deus lots & ventes des deniers
baillez. Ainfi dit Reims, art.153. & Blois, ar.123. Autres couftumes dient que pour bail à rente, ores qu'il n'y ait bourfe
defliee font deus lots & ventes, felon l'eftimation de la rente, qu'aucunes couftumes mettent au denier quinze, comme Berry des cens, art. 21.22. Les autres au denier vingt,
comme Troyes, art.58. Et fi la rente eft en efpece de grain,
ou autres fruicts, en fera faicte l'eftimation. Auuergne, cha.
16. art. 19. dit que pour bail excedant 29. ans, font deus lots
& ventes: mais nō retenuë. Autres couft. dient, fi le bail eft
fait à rēte qui foit rachetable pour certain prix, que deflors
les lots & vētes font deus, felō leditprix, fans attendre le rachapt. Ainfi dit Paris, ar.78. Sens, ar.229. Orleans, ar. 108.
Troyes, ar.75. Reims, ar.159. Les autres dient que les lots &
ventes font deus lors du rachapt, & non pluftoft. Comme
Meleun, art.121. Auxerre, art. 88. La raifon de tout ce que

N iij

deſſus, ſemble eſtre, parce qu'il eſt vray-ſemblable quand aucun baille ſon heritage à charge de rente, ſans receuoir deniers d'entree, qu'il en retire ce que vray-ſemblablemēt il en pourroit retirer de net en meſnageant par ſes mains. Et quand il prend argent d'entree, il faut croire qu'il diminuë d'autāt la redeuāce, & affoiblit le reuenu qu'il deuroit prendre de l'heritage: qui affoiblit le droict du ſeigneur en cas de mutation. Les couſtumes qui ne donnent lots & vētes, pour bail fait à charge de rente non racheptable, diēt que ſi leſdites rentes ſont venduës, en eſt deu profit au ſeigneur: comme Paris, art. 87. Sens, art. 231. Ce qui me ſemble bien raiſonnable, pour eſtre general: car audit cas la rente tient lieu de l'heritage, repreſentant le reuenu d'iceluy. Mais Orleans, art. 108. dit que ſi la rente eſt venduë à autre qu'au preneur, qu'il en eſt deu profit au ſeigneur cenſier. Sens, art. 232. dit que ſi l'heritage eſt baillé à charge de rente nō racheptable, & eſt vendu ſous la charge de la rente: ſera deu profit du prix de l'achapt, & encores de l'eſtimation de la rente, qui ſera faite au denier dix, & de meſme dit Auxerre, art. 89. Ce qui ſemble eſtre bien raiſonnable pour ſeruir de reigle generale: car ſi autremẽt eſtoit le detenteur cenſier, qui par la nature du bail eſt tenu de conſeruer les droicts du ſeigneur direct par l'argumēt. *l. 1. in fi. cum l. 2. ff. v ſufruct. quemad caucat*: pourroit diminuer & affoiblir le droict du ſeigneur direct, entant que l'heritage chargé de rente ſeroit vendu à beaucoup moindre prix, & les profits du ſeigneur ſeroient moindres. Et ſur ſemblable raiſon eſt fondé le retenu *in mente curie,* ſur l'Arreſt du dixieſme May, 1557. recité par du Molin, à la fin du procés verbal de l'ancienne couſtume de Paris: par lequel Arreſt fut iugé qu'il n'eſtoit deu profit au ſeigneur cencier, pour rēte conſtituee à prix d'argent, & aſſignee ſpecialement ſur vn heritage tenu à cens. Et par le retenu de la Cour, eſt dit que ſi l'heritage eſt vendu à la charge de ladite rente, lors ſeront deus lots & ventes, tant du prix de la vente de l'heritage, que du prix de la conſtitution de la rente: la raiſon y eſt bien, car la rente fait portion du prix, & l'heritage en eſt tant moins ven-

du. Niuernois en l'article cy-deſſus, dit qu'en bail à rente ,
n'y a retenuë : mais Bourgongne, art. 114. dit que ſi l'heritage baillé à rente eſt vendu que le ſeigneur cenſier aura la
retenuë dans quarante iours, & dedans l'an pourra rachepter la rente, ſi l'heritage eſt en bonne ville, au denier vingt,
& en plat pays au denier quinze : qui eſt vn remede tres e-
quitable, à ce que le ſeigneur direct, par tels moyens de bail
à rente ne ſoit priué de ſes droicts, ou ſes droicts ſoient affoiblis. Mais ſi ſans faire bail d'heritage, & ſans que l'heritage change de main, le detenteur cenſier, charge ſon heritage de rente, enuers vn tiers, la doute a eſté grāde quels
ſont les droicts du ſeigneur. Si la rente aſſignee ſpecialement eſt conſtituee à prix d'argent, il n'en eſt deu aucun
profit, ſelon ledit arreſt, du dixieſme May, 1557. ſauf la limitation du retenu de la Cour cy-deſſus. Et à ce, s'accordent les couſtumes de Meleun, art 70. & 123. Eſtampes, ar.
50. Poictou, art. 27. Sens, art. 123. Reims, art. 154. Auxerre,
art. 120. Orleans, art. 111. Touraine, art. 123. & ainſi faut entendre & reſtraindre, ſelon mon aduis, les articles, 25. & 38.
au tiltre des fiefs, & 23. au titre des cens, de la couſtume de
Niuernois, pour n'auoir lieu és rentes conſtituees à prix
d'argent, quand la conſtitution eſt à la raiſon accouſtumee
du denier douze, ou denier quinze, qui de leur nature ſont
racheptables à touſiours. Et ſi la rente aſſignee ſur l'heritage tenu à cens ou fief eſt telle, qu'elle ne ſoit racheptable :
comme ſi le vaſſal ou detēteur cenſier fait vne fondatiō de
ſeruice en l'Egliſe, pour lequel il aſſigne rente ; ou ſi par donation ou liberalité, il tranſporte tant de rente ſur ſon heritage, ou s'il vend vne rente à raiſon du denier vingt, ou à
plus haut prix, & il l'aſſigne ſur ſon heritage auec paction
expreſſe qu'elle ne ſera racheptable, laquelle paction en
ce cas i'eſtime eſtre licite, pource que le denier vingt eſt
le prix ordinaire & accouſtumé, auquel ſont eſtimez les heritages, ou les rentes foncieres ſur iceux : ainſi que de preſent, il ſe practique, & eſtoit en vſage aupres des Romains. *l. Papinianus*. §. *vnde*, en v appliquant
le calcul ſubtilement. *ff. de inoff. teſt.* 1. E *t in auth. de non alie-*

nan. §. *quia vero leonis.* En ces cas ie croy que l'expedient
mis par ladite Couſt. de Niuernois, au tit. des fiefs, art. 15.
peut eſtre pris pour regle generale par tout, pource qu'il eſt
fõdé en raiſon iuridique. A ſçauoir que le ſeigneur peut cõ-
tredire ladite rẽte, & l'empeſcher, pour en faire deſcharger
l'heritage ou en l'approuuant prẽdre le quint denier, ou lots
& ventes. Et n'y a pas aſſez d'indemnité au ſeigneur,
quand on dit qu'aduenant ouuerture du fief, ou reuerſion, ou que la ſeigneurie vtile ſoit acquiſe par luy : que le
ſeigneur exploictera, & tiendra l'heritage ſans charge
de ladite rente, & ainſi dient, Sens, article, 190. Auxerre,
article 60. Orleans, article 6. Blois, article 62. Reims, article 117. Paris, article 51. Car cependant ſi le vaſſal ou detenteur cenſier vend ſon heritage ou ſon fief, il le vendra
tant moins, & ſeront les lots & ventes, & le quint denier
moindres : Pourquoy le ſeigneur, pour ſon intereſt, peut
contredire & pourſuiure, a ce que la rente ſoit oſtee. A
quoy s'accorde Bourbonnois, article 333. & Auuergne
chapitre 22. article 14. Ou bien ſi le ſeigneur veut prendre
le quint denier, ou les lots & ventes du prix de la rente, il
ſera tenu, en ce faiſant de l'approuuer, & ſi c'eſt fief la rente ſera pour infeodee, & ſera tenuë en fief, & quand au
tenement cenſuel, ſera tenuë à cens du ſeigneur cenſier,
en ſorte que par l'alienation d'icelle rente y aura profit enuers le ſeigneur feodal ou cenſier : car le profit que le ſeigneur prend, eſt pour l'approbation, qu'il fait de la mutation d'homme. Ainſi qu'il eſt dit *in l. vlt. C. de iure emphyt.*
Ainſi dit Reims, art. 89. que pour aſſignation de rente, n'eſt
deu profit, ſi elle n'eſt infeodee, & Blois, art. 68. que rente
ſur fief n'eſt feodale, iuſques à ce que la foy en ſoit faicte.
Berry des cens, article neuſieſme, donne au ſeigneur
cenſier, lots & ventes quand la rente eſt ſpecialement aſſignee.

Le nouueau acquereur des heritages tenus à tiltre de
cens, doibt exhiber au ſeigneur cenſier, les lettres de
ſon acquiſition, bailler & delaiſſer copie ſignee d'icelles, offrir les lots & ventes, & les arrerages, & ce fait, requerir

querir estre inuesty par luy. Et iusques à ce, ne se peut dire saisy contre le seigneur, quant à ses droicts. Ainsi dit Niuernois des cens, art. 14. & Bourbonnois, art. 416. qui ad-
jousse, ores que le detenteur ait auparauant payé la redeuance, pourtant il n'est pas saisy. Meleun, art. 109. dit que
le seigneur censier peut contraindre l'acquereur d'exhiber son tiltre par saisie de l'heritage. Senlis, art. 247. dit
que l'achepteur ne peut prendre la iouyssance, iusques à
ce qu'il ait payé les profits, à peine de soixante sols parisis d'amende. Par ceste mesme coustume, article 235. le
vendeur doit se dessaisir és mains du seigneur direct, en
luy notifiant la vendition, & luy payer le quint denier, ou
lots & ventes : & l'acquereur ne peut prendre la saisine,
sinon par les mains du seigneur. En Vermandois nul
ne peut acquerir la proprieté d'vn heritage, à luy vendu
ou transporté, iusques à ce que le vendeur se soit deuestu
és mains de la iustice fonciere du lieu, & que l'acquereur en soit vestu par elle. Ce vestement ou saisine se fait
par la tradition d'vn petit baston. Et se dit qu'en franc-aleu
n'est requis vest ny deuest, ains suffit la possession commune. Aussi n'est requis vest ny deuest en succession, en laigs
testamentaire, en don mutuel, en donation par auancement d'hoirie ou faueur de mariage. Ainsi dient Laon,
art. 126. 128. 129. 130. Reims, art. 162. 163. 171. Ce que
dessus est la source des coustumes qui dient que le vendeur doit payer le quint denier ou les lots & ventes, selon qu'il a esté dt cy-dessus.

Si le detenteur censier abandonne l'heritage, & soit
l'heritage sans tenementier : le seigneur censier peut de son
auctorité reprendre en sa main cet heritage, le faire valoir, & en prendre les fruicts. Ainsi dit Niuernois des
cens, article quatorze. Bourgongne article cent quinze.
Berry, des cens, art. vingtsix. Touraine, article vingt-cinq,
Sens, article cent vingt-quatre, Auxerre article cent vingt-
deux : mais Sens & Auxerre adjoustent par auctorité de
iustice, & dient que le seigneur ne fait les fruicts siens,

O

finon iufques à concurrence des arrerages à luy deus. Niuernois femble donner les fruicts fimplement au feigneur cenfier, & ainfi dit Berry des cens, art. 26. quand l'heritage eft demeuré vacant vn an durant. Et fi le tenancier
ou fon heritier vient dedans trente ans, dit Niuernois,
au lieu fufdit, & Touraine, article vingtcinquiefme : Et
dedans dix ans, comme dient Bourgongne, article 115. &
Auxerre, article cent vingt-deux : & demande fon heritage, le feigneur luy rendra en payant les arrerages, &
reparations neceffaires, fi tant eft que le feigneur, par la
perception des fruicts, n'en ait efté fatisfait. Mais fi le feigneur cenfier veut s'affeurer pour toufiours, il doit faire
creer vn curateur à l'heritage vacquant, & fur luy faire faifir & crier l'heritage pour eftre payé de fes arrerages par le
prix de l'adiudication par decret. Ainfi dit Sens, article
124. 125. Troyes, article foixante-neuf. Touraine, article
vingt cinq, fe contente d'attribuer les fruicts au feigneur
cenfier, apres les bannies & proclamations. Vray eft qu'en
ce cas peuuent fe trouuer en concurrence le feigneur cenfier, & le feigneur haut iufticier, parce qu'au feigneur haut
iufticier, appartiennent les biens vacans, non pas pour faire perdre au feigneur cenfier fes droicts : mais pour prendre par le feigneur haut iufticier le profit qui peut reuenir de l'heritage apres les droicts du feigneur cefier fatis-
faits. Pourquoy i'eftime quand la concurrence y eft que
le feigneur cenfier doit endurer que le feigneur haut iufticier exerce fes droicts, qui font de vendre les heritages,
fous la charge du cens, pour du prix eftre les arrerages
& autres droicts deus, payez au feigneur cenfier, & les reparations faictes : qui eft l'indemnité dudit feigneur cenfier. Et l'outre-plus du profit du decret eftre pris par le
feigneur haut iufticier, & audit cas l'acquereur de l'heritage payera les lots & ventes de fon acquifition au feigneur cenfier : Mais pour fe liberer par le feigneur haut
iufticier de la garentie, & des dommages & interefts,
aufquels il feroit tenu fi le proprietaire reuenoit dedans
les dix ou trente ans, comme il eft dit cy deffus. Le plus

feur eft de faire creer vn curateur audit heritage, & fur luy
faire les crices, pour femondre tous ceux qui ont intereft,
car par le decret tout fera purgé. Ie croy auant que donner tel curateur aux biens de l'abfent, qu'il eft befoin que
l'abfence ait efté de quelque long temps, comme de deux
ou trois ans, felon la gloffe, *in l. fi diu. ff. ex quibus caufis in poff.*
& que l'on ait enquis des parens, alliez, voifins, ou amis de
cet abfent, en quel lieu il eft, pour fi facilement on peut a-
uoir accez à luy le faire appeller, *l. ergo. ff. ex quib. cauf. maio-*
res. l. aut qui. §. 1. ff. quod vi aut clam. Cefte creation de curateur aux biens de l'abfent, fe rapporte au droict Romain,
in l. idem priuilegium. ff. de priuileg. cred.

Prefque toutes les couftumes de France, permettent au
detenteur cenfier ou bordelier, ou fous autre charge de
quitter & delaiffer l'heritage au feigneur direct, en payant
au feigneur fes arrerages & droicts. Ainfi dit Niuernois
des cens, art. 20. & des Bordelages, art. 16. 17. & rentes, art.
6. Meleun, art. 126. qui dit de payer les arrerages de fon
temps. Reims, art. 146. auec la mefme limitation des arrerages, & profits efcheus de fon temps. Sens art. 237. Senlis,
art. 286. qui excepte fi le premier s'eft obligé de maintenir
en bon eftat. Paris, art. 109 Poictou, art. 57. 59. qui charge
de payer les arrerages du prochain terme à efcheoir, fi ce
n'eftoit que le quittement fe feift le mefme iour du terme.
Et excepte fi le preneur auoit promis fournir, & faire valoir la redeuance, auquel cas il ne pourroit quitter. Bourbonn. art. 399. met l'exception, finon que le preneur euft af-
figné la rente fur certaine chofe, & generalement fur tous
fes biens. Et Orleans, art. 412. met autre exception fi le preneur auoit promis faire quelque amendement, qu'il n'euft
faict. Mais Auxerre article 92. Berry, des executions, article trente quatre, & Orleans, art. cent trente quatre, dient
que le preneur, ny fon heritier ne peuuent quitter: la
raifon eft adiouftee par Orleans, parce qu'ils font obligez perfonnellement auec hypotheque de tous leurs
biens: Ainfi Touraine, article cent nonante neuf, femble
ne permettre le quittement, finon à ceux qui ne font pas

perſonnellement obligez, ou qui n'ont achepté l'heritage à ceſte charge: touteſfois Paris, art. 58. dit que ceſte obligation perſonnelle, n'oblige ſinon pour autant de temps,
que le preneur ſera detenteur. A quoy faict ce qui eſt dit
au droict Romain, *in l. cum fructuarius. ff. de vſufruct.* Le
ſieur du Molin, bon autheur, dit que nos majeurs ont introduict ceſte faculté de quitter, pour le reſpect de la
liberté humaine, ſelon laquelle nul ne peut s'obliger à
perpetuité, qu'il n'ait quelque moyen de ſe liberer: & ainſi
en traictent les Docteurs, *in l. ob æs. C. de actionib. & oblig.* Autres couſtumes mettent les charges du delaiſſement outre
les deſſuſdites, de delaiſſer l'heritage en bon & ſuffiſant
eſtat, ou en l'eſtat conuenu par le bail. Ainſi dit Niuernois des cens, art. 20. des bordelages, art. 16. des rentes, art.
6. Bourbonnois, article 399. Auuergne chap. 21. art. 16.
Meleun, art. 126. Leſdites couſtumes de Bourbonnois,
& Auuergne adjouſtent autre charge de bailler au ſeigneur la lettre du delaiſſement & gulpine. Niuernois dit,
baillant au ſeigneur les lettres que le detenteur a en ſa
puiſſance, concernans ledit heritage. Nos couſtumes ont
introduicte vne autre ſorte de quittement & delaiſſement
d'heritage hypotheque, qui eſt la vraye execution de l'a-
ction hypothecaire reelle, de laquelle execution le detenteur ſe peut liberer en quittant l'heritage hipotheque,
quand il n'eſt pas perſonnellement obligé: ce qui eſt general, quand aucun eſt tenu comme detenteur de la choſe, qu'en quittant icelle on ne peut plus s'addreſſer à luy.
l. Prætor. §. hoc edictum. ff. de damno infect. Doncques ſi aucun eſtant detenteur d'vn heritage chargé de cens, ou autre deuance, qui n'a pas achepté à la charge d'icelle, eſt
conuenu pour la redeuance ou arrerages, il peut auant
conteſtation quitter l'heritage, ſans eſtre tenu des arrerages, ores qu'ils ſoient eſcheus de ſon temps: mais
apres conteſtation s'il quitte, il ſera tenu des arrerages eſcheus de ſon temps ſeulement, iuſques à la
concurrence des fruicts par luy perceus, ſi mieux il
n'ayme rendre les fruicts. Ainſi dit Paris, article 102.

103. Meleun, article. 176. Orleans, art. 409. 410. Ce qui est conforme au droict escrit des Romains. *In l. si fundus. §. In vendicatione vers. interdum. ff. de pignorib.* où il est parlé *de lite inchoata:* mais lesdictes Coustumes ont parlé *de lite contestata.* Ce qui est *ad instar,* de l'action petitoire *de rei vendicatione,* en laquelle se dict que le possesseur acquereur de bonne foy n'est tenu à restitution de fruicts, sinon depuis contestation en cause. *l. certum. C. de rei vend.* Ce qui se dict de contestation doit receuoir temperament, que quand la cause est intentee par exploicts libellez, qui rendent le defendeur certain, la cause doit estre tenuë pour contestee au preiudice du defendeur, quand il y a eu de sa part des delays superfluz & frustratoires. Pource que sa demeure faict que l'on tient pour chose faicte ce qui devoit estre faict. *l. qui decem in princip. ff. de solut.* Aussi il semble que selon les loix nouuelles de Iustinian : le mesme effect de la contestation, soit quand le defendeur est adiourné par exploicts libellez. *l. sicut. C. de prescript. 30. vel 40. annorum,* & la *l. 2. vbi in rem actio.* I'ay dict de celuy qui n'a achepté a ceste charge: Car s'il a achepté a la charge de la redeuance, il est tenu personnellement enuers le seigneur, ores que le seigneur ne fust present à stipuler: Car le vendeur seigneur vtil estant procureur du seigneur direct, *in eam rem,* est tenu de conseruer ses droicts, luy a peu acquerir ceste action. Aussi la reigle du droict Romain, de n'acquerir action par vn à vn autre, s'entend de l'action directe, & non de l'actió vtile, qui est octroyee par la paction d'vn autre. Selon l'opinion de Martin ancien glossateur, fondee sur le mesme texte, *in l. si res C. ad exhib.* Or celuy qui est obligé personnellement est tenu de payer precisément les arrerages de la redeuance, escheuz du temps qu'il a esté detenteur & pour l'aduenir tant de temps qu'il sera detenteur. Et quant aux arrerages escheuz auant sa detention : il en est quitte en delaissant les heritages. Ainsi dict Paris, art. 99. Sens, art. 131. Auxerre, art. 131. qui adjoustent des detenteurs sommez & certiorez. Troyes, art. 73 Berry des execut. art. 33. Bourbonnois, art. 414. qui restrainct les arrerages

des redeuances foncieres à dix ans, & des côstituees à cinq ans. Senlis, art. 206. Berry adiouste que ces detenteurs ne peuuent estre executez que pour la derniere annee. Encores selon mon aduis doit estre entenduë ceste execution quand elle faict sur les fruicts de l'heritage chargé: car sur les autres biés du detenteur n'y a execution s'il n'est obligé authentiquement.

Aucunes Coustumes permettent au seigneur censier, de saisir par son auctorité, ores qu'il n'ait Iustice, les meubles ou outils trouuez en l'heritage tenu de luy, pour le payement de ses arrerages, à la charge de les faire vendre par auctorité de Iustice. Ainsi Niuernois des cens, art. 16. Paris, art. 86. qui toutes-fois defend le transport, sinon par auctorité de Iustice. Mante, 47. qui dict que le seigneur censier est reputé auoir Iustice fonciere: & ainsi les dict Rheims, art. 144. Orleans, art. 103. desire que le seigneur censier execute par vn sergent. Et tous dient, s'il y a opposition, auoir recours à Iustice. Et surce, sera noté que par aucunes Coustumes y à vne sorte de Iustice qui est appellee fonciere & censiere, qui n'a autre pouuoir que de contraindre pour les cens. Auxerre, art. 20. Sens, art. 20. Poictou, art. 21. attribuë le droict de censiue à la Iustice basse, & dict que le bas Iusticier est fondé d'auoir censiue.

Cés, n'y autre redeuáce emportant seigneurie directe, ne peut estre mise sur le premier cés, au preiudice du seigneur premier. Ainsi dict Niuernois, des cens, art. 12. 13. Estampes, art. 55. Auxerre, art. 98. & adiouste que le second cens est reputé rente. Berry, des cens. art. 31. dict que le second cens est nul. Orleans, art. 142. Cens ne peut estre mis sur cens. Ainsi Bourgongne, art. 114. Troyes, art. 56. Blois, art. 127. Ces Coustumes qui parlent auec prohibition de faire, emporte nullité precise de ce qui est faict au contraire. *l. non dubium. C. de legib.* Mais Bourbonnois, art. 333. dict que sur la censiue du seigneur censier, on ne peut surcharger rente, Auuergne, chap. 21. art. 4. & 29. art. 5. & adiouste que le surcens est commis au seigneur apres declaration de Iustice.

Aucunes Couſtumes ont preſcript de côbien d'annees on peut demander les arrerages des redeuances foncieres. Bourbonnois, art. 414. a prefix le terme de dix ans. Berry, des preſcriptions, art. 8. a mis le terme de cinq ans. Rheims, art. 147. dict, ſi le ſeigneur demande pluſieurs annees, il ſera tenu deferer le ſerment au debteur, pour les annnees eſcheuës, ſauf la derniere. Ceſte Couſtume de Rheims, eſt fondee en vne tres-grande equité, pource que bien ſouuent on ne prend pas quittance, & on ſe contente de l'eſcript que faict le ſeigneur ſur ſon papier de recepte. De vray, où il n'y a telle Couſtume: ie ne voudrois pas ainſi iuger: mais auec tât peu ſoit d'aide, de preuues, de veriſimilitude, ie trouuerois bon de deferer ce ſerment pour ſimplement ſelon la doctrine de la *l. admonendi. ʃf. de iureiur.* Sens, art. 120. dict quant au tiers detenteur pour la derniere annee, comme Niuernois, des executions. art. 11. Berry, des executions. art. 33.

La queſtion ſi l'heritage doit eſtre preſumé franc & allodial en cas que le ſeigneur ne monſtre le contraire: ou s'il doit eſtre preſumé tenu du ſeigneur au territoire duquel il eſt, a eſté traictee diuerſement és Couſtumes. Niuernois, des rentes, art. 1. dict que tous heritages ſont preſumez allodiaux: vray eſt que par le procés verbal, l'article eſt contredict, & le renuoy du côtredict eſt faict à la Cour. Auxerre, art. 23. dict ainſi, & met l'exceptꝑon ſi les heritages ne ſont au territoire où le ſeigneur a accouſtumé de prendre cenſiue. Troyes, art. 51. dict que tout heritage eſt preſumé de franc aleu. Mais Poictou, art. 52. dict que la Iuſtice baſſe & fonciere, eſt fondee d'auoir hommage & redeuance de tout ce qui eſt dedans le territoire d'icelle, & que nul ne peut tenir alleu, ſinon l'Egliſe. Ce qui ſe dict de l'Egliſe eſt ſubject à temperament: Car ſelon les anciés decrets l'Egliſe ne doit auoir que ſon principal manoir & tenemét, qui ſoit exempt des charges foncieres. Ce qu'elle a outre-plus, eſt ſubject aux charges foncieres enuers les ſeigneurs téporels. *cap. 1. extra de cenſib.* qui eſt tiré d'vn concile national faict à Vormes, du temps de Charlemagne. Et

art. 99. dict que tous domaines de Poictou sont ou doiuét
estre tenus noblement ou roturierement. Touraine, art. 5.
dict que le seigneur de territoire tenu en fief, est fondé d'a-
uoir vn denier de cens pour quartier de terre, pré, vigne,
ou autre heritage. Blois, art. 108. dict que toutes censiues
doiuent estre infeodees & aduoües estre tenuës en foy
d'aucun seigneur, sinon qu'elles fussent amorties: & art. 33.
dict que nul ne peut tenir heritage sans le recognoistre à
l'vn des trois droicts, fief, cens, ou terrage. & art. 35. dict
que tels droicts ne peuuent estre prescripts. Et Senlis, art.
262. dict que nul ne peut tenir terre sans seigneur. Selon
mon aduis, si la Coustume n'y resiste, la presomption doit
estre pour le seigneur: par ceste raison chacun doit seruice
au public ou de sa personne, comme sont les nobles à cause de leurs fiefs, ou de sa bourse comme les roturiers : car
les tailles & autres subsides ne sont ordinaires ny fort anciens : Et selon ceste grande ancienneté, quand les tailles
n'estoient point, les cens ou autres redeuances foncieres
estoient payees au Roy, ou à ceux qui tiennent en fief du
Roy, qui doiuét seruice personnel au Roy, à cause de leurs
fiefs: qui estoit l'aide que chacun faisoit de ses biés au Roy,
pour supporter l'entretenement de son Estat. Et la clause
que le Iuge de son office, met es adiudications par decret
sur criees, des droicts seigneuriaux, mostre que la presomption commune est pour tels droicts, puis qu'on les adiuge
sans qu'ils soient requis. Comme en aucunes Prouinces la
reigle est, que nulle terre ne peut estre tenuë sans seigneur,
sinon qu'il y ait tiltre, ou droict equipollent à tiltre. Et ie
croy que cela est general és lieux où n'y a Coustume au côtraire. Ainsi se dict, que les seigneurs n'ont droict de leuer
prestations annuelles sur leurs subjects, sinon à cause d'heritages que les subjects tiennent. Et dient les gens du Roy,
qu'au Roy seul appartient de leuer prestations personnelles. Si ce n'est sur les subjects, qui autrefois estoient de condition seruile: parce qu'en affranchissant les seigneurs ont
peu retenir droicts personnels.

Es Prouinces de Niuernois & Bourbonnois, sont aucunes

nes redeuances dictes Bourdelages ou tailles reelles, subjettes à plusieurs rigueurs, & participent de l'emphyteuse & de la main-morte seruile. Le mot de *Bordelage* vient de de l'ancien mot François *Borde*, tiré de l'Aleman, *Bor*, qui signifie vn domaine és champs : pource que d'ancienneté les seigneurs bailloient les tenemens qu'ils auoient, soubs la charge d'en payer par le preneur, grain, volaille & argēt, ou des trois les deux. Ainsi dient Niuernois, des bourdelages, art. 3. & Bourbonnois, art. 489. & 498. dict que les bordelages de Bourbonnois sont comme les tailles reelles. Les conditions de ces redeuances sont, que le detenteur ne peut partir ne desmembrer son tenement : s'il le faict, le seigneur selon Niuernois, des bourdelages, art. 11. 12. 13. peut enjoindre de reünir dans l'an à peine de commise, selon Bourbonnois, art. 490. la commise est de soy par l'alienation, *ipso facto*, sans interpellation. Ceste rigueur a esté introduicte pour euiter l'inconuenient qui aduient de tels desnombremens, par lesquels la prestation de la redeuance peut estre desreglee & confuse : qui est remarqué par la loy Romaine. *l. communi. ff. commu. diuidundo.* On peut adjouster autre raison, que quand vn tenement est composé de plusieurs pieces d'heritages, le tout ensemble estant lié, peut estre mesnagé en sa vraye valeur : mais les pieces desmembrees ne peuuent pas valoir chacune de par soy, par égale proportion comme elles vallent toutes ensemble, selon la consideration de la *l. cum eiusdem. i. plerumque. ff. de edil. edicto.*

Si le bourdelier qui a recogneu ou payé deux ans, cesse apres de payer par trois ans, il perd son heritage par commise. Niuernois des bourdel. art. 4. 5. 6. 7. Ce qui a esté tiré de l'emphyteuse. *l. 2. C. de iure emphit.* Selon Niuernois, quand l'heritage est vendu ou autremēt aliené, le seigneur prēd le tiers denier du prix ou de l'estimation : Et si c'est vente il a le choix de l'auoir par retenuë. Le tiers denier se prend en montant, c'est à dire, que le droict du seigneur est reputé faire portion du prix, en sorte que la somme que reçoit le vendeur soit estimee faire les deux tiers du prix &,

P

la somme que reçoit le seigneur l'autre tiers: qui est de cét
francs, au vendeur cinquante francs au seigneur des bourdel. art. 23. C'est vne composition accordee d'ancienneté,
pour se redimer de la commise & perte de l'heritage tenu
à emphiteose, si le detenteur alienoit sans le congé du seigneur. Mais Bourbonnois, art. 490. à retenu la commise,
& n'a receu la composition: tellement qu'auant la vente
il faut marchander au seigneur.

Selō sesdictes Coustumes nul ne peut succeder en bourdelage, s'il n'est commun en biens auec le defunct lors de
son decedz. Niuern. des bourdel. art. 18. 19. qui excepte les
enfans au premier degré: lesquels ores qu'ils soient separez
de leurs pere & mere, leur succedent. Bourbonnois, art.
492. n'admet *etiam* les enfans s'ils ne sont communs, &
demeurans auec leur pere: excepté s'ils sont hors par seruice, ou par rixe ou mauuais traictement, ou pour cause d'e-
stude. Et en faut autant dire en Niuernois par l'argument
des mains-mortes, tiltre des seruitud. personnelles art. 14.
Celuy qui est absent par occasion temporelle est reputé
estre tousiours au lieu dont il est originaire. *l. quæsitum: in*
princip. ff. de lega. 3. l. seis. §. pumphile. ff. de fundo instr. l. 2. C. de
incolis lib. 10. où il excepte, sinon qu'il fust absent par dix
ans, lequel temps faict presumer en ce lieu, en intention de
demeure perpetuelle.

Selon la Coustume de Troyes, art. 59. l'heritage redeuable de Coustume, comme de chair, pain, grain, est eschea-
ble & main-mortable, quād le detenteur meurt sans hoirs,
estans en celle, c'est à dire demeurans au mesme mesnage.
Mais si auec lesdictes especes y a argent, l'eschoite n'y est
pas: car l'argent rachepte la main-morte.

Selon ladicte Coustume de Niuernois, nul ne prend
part en l'heritage tenu à bourdelage, s'il n'est nommé au
bail, ou recognoissance, ou hoir commun de celuy qui y
est nommé. En sorte que la vefue ne prend doüaire, ny le
commun parsonnier portion, à cause de la communauté, quand l'heritage vient au seigneur, s'il n'est nommé au
bail. Niuernois, des bourdelages, art. 27. & 29. Et Bour-

bonnois, quant aux communs de mesme art. 417. Iaçoit
qu'en seruitude, nonobstant la main-morte, la veufue
prenne son doüaire sur les biens de son mary. Des seruit.
personn. art. 20. Le detenteur bourdelier ne peut empirer
les heritages, comme oster les edifices ou arbres, ores qu'il
ait faict l'amendement, & peut le seigneur vendiquer ce
qui aura esté trāsporté. Niuernois, bourdel. art. 15. s'entēd
vēdiquer, nō pour par le seigñr se les approprier: mais pour
les faire restablir au lieu dont ils ont esté distraicts. La raison de ce que dessus, est tiree de l'etymologie d'emphiteu-
se, qui est dicte d'amender vn heritage en y plantant. Puisque l'heritage est baillé pour amēder, le detenteur faict ce
qu'il doit, quand il amende: & ayant vne fois faicte ceste
melioration, il ne peut oster ce qui faict portion de l'heritage: Car les arbres & les bastimēs sont portion du fonds. *l.*
adeo. §. cum in suo. ff. de acq. rer. dom. l. quintus. ff. de act. empti.
Ainsi se dict de l'vsufruictier, qu'il ne peut oster ce qu'il a
basty. *l. sed si quid. ff. de vsufr.* Les autres Coustumes dient
que le detenteur ne peut deteriorer, ains doit entretenir en
bon & suffisant estat. Sens, art. 242. Bourbōnois, art. 398.
Troyes, art. 78. Berry, cens, art. 32. Aucuns ont douté si le
seigneur feodal peut contraindre son vassal d'entretenir le
fief en bonne nature. Surquoy me semble que si la deterioration est par main d'homme, comme de coupper bois de
haute fustaye, qui ne soit pour r'eüinir, & que la deterioration soit notable, comme de la demolition du principal
manoir. Ie croy que le seigneur peut contraindre le vassal.
A quoy faict la cōstitution de Louys Empereur és capitul.
lib. 4. cap. 38. qui adjouste la peine de commise, à faute de
reparer.

DE PLVSIEVRS DROICTS COM-
muns aux teneures feodales, sensuelles,
bourdelieres & autres.

EL V Y qui est seigneur vtil, tenāt heritages sous
la seigneurie directe d'autruy: est procureur estably par la loy, à la conseruation des droicts du seigneur direct, de tant que par le bail, Il luy a commise la garde, & le soing. Ainsi qu'il a esté dict cy dessus
par la raison de la *l. 1.* vers la fin, auec la loy seconde. *ff. vsu-
fruct. quemad. caueat. l. videamus §. Item prospicere. ff. locati.*
Pourquoy tel seigneur vtil doit estre soigneux de ne rien
faire au preiudice du seigneur direct: s'il le faict la nullité y
est: & neantmoins est tenu aux dommages & interests, en
tant que le seigneur en receuroit perte.

De ce que dessus depend, que si le vassal, detenteur, c en-
sier ou bourdelier, s'obligent & constituent rente ou autre
hypotheque sur leurs biens. La seigneurie vtile n'en est tenuë, sinon pour le droict tel que le seigneur vtil y a. En sorte que si l'heritage retourne au seigneur direct, par vertu &
puissance de sa directe seigneurie, soit par reuersion perpetuelle ou à temps: Le seigneur prend l'heritage sans ceste
charge. Ainsi est dict au droict Romain. *C. lex vectigali. ff.
de pignorib. l. si finita. §. si de vectigalibus. ff. de damno infecto.*
Ainsi dict Niuernois, des fiefs. art. 39. Paris, art. 52. 59.
Meleun, art. 79. & 100. Sens, art. 208. Estāpes, art. 34. 35.
Senlis, art. 203. 205. Troyes, art. 39. Idem, Touraine, art.
139. mais il excepte si les charges estoient anciennes de
plus de quarante ans. A quoy ie voudrois adiouster que les
charges fussent apparentes, & telles que le seigneur direct
ait peu vray semblablement les sçauoir. Car en toutes possessions dont les exercices sont occultes, & non facilement
cogneuz à tous, la science de celuy contre lequel on veut
prescrire est requise. *l. 2. C. de seruat. & aqua. l. quamuis saltus. ff. de acquir. poss.* Et Senlis, art. 198. dict que le seigneur

feodal retenant par puiſſance de fief ſera ſubject aux rentes
& hypothecques : mais *Petrus Iacobi* en ſa practique tient le
contraire. Et fut iugé par arreſt entre Fraçoiſe de Colons,
Dame d'Oigny, contre le tuteur de Marie Richard, ſur vn
appel venant de Niuern. Ce qui a plus d'apparence ſi le ſeigneur retient pour reünir la ſeigneurie vtile à la ſeigneurie
directe. Mais ſi c'eſt pour en faire plaiſir à vn autre, ou en tirer profit. Ie croy qu'en ce cas l'hypotheque ſuit l'heritage :
car en ce cas le ſeigneur exerce la retenuë par fome de cō-
merce pour y gaigner, & ſe doit contenter d'auoir ceſt aduantage d'auoir l'heritage pour le prix : & au ſurplus, tenir
ranc de ſimple acquereur.

Si le frere ayant les biens communs auec ſa ſœur, & auāt
le partage, promet à ſa ſœur, ſomme de deniers en dot,
moyennant laquelle dot, la ſœur renonce à tous les droicts
qu'elle a en commun auec ſon frere, au profit de ſondit
frere. N'en eſt deu aucun profit au ſeigneur direct, ſoit feodal cenſier ou bourdelier. Ainſi dit Niuernois des fiefs, art.
69. 70. Berry des fiefs. art. 17. & dit indiſtinctement ſi la
ſœur ou le frere renoncent au profit de leur frere. Et des
cens, art. 30. Bourbonnois, art. 405. qui extend à tous coheritiers, Auuergne, chap. 16. art. 6. comme Berry. Vitry, art.
47. dit que ſi c'eſt apres partage qu'il en eſt deu quint. La
raiſon deſdites couſtumes, peut eſtre qu'en vne heredité
eſcheant à pluſieurs freres & ſœurs, ou autres coheritiers.
Il y a vray-ſemblablement des meubles, comme des immeubles, & en partage l'vn des coheritiers peut prendre ſa
part en meubles, car il n'eſt pas neceſſaire de partager toutes ſortes & natures de biens, ny tous les corps hereditaires.
l. poteſt. ff. de lega. 1. Puis le ſeigneur eſt ſans intereſt car il n'y
a mutation d'homme, & de ſeigneur vtil, ſeulement y a
diminution du nombre, & le profit de quint denier, ou de
lots & ventes eſt payé pour approuuer par le ſeigneur, le
nouuel homme.

Le detenteur, qui vne fois a eſté obligé perſonnellemēt
à payer la redeuance, combien que telle obligation ſoit entenduë pour durer autant de temps qu'il ſera detenteur,

toutesfois il demeura obligé pour les arrerages & reparations, ores qu'il ait aliené, iusques à ce qu'il ait nommé le nouueau detentenr, & exhibé ce contract d'alienation. Ainsi dit Niuernois des rentes, art. 4. Poictou, art. 58. dit si aucun aliene sans auoir faict exposition & quittement il est tousiours chargé iusques à ce qu'il ait fourny de tenancier, recognoissent le deuoir. Bourbonnois, art. 103. & Auuergne, chap. 21. art. 21. dit de mesme Niuernois, mais se contente de la nomination du nouuel acquereur. Aucunes coustumes, qui sont és pays de nantissement, n'attribuent aucun droict reel à l'acquereur, iusques à ce que l'ancien detenteur se soit deuesty, & l'acquereur soit vestu par le seigneur, ou par le iuge foncier: mais pour les autres prouinces ie croy qu'en general se peut dire que celuy qui a esté obligé personnellement, ne peut se dire estre deslié & absous, iusques à ce que le seigneur soit aduerty, & deuëmét aduerty par le tesmoignage, escrit que l'heritage a chãgé de main, & pour auoir moyen & certitude pour s'addresser à ce nouueau acquereur. Pourquoy me semble que ce n'est assez de nommer le nouueau acquereur.

Le seigneur auquel est deuë la redeuance fonciere peut contraindre le detenteur de recognoistre icelle redeuance, pardeuant notaire en bonne forme, & encores d'exhiber le tiltre de son acquisition, ou de son predecesseur, si elle est faicte depuis trente ans, pour cognoistre par le seigneur, si aucuns profits & droicts seigneuriaux luy sont deus. Ainsi dit Niuernois, au titre des fiefs, article 55. des rentes; article 8. des bourdelages, art. 26. Sens, art. 192. Auxerre, art. 63. Paris, art. 73. Berry des cens art. 29. Qui est vne exception de la reigle du droict Romain, qui veut que nul ne soit tenu de dire le tiltre de sa iouïssance, ny l'exhiber à sa partie aduerse. l. cogi. C. de peti. here. l. 1. & vl. C. de eden. Mais icy il y a raison particuliere, pource qu'à cause de la premiere concession le seigneur vtil est tenu à la conseruatiõ des droicts du seigneur direct, comme a esté dict cy-dessus. Ce qui s'entend, quand le detenteur a acquis à la charge de la redeuance, car cela l'oblige personnellemét. Ou si le seigneur est fondé en presomption de droict commun, comme si est en sa iustice & territoire où cõmunement les heritages, sont tenus dudit seigneur: mais s'il n'a ces aduantages pour luy, ou qu'il ne monstre par escrit promptement estre seigneur direct, ie croy que le seigneur est au rang de la reigle commune, selon laquelle nul n'est tenu declarer le tiltre de sa possession, ny l'exhiber. *l. cogi. C. de petit. hæred. l.* 1. *& vlt. C. de edend.* Que si le seigneur demande exhibition de tiltre & recognoissance pour sa seule vtilité, àfin de renouueller ses preuues, comme s'il faict faire vn liure terrier ou censier, ie croy que le seigneur vtil doit faire la recognoissance & exhibition aux despens du seigneur, ce requerant par la raison de la *l. eos.* §. *si quis autem. Cod. de appellatione leg. quoniam. C. de testimon.* Mais si le detenteur est nouueau acquereur, & n'a encores esté inuesty, il doit à ses despens faire l'exhibition, & la recognoissance auec l'inuestiture, pource que la coustume l'oblige à ce. Et la reigle de droict est que chacun doit, à ses despens, faire ce qu'il a promis faire. *l. quod nisi ff. de operis libert.*

Les redeuances & les hypotheques sur heritages sont indiuiduës, & peut estre poursuiuy pour le tout le detenteur de chacune piece obligee & hypothequee. Sõ recours reserué contre les autres detenteurs. Ainsi dit Niuernois des rentes, art. 10. Meleun, art. 177. qui adiouste que l'actiõ se peut addresser contre celuy qui par dol ou fraude a delaissé de posseder. Ce qui est conforme au droict Romain, selon lequel celuy qui par dol a delaissé à posseder, peut estre conuenu par action reelle vtile, tout ainsi que s'il possedoit. *l. sin autem.* §. *sed & is ff. de rei vend. l. si fundus.* §. *in vendicatione. ff. de pignor.* Poictou, art. 102. 103. Bourbonnois, article 409. 410. Senlis, art. 192. Reims, art. 185. & Laon, art. 118. dient de mesme, & adioustent la solidaireté, non seulemēt pour l'hipotheque: mais aussi pour l'actiõ personnelle, quãd sont les heritiers de celuy qui a recognou   A quoy se rapporte le droict Romain, *in l. hæredes.* §. *in illa ff. famil. ercisc.* Et parce que c'est l'interest du seigneur, de ne receuoir sa redeuance par parcelles, pour euiter le desreiglement & la confufion, en la preftation, qui eft la raifon mife *in l. communi.* *ff.communi diuid.* Aucunes couftumes font les cens & autres preftations diuifibles, comme Eftampes, ar.54. Orleans, art. 121. Blois, art. 129. A quoy s'accorde ce qui eft dict *in cap. conftitutus finem verfus, extra de religiof. domib.*

Quand aucun a achepté vn heritage à pris certain, mais eft conuenu que pour purger les hypotheques, il fera faify, crié & adiugé par decret, ou bien fi l'achepteur, de foy-mefme, pour purger les hipotheques, le fait crier & decreter. Combien que ce foient deux ventes, toutesfois en eft deu vn feul profit, & eft le choix au feigneur de prendre fon profit, fur la vente faicte de gré à gré, ou fur l'adiudication par decret. Ainfi Paris, art. 84. Orleans, art. 116. Touraine, 180. telle auoit efté l'opinion du fieur du Molin, auãt la redaction defdites couftumes, qui dit, cefte belle raifon qui en effect, ce n'eft qu'vne vente, & le decret y eft appliqué pour confirmer & affeurer la vente faicte de gré à gré. Et celuy qui confirme ne fait rien de nouueau. *l. haredes pal. in. § fi quid poff. ff. de tefta.* Ledit du Molin dit de mefme, fi celuy qui a achepté de gré à gré eft euincé incontinét apres, par les creanciers hipothecaires de fon aucteur, auant qu'il ait payé le quint denier, ou lots & ventes, qu'il peut s'excufer de les payer, mefme fi par le decret, qui bien toft fe doit enfuiure, le feigneur eft en voye de receuoir le profit que l'adiudicataire deura: pource que cefte premiere vente reuient à rien, & fans aucune efficace, comme fi l'heritage n'auoit appartenu à celuy qui l'a vendu.

Deux fortes font de franc-alleus. L'vn noble, & l'autre roturier. Si le franc alleu a droict de iuftice ou territoire de cenfiue, ou a des fiefs en dependans, il eft reputé noble, & y font pratiquees les reigles des fiefs, pour le partage. S'il n'a les marques fufdites, il eft reputé roturier. Et eft dit frãc, pource qu'il n'eft mouuant d'aucun feigneur foncier, mais recognoift la iuftice du feigneur du lieu où il eft affis, ou s'il a iuftice, il recognoift la fuperiorité de la iuftice royale. Ainfi dit Paris, art. 68. Orleans, art. 255. Troyes, article 53. & Vitry, art. 19. 20. Et en eft faicte mention par la couftume me de Niuernois, titre de iustice, art. 10. Et pour alienation de tels heritages en franc-alleu, n'est deu quint denier, ny rachapt, ny lots & ventes, ny autre profit.

Si pour transactions & autres tels contracts est deu profict aux seigneurs directs, y a eu doubte & diuersité d'opinions, pource que les transactions se font sur vn droict incertain, & bien souuent pour se redimer de vexation. Bourbonnois, art. 401. Auuergne, chap. 16. art. 4. 5. dient qu'en supplément de iuste prix, & acquisition de plus-valuë, par transaction, ou autrement lots & ventes sont deus: Mais en donation de plus-valuë n'en est rien deu pour ceste plus-valuë. Touraine, art. 150. dit qu'en trasaction d'immeubles ou droicts, en laquelle y a deniers baillez, ou equipolent sont deuës ventes. Reims, art. 210. dit que la transaction où n'y a bourse desliee, n'equipole à vendition. Mais ie croy qu'il en faut iuger, selon le subiect particulier, & selon les circonstances qui sont au negoce, sans qu'on en puisse donner reigle certaine. Car si le debat, procez ou difficulté, est sur la validité du contract d'alienation, comme si on pretend nullité, à cause du bas aage du vendeur ou contraincte, ou bien deception d'outre moitié, ou autre cause de rescision. En cas que l'acquereur baille deniers, ie croy qu'il doit profit, car c'est comme vn supplément, & additament, au prix du premier contract, qui doit estre censé de mesme nature. *l. inter. §. cum inter. ff. de fundo dot. l. si eum. §. qui iniuriarum. ff. si quis cautionib.* Mais si c'est vne eschoite hereditaire, qui soit en controuerse ou autre droict, qui ne procede de contract d'alienation, pourueu que la chose soit vray-semblablement doubteuse: & en difficulté, ie croy que celuy qui baille argent, pour asseurer son droict, ne doibt aucun profit, pource qu'il rachepte l'incertitude & doubte de l'euenement, ce qui ne s'appelle pas alienation. *l. de fideicommisso. C. de transact.*

Q

DE PLVSIEVRS DROICTS SEI-
gneuriaux, ayans lieu en aucunes prouinces,
& en aucuns territoires, ou generalement.

SElon l'obseruance generale de ce Royaume les Eglises, lieux pitoyables, communautez layes ou Ecclesiastiques, & autres qu'on appelle gens de main-morte. Ne peuuent acquerir ny tenir aucuns herita-ges ou droicts temporels, sans la permission du Roy, qui est octroyee par lettres d'admortissement, qui sont expediees en forme de chartre, auec verification en la Chambre des Comptes : & peut le procureur du Roy les contraindre d'en vuider leurs mains : dont la raison est, pource que tel-les personnes ne font seruice au Roy en ses guerres, & ne contribuent aux subsides. En quoy l'estat public est in-teressé & d'autant diminué : toutesfois par les anciénes loix de France, dont est faict mention és Capitulaires de Char-lemagne, & Louys son fils, & selon qu'il est dit *in cap. 1. extra de censibus*, és decretales antiques, qui est tiré d'vn Concile national tenu à Vvormes, du temps dudit Charlemagne, chacune Eglise peut & doit auoir son principal domaine & manoir exempt de toute contribution, & pour les autres biés, se dit que l'Eglise est sujecte aux droicts seigneuriaux. Et si les Eglises, corps, & colleges n'ont admorty, ils doiuét payer au Roy la finance des francs-fiefs, & nouueaux ac-quests, pour la tolerance que le Roy a euë de ne les con-traindre à vuider leurs mains. Ce payement de finance ne sert pas pour l'aduenir, ains seulement pour le passé. Depuis trente ans en çà, fut faicte vne composition generale auec l'Eglise d'vne decime extraordinaire, au lieu de ladite finã-ce des francs-fiefs. Soit noté ce qui est dit és Capitulaires de Charlemagne. *lib.3.art.86.* que si l'Eglise acquiert heri-tage redeuable de cens enuers le Roy, que l'heritage doit estre rēdu aux heritiers de celuy qui aaliené, ou l'Eglise estre subjecte à la charge. Tout l'interest de ces acquisitions faites par l'eglise, n'est pas au Roy, pour l'estat vniuersel : car les seigneurs directs, feodaux, & censiers, & les hauts iusticiers y ont interest, pource que telles personnes de main-morte ne peuuent aliener, & ne meurēt point, car les corps & colleges se conseruent par subrogation, qu'il n'y a aucune partie casuelle, enuers les seigneurs directs. Aussi elles ne consisquent point, & tels biens ne se trouuent iamais vacans, qui est l'interest des hauts iusticiers. Sur-quoy plusieurs coustumes ont pourueu. Et dient que le sieur feodal, censier, ou autre ayant seigneurie directe peut contraindre par iustice, les gens de main morte, à vuider leurs mains dedans l'an du commandement, des heritages acquis : mouuans de sa directe. Et s'ils n'y satisfont dedans l'an aucunes coustumes font perdre & commettre ausdites gens de main-morte leur acquisition, au profit du seigneur direct : comme Auxerre, art. 6. 48. Sens, art. 5. 23. 185. Les autres coustumes se contentent d'attribuer au seigneur direct les fruicts en pur gain, à faute d'obeyr dedans l'an, & iusques à ce qu'ils ayent obey. Ainsi dit Meleun, article quatre-vingts deux, Orleans, article quarante, quarante vn & cent dix-huict. Berry des fiefs, article 53. Touraine, article cent trois. Laon, deux cens huict, & deux cents neuf. Blois, article quarante & vn', modifie aucunement quand aux fruicts, disant que le seigneur les aura en fin de cause. Auuergne, chap. 22. art. 6. Presque toutes lesdites coustumes prescriuent le terme de quarante ans, aux seigneurs directs, pour cōtraindre l'Eglise à vuider ses mains, horsmis Auxerre, art. 6. & 48. & Sens art. 6. 23. & Berry des fiefs, art. 53. qui donnent aux seigneurs d'vn an seulement, apres que l'acquisitiō leur a esté signifiee : & Orleans, ar. 118. donne 60. ans. Et si dedans ledit temps de 40. ou 60. ans, ou vn an, les seigneurs ne font le commandement & la contraincte ils peuuent seulement demander leur indemnité. Ainsi Meleun, ar. 28. Touraine, ar. 105. Blois, art. 41. Aucunes coustumes dient quand les gens demain-morte ont ad-

morty du Roy, qu'ils ne peuuent eſtre contrainèts de vuider
leurs mains, mais ſeulement de bailler indemnité. Ainſi
Montfort, ar. 46. Laon, art. 210. Reims, art. 83. Es prouinces
où n'eſt admiſe telle couſtume: ie croy que nonobſtāt l'ad-
mortiſſement du Roy, les ſeigneurs direèts, peuuent dedās
le temps oètroyé, contraindre l'Egliſe à vuider ſes mains
preciſément, ſans ſe contenter de l'indemnité, parce que
l'intereſt des parties caſuelles, ne peut pas eſtre bonnement arbitré. Et le Roy, en quittant le droièt qu'il a concer-
nant l'eſtat vniuerſel de ſon Royaume, ne peut déroger aux
droièts de ſes vaſſaux, qui ſont fonciers, & pour leſquels
droièts il luy font ſeruice. Ceſte indēnité eſt arbitree diuerſement par les couſtumes. Les vnes dient que c'eſt le reuenu de trois ans, ou la ſixieſme partie de la valeur de l'heritage, & outre ce, baillēt homme viuant & mourant, par le
deceds duquel ſoit deu le reuenu d'vn an, qu'on appelle
droièt de rachapt. Ainſi Auxerre, art. 8. & Sens art. 6. Touraine, article 105. arbitre l'indemnité à payer la cinquieſme
partie de la valeur de l'heritage, ou cinquieſme du reuenu
à touſiours, ou leuer le reuenu de l'heritage pour cinq ans,
au choix du ſeigneur. Les autres couſtumes dient que l'Egliſe doit bailler Vicaire, qui eſt à dire homme viuant & mourant, par le deceds duquel ſera deu rachapt: comme Orleans, art. 41. 118. Meleun, art. 28. Berry, art. 53. Touraine,
art. 142. Reims, art. 83. Laon, art. 210. Blois, art. 41. Es prouinces où les couſtumes ne diſpoſent point, l'indemnité eſt
arbitree par gens de bien, dont les parties conuiennent, qui
prennent pied de leur arbitrage ſur les autres couſtumes.
Mais Poiètou, art. 52. dit que l'Egliſe peut tenir en alleu,
l'heritage duquel elle a iouy quarante ans, ſauf les droièts
du Roy. Ainſi ſemble dire Sens, art. 185. Toutesfois Touraine, article cent ſept, dit que l'indemnité ne ſe preſcript, que par temps immemorial, Auxerre cent quatre-
vingt-neuf, dit que l'indemnité ſe preſcript par trente
ans. Bretagne, article trois cents quarante-huièt, dit
que gens d'Egliſe ne peuuent s'accroiſtre en fiefs ſecu-
liers, ſans la volonté de ceux de qui ils ſont tenus, &

l'auctorité du Prince auquel seul appartient d'admortir. Touraine, art. 141. dict, si le beneficie resigne son benefice, ou s'il meurt qu'il est deu rachapt du fiefamorty : c'est vne forme d'indemnité.

Aucunes Coustumes donnent aussi ce droict aux seigneurs hauts Iusticiers, ores qu'ils ne soient seigneurs feodaux ne directs, comme dict a esté. Ainsi Vitry, art. 4. qui adiouste la raison, pource que gens de main-morte ne peuuent confisquer. Auuergne, chap. 12. art. 14. Sens, art. 4. Auxerre, art. 6. Mais il semble que cest interest est peu cōsiderable, pource qu'il consiste en expectation de triste éuenement, & auquel est bien seant de ne penser point. Les loix Romaines n'ont receu la consideration de tel interest. *l. cum tale in princip. ff. de condi & demonst. l. inter stipulantem §. sacram. ff. de verb. oblig. l. si in emptione §. liberum. ff. de contrah. empt.*

Aucuns ont en leurs seigneuries droict de moulins, fours & pressoirs bannaux, qui est tel que les subjects sont tenuz faire moudre leur bled, cuire leur pain, & pressurer leur vendange en ce lieu, à peine de l'amēde : & en aucuns lieux la peine est de la confiscation des denrees. Ce droict de bānalité en aucunes Coustumes est ordinaire, comme adherant au droict de Iustice ou de fief : comme Poictou, art. 34. 39. Touraine, art. 7. 8. Bretagne, art. 362. & limitēt la bannalité à la ban-lieuë, qui est vne licuë de distance du moulin. Es autres Coustumes, le droict de bannalité n'est ordinaire. Ains est requis que le seigneur en ait tiltre particulier. Niuernois des fours. art. 1. Orleans, art. 110. Bourbonnois, art. 544. Paris, art. 71. Et ne suffit la iouyssance de quelque temps que ce soit. Niuernois excepte la possession de trente ans apres qu'il y a eu contradiction : & cessant ledict cas, exclud la possession, *etiam* centenaire. Paris, art. 71. excepte s'il y a denombrement ancien. Et quant au tiltre dict qu'il n'est valable s'il n'est de plus de vingt-cinq ans. Mais Bourbonnois, art. 544. dict que subjects peuuent s'exempter en cessant d'y aller par trente ans. Poictou, art. 42. dict que le subject à moulin bannal, doit estre roturier,

& tenir son lieu roturierement. Touraine, art. 7.8. n'attribuë la bannalité si le moulin n'a eauë perpetuelle.

La bannalité s'entend pour le bled & pain, & que le subject veult manger és fins & limites de la bannie. Niuernois des fours, art. 4. Bourbonnois, art.5 4 5. dict de mesme, ores que le bled soit achepté hors la bannie. Mais Touraine, art. 11. dict que si le subject a achepté bled hors la bannie, que par le chemin en l'amenant en sa maison, il peut le faire moudre où il veut. Et art. 12. dict que si le subject enleue le bled hors la bannie pour le vendre hors icelle, il peut le faire moudre où il veut.

Autre, ne peut construire four ny moulin és metes & limites de la bannie, sans le congé du seigneur d'icelle. Niuernois des fours, art. 5. Berry, des moulins, art. 1.2.

Droict de moulage est tel, que d'vn boisseau rez de bled, le moulnier doit rédre vn boisseau comble de farine, apres le droict de moulture payé. Niuernois, art. 6. Bourbonnois, art. 535. Mais Touraine, art. 14. & Blois, art. 240. dient que d'vn boisseau rez de bled bien nettoyé, le moulinier doit rendre vn boisseau comble de farine: & outre treize pour douze. Et le boisseau doit auoir de profond le tiers de son large. Ceste profondité & diametre de la circonference du boisseau sont à considerer pour l'vn & pour l'autre: Car si le boisseau est moins profond, il a la circonference plus grande, & le comble en est plus grand aussi: Si le boisseau est plus profond, le comble sera tant moindre. Pourquoy lesdictes Coustumes, auec raison, ont ordonné vne proportion certaine, qui est que la profondeur doit contenir autant que la moitié du diametre, lequel diametre est la ligne qui separe le rond & circonference en deux portions esgales. Poictou, art. 36. dict rendre vn boisseau comble de farine pour vn boisseau rez de bled : & outre de deux boisseaux, l'vn peut estre pressé & caché auec les deux mains en croix, & de rechef comble, & le boisseau auoir de profond le tiers de son large.

Es Estats à Orleans, le tiers Estat fit requeste, à ce que d'oresnauant les moulniers fussent payez en argent, prins-

sent le bled au poids, & le rendissent au poids, Mais aucuns
malicieux cacherent l'article à la queuë d'vn autre, pour
estre passé par mesgarde. Bretagne, art. 369. dict que le
droict de moulture est la seiziesme partie du bled moulu.

Le moulnier doit rẽdre la farine mouluë dans vingtquatre heures. Niuernois, art. 8. Poictou, art. 44. qui dict, outre que le moulnier est tenu aller querir les farines, & les
rendre és hostels des subjects. Bourbonnois, art. 538. &
Touraine, art. 13. donnent au moulnier deux iours & vne
nuict: ou deux nuicts & vn iour. Bretagne, art. 368. donne
trois iours & trois nuicts.

Si le moulin bannal n'est propre à faire farine à pain
blanc, boulanger public apres sommaire cognoissance par
Iustice, peut aller mouldre autre-part. Niuernois, art. 14.
Bourbonnois, art. 542. Touraine, art. 10. & art. 49. dict
que les boulangers publics ne sont subjects au four bannal.

La peine du subject qui va mouldre ou cuire autre-part,
est de la confiscation des pains & farines, auec l'amende
de sept sols six deniers. Niuernois, art. 3. Mais Touraine,
art. 8. dict que le seigneur dans sa Iustice, peut prendre &
confisquer la farine: si hors la Iustice doit venir par action,
pour auoir l'amende de sept sols six deniers.

Colombier à pied & en fonds de terre, ne peut estre edifié de nouuel en Iustice d'autruy sans congé du seigneur.
Niuernois des colombiers art. 1. Bourgongne, art. 127.
Mais Paris, art. 69. & Orleans, art. 168. dient que le seigneur Iusticier qui a censiue, peut auoir colombier à pied
auec boulins, iusques à rez de terre. Paris, art. 70. qui n'a
haulte Iustice, & a fief, censiue & domaine iusques à cinquante arpens, peut auoir colombier à pied. Mais Orleãs,
art. 168. dict, qui a fief, censiue & terres labourables iusques à cent arpens en domaine, peut auoir colõbier à pied.
Et qui a cent arpens de terre labourable, peut faire volrie
és champs, iusques à deux cens boulins sans trappe. Bretagne, art. 371. & Blois, art. 239. dient que nul ne peut auoir
colombier, si d'ancienneté il ne l'a eu: Bretagne adiouste,

ou s'il n'a fi gráde eftenduë de terre, que les colõbes fe puiffent pourueoir fur luy & fur fes hõmes Blois dict degarène,
cõme de colõbier. Touraine, ar. 37. dict que le feigñr de fief
peut faire en fon fief fuye, qui eft colõbier & garenne. Ces
reigles ont eftc eftablies d'anciennetc , pource que les pi-
geons peuuent manger le grain quand il eft nouuellement
femé, ou quand il eft en efpy auec la maturité. Pourquoy
n'y a raifon que celuy qui a peu ou point de terres labourables, face colombier pour faire dommage à fes voifins.

Le feigneur haut Iufticier edifiant eftang de nouuel,
peut dilater fon eauë fur heritages d'autruy en fa Iuftice:
pourueu que la chauffée foit en fon fonds , c'eft à dire en
fon domaine. A la charge de recompenfer les proprietaires auãt que pofer la bonde. Ainfi dict Niuernois des eauës,
art. 4. Troyes, art. 180. Mais Touraine, art. 37. en permet
autant au bas Iufticier, excepté fi ès heritages inondez y
auoit maifon ou fief. Berry, des moulins , art. 3. dict que
chacun peut faire eftang en fon heritage, fans preiudice du
droict de fon feigneur & d'autruy. Idem, Orleans, art. 170.
Ladicte Couftume d'Orleans, art. 171. 172. 173. 174. 175.
176. 177. & Blois, art. 228. mettoit la forme de fuiure le
poiffon qui fort de l'eftang contremont, & de s'accommoder par les voifins au temps de la pefche.

Riuiere en garenne ne peut eftre tenuë par aucun, fans
en auoir tiltre ou prefcription fuffifante. Niuernois, eauës,
art. 1. Garenne s'appelle ce qui eft eclypfé du droict anciё
public, pour eftre attribué à vn particulier en fon domaine: & eft defenfable en tout temps. Par vne ancienne ordonnance du Roy Iean , de l'an 1355. eft defendu de faire
nouuelles garennes, ny accroiffemёt des anciennes: pource que les garennes empefchent les labourages. Si aucun
pefche en riuiere bãnale ou en garёne , doit l'amende ar-
arbitrairement auec reftitution du poiffon. Niuernois art.
3. Vitry, art. 121. met foixante fols d'amende. Qui pefche
en eftangs ou foffez en heritage d'autruy, eft puny comme
de furt. Niuernois, art. 3. & Vitry , art. 121. La raifon de la
difference eft, que les riuieres fluantes perpetuellement
font

font d'ancienneté publiques. *l.1. §. fluminum. ff. de fluminib.* Pourquoy est aucunement excusable celuy qui y pesche: Mais estangs & fossez font purement de droict priué, & n'y a poisson sinon celuy qu'on y met, & ont leur retenuë par œuure de main d'homme. Aussi qui chasse en garenne d'autruy est puny de furt. Niuernois, des bois, art. 16. & Orleans, art. 167.

Dismes Ecclesiastiques font le vray patrimoine de l'Eglise: mais non pas auec tous les priuileges que le droict Canonique y a establis, ny selon qu'ils estoient attribuez à l'ancien Testamét à la lignee de Leui: car la lignee de Leui n'auoit autre patrimoine que les dismes: Mais l'Eglise Chrestienne possede plusieurs biens temporels. De faict en France, ainsi qu'il est declaré par la constitution Philippine, les dismes ne font deuës à l'Eglise, sinon en la forme que d'ancienneté on a accoustumé, & la prescription a lieu en la quotité, & en la forme de leuer: & l'Eglise ne prend disme en plusieurs territoires és vignes, ny des animaux. Aussi voyons que plusieurs dismeries font au patrimoine de personnes lays, & ne font pas mouuantes de l'Eglise, mais d'autres seigneurs lays. Qui a donné occasion à aucuns de croire que les dismes que l'on leue auiourd'huy procedent de l'establissement qui estoit és Gaules, au téps des Romains: car és Prouinces par eux cóquestees, ils prenoient dismes, mesmement des grains pour nourrir leurs armees: & que par deuotion la pluspart des seigneurs ont delaissé les dismes à l'Eglise, & le reste est demeuré és mains des personnes layes. Toutesfois nous tenons en France que les Eglises, mesme les Parrochiales font fondees en presomption de droict commun pour prendre les dismes de bleds: & quant aux autres dismes, l'Eglise prend selő que d'ancienneté elle a ccoustumé, & n'est fondee sinon, selon l'vsance. Berry des droicts prediaux. art. 17. Es Capitul. de Charlemagne, *lib. 1. chap. 163. & lib. 5. art. 127.* semble qu'il se cognoist qu'en ce téps là les dismes estoient deuës seulement des fruicts des heritages mouuans de l'Eglise. Quant aux dismes que tiennent les laiz en leurs pa-

trimoines a esté obseruee en France par deuotion enuers
l'Eglise, que depuis le Concile de Latran, qui fut en l'an
1179. soubs Alexandre III. Pape, on n'a plus infeodé de
dismes: & s'est-on contenté des dismes qui lors estoient.
De faict quand les laiz plaidans contre les Ecclesiastiques
pour les dismes articulent leurs faicts de possession, & leurs
droicts. Ils alleguent leurs dismes auoir esté infeodez auãt
le Concile de Latran, & en prouuant la possession immemoriale, l'infeodation est presumee & tenue pour Canonique: & est requise semblable preuue au possessoire, comme au petitoire. Niuernois des dismes, art. 7. Orleans, art.
487. parle de l'infeodation. Ces dismes qui sont au patrimoine de personnes layes, pour la pluspart ne sont pas
mouuans ny tenus de l'Eglise en fief, ains de personnes
layes, qui est côtre la doctrine des Canonistes. Et sont censez en France comme tout autre patrimoine laïcal, & en
appartient la cognoissance au Iuge lay. Ainsi dict Niuernois, des dismes, art. 8. Berry, droicts prediaux, art. 16. Blois,
art. 63. Soit noté combien que durant l'ouuerture de Regale, le Roy ne prenne les fruicts de l'Euesché qui sont purs
spirituels: toutesfois en la Regale de Meaux par arrest du
19. Iuin, 1557. ou 1567. les dismes appartenans à l'Euesché
furent adiugez au Roy: qui faict croire que la Cour n'a pas
iugé que les dismes fussent purement spirituels. Toutesfois est obserué en Niuernois, que les dismes des rompeiz
qui sont terres nouuellement deffrichees & mises en culture, appartiennent aux Curez, combien qu'ils ne soient
dismeurs du territoire. Niuernois, des dismes, art. 5. En aucunes Prouinces y a droict de suyte en dismes, soient dismes laiz, soient Ecclesiastiques. Ce droict est tel, que le seigneur de la dismerie en laquelle les bœufs qui ont faict le
labourage, ont esté hyuernez, nourris & hebergez en l'hy-
uer prochain, auant la recollection du disme: Suit son laboureur qui est allé labourer en autre dismerie que la sienne, & prend la moitié du disme, non pas à la raison qu'il se
paye au territoire où le disme est prouenu: mais à la raison
qu'il prédroit en son territoire, & sans auoir égard si le lieu

où le difme eft cueilly eft priuilegié ou non. Ainfi dict Niuernois au tiltre des difmes, art. 1. 2. & Berry des droicts
prediaux, art. 18. & limite le temps d'hyuerner, depuis le premier iour de Nouembre, iufqu'au premier de
Mars.

Selon l'vfance commune de France, le fief & la Iuftice
n'ont rien de commun: en forte que du fief, il ne faut inferer la prefomption de Iuftice ou reffort: ny de la Iuftice &
reffort le fief. Ainfi dict Berry, des fiefs, art. 57. Bourbonnois, art. 1. Auuergne, chap. 2. art. 4. 5. Blois, art. 65. Mais
Poictou, art. 108. dict, qui a hommage eft fondé de Iurifdiction, fi ce n'eftoit hommage de deuotion.

En aucunes Prouinces de France, les feigneurs Iufticiers
ont droict de tailler leurs fubjects en quatre cas. A fçauoir
quand le feigneur va outre mer vifiter la terre Saincte.
Quand il eft prifonnier de guerre. Quand il marie fa fille.
Quand il eft faict Cheualier. Ainfi dient Bourbonnois,
art. 344. Auuergne, chap. 25. art. 1. 2. 3. 4, Bourgongne,
art. 4. Bourbonnois dict pour fa fille en premieres nopces. Auuergne parle du mariage des filles. Bourgongne
dict vne fille tant feulement. Bourbonnois dict que le cas
de prifon eft reiterable: les autres non. Bretagne, art. 89.
met les cas, pour marier l'vne de fes filles: & lors la taille,
c'eft le double de la rente. Et quand le feigneur ou fon
fils aifné eft faict Cheualier. Article 81. quand le feigneur
eft pris en guerre, & fes meubles ne peuuent fuffire. Item
quand le feigneur achepte terre de fon lignage, fes fubjects luy auancent l'annee de leurs redeuances. Article 94.
le fubject doit aider à fortifier la maifon de fon feigneur en
temps de guerre, afin que le fubject y puiffe retirer fa perfonne & fes biens. Auuergne dict que la taille eft de trente fols pour feu, le fort portant le foible. Et art. 6. dict
qu'au nombre des taillables ne font comptez pupilles,
pauures femmes vefues, & mandians. Article 12. fi plufieurs cas aduiennent en vn an, ne s'en leuera que l'vn, &
les autres, és autres annees. Touraine, art. 85. dict que le

vaſſal doit faire loyal aide à ſon ſeigneur en trois cas.
Quand il eſt priſonnier des ennemis de la Foy ou du
Royaume. Quand le pere marie ſa fille aiſnee. Et quand
le ſeigneur ſe faict Cheualier ſuiuant les armes. Article 92.
dict comme Auuergne, ſi pluſieurs cas aduiennent en vn
an, l'vn ſe paye, les autres ſe different aux autres annees.
Ce cas du voyage d'outre mer, faict croire que ces droicts
ne ſont de la tres-grande ancienneté de France : Car le
premier & grand voyage des François, ſoubz la conduicte
de Godefroy de Bologne fut en l'an 1097. Auant que les
tailles du Roy fuſſent en ordinaire. Le Roy auoit droict
de tailler les ſubjects en ſon domaine, quand il faiſoit ſon
premier fils Cheualier. Ainſi que i'ay veu és Regiſtres de
Parlement, où eſt vn Arreſt donné contre les habitans
d'Annet, Auneau & Monchauuet : Dont reſulte, que nul
ne naiſt Cheualier, mais doit eſtre faict Cheualier.

Les Roys ou Lieutenans generaux du Roy en vne armee, ont accouſtumé faire Cheualiers vn iour de bataille
apres le combat, qui eſt la vraye Cheualerie : & quelquesfois auant le combat, quand les armees ſont preſtes à com-
battre. Le Roy donne à tous Cheualiers ce tiltre de *Noſtre
amé & feal*, les autres que le Roy, nomment le Cheualier
Meſſire, & la femme du Cheualier *Madame*. La fille non
mariee de quelque grand lieu qu'elle ſoit, eſt nommee
Madamoiſelle : hors-mis la fille du Roy, ou la fille de fils aiſné
de Roy. Apres le decedz du Duc Charles de Bourgongne,
ſa fille & heritiere, combien qu'elle fuſt Dame de pluſieurs
terres ſouueraines, n'euſt autre tiltre que de *Madamoiſelle*
iuſques à ce qu'elle fuſt mariee.

La pluſpart des ſeigneurs qui ont places fortes, ont
droict de Guet, ſur lequel droict eſt l'Ordonnance du Roy
Louys XII. de l'an 1504. qui deſire que ce droict ne ſoit
exercé ſinõ par les ſeigneurs, & és lieux où l'on à accouſtumé d'anciéneté. Et ſi les places ſont en eſtre de forthereſſe,
& en cas d'imminét peril. A cauſe de ce droict, les ſubjects
ſont tenus à certains iours, & pour le plus, vne fois le mois

aller vn iour durant faire guet & garde , enquoy ne font
comprifes les femmes vefues', qui n'ont enfans aagez de
dix-huict ans ou'plus : ny ceux qui font cottifez à cinq fols
de taille feulement. Auuergne, chapitre 25.art.17.dit que
les fubiects guettables, qui ont droict de retraicte en vn
chaftel, font tenus feulement aux legeres reparations du
chaftel.

Ban à vin, eft vn droict que plufieurs feigneurs ont, qu'en
certaines faifons de l'annee, nul en dedans leur territoire,
ne peut vendre vin : la Cour de Parlement tenãt les grands
iours à Moulins, 1550.le 10. Septembre, entre l'Archeuefque,& les Confuls de Lyon:iugea prouifionnellement,ce
droict n'appartenir aux feigneurs, finon pour vendre le vin
de leur creu: le droict de Ban de l'Archeuefque eft depuis
le 4.Aouft, iufques au dernier iour.   Touraine, art. 102. dit
que les feigneurs n'ont ce droict , finon pour le vin de leur
creu en la mefme feigneurie, qu'ils doiuent vendre bon
vin & net, à pris raifonnable. & par les mains de leurs feruiteurs , fans bailler ce droict à ferme, & que ledit ban ne
peut durer plus de quarante iours.

Peage & Barrage, font droicts que plufieurs feigneurs ont,
tant par terre que par eau, pour prendre quelque fomme
fur les marchandifes qui paffent par le deftroict où ils ont
ce droict. Es Capitulaires de Charlemagne, *lib.3.cap.54*.eft
defendu de leuer paage en lieu plein, où il n'y a ne pont ne
traject, qui eft à dire, paffage à bafteau ou barc. *Et li.4.ar. 31.*
& art.46.& adioufte quand il n'y a eauē ny marefcage , ny
pont, ou autre telle chofe. Les feigneurs ayans ce droict,
doiuent entretenir les chemins & voyes publiques, efquelles ils prennent peage, en bonne feureté & reparation, autrement font tenus aux dommages & interefts des paffans.
Ainfi dient Bourbonnois, art.360.361. Auuergne, chap. 25.
art.16.& parle expreffement de la feureté des paffans. Touraine , art. 84.& art.85. eft dit qu'à faute de ce faire les
fruicts de la feigneurie doiuent eftre faifis, art.81.dit qu'au
chef de la peagerie, doit eftre mis vn pofteau auec la pancarte, contenant quels font les droicts du peage, & doiuent

la faire verifier par le iuge Royal. Selon mon aduis, le mot
de pancarte, est dit d'vne carte escrite, qui est penduë en vn
lieu apparent pour apparoir & estre cogneu à tous le contenu en icelle. De cet entretenement des riuieres & chemins, par les seigneurs peagers, y a ordonnance du 15. Nouembre, 1535. verifiee en Parlement. Et suyuant ce, Arrest,
du 27. Iuillet, 1555. A quoy se rapporte, ce qui est dit par
Dece, *consil.534. vol.4.* & allegue Hostense, *in summa. titulo de
censib.§. ex quib. vers. breuiter puto.* Et par Edict du 20. Mars,
1547. verifié en Parlement le 20. Decembre, 1548. sont cas-
sez & abolis, tous nouueaux peages sur la riuiere de Loire,
establis depuis cent ans.

DES SERVITVDES PERSONNELLES
& main-mortes.

Es seruitudes qui sont en France, ne sont pas semblables à celles qui estoient en vsage aupres des anciens Romains, qui faisoient trafic des personnes
serues, comme d'animaux brutes: les serfs n'ayans rien propre à eux, ne pouuans ester en iugement, ne pouuans contracter, & qui tels deuenoient de personnes franches, quãd
ils estoient prisonniers de guerre. Mais bien sont semblables aux seruitudes ascriptices, & colonaires, qui ren-
doient les personnes attachees & liees aux domaines des
champs pour les faire valoir, & y estoient tellement attachees, que le proprietaire du domaine & des serfs y destinez, ne pouuoit vendre les serfs, sans vendre le domaine
par vne seule vête. Ainsi qu'il est dit *in l. long.s. ff. de diuers. &
tempor. prescript. l. si quis inquilinos. ff. de legat.1.* L'origine des
serfs, que nous auons en quelques prouinces de France, procede de ceste vsance anciéne des Romains, au temps qu'ils
seigneurioient les Gaules. Les Coustumes de Niuernois,
Bourbonnois, Bourgongne, Troyes & Vitry, sont celles
qui traictent de ces seruitudes. Selon ceste coustume de

Niuernois, nul n'eſt ſerf, ſinon par naiſſance,& eſt la perſonne ſerue. En Bourgongne nul n'eſt ſerf de corps, mais qui par an & iour tient feu & lieu , en terre main-mortable, deuient ſubiect à la main-morte.

Gens de condition ſeruile en Niuernois, ſont taillables par leur ſeigneur, à volonté raiſonnable, vne fois l'an. Des ſeruitudes, art.1. De meſme Bourbonnois, art. 190. qui outre ce les charge de quatre charrois, ou quatre corues par chacun an. Niuernois & Troyes mettent diuerſes ſortes de ſeruitudes, taillables, de pourſuite, de formariage , qui eſt quand le ſerf eſpouſe perſonne franche, ou perſonne d'autre ſeruitude, qui eſt à Troyes , de taille aboſmee, main-mortables en toutes ſortes de biens , main-mortables en meubles ſeulemét, ou en immeubles ſeulement. Selon Niuernois, la taille ſeruile ſe paye à la feſte ſainct Barthelemy. La taille aboſmee, eſt celle qui eſt arreſtee à certaine ſomme , & l'autre taille , eſt à volonté. La taille eſt impoſee ſur le corps du ſerf,& ſur ſon mex mouuant de ſeruitude,& s'il n'y a mex ſur le corps ſeul du ſerf. Niuern. des ſeruit. art. 3. Gens ſerfs ſont de pourſuite pour leur taille en quelque lieu qu'ils voiſent demeurer. Niuernois , art. 6. Vitry, art.145. dient la raiſon , pource que tels hommes ſont portion du fonds. Vray eſt que Berry, de l'eſtat dés perſonnes , art. 1. dit que ſur les habitans de Bourges , n'y a droict de ſuitte pour condition ſeruile : mais pource que ceux de Berry n'auoient pouuoir de faire la loy à leurs voiſins, ny oſter le droict d'autruy : il faut dire que ledit article a lieu ſeulement à l'eſgard des ſerfs du pays de Berry, qui viennent demeurer à Bourges, & non à l'eſgard des ſerfs de Niuernois, qui portent auec eux leur ſeruitude, attachee à leurs os, qui ne peut tomber pour ſecouër. Gens de condition ſeruile ſont main-mortables,& à cauſe de la main-morte, s'ils decedent ſans hoirs communs, tous leurs biens meubles & immeubles, quelque part qu'ils ſoient , appartiennent à leur ſeigneur, qui en eſt ſaiſy. Niuernois, art. 7. Bourbonnois, art. 207. & appelle mortaille,& non main-morte, & dit, communs en biens,& demeurans enſemble. Vitry art.141.& dit sans hoirs de son corps estans en sa volerie, qui est à dire en sa puissance, & sous son gouuernement, 142.& est le seigneur saisy. Bourgongne, art.91. & dit demeurans ensemble: estans en commun de biens. Troyes, ar.5.dit que la mainmorte est quand le serf decede sans enfant nay en mariage, estant de sa condition, & en celle qui est domicile. Auuergne, chap.27. art.3. dit que le seigneur succede à l'heritage conditionné, & non aux meubles, ny autres biens. Bourgongne, art.93.dit en cas de main-morte, que le seigneur prend les heritages main-mortables, sans payer debtes, & que les meubles & autres heritages payent les frais funeraux, puis ce qui est deu au seigneur, & apres tous les autres debtes, selon les biens: ce qui a quelque correspondance au droict Romain, selon lequel frais funeraux sont priuilegiez & preferez à tous creanciers. *l. penult. ff. de religios.* Et selon le mesme droict sur le pecule du serf estoit deduit auant tout autre debte, ce que le serf deuoit à son seigneur. *l.1.ff.de tribut.act.l.ex facto.ff.de peculio.* Et croy aussi qu'il faut tenir pour general en cas de main-morte, que le tenement serf reuient au seigneur, franc de tous debtes & hypotheques, selon la reigle, que quand l'heritage retourne en vertu de la seigneurie directe, le seigneur le prend franc d'hypotheques. *l.lex vectigali.ff.de pignor.l.si finita.§.si de vectigalibus.ff.de damno infecto.* Pour reprendre le propos, si l'enfant est demeurant hors la maison de son pere, & tient feu & lieu par an & iour, il ne succede à son pere. Sinon qu'il fust absent par seruice, pour cause de l'estude, ou mauuais traictement: Bourbonnois, art.202. Et Niuer. des seruitud. ar.14. Ce qui se rapporte au droict ciuil Rom. *l. quesitum in princ.ff.de leg.3.* En Niuernois, hoir commun s'entend non seulement de l'enfant, mais aussi d'autre parent, comme se peut recueillir par l'art.24.où l'ascendant est appellé hoir commun. Si l'homme de main-morte a vn parent commun en biens & autre parent en mesme degré non commun, le commun appellera le non commun à prendre part. Bourgongne, ar.96. Ainsi Troyes, art.5. pour les enfans, en selle qui appellent ceux qui ne sont en selle.

Les

Es lieux où la coustume n'est pas telle, la difficulté est si le commun fera lieu au non commun, d'vne part se peut dire quand le commun empesche pour le tout la reuersion du seigneur, que le seigneur estant hors de rang, le frere ne peut pas exclure son frere qui trouue la planche faicte. Par l'argument de la *l. si post mortem. §. hi qui. ff. de bonor. poss. contra tabul.* D'autre part se peut dire, que celuy qui s'est separé de la communeauté, a subsraicte sa personne, & a d'autant affoibly le mesnage & communauté, ce qui le doit rendre indigne de venir prendre part en la communauté qu'il a desdaigné par l'argument de la *l. cum pater. §. liberti. ff. de lega. 2.*

Les gens de condition sont reputez estre partis, quád iis tiennent par an & iour feu & lieu à part, & qu'ils ont departy pain & sel, ores qu'ils demeurent sous vn mesme toict. Niuernois, ar. 13. Bourgongne, ar. 90. Mais Auuergne, cha. 27. ar. 7. 8. desire qu'il y ait partage formel, ou comencemét de partage par partemét de chanteau. Vitry, ar. 141. dit que les enfans se partent par aage, par mariage, & par tenir feu & lieu.

Entre gens de condition, vn party, tout est party, quant au seigneur, & ne peuuent apres se r'assembler, pour succeder, sans le consentement du seigneur. Selon Niuernois, ar. 10. 11. 12. Ce que dessus n'a lieu quand sont enfans de diuers licts, & que l'on se depart. Et si vne fille est mariee hors la communauté, n'emportant que meubles: ou quand les pere & mere marient leurs enfans hors. Et selon Niuernois, art. 16. pere & mere, ou l'vn d'eux, peuuent marier leurs filles serues en lieu franc, & deuiennent franches, pourueu qu'elles n'emportét que meubles. Pourquoy i'estime qu'en Niuernois: il ne se doit entendre indistinctement qu'vn party, tout soit tenu pour party: ains auec ce temperament, quand par la volonté de tous l'vn se separe sans occasion vrgente: car si l'vn des personniers, estoit si mal gisant, & mal coplexionné, que par raison ses personniers ne le deussent endurer, & on luy donne sa part, que ceux qui demeurent en communauté ne sont tenus pour partis, ains celuy

S

ſeul qui eſt cauſe du partage. De meſme ſi vn parçōnier par mauuaiſe volonté ou deſbauche ſe ſepare, que ce partage ne nuiſe aux autres. Ainſi en tous autres cas, quãd il y a cauſe neceſſaire ou vrgente & probable. Bourgongne, art. 86. dit ſimplement que femme de main-morte, qui ſe marie à homme franc, deuient franche. Et ſi femme franche ſe marie à homme ſerf, elle eſt ſerue durant le mariage, & ſon mary mort, en allant demeurer en lieu franc, & delaiſ-ſant les heritages de ſon mary, elle deuient franche. Mais Vitry, art. 144. dit qu'homme de corps, qui eſt à dire ſerf, ne peut prendre par mariage, femme d'autre condition, que la ſienne, ſans le congé de ſon ſeigneur. Et ſi, ſans ſon con-gé il ſe formarie, il doit à ſon ſeigneur le tiers de ſes biens, ſubjects à morte-main. Bourgongne, art. 100. dit qu'és lieux où formariage a lieu, le ſeigneur pour le formariage de la femme prend l'heritage qu'elle a ſous ledit ſeigneur, ou au-tant vaillant qu'elle emporte en mariage.

Si l'vn des deux mariez eſt ſerf, & l'autre franc, les en-fans ſont de la pire condition. Niuernois des ſeruit. arti-cle 22. Et Bourbonnois, article 199. Mais Bourgongne, art. 82. dit que l'enfant enſuit la condition du pere, & non de la mere, Troyes, art. 7. dit qu'il y a diuerſité, ſelon les ter-ritoires: en aucuns l'enfant choiſit l'vne des conditions, en autres les enfans ſuiuent la franche condition, vueillent ou non, & ne ſuccedent au ſerf. En d'autres le fruict enſuit le ventre. Au val de Curcy, chaſtellenie de Montenoiſon en Niuernois, s'ils ſont pluſieurs enfans, le premier choiſit la ſeruitude ou la franchiſe, le ſecond eſt ſerf, & ainſi de ſuite. Et s'il n'y a qu'vn enfant, il choiſit. Et l'enfant qui choiſit la franchiſe doit delaiſſer les heritages de la ſerui-tude, & les meubles qui accroiſſent à l'enfant qui demeu-re ſerf, Vitry, art. 69. dit ſi le pere eſt ſerf & la mere noble, dit que le fils en renonceant à tout ce qui eſt du coſté ſerf, prendra aiſneſſe en la ſucceſſion de ſa mere. Et art. 84. dict ſi l'vn des deux, pere ou mere eſt noble, & l'autre ſerf, que l'enfant pourra demeurer noble, en quittant les biens du coſté ſerf. Selon le droict Romain, quand à la condition du corps,l'enfant enfuit la mere.*l.partum.C.de rei vend.*& en ce qui eft de la dignité & honneur,l'enfant enfuit le pere. *l. liber.ff.de fenat.* Ce qui fe dit icy que de la pire condition eft femblable à la loy des Lombards, recitee par la gloffe *in l. vlt.C.de murileg.lib.*11.& de la loy theutonique,recitee *in tex. & gloffa in can.liberi.*32.*quæft.*4.

Gens de condition feruile, ne fuccedent à leurs parens francs,& les francs ne fuccedent à leurs parens ferfs.Niuernois,des fucceff.art.2.Bourbonn,art. 200. dit que le franc ne fuccede au ferf,mais bien le ferf au franc.Troyes,art.94. dit comme Niuernois.

Le franc peut acquerir du ferf,& le ferf du franc.Niuernois,art.18.Mais fi le ferf aliene fon tenement ferf à perfonne franche, ou homme d'autre feruitude, le feigneur peut commander à l'acquereur de le mettre en main habile d'hôme ferf, dans an & iour, & à faute de ce faire l'heritage eft commis & acquis au feigneur.Niuern. des feruitud.ar.18.Bourgongne,art.88.dit fimplement que l'homme de main-morte ne peut vendre fon mex à hôme franc, ou homme d'autre feigneurie.Cefte prohibition,ainfi fimplement faicte, emporte nullité de l'alienation.*l. non dubium.C.de legib.*Mais Bourbonn.art.201.donne la commife au feigneur par la feule alienation, apres poffeffion prife par l'acquereur.

Tous contracts d'alienation,& autres,entre vifs,font permis à gens ferfs Sauf d'alienation de leurs heritages à perfonnes franches.Bourbonnois,art.204.206. & Auuergne, chap.27.art.4.5.Et Niuernois,art.32.en leur defendant de difpofer en derniere volonté,de plus de foixante fols,femble leur permetrre la difpofition entre vifs. Toutesfois ie croy,que fi c'eftoit donation vniuerfelle entre vifs,ou inftitution d'heritier, en faueur de mariage, qui fuft au profit d'vn qui ne fuft de la feuitude , & habile à fucceder. Que le feigneur pourroit contredire telle difpofition , comme faicte en fraude de luy : par la raifon de la prohibition que faifoit la loy Romaine, au libert de difpofer en fraude de fon patron , qui deuoit auoir le tiers en fes biens. Et quant à la donation vniuerselle, sera noté le texte *in l. omnes.§. Lucius.ff.quæ in fraudem cred.* Et la glosse *in l. patronus.ff. de probat.* Et quant à l'institution d'heritier, ores que ce soit conuenance irreuocable, toutesfois en effect, c'est disposition pour cause de mort auec ceste exception, qu'elle n'est reuocable. A quoy fait la *l. vinus.ff.si quid in fraud. patroni.* Troyes, art. 6. & Vitry, ar. 70. ne permettent tester que iusques à cinq sols. Mais Vitry, art. 103. semble restraindre ceste prohibition, quand aux biens, qui cheent en mortemain. Bourgongne, art. 89. defend simplement de tester. Auuergne, chap. 27. art. 5. dit que gens serfs ne peuuent entre vifs, ny par testament, faire disposition pour succeder.

La vefue d'vn homme serf est douëe de doüaire coustumier és heritages de seruitude. Niuernois, art. 20.

Si aucun est serf de plusieurs seigneurs, comme si le pere est serf d'vn seigneur, & la mere est serue d'vn autre seigneur. Les meubles & conquests, qui ne sont de la seruitude, sont acquis aux seigneurs par droict de main-morte, pour les portions qu'ils ont au serf, par la raison brocardique receuë en France, que les meubles suiuent la personne. Les heritages & conquests de seruitude viennent au seigneur d'icelle seruitude. Ainsi Niuernois, art. 25. Bourgongne, art. 95. dit que chacun seigneur, prend ce qui est en sa seigneurie main-mortable, tant en meubles qu'heritages. Et ce qui est en lieu franc, appartient au seigneur de la main-morte originelle.

Si aucun de condition seruile deuient franc par priuilege, manumission ou autrement, les heritages mouuans de seruitude sont acquis au seigneur. Niuernois, art. 26. par la raison qu'vn homme franc ne peut tenir heritage mouuät de seruitude, sans congé du seigneur. Vitry, art. 70. dit que le clerc, mary de femme serue l'affranchit durant son mariage & viduité : mais si elle n'a enfans : le seigneur prend la morte-main par son deceds, à la charge des debtes, des laigs & frais funeraux. Et art. 140. si le vassal affranchit son homme de corps, il retourne au Roy en pareille condition qu'il estoit à son seigneur, & doit payer finance au

Roy selon la côposition des Commissaires des francs-fiefs. En Bourgôgne & en Niuern. il se practique, que si le vassal affrâchit son hôme serf, le seigneur superieur feodal prend ledict homme par droict de deuolut, comme s'il auoit esté abandonné par son premier seigneur. Pourquoy ceux qui sont affranchis pour s'asseurer vont prendre confirmation de leur manumission par deuers le seigneur superieur, en luy payant finance. Mais en Bourgongne, art. 87. l'homme de main-morte peut deuenir franc, en s'aduoüant homme franc du Roy, & quittant meubles & immeubles au seigneur de main-morte. Ce qui depend de ce qui est dict cy dessus : qu'en Bourgongne, nul n'est serf de corps. Et ce qui est dict, art. 85. que l'homme franc, qui va demeurer en lieu de main-morte, & y tient feu & lieu par an & iour, & paye les deuoirs, côme les autres, deuiét luy & la posterité mainmortable. Dont resulte qu'estans faicts serfs à cause du lieu, ils peuuent deuenir francs en quittât tout ce qu'ils y ont.

Par la mesme Coustume de Bourgongne, vn mex assis en lieu de main-morte, & entre mex main-mortables, est reputé de la mesme condition. art. 83.

Selon la Coustume d'Auuergne, chap. 25. art. 18. Charrois & coruees à volonté, sont limitees à douze par an. Doiuent estre faictes d'vn soleil à l'autre. A vsage hônete. Peuuent estre prises trois pour vn mois, selon la necessité du seigneur, & à diuerses sepmaines. Ne cheent en arrerages. Mais en l'Article 22. semble excepter si les coruees sont assises sur heritages. Et pource que ce departement & proportion semble fondé en grande raison, & comme vn homme de bien arbitreroit. Le reglement peut estre tenu pour general. Et ainsi dict le droict Romain, quand le libert a promis & iuré d'employer pour son Patron, tant de iournees que le Patron voudra. *l. si libertus iurauerit. ff. de operis libert.*

Selon la Coustume de Vitry, art. 146. homme ou femme de corps, qui n'est reclamé par son seigneur, & a iouy de franchise par vingt ans, demeurant en la mesme Pro-

uince, a acquis franchife. Mais s'il fe retire hors la Prouince, il ne prefcrit la franchife comme eftant fugitif. Bourgongne, art. 8 1. dict que l'homme de main-morte ne peut
prefcrire franchife par quelque temps qu'il demeure hors
du lieu de main-morte.

Selon les loix Romaines, le ferf qui par vingt ans de
bône foy, demeureroit en poffeffiõ de liberté, fans eftre in-
quieté, acquiert liberté. *l. 2. C. de longi temp. prefcript. quæ pro
libertate.* Comme auffi la franchife ne fe perd pas, ores que
par foixante ans vn feigneur euft exercé droict de feruitude fur vn homme franc. *l. vlt. C. eodem tit.*

DES SERVITVDES REELLES,
& droicts prediaux ès villes & champs.

SELON plufieurs Couftumes, le droict de feruitude n'eft acquis par la feule iouyffance de quelque temps que ce foit, *etiam*, de cent ans, s'il n'y a
tiltre : & aucunes expriment de veuë, efgoufts, paffage.
Ainfi dient Paris, art. 186. Sens, art 98. & art. 99. parle de
cheurons d'vn baftiment, auanceez fur l'heritage voifin. Et
ainfi dict Berry des feruit. art. 17. quand le voifin veut
baftir, que l'autre doit retrancher fes cheurons. Auxerre
comme Sens, art. 100. 101. & encores, 114. Auxerre, pour
le droict de paffage. Orleans, art. 225. Bretagne, art. 644.
Meleun, art. 188. Senlis, art. 267. Troyes pour la ville de
Troyes, art. 61. Rheims, art. 350. parlant comme Paris, adjoufte, ou chofe equipollent a tiltre : comme eft la deftination du pere de famille. Blois, art. 215. & 230. Mais Niuernois des feruitudes, art. 2. & Bourbonnois, art. 519. Et Berry des feruitud. art. 2.3. reftreignent cefte regle, quand la
iouyffance de veuë, efgouft ou paffage a efté en place vuide
de ville ou des chãps. Niuern. excepte s'il y a eu poffeffion
paifible apres cõtradict. Touraine, ar. 212. dict cõme Paris,
quant aux veuës & quant à l'efgouft, met la limitation
quand il n'y a point de gouttiere : comme voulant inferer

que la gouttiere mise de main d'homme , qui jette l'eauë
sur l'heritage voisin emporte saisine. Quant à la veuë, dôt
aucun faict l'ouuerture en son heritage,& quât à l'esgoust
de l'eauë du ciel,qui de soy-mesme fluë. Il se peut dire que
celuy qui a faict cest œuure,n'a rien faict en l'heritage d'autruy. Autrement seroit si le l'escheuë ou gouttiere oui des-
charge,estoit appuyee,portoit ou reposoit sur l'heritage du
voisin.Qui est la distinction que faict la loy Romaine , *de
immisso & proiecto. In l. malum.§.1.f. de verb. signif.* Aussi est
dict qu'il est loisible au voisin de son auctorité,oster ce que
son voisin a auancé,qui repose sur l'heritage d'autruy. Et
quant à ce qui ne repose pas,& neantmoins est auancé: le
voisin a seulement action pour le faire oster par auctorité
du iuge.*l. quemadmodum.§.1.ff. ad legem æquil.*Quant au pas-
sage,la presomption est,qu'il a esté enduré par droict de familiarité,dont ne resulte possession , ny par consequent
prescription. *C. qui iure ff. de ac. poss.* Tours adiouste vne autre belle limitation,que si lors du partage,l'estat des choses
estoit tel, il demeurera ainsi: qui emporte , comme si par
tacite consentement les partageans auroient accordé la
seruitude.Car auant le partage,la seruitude n'y estoit pas,
& si aucune auoit esté autrefois, elle auoit esté esteinte par
confusion , & selon le droict estroit, il l'a falloit remettre
de nouuel.*l. quicquid.ff. commu. præd.* Mais selon l'opinion
de Papinian. *In l. Papinianus. ff. de seruit.* par l'exception de
dol, la seruitude deuoit estre remise. Ceste Coustume a
faict en action directe & legitime, ce qui estoit en remede
d'exception: & croy partant qu'elle doit estre tenuë pour
generale. Berry des seruitud. art. 1. dict qu'on ne peut acquerir possession de seruitude par actes occultes. Ce qui se
rapporte à la *l. 11. C. de seruit. & aqua. in verb. aduersario
sciente.* Mais la liberté de seruitude peut estre acquise par
trente ans.Paris,art.186. Orleâs.art.225.Laon,art. 145.Ce
que dessus se rapporte à ce qui est dict, *In l. sequitur. §. vlt.
ff. de vsucap.*que l'on peut prescrire la liberté de seruitude:
& que la loy Scribonie a osté les prescriptions qui consti-
tuoient & establissoient la seruitude, & non celles qui en

apportoient la liberté. Auſſi dict Niuernois, des ſeruit. art.
1. que chacun doit ſouſtenir & receuoir ſur le ſien propre
les eauës fluans de ſes edifices, pour les conduire en la ruë
publique. Ainſi Auxerre, art. 108. Sens, art. 105. met limitatió, que ſi l'eſgouſt chet en terre vaine, qu'on n'eſt tenu de
l'oſter s'il ne porte d'ommage notable. Auſſi Orleans, art.
251. dict que pour paſſer par l'heritage d'autruy à cauſe des
grands, chemins empirez, que par quelque temps que ce
ſoit, on n'acquiert delict de ſeruitude. A quoy ſe rapporte ce qui eſt dict. *In l. 1. §. Iulianus. ff. de itinere actuque pri-
uato.*

Iaçoit que ſelon les reigles vulgaires chacun puiſſe faire
en ſon heritage ce que bon luy ſemble. Toutesfois les
Couſtumes ayans égard que les droicts de Cité qui con-
ſeruent la ſocieté des hômes, ſont à preferer aux intereſts
ou volonté des particuliers : ont introduict pluſieurs loix
qui reiglent les baſtimens & autres œuures de chacun, au
voiſinage d'autruy. Comme en ville, nul ne peut au mur
propre, à luy qui joinct ſans moyen a l'heritage d'autruy
faire ouuerture, ſinon auec treillis de fer & verre dormant
de neuf pieds de haut, à prendre du rez de chauſſee au premier eſtage: & aux autres eſtages de ſept pieds. Les autres
dient de huict & ſept pieds. Ainſi Paris, art. 200. Sens, art.
102. Auxerre, art. 105. qui adiouſte, en ſorte qu'on ne puiſſe paſſer ny regarder par ladicte ouuerture. Melcun, art.
102. Bretagne, art. 645. Mais Orleãs, art. 229. 230. & Berry des ſeruitudes reelles, art. 13. parlẽt de celuy qui a droict
de veüe ſur l'heritage voiſin. Laon, art. 267. parle du mur
moitoyen. Mais Rheims, art. 356. que ſi l'eſgouſt du baſtiment chet entierement ſur l'heritage de celuy qui baſtit, il
peut faire en ſon baſtiment tant de veües qu'il veut. Et art.
357. ne peut le voiſin baſtir pour offuſquer, à plus pres que
de deux pieds & demy. Niuernois, des ſeruitudes, art. 9.
permet a chacun en ſon mur propre faire ouuerture ſur
ſon voiſin. Auſſi permet au voiſin de faire baſtiment au
contraire ſur le ſien. Et auſſi Bretagne, art. 646. & Laon,
art. 267. Et Rheims, art. 364. dict que ſi le voiſin a percé le
mur

mur moitoyen pour clarté à neuf & à sept pieds que l'autre voisin peut bastir pour l'offusquer. Mais la Coustume de Paris & les semblables, ont beaucoup plus de ciuilité pour faire viure les voisins en commodité chacun de sa maison & amitié: car le bastiment côtraire pour offusquer la veüe de son voisin plus communément est par animosité. Aussi peut estre blasmé d'animosité ou hautaineté, celuy qui prend sa veüe sur son voisin: & puis que le voisin à cause de la hauteur de neuf & sept pieds, & du voirre dormant est sans incommodité, c'est bien raison qu'il endure que son voisin ait commodité de la clairté, sans veüe & regard. Et combien qu'en aucunes desdictes Coustumes, soit permis de pouruoir par bastiment: toutesfois i'appliquerois volontiers le remede qui est és loix Romaines, de n'estre libre à chacun de faire au sien ce qui ne luy sert de rien, & nuit à autruy. *vt in l. 1. §. denique Marcellus.* Ioincte à la glosse. *ff. de aqua pluuia. arc.* Sauf si celuy qui a faicte l'ouuerture en sa muraille, l'a faicte directement au preiudice & incommodité de son voisin: car en ce cas le voisin en offusquant par muraille contraire, seroit censé le faire pour sa commodité, & non directement pour nuire.

Quand le mur est moitoyen & commun entre deux voisins, chacun d'eux s'en peut aider à l'vsage auquel il est destiné, en sorte toutesfois qu'il n'incommode son voisin. Ainsi dict le droict Romain. *In l. si ades & in l. Sabinus. ff. communi diuid.* Pourquoy se dict que l'on ne peut faire au mur commun, fenestre ou autre ouuerture ou esgoust sur son voisin. Niuernois des seruitudes reelles, art. 8. Paris, art. 199. adioustant *etiam,* que l'ouuerture soit à voirre dormant. Bourbônois, art. 503. Bretagne, 647. Blois, art. 231. Berry, droicts prediaux, art. 4. Orleans. art. 231. Mais és choses à quoy le mur est destiné. Les Coustumes ont reglé cest vsage en diuerses sortes: comme le voisin peut percer le mur commun pour y asseoir poultres & soliues, pourueu que ce ne soit à l'endroit des cheminees de l'autre voisin: & à la charge de refermer le pertuis de bonne massonnerie. Ainsi dict Niuernois des seruitudes reelles, art. 10.

T

Paris,ar.207,& 208. & adioufte autre charge de mettre
foubs les poultres , jambes & corbeaux de pierre de taille.
Orleans,ar.232.Bourb.ar.505.507.foubs la mefme charge
que Paris,Bretagne.954.656.comme Paris.Meleun, 200.
201. Rheims.art.365.cõme Paris.Blois,art.233.Mais aucunes defdictes Couftumes dient qu'il ne doits'aider du mur
.que iufques au milieu de l'efpeffeur,combien qu'il ait percé tout outre. Paris,art.208. Bourb. art.508,Meleun, art.
199.200.Berry,des feruit.reelles,art.10.Mais Aux.art.112.
permet auffi d'y mettre jâbages de cheminee,& paffer tout
outre à fleur du mur:& art.111. dict que pour le contre-feu
de fon cofté,il doit laiffer la moitié du mur,& vne châtille.
Et Orleans,art.238. dict que le voifin ne peut affeoir poultres au mefme endroit où l'autre voifin à ja preuenu. Et
Blois,art.234.& Rheims,art.371. dient qu'en mur cõmun
on ne peut prendre creux à faire cheminees,finon iufqu'au
tiers.

Auffi le voifin peut hauffer le mur moitoyen fi haut qu'il
veut à fes defpens,pour accommoder fon baftiment , fans
conge de l'autre voifin , pourueu que le mur foit fuffifant.
Ainfi dient Paris,art. 195.Rheims,art.362. Berry feruitud.
reelles,art.5.6.à la charge de laiffer corbeaux pour marque
que le voifin n'a payé fa part:dont fera parlé cy apres.

Le mur eft reputé commun & moitoyen, quand en iceluy font corbeaux à droict, feneftres, jambages, lanciers
mis d'ancienneté,& de la premiere conftruction de la muraille,& ayans faillie. Niuernois de feruit. reelles,art.14.
Sens,art.101.Auxerre,art.103.Bretagne,art.649.Orleans,
art.241.242.Mais fi les corbeaux font renuerfez ou acamu-
fez par deffus,monftrent bien que la muraille eft commune, & que le voifin de ce cofté n'a pas la moitié de la muraille,& doit rembourfer auant que s'en aider. Niuernois,
art.14.Orleans,art.241. Quant le corbeau eft à droict, & a
fõ naturel tout preft à receuoir le fais qu'õ y voudroit charger: c'eft la marque que le voifin peut s'en aider fans aucun
empefchement quãd il voudra. Et cela inõftre qu'il a payé
la moitié des fraiz de la muraille : mais quãt le corbeau eft

rēuerſé,c'eſt à dire,que la partie dudict corbeau qui eſt pla-
te,ſur laquelle la poultre ou autre faix doit repoſer,eſt deſ-
ſoubs & nō deſſus:c'eſt la marque qu'il y a quelque empeſ-
chemét au voiſin de s'é ayder: c'eſt à dire qu'il n'a pas payé
ſa moitié des fraiz de la muraille.Ce ſont expediēs que nos
anceſtres ont inuentez,pour ſeruir de teſmoignage perpetuel, & ſont teſmoings muëts,comme és bornes ſeruãs de
limites,on met au pied d'icelles des garends ou teſmoings
qui ſont deux ou trois pieces,faictes d'vne pierre platte ou
tuille caſſee : & en met-on l'vne des pieces en bas , au pied
de la borne d'vn coſté, & l'autre piece de l'autre. Et quand
on doute,ſi la pierre a eſté miſe pourborne,on la deſcouure
iuſques au pied:& ſi au pied on trouue ces garends,on s'aſ-
ſeure que ceſt borne.Autres Couſtumes dient, que toutes
murailles entre voiſins,ſont reputees communes Meleun,
art.193.Laon,art.270.Orleans,art.234.Blois,art.232.Mais
Paris,art.294.Sens,art.103.Auxerre,art.106.Blois,art.232.
Orleans,art.235. interpretent en ceſte ſorte , que le voiſin
s'en peut aider en payant la moitié du fonds du fondemét
& du mur, iuſques à la hauteur de ſon heberge auant que
rien entamer.Sens,art. 103.adiouſte vne limitation neceſſaire , pourueu que la muraille ſoit ſuffiſante pour porter
l'autre baſtiment.

Aucunes Couſtumes dient que toutes murailles ſepa-
rans,cours & jardins ſont reputees moitoyennes.Paris,art.
211. Auxerre ,art.106.Rheims,art. 355. ſinon qu'elles por-
taſſent entierement le corps d'hoſtel du voiſin.

Auſſi eſt la reigle qui veut baſtir vn four, forge, ou four-
neau contre le mur propre à autruy ou commun , il doit
laiſſer eſpace vuide entre les deux murailles , pour euiter
l'inconuenient du feu. Aucunes Couſtumes dient demy-
pied,les autres vn pied, les autres pied & demy d'eſpace
vuide.Ainſi Niuernois, des ſeruit.reelles, art. 11. Berry des
ſeruit.reelles,art.12. Orleans,art.247. Bourbōnois,art.511.
Troyes,art.64.Bretagne, art. 666. Paris,190. Mais autres
parlent de contre-mur,& non d'eſpace vuide.Rheims,art.

368. Blois, art. 236. Paris, art. 190. Sens, art. 106. Auxerre, art. 109. Meleun, art. 206. Le plus seur est de l'espace vuide, ores qu'il y ait moins de distance: car quand la liaison de matiere y est, la chaleur s'estend assez, & l'espace vuide euapore & empesche que la chaleur ne suit. Paris, art. 189. dict que, qui veut faire cheminee contre mur moitoyen doit faire contre-mur de demy pied d'espaisseur.

Quant à latrines, cisternes ou fosses de cuisine & autres receptacles d'euës immondes, qu'on veut bastir contremur propre à autruy ou moitoyen. Celuy qui bastit doit faire vn contre-mur de bonne massonnerie à chau & sable. Aucunes Coustumes dient d'vn pied d'espaisseur, autres de pied & demy, autres de deux pieds & demy. Ainsi dict Niuernois des seruitudes reelles, art. 13. Sens, art. 107. Auxerre, art. 110. Orleans, art. 243. Bretagne, ar. 662. Meleun, art. 207. Troyes, art. 64. Laon, art. 268. Blois, art. 235. Paris, art. 191. C'est pource que l'vrine & autres excremens qui coulent & s'attachent à la muraille, par leur acrimonie gastent auec le temps icelle muraille.

Et si les latrines ou fosses de cuisine sont faictes pres le puits du voisin, il y doit auoir distance de neuf ou dix pieds. Orleans, art. 246. Bretagne, art. 663. adioustant, pourueu que le puits soit le premier edifié. Meleun, art. 208. Rheims, art. 367. & adiouste, ou faire contre-mur de chau & sable de deux pieds d'espesseur de fonds en comble. Bourbonnois, art. 509. dict simplement que nul ne peut auoir esgoust qui nuise au puits ou caue de son voisin parauant edifiez. Laon, art. 268. desire dix-sept pieds de distance entre la latrine & le puits. C'est pource que les puits ordinairement sont plus profonds que les latrines & l'humidité sale & immonde procedant desdictes latrines, peut penetrer la terre, qui de soy est poreuse & creuse, & se mesler parmy l'eauë du puits & la gaster. Aussi que communément la muraille des puits est de pierre seiche, & non liee de massonnerie, qui peut causer la transmission de ceste humidité sale.

S'il est besoin de reparer l'heritage commun, qui est en

ruine:les couftumes de Niuernois,audit tiltre,art:5.6.7.&
Bourbonn.art.113. 114. Bretagne,art.352.ordonnent que
celuy qui veut reparer,doit fommer en iugement fon per-
fonnier,de contribuer.S'il refufe, ou s'il ne rembourfe dedans l'an,celuy qui feul a fait les frais demeure proprietaire,quant aux chofes qui ne portent fruict, comme font
murailles. Et quant aux chofes qui rendent fruict, comme moulins,eftangs,celuy qui a frayé gagne les fruicts à
faute d'eftre rembourfé dans deux mois apres les reparations parfaictes.S'il n'y a eu fommation, il peut demander
part toutesfois &quantes en rembourfant.Berry,des feruitudes reelles, art.7.8.9.dit apres la fommation & vifita-
tion,celuy qui repare fait les fruicts fiens, & adioufte qu'il
n'y a prefcription contre celuy qui a part. Quant aux murailles moitoyennes ruineufes. Aucunes couftumes dient
fimplement que l'vn des voifins peut contraindre l'autre
à contribuer à la reparation,comme Paris,ar.205.Meleun,
art.197. Reims,art.350. Les autres dient alternatiuement
de contribuer à la reparation,ou quitter & perdre le droict
qu'il y a. Sens , article cent, Auxerre, article cent deux
Troyes, article 63. Laon.article 271.Mais Meleun , art.
197. femble donner le choix au baftiffeur de contraindre
l'autre à payer fa part,ou de prendre le mur propre à luy.
Selon le droict Romain femble que la contraincte precife
n'y eft pas,car nul eft obligé pour caufes de chofes non ani-
mees,plus auant que de les quitter & abandonner.*l.Prætor.
§.hoc edictum.ff.de damno infect.* Iaçoit qu'il femble par la *l.
cum duobus.§.idem refpondit focius,ff.pro foc.* que le reparateur
ait le choix de demander les frais,ou la proprieté de la chofe,mais là il parle de celuy qui eft en fociete.Les couftumes
de Sens,art.100.& Auxerre.art.102.dient que nul ne peut
eftre contrainct de fermer & clorre fon heritage de nouuel s'il ne veut.Mais Meleun,ar.196.pour les villes & faux-
bourgs met la contraincte.

On ne peut faire auances de baftimens ny efuiers, &
tuyaux par le haut,pour vuider les eaües de cuifine, ny faire entrees de caues ou degrez, entreprenans fur la rue pu-

blique,& ceux qui font ia faits, ne pourront eftre refaits.
Niuernois, art. 24. Bretagne, art.661.& Reims,374.per-
mettent de refaire, pourueu que ce ne foit dés le pied, &
commande de prendre tefmoignage, auant que demolir:
mais par l'Edit d'Orleans,art. 95. eft commandé d'abatre
toutes faillies & auancemens fur ruës publiques,dans ans.

Par aucunes couftumes, pour la falubrité des villes, eft
defendu d'y nourrir porcs, cheures, & autres telles beftes.
Ainfi dit Niuernois,art.18.& Bourges des feruitud.reelles,
art. 18. qui excepte cheures,en cas de neceffité de maladie,
on nourriture de petits enfans.

S'il y a different qui fe prefente au faict des baftimens,ou
autres heritages voifins, en la ville ou és champs, qui confifte au iugement de l'art des maffons, charpentiers, cou-
ureurs ou autres artifans.Le iuge,de fon office doit ordonner que les parties nommeront expers pour vifiter, & donner aduis. Si les parties refufent ou delayent de nommer,le
iuge de fon office,les peut & doit nômer. A quoy fe rapporte ce qui eft dit *in l.vlt.§.fi autem.verf. electicne. C. de iudic. &*
in l.fi quis fuper. C. fintum regund. Et s'ils n'ont efté accordez
par les parties,on peut donner reproches contr'eux: *cap.*
caufam extra de probat. Ils doiuent prefter ferment, pardeuant le iuge,& eftans affemblez fur le lieu,dreffer leur rapport par efcrit és mains du greffier, ou clerc du greffe, & le
rapporter.C'eft la forme prefcripte par la couft. de Paris,
tres-bié aduifee,ainfi pour euiter les mences&fubornatiôs.
Et ainfi dit Paris.ar.184. 185.Meleû,ar.187.dit prefque ainfi,& veulét que ces expers preftét fermét deuât le iuge, pre-
allablement auant que de vifiter.Ce qui eft bien à propos,
afin que par le ferment ils foient inuitez à bien faire leur deuoir de vifiter & iuger & fidelement rapporter. Niuernois
des feruitudes reelles,ar.17.dit prefque pareil:mais dit que
la partie contredifante eft receuë à en requerir l'amende-
ment.A quoy fe rapporte Bretagne,art. 262. difant que fi
l'appreciation pour partage a efté faicte, que l'vn des partageans en peut requerir la reueuë, & doit eftre faicte à fes
defpens. Paris, art.184. dit que les parties ne font receuës à

requerir l'amendement, mais que le iuge de son office peut ordonner autre visitation. Ce qui est tres-raisonnable, pour euiter les inconueniens que les loix & decretales doutent quand elles defendent d'examiner autres, sur les mesmes faicts, dont y a la enqueste. *ca. fraternitatis, extra de testib.* & en la Clement. *testibus. eodem tit.* Et selon le rapport de tels expers doit estre iugé. A ce se rapporte le droict Romain, *in l. comparationes. C. de fide. nstri. cap. quia extra de prescript. l. vlt. §. si autem vers. electione. C. de iudic. §. quod autem. in authent. de non alien.* On obserue en quelques lieux auec les artisans expers de nommer deux notables bourgeois, & ainsi fut ordonné par Arrest, en plaidant du Mardy, 10. Mars, 1550. & y a grde raison, pource que les artisans sont plus subjects à corruption, & quelquesfois pour leur profit, estiment la besongne à faire plus qu'elle ne vaut.

Si le bas d'vne maison appartient à l'vn, & le haut à vn autre. Le proprietaire du bas doit entretenir tout le tour d'embas, auec les poultres & plancher, qui sont dessus ceste partie d'embas. Et le proprietaire doit carreler le plancher sur lequel il marche, & tout ce qui est du bastimt pardessus le solier, auec la couuerture. Ainsi dit Auxerre, art, 116. Niuernois des seruitudes reelles, art. 3. Berry, seruit. reelles, art. 15. 16. Orleans, art. 257. Bourbonn. art. 517. Bretagne, art. 653.

A qui apartient le sol & rez de chaussée, à luy appartient le dessus & le dessoubs, tant haut & tant bas qu'il veult. S'il n'y a conuenance au contraire. Ainsi dit Meleun, art. 191. 192. Troyes, art. 62. Laon, art. 146. Reims, art. 367. C'est selon le droict Romain, *in l. vlt. ff. de seruit. l. altius. C. de seruit. & aqua. l. penult. §. penult. ff. quod vi aut clam.* Pourquoy si le voisin faisoit passer le bout de ses cheurons, outre le plomb de sa muraille, l'autre voisin voulant bastir, peut le contraindre à retrancher, nonobstant le laps de temps, *etiam* de cent ans. Meleun, art. 192. Laon, art. 146. Mais le voisin ne peut pas de son auctorité retrancher les bouts qui passent le plomb de la muraille de son voisin, si tant est que lesdits bouts soient en l'air, & ne reposent pas sur l'heritage du voisin. Auquel cas le voisin doit agir, afin que par authorité de iustice le retranchement soit faict. Et si lesdits bouts reposent sur le fonds du voisin. Il peut dedans l'an les retrancher. *l. quemadmodum. §. 1. ff. ad leg. aquil* Et apres l'an doit agir par action negatoire dedans trente ans, dont les moyens de conclurre font qu'il n'est loisible de tenir ainsi ses cheurons, pourquoy soit condamné à le oster.

Si le feu est etbrandy en plusieurs maisons, l'on peut abatre les maisons prochaines, pour arrester & appaiser le feu, & tous ceux de qui les maisons, vray-semblablement auront esté sauuees par ce moyen, doiuent contribuer au desdommagement. Ainsi dit Bretagne, art. 604. Ce qui est fondé és raisons du droict Romain, quand au premier chef. *l. 3. §. quod ait. ff. de incendio, ruina & naufragio. l. si alius. §. est & alia. ff. quod ui aut clam. l. si quis fumo. §. 1. ff. ad leg. aquil.* Pour le second chef, *in l. 2. §. equissimum. ff. ad leg. rhod. de iactu.*

Si aucun bastissant ou reparant son edifice, ne peut ce faire, sans passer par l'heritage de son voisin, ou sans l'endommager. Le voisin doit prester patience, à la charge de reparer ce qui auroit esté endommagé. Bretagne, article 659. Meleun, article 203. Et est fondé en la raison du droict Romain, par argument *l. si quis sepulchrum. ff. de religio. qua pi. fun. leg. 1. ulti. uis. § gl. uis. ut ff. ff. ad exhib.*

Cy-apres sera traicté du mesnagement des champs, & des reigles & vsances qui sont introduictes par les coustumes.

La coustume de Niuernois, est celle de toutes les coustumes de France, qui contient plus de loix pour le mesnage des champs, mesmes du bestail, pource que le pays estant en grande partie couuert de bois, & en pascaiges & marescages est plus propre à la nourriture du bestail. En premier lieu, audit pays est accoustumé de mener pascaiger bestes és vaines pastures où bon semble à chacun : sinon qu'en aucunes iustice, y ait droict de blairie, car s'il y a blairie les subjects d'vne autre iustice, ne peuuent enuoyer leurs bestes, pascager en la iustice de blairie sans

congé

congé du seigneur blayer, auquel ce droict ne peut appartenir, s'il n'a iustice & tiltre particulier. Au tit. du droict de
blairie. art. 1. 2. Ledit pascage s'entend pour les vaines pastures, qui sont és grands chemins, prez, en prairie, apres
qu'ils sont despouillez, terres, bois, & autres heritages, qui
ne sont fermez ny clos, & quand selon la coustume, ils ne
sont defensables. Audit tiltre, art. 5. Auuergne, chap. 28. ar.
3. 4. & adjouste, ou que le temps de leuer les fruicts est passé, Troyes, art. 170. Par autres coustumes les habitans de
villes & villages peuuent mener leurs bestes, grosses & menuës pasturer, & champayer és lieux de vaine pasture, de
leurs finages, & des parroisses à eux contiguës & ioignan-
tes, de clocher à autre clocher. Ainsi Sens, article 146. Auxerre art. 260. Orleans, art. 148. qui dit que le droict de
vaine pasture, n'a lieu qu'en la Beausse, & art. 144. où il
ne dit iusques au clocher, mais iusques aux closeaux des
parroisses voisines, Meleun, art 302. Troyes, art. 169. Vitry,
art. 122. Chaalons, art. 266. ces deux dernieres, disent expressément les vaines pastures, & exceptent les grasses pastures, esquelles nul n'enuoye, s'il n'a droict particulier.
Orleans audit art. 144. Meleun, art. 303. dit pour les bestes,
de leur creu, & pour leur vsage : enquoy sont exceptees les
bestes de marchandise, excepté aussi le temps de cueillir le
chaume, c'est ce qui reste de la paille, apres la moisson que
ailleurs on appelle esteulles, dõt ils font mesnage en beausse, n'ayans point de bois. Excepté aussi les terres proches
le manoir tenu en fief. Auuergne, chap. 28. art. 1. 5. dit qu'en
aucuns endroits, les pascages sont limitez par Iustices, en
autres par max & villages, & n'est loisible d'enuoyer pascager l'vn sur l'autre. Ce droict de vaines pastures est
fondé tout purement sur l'vtilité publique : car à prendre
la rigueur du droict Romain, chacun peut interdire &
defendre à son voisin d'entrer, ny prendre aucune commodité en son heritage, & si le voisin fait le contraire
on peut former contre luy, l'interdit *vti possidetis*, qui est
ad instar de la complainte & maintenuë & garde. *l. Aristo*
S. *sed & interdict. in. ff. si seruit. vend.* Mais nos coustumes

V

qui ont force de loy, & de droict ciuil peuuent reigler l'v-
fage que chacun doit auoir en fon heritage, en forte que
nul ne puiffe dire eftre fon propre, finon ce qui refte, apres
le public fourny. Pour mener pafturer beftes en terre d'autruy, pour le temps que l'heritage n'eft de garde & defenfe. On n'acquiert droict, au preiudice du proprietaire,
s'il n'y a tiltre ou prefcription, auec payement de redeuance ou poffeffion immemoriale. Niuernois feruitudes reelles, article 26. Sens, art. 147. de mefme, & modifie qu'il ne
peut pretendre pafturage outre la vaine pafture. Ainfi
Auxerre art. 261. Blois, art. 214. Mais Troyes, art. 168. parle
de n'acquerir droict d'vfage, ou pafcage en feigneurie &
haute iuftice d'autruy, fans tiltre, ou fans payer redeuance, ou iouy par temps fuffifant à prefcription. Toutesfois
quant à la poffeffion immemoriale, ie croy qu'à l'efgard
des terres & heritages qui font en friche & defert, que pour
tout le temps qu'elles font en cet eftat, nul en y enuoyant
font beftail pafcager ne peut acquerir droict pour empefcher le proprietaire de la clorre ou labourer, *etiam* par téps
immemorial: car la qualité *de pafcage en vaine pafture*, a touf-
jours accompagné la iouïffance f'eft la iouïffance côtinuee,
en cefte qualité, laquelle qualité & caufe n'a peu produire
en la perfône du iouïffant, l'opiniô de iouïr *pro fuo*, ains feulement le droict de iouyr par fimple faculté, & en vaine pafture, & tant que la premiere fource & caufe de iouyffance
apparoift, toute la iouyffance retient toufiours la mefme forme, par la raifon de la *l. cum nemo. C. de acq. poff.* & parce qu'il n'y a prefcription és chofes dont la iouïffance eft
de pure faculté. *l. vlt. ff. de vfucap.*

Aucunes couftumes ont donné reigle pour le nombre
de beftail que chacun laboureur peut enuoyer és pafcages communs, & de vaine pafture. Comme Poictou,
article cent quatre-vints treize, qui dit que ceux qui ne
font laboureurs ne peuuent tenir beftes, s'ils n'ont terres
à eux, ou en loüage, & ne les peuuent enuoyer fur le commun, & ceux qui font laboureurs doiuent fe contenter
de tenir beftes, tant qu'il leur en eft de befoin felon la

quantité des terres qu'ils ont , & peuuent enuoyer leurs
beftes les vns fur les autres. Mais ne peuuent tenir cheures , finon deux pour chacun couple de bœufs en pays de
bofcage , & vne en plaine. Auuergne, chapitre vingt-
huict , article vnze, dit que nul ne peut faire pafcager beftail és pafcages communs, en plus grand nombre , que
ce qu'il a hyuerné des foings & pailles prouenus des heritages qu'il tient en la mefme iuftice. Ces couftumes font
fondees en raifon fuffifante , pour les tenir comme generales. Car ce droict de vaines paftures eft pour l'vtilité
publique, & à cet effect retranche la liberté que chacun a
en fon heritage, entant qu'apres l'heritage defpouïllé, iceluy heritage eft abandonné à chacun pour la pafture , &
la feule interdiction que feroit le proprietaire à fon voifin,
d'y mener fon beftail, ne feroit fuffifante , fi ledit proprietaire ne le tenoit clos & fermé. Pourquoy a efté bien à
propos de reigler cefte faculté & permiffion d'enuoyer
beftail pafcager ès terres, afin qu'elle foit à ceux feulement qui profitent au public en labourant les terres , &
àfin qu'il y euft quelque mefure, pour euiter la confufion.
Comme , *verbigratia*, fi quelqu'vn ayant peu de labourage, mettoit tous fes moyens en achapt de beftail , qu'il
feroit viure fur le commun : & en feroient les autres laboureurs enferrez , & feroit cefte incommodité caufe de
diminuer le labourage. Car cefte faculté des vaines paftures eft principalement en faueur du labourage , fans
lequel la focieté des hommes ne pourroit fubfifter. Et
pource que tel pafcage eft comme de droict public: il faut
dire que le droict de chacun eft limité, pour n'en pouuoir
vfer, auec l'incommodité d'autruy. *l. fluminum. ff. de damno
infecto. leg. Imperatores. ff. de feruitu. ruft. pred.* Pourquoy ie
croy que le iuge de fon office, auec le procureur, ou bien à
la requefte d'vn particulier, peut reigler quelle quantité de
beftail , chacun pourra enuoyer ès vaines paftures. A
quoy fe rapporte ce qui eft dit par *Stephanum Bertrand* ,
confil. 240. vol. 3.

La couftume de Niuernois a introduite vne autre fa-

culté & permiſſion pour auoir abondance de bled, quand
elle permet à chacun de labourer terres d'autruy non labourees par le propriataire, ſans autre requiſitiõ, à la charge de payer le champart. Et de meſmes les vignes, à la
charche de payer la partie. Autre tiltre des champars, art.
1. En autres prouinces les terres ſont baillees à la charge
de champart ou terrage : dont le labourage eſt en neceſſité
& obligation, & non pas en volonté ny faculté, car le ſeigneur peut contraindre de labourer, & le ſeigneur bailleur doit prendre la ſixieſme, huictieſme, ou douzieſme
gerbe. Ceux qui tiennent terres à ceſte charge ſont tenus de labourer, & s'ils demeurent quelque temps, ſans
labourer le ſeigneur leur peut oſter, & n'en peuuent tenir
en paſturage qu'vn tiers ou autre portion. Ainſi dient
Poictou, art. 104. Berry des droicts prediaux, art. 23. & Blois
art. 130. Berry, art. 25. dit que le diſme ſe paye le premier, &
les gerbes qui reſtent ſont comptees, pour le terrage : car le
diſme ſe prend tant ſur la part qui reuient au propriataire,
que ſur la part qui doit appartenir au laboureur, *cap. tua ex-*
tra de decimis. Soit le labourage à volonté, ou par obligation,
à cauſe du bail, le laboureur doit appeller le proprietaire
pour venir compter les gerbes, au temps de la moiſſon, &
par aucunes couſtumes, s'il ne vient dans vingt-quatre
heures : le laboureur apres auoir compté les gerbes en preſence de gens peut emmener ſa part : & par aucunes couſtumes le laboureur doit à ſes deſpens mener le champart
ou terrage en la grange du ſeigneur non diſtante de plus de
demie lieuë, l'vne & l'autre dit de deux lieuës. L'vne des
couſtumes met la peine de payer double champart, les autres mettent l'amende, l'autre ne charge de mener le champart. Niuernois de champart, art. 2. Poictou, art. 64. Berry,
droicts prediaux, art. 26. 27. Orleans, ar. 141. Bourbonnois,
art. 352. Soit le labourage volontaire, ou par obligation de
bail, il s'entend que le laboureur doit bien & deuëment labourer en tẽps & ſaiſon deuë, & par bõne façon, & de ſur-
charger la terre, c'eſt à dire qu'il doit la laiſſer repoſer ſelõ la
couſt. du lieu : car la reigle generale eſt à quicõque manie les

affaires d'autruy,ou par mandement ou fans mandement,
qu'il y doit faire comme vn bon mefnager. *l. in re C. mand.*
l. fi pupilli.§. videamus. ff. de nego.geft. Et pource que s'il negoce eft *ad inftar* de location.*l. videamus.§. Item profpicere .ff.*
locati.

Vignes qui font fubjectes à bannie,ne peuuët eftre ven-
dangees auant l'ouuerture du ban:laquelle ouuerture doit
eftre par l'auctorité de Iuftice, au rapport des vignerons,
& autres frequentans les vignes,fi le raifin eft en maturité.
Niuernois des vignes,art. 1. 3.& Berry des vignerons, art.
6. Niuernois met la peine,la confifcation de la vendange
& l'amende:Berry fe contente de l'amende. Le feigneur
bannier à priuilege de vendanger le iour deuant l'ouuerture,felon Niuernois.

Vignes font de defenfe en tous temps , & eft interdict
d'y mener beftes pafcageres.Niuernois de prifes de beftes,
ar.10.11.12.Poictou,ar.194. Berry,des droicts prediaux,art.
9. Bourbonnois,art. 526.& adjoufte, foient les vignes clofes ou non. Meleun,art.306. Orleãs.art.153. Blois,art.226.
pour les porcs. Niuernois met les amendes des prifes de
beftes és vignes diuerfes,felõ les faifons : Et en particulier,
fi beftes font prifes depuis la fefte Sainct Laurens dixiefme
Aouft,iufques en vendanges,& il apparoiffe qu'elles ayent
mangé raifins,elles font confifquees. A ceft effect eft commandé apres la prife,de les mener en Iuftice, & les mettre
feparément : afin de cognoiftre par la fiente,lefquelles beftes ont mangé raifins,qui eft ce qu'on appelle grumer.Au-
dict tiltre de Niuernois , art. 10. Bourbonnois, art.527.
met la confifcation de cheures & porcs. Et fi on ne les peut
prendre,permet de tuer.Selon la reigle, qui ne peut reparer fon dommage par voye ordinaire , peut le reparer par
force & voye extraordinaire:comme on peut *toto titulo. C.*
quando licet fine iudice fe vindicare.l. 3. §. quod ait ff. de incendio,
ruina,naufrag.l. qui foueas.l. quemadmodum.§. Item labeo.ff.ad
leg. aquil. Troyes,art.172. met l'amende arbitraire pour les
porcs pris és vignes.

Les prez font defenfables pour les porcs en toutes fai--

fons de l'an, parce qu'en foüillant du mufeau, il gaftent le
fol. Niuernois, art. 8. Sens, art. 150. Berry des droicts prediaux, art. 10. Orleans, art. 153. & adioufte paftiz & vignes.
Bourbonnois, art. 525. Auuergne, chap. 28. art. 22. Meleun, art. 305. Troyes, art. 170. Blois, art. 226. Pour autres
beftes les prez font defenfables ou de vaine pafture, ainfi
que s'enfuit.

Prez en prairie font abandonnez en vaine pafture, depuis que l'herbe fauchee eft dehors, iufques à la fefte noftre
Dame de Mars. Sinō que les prez portent re-viure, qu'ailleurs on appelle regaing, qui eft la feconde herbe, auquel
cas ils font de defenfe iufques à la fefte Sainct Martin xj.
Nouembre. Mais en prairie on ne peut mettre de nouuel
vn pré en re-viure, finon en baftiffant vne maifon au pré &
y demeurant. La raifon eft, que la vaine pafture és prez en
prairie, eft comme de droict public, & les detenteurs ne
font pas proprietaires de pleine propriecé: mais feulement
a effect d'y prendre la premiere herbe. Mais quand il baftit
& faict fa demeurance : il faict cognoiftre qu'il a befoin de
s'accommoder au mefme lieu: pourquoy la Couftume luy
permet cefte commodité, comme par difpenfe, outre le
droict commun: & pource qu'il fe cognoift que ce n'eft en
intention de referrer l'vfage public. Et les prez qui ne font
en prairie, peuuent eftre tenus clos & fermez toute l'annee, & d'iceux fe dict, *qui bouche, i'garde.* Ce font les reigles
des prez en Niuernois, au tiltre des prez, art. 1. 2. 3. Bourbonnois, art. 525. dict comme Niuernois, hors-mis qu'il
ne met la defenfe de boufcher prez en pariric. Berry,
droicts prediaux, art. 7. & Touraine, art. 202. les prez qui
font clos de muraille, haye ou foflez, font de defenfe en
tout temps. Aucunes Couftumes commencent la defenfe
des prez pluftoft, les vnes au premier Mars, comme Poictou és prez qui ne portent regaing, art. 196. Berry droicts
prediaux, art. 6. Meleun, art. 302. Les autres au huictiefme Mars. Touraine, art. 202. Les autres à la my-Mars.
Blois, art. 223. Sens, art. 149. Auxerre, art. 263. Les autres à noftre Dame de Mars, comme Niuernois & Bour-

bonnois, comme deſſus. Troyes, art. 170. Orleans, art. 147.
Poiƈtou, art. 196. diſtingue le commencement de la deffenſe des prez, qui portent regaing à la Chandeleur, ſecõd
iour de Feurier, & des autres non portans regaing ou re-
viure au premier Mars. Quant à la fin de la defenſe & cõ-
mencement de vaine paſture, pour les prez portans re-viure. Niuernois, Bourbonnois dient, Sainƈt Martin. Blois,
art. 223. diƈt la feſte de Touſſainƈts. Berry, droiƈts prediaux, art. 6. iuſques au quinzieſme Oƈtobre. Poiƈtou, art.
196. iuſques à ce que la ſeconde herbe ſoit emmenee. Et
pour les prez non portans re-viure ou regaing: les Couſtumes dient iuſques à ce que l'herbe ſoit emmenee: aucunes
dient iuſques à la faux, Troyes, art. 170. Bourbonnois, art.
525. Touraine, art. 202. Blois, art. 223. Les autres dient
iuſques à la feſte Sainƈt Michel, cõme Poiƈtou art. 196. Les
autres Sainƈt Remy. Sens, art. 149. Auxerre, art. 263. Orleans, art. 147. Melcun, art. 303.

Berry, droiƈts prediaux, art. 8. diƈt que paſtureaux ſont
defenſables depuis le quinzieſme Mars, iuſques au quinzieſme Iuillet. Paſtureaux ſont ceux qui ſont deſtinez pour
faire paſcager les bœufs au temps que couſtumierement il
n'y a point de foin és granges. En Niuernois on tient les
bœufs aux paſtureaux iuſques à la Sainƈt Martin, & n'y a
point d'article qui face les paſtureaux defenſables: mais
ordinairement ils ſont bouſchez. Toutesfois ie croy que
ex bono & æquo, ils ſont defenſables pour tout le têps qu'on
a accouſtumé y mettre les bœufs.

Orleans, art. 152. met la defenſe de mener bœufs, va-
ches, porcs, brebis, oyes & cheualines és gaignaiges, vignes, cloſeaux, vergiers, plants d'arbres fruiƈtiers, cheſna-
ges, ormoyes, ſaulſayes d'autruy: n'y entrer pour cueillir
fucilles ou herbes.

Bourbonnois, art. 526. de meſme quant aux fruiƈtiers,
jardins & vergiers clos. Auuergne chap. 28. art. 9. pour
les vergiers & fruiƈtiers clos. Et quãt aux planſſons, Bourbonnois, art. 528. les faiƈt defenſables à cheures, moutons
aſnes, & autres beſtes, iuſques à quatre ans.

Orleans, art. 259. defend planter ormes, noyers ou chefnes au vignoble d'Orleans, plus pres des vignes des voifins, que de quatre toifes : ny de planter haye vi-ue plus pres que d'vn pied & demy. Et doit eftre la haye d'efpine blanche & non d'efpine noire. C'eft pource que l'ombre de ces gros arbres nuit à la vigne, & empefche la maturité:& l'efpine noire jette abondamment à la racine, & en peu de temps s'eftend bien loing,& mange le fuc de la terre.

Poictou,art.195. faict les terres labourables defenfables iufques à vn mois apres la cueillette.

Orleans,art.146. & Bourbônois, art. 534. dient qu'au temps que les bleds font fur terre, couppez & non ferrez: Il eft defendu de mener beftes és grands chemins joignâs lefdictes terres auant iour,ny apres iour failly, à peine d'a-mende.

Nous obferuons en Frâce ce qui eft du droictRomain, que les beftes qui font dommage en l'heritage d'autruy, refpondent pour le dommage:& eft loifible de les prendre ou faire prendre pour les mener à Iuftice: afin d'auoir con-demnation pour la reparation du dommage & feureté fur les beftes. Par la plufpart des Couftumes, chacun peut prendre beftes en fon dommage, & les garder iufques à vingt-quatre heures : & dedans ledict temps les rendre au proprietaire. Et s'il ne les rend dedans ledict temps,les doit rendre en la prifon de Iuftice. Ainfi dient Niuernois, des prifes de beftes,ar.4. Poictou, art. 81. Auuergne,chap. 28. art. 12. 13. Bourbonnois, art. 522. Auuergne,chap. 28. art. 15. Bretagne,art. 382. Auxerre,art.271. permet feulement garder douze heures. Berry,droicts prediaux, art.1. Or-leans, art.158. & outre permet prendre pan ou gage pour preuue de la prife : comme Auxerre, art. 271. Aucunes Couftumes dient que le preneur eft creu de la prife auec fon ferment. Comme Niuernois, art.2. Poictou,art.81. Auxerre, art. 271. dict que le preneur eft creu de la prife iufques à trois fols d'amende, & de fon dommage, iufques à cinq fols.Orleans,art.158. & Touraine, art.203. pour le

dommage

dommage iufques à cinq fols. Et de mefme Berry, art.1.
des droicts prediaux. Sens, art. 155. parle de la prife faicte
par le fergent meffier ou foreftier , qui eft creu iufques à
cinq fols. Niuern. audict tiltre des prifes, art.10. excepte les
prifes faictes és vignes depuis Sainct Laurens , iufques à
vendanges , parce que le preneur doit rendre les beftes à
Iuftice, pour eftre mifes feparément & cognoiftre fi elles
ont mangé raifins, pour les caufes & ainfi qu'il a efté dict
cy-deffus.

Par la plufpart des Couftumes l'amende des prifes en
dommage à garde faicte eft de foixante fols. Niuernois,
prife de beftes, art. 9. Berry, droicts prediaux, art. 4. Touraine, art. 203. Troyes, art. 171. Mais Bourbônois, art. 529.
& Auuergne, chap. 28. art. 8. 9. dient bien l'amende de
foixante fols: mais donnent la moitié à la Iuftice, & l'autre
moitié à la partie intereffee outre fon dommage, fi c'eft de
iour. Et fi c'eft de nuict, mettent la confifcation du beftail
par moitié, comme deffus. La garde faicte de nuict eft vray
furt, & furt qualifié: pourquoy ie croy qu'il y efchet, outre
la peine de la Couftume , amende arbitraire. Auuergne,
art. 18. adioufte, qu'audict cas de confifcation, le preneur
n'eft pas creu de la prife. Et ie croy eftre general que la garde faicte, doit eftre prouuee par deux tefmoings , comme
tous autres delicts: & la garde faicte implique furt: car furt
fe dict auffi bien de celuy qui vfe du bié d'autruy outre fon
gré, que de celuy qui veut gaigner le mefme corps , & la
mefme chofe d'autruy. Orleans, art. 156. met à party pareil
quand le pafteur garde fes beftes en l'heritage d'autruy : &
quand les beftes font fans garde: & que le berger foit proche du lieu où les beftes font en dommage : excepté fi les
beftes eftoient effarouchees, & que le pafteur les pourfui-
uift. Bourbonnois, art. 531. diffinit la garde faicte , fi le pafteur de faict garde fes beftes en l'heritage defenfable , ou
s'il eft proche du lieu & les puiffe voir, ou s'il a desbouché
l'heritage où fes beftes font en dommage. Et ie croy que
cefte decifion doit eftre tenuë pour generale : car chacun
doit garde à fon beftail. Et celuy qui eft negligent à garder,

X

& fçait bien que la beſte ſelon ſon naturel , ne faillira pas
d'aller en dommage, eſt la vraye cauſe de dommage: & ſelon la ſubtilité du droict Romain, ores que l'action aquilie
ne compete pas l'action *In factum*, qui eſt de meſme efficace-
ce eſt octroyee. *l. ſi ſeruū in fin. ff. ad leg. aquil.* Auſſi Meleun,
art. 309. dict, quand il y a garde faicte que le proprietaire
n'eſt receu à quitter la beſte pour le dommage. La raiſon
de ce dernier dict, & des precedens eſt , que la garde faicte
du vray, implique dol & furt: & les autres cas ſont du coul-
pe trop large, qui ſelon la preſomptiō de droict eſt reputé
dol, & quand la culpe eſt precedente, on n'eſt pas liberé en
quittant la beſte pour le dommage, *cap. vlt. extra de iniurys.*
l. 1. iuncta gloſſa ff. ſi quadrupes paup. Et à cauſe de ceſte coul-
pe large, l'amende doit croiſtre.

Si les beſtes ſont telles qu'on ne les puiſſe facilement ap-
prehender pour les rendre à Iuſtice, comme oyes & volail-
les. Il eſt permis d'en tuer vne ou deux , & les laiſſer ſur le
lieu, ou bien intenter action. Orleans, art. 162. Touraine,
art. 207. & Blois, 222. dient de meſme quant aux oyes qui
ſont és bleds ou prez. Auuergne, chap. 28. art. 24. dict , s'il
y a vingt oyes ou plus, és prez: il eſt permis d'en tuer deux,
ſi moins vne. Par la loy des Bourguignons faicte par Gon-
debaud Roy, chap. 23. art. 5. eſt dict des porcs faiſans dommage, que ſi le maiſtre d'iceux admoneſté par deux fois de
les bien garder, n'en eſt ſoigneux : il eſt loiſible à celuy qui
ſouffre dommage, de tuer le meilleur, & l'appliquer à ſon
profit. Semble qu'il y ait quelque raiſon de permettre de
tuer ou offenſer les beſtes qui ſont fuyardes & mal-aiſees à
arreſter, comme porcs: & pource qu'en les pourſuiuant ils
font tant plus de dommage. Et ſi ce n'eſt de tuer , pour le
moins de les bleſſer à vne des jambes, afin qu'ils ceſſent de
courir, & ſoient remarquez pour demander reparation du
dommage.

Aucunes Couſtumes mettent temps certain pour intenter action de dommage, comme de vingt iours. Orleans.
art. 151. En Niuernois eſt obſerué ſans loy eſcrite, qu'il en
faut intenter action dedans la ſeconde ou tierce expeditiō,

des iours de la Iuftice ordinaire du lieu, autrement on n'y eft plus receuable.

Combien que ce foit perfonne prince qui ait pris les beftes en dõmage, toutesfois celuy qui refcouft & rauit les beftes, empefchant qu'elles ne foient menees à Iuftice eft amédable, comme s'il auoit fpolié la Iuftice : Car pour l'vtilité publique & pour la neceffité de l'affaire, a efté permis à chacun d'eftre fergent en fa caufe, parce qu'en allãt chercher vn fergent la befte efchaperoit. A quoy fe rapporte ce qui eft dict par le texte, & la gloffe *in l. ait Prætor. §. fi debitorem. ff. quæ in fraud. cred.*

Berry des droicts prediaux, art. 19. dict que les heritages eftans fur les grands chemins, & à l'iffuë des villes & villages, doiuent eftre deuëment boufchez : autrement n'y efchet prife finon à garde faicte. Bourbõnois, ar. 533. dict que les voifins peuuent contraindre le proprietaire à boufcher fon heritage. Ce que deffus ne doit pas eftre receu indifferemment : car chacun doit donner garde à fon beftail. Et en plufieurs contrees, cõme en Beauffe, Sologne & autres. Les campagnes & varennes ne font pas boufchees. Il eft dõc bien à propos d'entendre ce que deffus, és terres & heritages qui font enuironnees de hayes, qui peuuent eftre auec peu de fraiz entretenuës.

Le gect d'vn foffé eftant entre deux heritages, monftre que le foffé appartient à celuy du cofté duquel eft le gect. Et fi le gect eft des deux coftez, le foffé eft commun. Auxerre, art. 115. Orleans, art. 252. Kheims, art. 369. Berry des feruitudes reelles, art. 14. & adioufte, s'il n'y a apparence de gect, que le foffé eft commun. Et fi vne haye viue ou buiffon eft entre le pré d'vne part, & terre, vigne ou bois d'autre-part, elle eft cenfee du pré. Berry des droicts prediaux, art. 22. Ce que ie ne voudrois tirer en confequence pour autre prouince, quant à la vigne : parce qu'elle eft de defenfe en tout temps, & felon l'vfage commun, on eft auffi foigneux de boufcher la vigne comme le pré. Quant à la terre labourable, la raifon dudict article de Berry eft generale. Comme fe dict de la vigne ou pré, auffi faut dire du jardin.

X ij

Auxerre, art. 117. permet prendre paſſage par l'heritage du voiſin au plus proche du chemin, & au lieu moins dommageable, pour cultiuer & deſpoüiller heritages enclauez endedans les heritages d'autruy: ſans pource acquerir ſaiſine. La raiſon de ceſt Article eſt generale & conſonante à la police: par laquelle la ſocieté des hommes eſt conſeruee: & ainſi dict le droict Romain. *In l. ſi quis ſepulcrum. ff. de religioſ.* que les Docteurs dient eſtre cas ſpecial: mais auec grande raiſon, la loy doit eſtre dicte generale aux charges portees par la loy, de ſatisfaire le voiſin du dommage qu'il peut ſouffrir en paſſant: & en cas qu'on ne s'en puiſſe accorder de gré à gré, que le Iuge en ordonne. A quoy faict la *l. 1. ff. de glande legenda. & l. Iulianus. §. glans in fine. ff. ad exhib.* où eſt permis d'entrer en l'heritage d'autruy pour ſa neceſſité, & à la charge de reparer le dommage s'il en aduient.

DES BOIS ET VSAGES
en iceux.

A Couſtume de Niuernois met trois ſortes de bois, & ceſte diſtinction eſt preſque generale en France: Les vns ſont bois de garenne: Les autres bois ſont dicts gros bois: Bois de garde, ou bois de haulte fuſtaye. Les autres ſont bois tailliz & de couppe.

Garenne par ancienne appellation Françoiſe ſignifie vn heritage, qui en tout temps eſt de defenſe, ores qu'il ne ſoit clos, & ſuiuant ce dict-on riuiere en garenne, en laquelle n'eſt permis de peſcher en quelque temps que ce ſoit. Selon l'vſage plus commun, garennes ſont bois & buiſſons, deſtinez à nourrir & multiplier connils. Garennes en general, ſont defenſables en tout temps. Niuernois des bois: article 1. 2. Berry, des droicts

prediaux, art. 14. Auuergne, chap. 28. art. 22. parlant des
anciennes garennes, Troyes, art. 178. Mais Poiĉou, art.
198. dit que garennes à connils ſont defenſables en toutes
ſaiſons de l'an, non ſeulement pour la chaſſe : mais auſſi
pour le paſturage des beſtes. Et qui chaſſe en garenne à cō-
nils, ſans le gré du maiſtre, eſt puny comme de furt. Niuernois, des bois, art. 16. Orleans, art. 167. Par ordonnance du
Roy Iean, de l'an 1355. eſt defendu de faire nouuelles garennes, ny faire accroiſſement des anciennes, pource qu'elles empeſchent les labourages, & par ladite ordonnance
eſt permis de chaſſer eſdites nouuelles garennes, ſans peril
d'amende. Es Capitulaires de Louys Empereur, *lib. 4. art.*
65. eſt defendu de faire nouuelles foreſts, & celles qui ſerōt
faiĉtes eſt commandé les abolir. Selon ladite couſtume de
Niuernois, bois ſont preſumez garennes, eſquels ſont cla-
piers, foſſez d'ancienneté, ou ancien nom de garēne. Selon
la couſtume de Bretagne, article 373. les nobles peuuent faire faux à connils en leurs terres, au cas qu'il n'y auroit garenne à connils, à autre ſeigneur és lieux prochains.

Les autres bois qui ſont diĉts de haute fuſtaye, & portent paiſſon, ſont defenſables & de garde en certain temps,
Sens, art. 153. & Auxerre, art. 267. dient que bois ſont reputez de haute fuſtaye, qui ſont bons à maiſonner, qui portent glādees, & n'y a en iceux memoire de culture, ny qu'ils
ayent eſté couppez. La pluſpart des couſtumes ſont leſdits bois defenſables, depuis S. Michel, ou ſainĉt Remy, qui
ſont à deux iours prés, iuſques à la feſte S. Andié, dernier
Nouembre, comme Sens, art. 151. Auxerre, 269. Troyes,
art. 175. Bourgongne, art. 122. La couſtume de Niuernois,
fait la deffenſe depuis ſainĉt Michel, iuſques à la Chandeleur, ſecond de Feurier, au tiltre des bois, art. 3. 4. Mais Poiĉtou, art. 197. les faiĉt de defenſe, dés que le glād commence à cheoir, iuſques à la feſte ſainĉt André. Et ie croy qu'és
prouinces où la defenſe commence à S. Michel, ſi l'annee
ſe trouue plus auancee que de couſtume, que le proprietaire peut par iuſtice, auec ſommaire cognoiſſance de cau-

se faire auancer la deffense, & apres la publication, les prises seront de telle efficace, pour le dommage & pour l'a-
mende, comme si c'estoit apres la feste sainct Michel. Berry
des droicts prediaux, art. 12. commence la deffense à la
my-Aoust, & la faict durer iusques à Pasques. Les coustumes, pour la plus-part ordonnent l'amende & le dommage, quand aucun y mene ses bestes en téps de defense : mais
Auxerre, art. 266. y met la confiscation des porcs, qui sont
pris à garde faicte. Orleans, art. 154. defend mener bestes és
bois & forests anciennes, en toutes saisons de l'annee, si on
n'a tiltre d'vsage : & permet és escreuës de bois, venus és
terres labourables d'y mener bestes, depuis sainct Remy,
iusques au premier Ianuier. La Coustume de Niuernois,
des bois, art. 4. & de blairie, art. 5. permet mener les bestes
en vaine pasture, hors ledit temps de glandee & defense és
bois de haute fustaye. Mais ie croy que ceste permission
vient dés le temps ancien, que le pays estoit fort couuert de
bois, & que l'on n'en tenoit compte. Car en permettant
à toutes bestes mesme aux bestes, broutans d'y aller depuis
la Chandeleur : c'est oster tout moyen de repeupler vn
bois ancien, par le gland ou faisne qui chet des arbres, &
est enterré par les porcs, en fougeant en temps de paisson.
Pourquoy ie croy que les proprietaires des bois de haute
fustaye, peuuent tenir à ceste occasion leursdits bois en defenses en toutes saisons de l'an, en le faisant publier par auctorité de iustice, si ce n'estoit que les subjets ou voisins y
eussent droict d'vsage dont ils payassent redeuance particuliere : car la redeuance qui se paye pour la blairie, n'a sa
destination en aucun lieu particulier, ains est en general, &
confusément pour tous heritages, qui sont en vaine pasture. La coustume de Niuernois des bois, art. 8. dit si aucun
veut mettre vn bois de couppe, en tiltre de bois de haute
fustaye, qu'il le peut faire apres vingt ans, depuis la derniere couppe, en le faisant sçauoir par cry public, & affixes és
lieux accoustumez. Troyes, art. 78. dit qu'il est reputé de
haute fustaye, quand il a esté trente ans, sans coupper.

La tierce sorte de bois, est bois taillis ou de couppe, qui a accoustumé d'estre couppé de dix, douze ou quinze ans, & reuient. Quand il est nouuellement couppé, il est defendu d'y enuoyer bestes, mesmes celles qui broutent, ores que ce fust vn vsager qui y enuoyast. Aucunes coustumes dient iusques apres quatre ans, comme Niuernois des bois, art. 7. Blois, art. 225. qui dit ainsi pour les vsagers, car les non vsagers ne peuuent y enuoyer en quelque temps que ce soit. Bourgongne, art. 121. dit iusques apres la quarte fueille. Les autres dient trois ans, & vn mois de May, comme Berry des droicts prediaux, art. 12. & de mesme des bois bruslez, Bourbonnois, art. 524. Les autres dient cinq ans, comme Vitry, art. 118. si ce n'estoit que le bois fust si fertil, qu'il peust se defendre, auāt cinq ans. Troyes, art. 179. Mais Poictou, art. 196. dit qu'il est defensable quant aux cheures, pour cinq ans, & quant aux autres bestes, pour quatre ans. Auuergne, chap. 28. ar. 23. ne met la defense, que pour trois ans apres la couppe. Sens, art. 148. & Auxerre, art. 262. mettent le terme iusques à ce que le bois ait esté declaré defensable par sentence du iuge. Troyes, art. 179. dit qu'il est defensable pour les cheures à tousiours. Les peines des contreuenans sont diuerses selon les coustumes : mais par l'ordonnance du Roy François premier, du mois de Ianuier, 1518. art. 14. la confiscation est ordōnee des bestes, prises és taillis, & par le 30. article, est permis aux seigneurs, de s'aider dudit 14. article, qui est faict pour les forests du Roy. L'vsance ordinaire en vente de couppe de bois entenduë, ores qu'il n'en soit rien dit, est de coupper en saison deuë, qui est depuis la my-Aoust, iusques à la my-May: car la coupe depuis la my-May, iusques à la my-Aoust, quand le bois est au fort de sa sayue, fait mourir, ou diminuë la vigueur du bois.

Le commun droict d'vsage est de prendre bois mort & mort-bois, tant pour chauffer que pour autres necessitez, comme pour boulcher ses heritages. Mort-bois, est bois vif, non portant fruict. Bois mort est bois abbatu & cheut, ou qui est sec debout, qui ne peut seruir qu'à brusler.

Ainſi dit Niuernois des bois. art 11.12. Quant au mort-bois
ſe trouue vne ordonnance du Roy François , du 4. Octobre, 1533. par laquelle il veut qu'au Parlement de Paris, ſoit
obſeruee la diſinition qui eſt en la chartre Normande, que
mort-bois ſoit entēdu bois de ſaule, morſaule, eſpine, puy-
ne, ſeuz aulne, geneſt, genévre, & non autres arbres, mais
par ladite ordonnance de l'an 1518. art. 25. vers le milieu le
tremble , le cherme & le boulean ou boulas, ſont reputez
mort-bois, pource qu'ils ne portent aucun fruict ſeruant à
vſage, & ainſi eſt obſerué en ce pays de Niuernois. Et quant
au bois mort, il ne faut pas interpreter ainſi cruement : car
ſi le vent a abatu quelque arbre , qui ne prenne plus de vie
en terre, ou ſi vn tiers , par meſgarde ou autrement, auoit
coupe vn arbre, qui de vray fuſt bois mort: il n'appartien-
droit pas à l'vſager, non plus qu'a l'vſufruictier : combien
que de vray ce ſoit bois mort. *l. arborib.ff.de vſu.* Car tel bois
peut ſeruir à faire ouurage. Et noſtre couſtume, prudem-
ment adiouſte à bois-mort ce mot, *qui ne peut ſeruir qu'à bru-
ſler.* Par l'ordonnance de l'an , 1516. art. 47 les vſagers ne
peuuent ſe ſeruir du bois, ſinon au lieu pour lequel ils ſont
vſagers: Et ne peuuent vendre leur droict d'vſage à perſonne qui en deuſt employer & vſer plus largement, ores qu'ils
vendent les maiſons pour leſquelles ils ſont vſagers, ladicte
Ordonnance, art. 88. Et ſi l'vſager deuient en beaucoup
plus grandes facultez & moyens, en ſorte qu'il doiue faire
plus grande deſpenſe de bois: ſon vſage ſera reiglé ſelon
l'eſtat qui eſtoit au temps de la conceſſion par la raiſon du
chap. *quanto.extra de cenſib.l.dam.§.ſi iis qui vicinas.ff.de damno infect.*

Aucuns vſages ſont pour prendre bois à baſtir, & tels vſagers n'en peuuent prendre, ſans qu'il leur ait eſté marqué
par le ſeigneur ou ſon foreſtier , & ſi la marque eſt refuſee
apres ſommation iudiciaire , & huict iours paſſez l'vſager en peut prendre. Niuernois, art. 13.14. Ladite ordonnance de l'an mil cinq cens ſeize , article quarante-
ſix, veut en deliurant du bois , qu'on ait eſgard à l'eſtat
de la foreſt, & à ce qu'elle peut ſouffrir. Et en toutes ſer-

tudes, faut appliquer temperament, pour en vfer, auec le moins d'incōmodité du fonds feruant que faire fe peut. *l.fi cui fimplici.ff.de feruitut.* Doncques doibt l'vfager decla-rer quel baftiment il veut faire, cars'il ne luy eftoit ne-ceffaire, ou grandement vtile, ou s'il le vouloit faire plus grand que n'eft la portee du tenement, le feigneur pourroit refufer par la raifon de la *l.ergo.in fine.ff.de feruit.ruft.* Et ores que la couftume permette à l'vfager de prendre du bois apres le refus, il s'entend qu'il en doit prendre auec bon mefnage, non tout à vn lieu, mais parcy, & par là où le bois eft plus efpais, & bois qui commence à fe gafter par la cime, s'il y en a, par la raifon de ladite *l. fi cui fimplici.*

Les vfagers ne peuuent vendre ny donner bois, herbe ou autre chofe croiffant au bois, ny mener beftes d'au-truy, auec leurs beftes. Niuernois des bois, article quinze, Troyes, article 174. dit que fi l'vfager vend à non vfager, ou tranfporte hors le lieu d'vfage, il y a confifcation de la chofe enleuee, amende de fix fols, & priuation de l'vfa-ge pour vn an.

Les vfagers ayans droiƈt de paiffon, ne peuuent en temps de garde mener au bois autres porcs que de leur nourri-ture, & qui foient de l'auge de Mars, c'eft à dire ceux qui leur appartenoient, le iour de Noftre Dame en Mars au-parauant, & qui depuis ce temps iufques à la paiffon en font procreez. Niuernois des bois, art. 19. Et peut le fei-gneur proprietaire du bois, enuiron le temps de la paiffon, faire enquerir le nombre de porcs que chacun vfager a, & vendre la paiffon de fon bois, à la charge de l'vfage. Art. 20. 21. Ce mefnagement a efté introduict pour euiter les fraudes que les vfagers euffent peu faire en acheptant quantité de porcs, au temps que l'on peut iuger le gland eftre affeuré, qui eft vers la my-Aouft, pour furcharger l'v-fage : mais au mois de Mars, il n'y a aucun moyen de s'af-feurer s'il y aura du gland, & depuis le mois de Mars iufques à la paiffon, il y a fix mois, dont les trois premiers font les plus difficiles & incommodes de toute l'annee, à nourrir

Y

porcs: qui fait qu'il n'y a si grand moyen à l'vsager de faire fraude au proprietaire, quand il est dit qu'il ne peut mener en l'vsage autres porcs, sinon ceux qui luy appartenoient , le 25. Mars.

La possession qui doibue estre vallable & legitime, pour la saisine , & à fin de maintenuë & garde, ou pour acquerir droict par prescription : en droict d'vsage de bois , n'est pas comme les vulgaires & communes possessions, esquelles le simple faict de iouïssance suffit, mais en ce droict d'vsage est requis d'auoir tiltre, ou bien iouïssance auec payement de redeuance, ou bien iouïssance par temps immemorial, qui vaut tiltre. Ainsi dit Niuernois des bois, art. 9. 10. Et Bourgongne, art. 120. Vitry, art. 199. dit de mesme, horsmis quant à la possession immemoriale , mais dit au lieu de tiltre, si on a acquis l'vsage , auparauant quarante ans. La raison de ce que dessus, est que les bois ne sont frequentez ordinairement, ny souuent : qui fait que les iouïssances doiuent estre tenuës pour clandestines : qui sont regentees, & du possessoire, & de la prescription. Cela est remarqué au droict Romain, *in l. quamuis saltus. ff. de acq. poss.* Aussi selon ledit droict, és seruitudes, qui n'ont cause continuelle , la possession de temps immemorial est requise pour la prescription. *l. hoc iure. §. ductus aquae. ff. de aqua quotid. & estiua.* Sinon que la science & cognoissance y soit de celuy contre lequel on veut prescrire. *l. 2. C. de seruit. & aqua.* Nostre coustume a voulu donner vne marque cettaine à ceste science, qui est le payement de la redeuance : lequel payement, outre l effect de science produit vne tacite conuention , car le payement de redeuance a son effect reciproque. *l. plures. C. de fide instrum.* Es choses corporelles la science de l'aduersaire n'est requise. *l. vlt. C. de prescrip. longi temp.*

DES COMMVNAVTEZ
& ſocietez.

SElon la couſtume de Niuernois, des cõmunautez, art.1. communauté n'eſt acquiſe tacitement par demeurance, qu'aucunes perſonnes font enſemble, s'il n'y a conuenance expreſſe. Ainſi dit Bourbonnois, art.267. Laon, art.266. Reims, art.385. Orleans, art.213. adiouſte conuention expreſſe & par eſcript. Ces mots par eſcrit, ſemblent auoir eſté adiouſtez en conſequence de l'Edict de Moulins.1566. qui veut tous contracts excedãs cent liu. eſtre paſſez par eſcript. Touraine, art.231. de meſme, & excepte le mariage. Autres couſtumes tirent plus au large, diſans quand aucunes perſonnes, maieurs de 25. ans, vſans de leurs droicts viuent enſemble, à commun pot, ſel, & deſpenſe, faiſans communication de leurs gaings & profits par an & iour, que la communauté & ſociete de meubles & conqueſts eſt acquiſe entr'eux. Ainſi dit Poictou, art.231. Sens, art.280. Auxerre, art.201. Berry des mariages, art.10. Troyes, art.101. Sinon qu'il apparuſt que par familiarité, ou amitié, ou ſi c'eſtoient parens ſeruiteurs, & autres perſonnes nourries par affection ou ſeruice. Ainſi dit Sens, ar.281 Auxerre, ar.202. Poictou, ar.231. Troyes, ar.102. Surquoy, pour la differéce ſera cõſideré que Niuern. & Bourb. parlent de demeurance enſemble, & non de cõmunicatiõ de gains & profits. Ceſte cõmunication de gains eſt le plus fort argument de communauté: car comme tacitement elle eſt diſſoulte, quand les aſſociez commencent à faire chacun ſes affaires à part. *l. itaque. ff. pro ſoc.* Ainſi ſe peut dire, que par tacite cõſentemenr elle eſt contractee, ſelõ la reigle *per quas cauſas. Saltcet in l. ſi patruus. C. cõmm. vtriuʹque iud.* vſe de ceſt argument: & pource que ceſte cõmunauté tacite eſt fondee en preſomptiom, il ſe peut dire que la preſomption contraire doit faire iuger autremét. Pourquoy il eſt bõ d'en iuger par les circõſtãces, quãd la couſt. n'y eſt pas formelle.

Deux freres majeurs de ving ans estans hors de puissance de pere, demeurent ensemble par an & iour, ayans leurs biens meslez, & faisans communication de gains, sont reputez communs. Ainsi dit Niuernois des commun. ar. 2. & Bourbon. art. 267. qui ne parle de cõmunication de gains.

Le gendre, ou la femme du fils, venãs demeurer auec leurs beau-pere & belle-mere, ou l'vn d'eux, & apportans leurs droicts en la communauté, acquierent par an & iour communauté auec leursdits beau-pere & belle-mere, & leurs personniers. Ainsi Niuernois des droicts de mariez, art. 21. Mais Bourgongne, art. 52. dit que la femme du fils n'acquiert communauté, ains doit seulement remporter ce qu'elle a emporté. Ceste article de Niuernois est singulier pour le pays, & se doit entendre simplement quant aux maisons des villages, qui selon la constitution du pays, consistent toutes en familles & assemblees de plusieurs personnes en vne communauté. Mais quant aux maisons de ville en Niuern. ie croy qu'il en faut iuger *ex causa*, selon les circonstances & presomptions, pource que les cõmunautez ne sont pas ordinaires és maisons de ville, comme és chãps.

Si apres le deceds de l'vn des deux cõjoincts par mariage, le suruiuant ne fait inuentaire des biens de la cõmunaute, qui soit bien & solẽnellement fait auec personne capable, les enfans acquierent cõmunauté auec ledit suruiuant, si bõ leur semble, & est à leur choix de prẽdre la cõmunauté, ou de demander leur part des biẽs tels qu'ils estoiẽt lors de la dissolutiõ du mariage. Et tous les enfãs ne sont que pour vne portion, telle que le defunct auoit. Ainsi dit Paris, art. 240. Poictou, art. 234. 236. Sens, art. 93. 94. & 283. 284. Auxerre, 204. 205. Berry des mariages, article 19. 20. qui adiouste qu'autant faut dire pour heritiers du defunct autres que les enfans: & autant en dit Poictou, art. 232. Orleans, art. 216. cõme Berry. Touraine, art. 348. 349. Bourb. art. 270. Meleun, art. 221. 222, 223. Senlis, art. 109. Laon, art. 264. Troyes, art. 109. Blois art. 183. Mais toutes lesdites coustumes ne s'arrestent pas à l'inuentaire : car aucunes dient alternatiuement inuentaire, ou partage, ou autre acte solennel, derogeant à communauté. Ainsi Sens, art. 283. Auxerre, art. 206. Berry des mariages, art. 20. Orleans, art. 216. Bourbonnois, art. 270. Laon, art. 264. Mais esdictes Coustumes est à entendre, que si les enfans ou autres heritiers sont mineurs, qu'vn tuteur ou curateur y est necessaire: & la tutelle emporte auec soy la necessité d'inuentaire, sans lequel vn tuteur ne doit administrer. Aussi ceste continuation de communauté est en haine du suruiuant, qui ne faict pas inuentaire: & à ce moyen est ostee aux enfans la preuue certaine des biens delaislez. Doncques me semble, quand les enfans ou autres heritiers sont mineurs, que l'inuétaire bien & deuement faict, est necessairement requis, pour empescher la continuation de communauté. Si les enfans ou autres heritiers sont majeurs, se peut dire que la societé est dissoluë par la seule & nuë declaration de volonté de l'vn des associez. *l. verum in fine. ff. pro socio.* Aucunes desdictes Coustumes mettent le temps de faire l'inuentaire. Bourbónois, art. 270. Poictou, art. 232. dient de quarante iours. Paris, art. 241. desire qu'il soit clos trois mois apres qu'il aura esté faict. Aucunes aussi desdictes Coustumes dient, que si le suruiuant se remarie, que la communauté se faict par tiers: & si tous les deux qui se remarient auoient enfans de leurs premiers mariages, la communauté se faict par quart. Paris, art. 240. Poictou, art. 236. Sens, art. 93. 94. & adiouste ces mots, *soit que l'vn des mariez y ait assez ou peu apporté.* Auxerre, art. 205. Touraine, 349. Meleun, art. 222. Et si plusieurs enfans de l'vn desdicts mariages sont reduicts à vn, luy seul prendra autant que tous eussent pris. Paris, art. 243. Poictou, art. 237. dont resulte que l'acquisition de telle communauté, est pour la seule commixtion de biens, & non à cause des personnes. Mais la Coustume de ce pays de Niuernois seule entre toutes les autres, a ordonné autrement au faict de ces communautez: Car au tiltre des communautez, art. 4. & des droicts de mariez, art. 22. 23. dict que les enfans masles aagez de quartorze ans, & femelles de douze ans, ayans droict acquis, apres le deceds de pere ou de mere,

acquierent communauté de biens par teftes & égales portions auec le furuiuant & fes perfonniers par an & iour
quand leurs biens font meflez. Iaçoit qu'ils ne demeurent
enfemble, finon qu'il y ait contradiction de communauté
qui fe doit faire apres inuentaire bien & deuëment faict
auec vn tuteur ou curateur, qui fera donné aufdicts enfans
mineurs:& fera noté qu'elle parle feulement des enfans, &
non d'autres heritiers du decedé. Du Molin en l'annotation fur la Couftume de Bourbonnois, art. 270. dict que la
fille ayant droict acquis par le deceds de fa mere, qui a efté
mariee & dottee competemment par fon pere. Ne peut
pretendre communauté contre fon pere. Et dict auoir ainfi efté iugé par Arreft en la maifon de M. Denys Pron,
Procureur en Parlement. Selon mon aduis noz ance-
ftres ont introduict ceft article, & quelques autres, auec
trop-grande obferuatiõ du droict Romain. qui a ceft aage
diffinict la puberté: & euffent mieux faict de tirer iufques à
la pleine puberté, qui felon le mefme droict Romain, eft à
dixhuict ans. *l. arrogato. ff. de odopt. l. mela. ff. de aliment. lega.*
Car à ceft aage de quatorze & douze ans, les icunes perfonnes ne font pas encores en valeur ny en vigueur pour
trauailler de corps ou d'efprit: en vne communauté a effect d'acquerir cõmunauté par teftes. Auffi euffent mieux
faict d'efclaircir quel doit eftre le droict defdicts enfans
auant la puberté. Et s'il m'eft loifible d'y interpofer mon
iugement: ie dirois felon toutes les autres Couftumes, que
tous les enfans enfemble, iufques à la pleine puberté, qui
eft l'aage de dix-huict ans, ne fuffent comptez que pour
vne tefte, & portion femblable en quotité, à la portion du
defunct: auquel ils ont fuccedé, comme cõtinuans la communauté: & auec cefte modification, fi bon leur femble, en
leur donnant le choix, ou de prendre cefte cõmunauté qui
procede de la feule meflange de biens, & en haine du furuiuant, qui ne faict inuentaire, ou de demãder leur droict,
tel qu'il eftoit lors du deceds de celuy auquel ils ont fuccedé. Et qu'audict aage de 18. ans, qui eft de pleine puberté, fi la maifon & mefnage font tellement eftablis, qu'auec

le labeur ou industrie: côme les biens d'icelle maison s'aug-
mentent: côme es maisons de village indistinctement, & es
maisons de ville qui sont d'artisans & marchandise vulgaire: lesdicts enfans d'eussent acquerir communauté par testes. Sinon en cas que le labeur desdicts enfans ne puisse
vray-semblablement rien, ou bien peu adiouster, côme es
maisons d'Officiers, Aduocats & autres tels: il n'y ait autre
aduantage pour lesdicts enfans, sinon continuation de
communauté à eux tous, pour la mesme portion du defunct. Or puis que nostre loy est telle, il la faut obseruer telle: mais est à entendre que l'an&iour est requis outre la puberté, tellement qu'à la fin du quinziesme & du treiziesme
an, la communauté par testes est acquise.

Selon ladicte Coustume de Niuernois audict tiltre de
communauté, art. 3. la communauté expresse ou tacite
comprend les meubles faicts auparauant & durant icelle:
& les conquests faicts durant icelle. Mais Orleans art. 214.
dict des meubles & conquests faicts durant la societé: qui
peut engendrer confusion quant aux meubles, si ce n'estoit
qu'à l'entree de la societé y eust inuentaire. Les Docteurs
Vltramontains, ausquels le droict Romain est droict commun, dient que selon la cômunication de biens & gaings,
il faut iuger quelle est la societé, & s'il y a seulement communication en quelque sorte de gaings & profits, la societé ne soit estenduë plus auant qu'en ceste sorte de trafic &
de biens. Ce qui a grande raison es societez tacites, qui
sont introduictes par presomptions & coniectures de volonté: & selon ledict droict Romain qui a pris les societez
plus à l'estroit que nous ne les obseruons en France.

La mesme Coustume de Niuernois parlant de ces communautez, dict que les meubles qui escheent par succession à l'vn des communs personniers, sont communs à tous
les autres: & les immeubles escheans par succession, sont
propres à celuy auquel ils escheent. Au tiltre des communautez, art. 9. & Bourbônois, art. 276. quant aux immeubles, s'entend par la proprieté: car les fruicts entrent en la
communauté pour le temps qu'elle dure. S'entend au-

que celuy auquel eschet la succession de meubles, doit luy mesme declarer s'il veut estre heritier. Et ne peut le maistre de communauté faire son personnier heritier outre son gré: jaçoit qu'en l'heredité n'y ait que des meubles, & que le maistre ait la pleine administratiõ des meubles: car l'addition d'heredité peut auoir son effect plus auant que des meubles, & autres biens qui sont en icelle: Et ne peuuent dire les personniers que fraude leur soit faicte en repudiãt vne heredité, non-plus que le creancier quãd son debteur repudie. Ainsi dict la *l. qui autem. ff. que in fraudem cred. l. 1. §. vtrum. ff. si quid in fraudem patroni.* Est à excepter, si par conuenance expresse la communauté est de tous biens: car en ce cas les hereditez d'immeubles sont comprises.

Le chef & maistre d'vne communauté, peut sans autre procuration de ses cõmuns, agir & estre conuenu pour le faict de la communauté en actions personnelles & possessoires. Ainsi dict Niuernois, au dict tiltre, art. 5. & Bourbonnois, art. 268. Berry des mariages, art. 22. dict que les contracts faicts par les administrateurs de communautez pour les meubles d'icelle, profitent & nuisent à tous les associez. Sera consideré que selon l'erreur ancien des practiciens, les actions personnelles sont icy entendues pour actions mobiliaires, & non pour toutes personnelles, mesme pour les personnelles qui concernent directement immeubles, qui ne peuuent estre exercees, sinõ par celuy qui a pouuoir d'aliener. *l. ait Prætor. § quid autem. ff. de iure delib.* Ce pouuoir des maistres de communautez, peut receuoir tẽperament par le mesme texte de Niuernois en ces mots, *pour le faict de la communauté*; afin de ne comprendre pas en ce pouuoir toutes sortes d'obligations mobiliaires, ains seulement celles qui vray-semblablement, selon la quantité, la qualité de ce qui est contenu en l'obligation, & selon la saison, sont pour l'vtilité & affaires d'icelle communauté. Et en ce, le creãcier doit auoir quelque mediocre soing s'il veut acquerir obligation sur tous les personniers. Et à ce propos sert le beau discours faict par le Iurisconsulte. *In ... V. de exercit. act.* mesmement quand la somme de

deniers

deniers est grosse, le plus seur est d'auoir les consentemens
de tous les personniers ou de la pluspart. Aussi la mesme
loy Romaine limite le pouuoir, tant ample soit-il, à ce qui
est de bonne foy. *l. creditor.* §. *lucius. ff. mandati.*

Le bastimēt fait en l'heritage propre à l'vn des cōmuns,
est propre à luy, comme est le fonds, à la charge de rēbour-
ser les fraiz apres la communauté dissoluë, selon l'estimation qui sera faicte lors d'icelle dissolution. Mais s'il n'y a
que reparation n'y gist remboursement. Niuernois audict
tiltre, art. 6. & Bourbonnois, art. 271. 272. & se doit entendre le remboursement à ceux qui estoient cōmuns lors
de la construction & selon la portiō qu'ils auoient és meubles. Aussi se doit entendre, non pas pour compter tous
les fraiz faits: mais pour estimer en gros ce que le bastimēt
peut valoir, & de combien l'heritage en est faict de plus
haut prix: qui est ce que remarquēt lesdictes Coustumes,
de faire l'estimation lors de la dissolution. Car le bastiment
n'est pas faict directement à intention pour enrichir le proprietaire: la loy ne presume pas la donation, mais pour
seruir à la communauté. Il faut donc considerer ce qui reste de profit au proprietaire apres ladicte dissolution. Et
quant aux reparations, ce qui est d'entretenement que les
Latins appellent *sarta tecta*, l'article est sans difficulté. Mais
és grosses reparations il en faut iuger selon la grandeur de
l'impēse s'il y eschet, remboursement ou non. *l. vtrum ff. de
donat. inter vir & vxor.* La Coustume de Niuernois, art. 6.
met vne exception, qu'entre mariez, les bastimens ne sont
subjects à remboursement. Ce qui est peu raisonnable
estant pris indistinctement: car c'est vn moyen de donner
par les mariez l'vn à l'autre contre la prohibition de la loy:
Pourquoy me semble qu'il est bien à propos d'y appliquer
temperamment, comme si le mary se trouue non soluble,
qui a basty en l'heritage de sa femme, & sa vefue renonce
à la communauté. Ie croy que les creanciers pourroient
repeter sur la femme, ce dont elle est faicte plus riche par
ce bastiment: car estant vne espece de donation à la fem-

Z

me, les creanciers peuuent tirer d'elle, ce en quoy elle est
plus riche. *l. qui autem §. similique modo. §. in hos. ff. que in
fraudem cred.* Et en autres cas en soit iugé selon la grandeur de l'impense & autres circonstances. *d. l. vtrum.* Bretagne, article 540. dict, quand durant le mariage, les mariez bastissent en l'heritage de l'vn d'eux, que l'autre doit
estre recompensé de la moitié de la valeur des materiaux,
sans compter la façon. Et art. 378. dict si le mary bastit en
l'heritage de sa femme, qui soit fief noble, que le mary ny
ses hoirs n'y auront rien.

Si durant la cōmunauté est acquis ou retraict par lignage, vn heritage qui soit de l'estoc de l'vn des communs,
l'heritage luy appartient, à la charge de rembourser apres
la communauté dissoluë, les autres personniers, dedās l'an:
Et à faute de rembourser dans l'an l'heritage demeure
conquest. Niuernois des communautez, art. 7. Bourbonnois, artic. 273. parle de l'acquisition & non du retraict.
Auxerre, art. 181. entre mariez.

*Plus ample discours sur ce, sera veu cy apres soubs le tiltre de
gens mariez, & de retraict lignager, pource qu'à peu pres les
decisions ont semblables à l'esgard des mariez, & à l'esgard des
autres communs.*

Si durant la communauté est faict bail d'heritage à
rente ou autre charge, à vn parent en degré plus proche,
habile à succeder au bailleur. Tel heritage est propre au
preneur: mais s'il y a entrage de deniers, sera faicte recompense apres la dissolution de communauté. Niuernois,
communautez, art. 8. Bourbonnois, art. 274. qui adioute
la raison, pource que tel bail est reputé auancemēt de succession. Laon, art. 114. & Rheims, art. 39. dict que le seul
preneur y a droict. Laon excepte si le preneur estoit marié,
auquel cas l'autre conjoinct par mariage y est à part.

Si l'heritage propre à l'vn des communs, a esté vendu &
racheptê, il ne deuient conquest: mais si la vente auoit esté

faicte auant la commuuauté,& le rachapt durant icelle, y gist remboursement apres la dissolution de communanté. Si vente & rachapt sont durant la communauté n'y gist remboursement. Niuernois des communautez, art.11.des droicts de gens mariez, art. 29. Bourbonnois , art. 278. Poictou, art. 345.

Celuy qui se sert de la chose commune & indiuisé n'en doit faire profit aux autres ayans part, sinon apres sommation de diuiser & faire part. Niuernois, communautez, art. 14. Sens, art. 282. Auxerre, art. 203. Bourbonnois, art. 280. Ce qui se doit entendre des choses qui sont en pur vsage, selon le mot Latin mis au droict Romain, *Vsus*, & quand le profit qui en reuient n'est pas de soy diuisible, comme demeurer en vne maison , enuoyer bestes pascager, & autres tels cas. Ce qui est remarqué par ces mots en l'article, *Se sert & indiuise*. Aussi la loy des Romains dict que l'vsufruict peut receuoir diuision, *l. 1. §. si vsufructus. ff. ad legem falcid.* Mais l'vsage ne reçoit diuision. *l. vsus pars. ff. de vsu & hab.* Qui faict que celuy qui vse & se sert de la chose commune pour son seul vsage personnel, n'est tenu d'en faire recompense. Mais si le fruict ou profit est diuisible par proportiõ naturelle, cõme dela perceptiõ de dismes, chápars, de l'herbe d'vn pré, & autres telles. Ie croy que celuy qui a perceu le tout , sachant bien qu'il n'estoit seul proprietaire & auoit des compagnons: leur doit faire part dudict fruict & profit. Selon l'opinion de la Glosse, *In l. non est ambiguum. C. famil. ercisc, & l. per hoc. §. sicut ff. communi diuid.* Mesme quand ce sont fruicts naturels qui viennent sans industrie. *l. fructus. ff. de vsuris.*

ᵢ Selon la Coustume de Niuernois, tiltre de partage, art. 1. Celuy qui demande partage doit faire les lots. S'ils ne sont que deux communs , celuy qui est prouoqué à partage choisira: s'ils sont plusieurs, ils choisiront par sort. Si tous prouoquent, la Iustice ordonnera faire les lots, & le choix se fera cõme dessus. Mais le plus commun vsage de France est, que les parties s'accordent de personnes cognoissan-

tes pour dreſſer les lots ou elles meſmes les dreſſent: puis
l'attribution en eſt faicte à chacun par ſort. Ainſi dict Berry de partage, art. 1. De vray le geét à ſort oſte toute ſuſ-
pition de malengin ou d'ambition, ou de grace, & chacun des partageans ne ſachant quel lot luy deura aduenir,
eſt ſoigneux que tous ſoient bien faicts. A quoy ſe rapporte ce qui eſt dict *In l. generaliter. §. quis ergo. ff. de fideicom. libert. & in l. vlt. C. de commu. de lega.* En aucuns lieux eſt
practiqué apres que les lots ſont dreſſez & accordez de
mettre le choix à l'enchere entre les partageans: en ſorte
que celuy qui ſe trouue le plus haut metteur choiſit, & il
paye à l'autre la ſomme à quoy ſe monte l'enchere. Berry, article 11. 12. & 13. met vn expedient, que la Cour de
Parlement à ſuiuy par quelques Arreſts. Que ſi celuy qui
eſt iouyſſant vſe de delais & ſubterfuges pour empeſcher
le partage, le Iuge apres ſommaire cognoiſſance ordonne le ſequeſtre de tous les biens communs deſquels le
commiſſaire doit faire bail par accenſe au plus offrant, &
bailler à chacun ſa contingente portion des deniers de la
ferme. Il y en a vn Arreſt de la prononciation ſolemnelle
du ſeptieſme Septemb. mil cinq cens trente quatre, entre
ceux de Gommer. Autre Arreſt en plaidant, du dixhuict-
ieſme Decembre, mil cinq cens quarante trois: & autre
du Vendredy de releuee douzieſme Feurier, mil cinq cens
cinquante & vn.

Conuenances de ſucceder ſont practiquees en Niuernois, Bourbonnois, & Auuergne, en traicté de mariage, &
faueur des mariez, comme ſera dict cy-apres. Et outre ce,
Auuergne, chap. 15. art. 1. 2. a receu telles conuenances de
ſucceder en contract d'aſſociation vniuerſelle de tous biés:
& en eſt parlé par Meſuer docte practicien d'Auuergne,
en ſa practique, tiltre des ſucceſſions, art. 47. Dont ne ſera
parlé plus auant icy, pource qu'il en eſt parlé plus amplement cy-apres.

DES DROICTS DE
Mariez.

A femme mariee, apres les paroles de preſent & ſolemniſatiõ du mariage en face de l'Egliſe, eſt en la puiſſance de ſon mary, & hors de la puiſſance de ſon pere, & ne peut contracter ny eſter en iugement, ſans auctorité de ſon mary. Niueruois tiltre des droicts de gens mariez, ar.1. Paris, art.223. Poictou, ar.225. Sens, ar.111. Auxerre, art.221. Meleun, art.213. Bourbonnois, art. 232. Orleans, art.194. Troyes, art. 80. Laon, art.19. Reims, 12. 13. Blois, art.3. Bourgongne, art.20. Aucunes deſdites couſtumes mettent la nullité des contracts, que la femme fait ſans auctorité, tant à l'eſgard de ſon mary que d'elle, ou ſes heritiers, apres la diſſolution du mariage, Paris, art.223. Poictou, art.225. Auxerre, ar.207. Berry, eſtat de perſonnes, ar. 16.17. Laon, art.19. Reims, art.13. Touraine, art.232. Ceſte deciſion de nullité abſoluë, a eſté tiree des ſubtilitez du droict Romain, en ce que l'acte faict par le fils de famille, eſtant en puiſſance, demeure nul, *etiam* apres ſon emancipation. *l. ſi filius fam. ff. de teſtam. l. 1. S. certe. ff. ad Macedo*, & ainſi a l'on voulu inferer de la femme eſtant en puiſſance de mary: mais il ſemble, puis que la ſeule puiſſance du mary, rend la femme inhabile à diſpoſer, que le ſeul reſpect du mary doit faire la nullité, & non pas que la nullité y ſoit de par ſoy. La femme conſideree de par ſoy, qui eſt en aage de maiorité, peut ſans difficulté, faire toutes ſortes de cõtracts, pource que ſa perſonne n'eſt en aucune prohibition: la ſuruiuance du mary, qui a la femme en ſa puiſſance, offuſque, & couure ceſte liberté de la femme. C'eſt donc pour le ſeul reſpect de ladite puiſſance que la prohibition y eſt, qui eſt empeſchement temporel, non inherent à la perſonne, mais eſtant en dehors & cauſatif: qui doit ceſſer quand la cauſe ceſſe.

Z iij

La plufpart defdites couftumes exceptent trois cas, efquels la femme peut efter en iugement, & contracter fans
auctorité de fon mary. L'vn fi la femme eft appe'lee en
iugement pour iniures, ou autre delict. l'autre que la femme peut contracter, & efter en iugement, fans auctorité de
mary, fi la femme eft marchande publique:au fceu, & auec
la permiffion ou tolerance de fon mary. Le tiers cas eft fi la
femme eft feparee de biens Au premier cas parle Poictou,
art. 226. Berry eftat des perfonnes, art. 11. Bourbonnois, article 169. & adioufte tant en demandant qu'en defendant, & que le mary n'en eft tenu durant le mariage:
mais le mariage eftant diffolu, elle en eft tenuë. En femblable cas, nous n'obferuons pas en France la *l. clarum. C. de
auct. preft.* par laquelle eft dit qu'en matiere criminelle le
mineur accufé doit eftre auctorifé. Ce qui depend de l'ob-
feruation generale, que celuy qui eft accufé, doit refpondre
par fa bouche fur le delict, fans miniftere d'Aduocat, procureur ny confeil. Orleans, art. 200. Pour le cas en demandant en action d'iniure ou autre criminelle, fait ce qui eft
dit au droict Romain, du fils de famille, *l. filius fa. ff. de act. &
oblig. l. fi longius. §. 1. ff. de iudic.* Quant au fecod cas, fi elle eft
marchande publique. Paris, art. 235. diffinit que marchan-
de publique, eft celle qui fait marchandife feparee, & autre que celle dont fon mary fe mefle. Niuernois des gens
mariez, ar. 1. diffinit vn peu plus au large, fi elle fait negotia-
tió, fon mary le fçachant, & ainfi dict Poictou, ar. 227. Auxerre, art. 207. Meleun, art. 213. Laon, ar. 19. Reims, art. 13.
Bourg. ar. 20. Côme aduient quelquesfois que les maris fe
fient à leurs femmes, non feulement pour vêdre en detail la
marchandife de la boutique, mais auffi de conduire tout le
faict de la marchandife, tant en gros qu'en detail, tant à
achepter qu'à vendre. Auquel cas ie croy que le mary eft
tenu du faict de fa femme, ores que la femme negotie en la
mefme marchandife de fon mary: car le mary par fa fcience & tolerance eft cenfé l'auoir prepofee à toute cefte marchandife, encores que ce foit la mefme marchandife, où il
s'employe, comme il eft general, à l'efgard de toutes per-

sonnes,dont l'vne a commandement sur l'autre. Le maistre est tenu ciuilement des delicts commis par ses seruiteurs,en la charge qu'il leur a commise, *Bart.in l.1. §. famil.*
ff. de publica & vect.glos.in l.obseruare.§ proficisci.ff.de offic.pro-
cons. Ainsi est dit és Capitulaires de Charlemagne,*lib.4.cap.*
1.& libro 5.cap.189.& impute à la faute du maistre, qui ne les
a corrigez. Ce qui se rapporte à la *l. videamus.ff.locati.* Soit
veuë la distinction *in l.vl.§.seruorum.ff.naut.a.canpon.*entre les
seruiteurs mercenaires,& les domestiques necessaires , cōme femme:enfans,serfs. Aucunes coustumes en ce cas de
marchandise publique,dient que la femme peut estre conuenuë,mais non pas agir sans auctorité. Poictou. art. 227.
Laon,art.19.& Reims,ar.13.dient qu'audit cas elle ne peut
ester en iugement.Mais Niuernois au lieu susdit , Touraî-
ne,art.232. Auxerre art.207. Meleun,art.213. dient que la
femme marchande publique peut contracter,conuenir en
iugement, & estre conuenuë sans auctorité de son mary,
pour le faict de la marchandise,& que son mary en est te-
nu.Blois,art.3.& 181. dit que les biens de la communauté
en sont tenus.Berry,estats des personnes,art.7.8. dit que si
elle exerce la marchandise,sans l'adueu de son mary,qu'elle peut agir & estre conuenuë : mais le mary n'en est tenu.
Si auec son adueu expres & tacite, qui s'entend quand la
science & patience du mary y sont:car celuy qui a commā-
dement,quand il endure sans contredict, est censé consen-
tir.*l.1.§.scientiam.ff.de tribut.*le mary en sera tenu,& des debtes par elle faicts à ceste occasion,& de mesme Bourbonn.
art.168.Le tiers cas est , si la femme est separee de biens d'a-
uec son mary , auquel cas elle peut contracter, & ester en
iugement, Paris, art.224.234.236. & adiouste que la separation soit executee par effect. Blois,art.3. Meleun,art.213.
laquelle separation de biens doibt estre faicte par auctorité de iustice, auec sommaire cognoissance autre que par le
consentement des mariez,& publication en iugement,cō-
me sera dit ailleurs. Auuergne, chap.14.art.1.& 9.met la
femme en puissance de son mary,& de son fiancé,& nōob-
stant icelle : luy permet de disposer de ses biens parafer-

naux. Ce sont les biens qu'elle a outre sa dot, sans congé
de son mary, à l'esgard desquels biens elle est dame de ses
droicts, & en peut disposer enuers autre qu'enuers son
mary, ou les enfans de luy d'autre lict, ou ceux à qui le mary peut succeder. Que si le mary refuse d'auctoriser sa femme és cas où l'auctorité est requise, elle peut auoir recours
à iustice pour estre auctorisée. Ce qui s'entend mesmement pour les actes iudiciaires. Troyes, art.80.& Niuern.
art.6. Bourbonnois, art.237. Car pour contracter, & s'obliger, ie croy que la iustice ne la doit auctoriser, sinon apres
auoir ouy le mary, & si la disposition qu'elle veut faire, luy
est necessaire, ou vtile & honneste: car la puissance du mary, n'est pas vn droict superficiaire, comme on dit des personnes, desquelles par honneur: il faut prendre l'aduis, iaçoit qu'on ne soit tenu de le suiure, *vt in cap. cum olim. extra.*
de arbit. l. quidam decedens, vel l. ita autem. §. Papinianus. ff. de ad-
minist. tut. Ains le mary, pour l'interest qu'il a, comme chef
de mariage, a droit de contrerooller toutes les actions de sa
femme: Pourquoy en tel cas de contracter, la femme ne
doit estre auctorisée par iustice, au simple refus du mary,
ains apres que la iustice a cogneu que le mary n'a aucune
iuste cause de refuser. Et quant au faict de iustice, Orleans, article deux cens vn, dict que le mary ne sera tenu des ingeniens durant le mariage, sinon pour le profit
qu'il en auroit receu, ou sinon qu'il ait auctorisé sa
femme.

Les coustumes de Niuernois audit art.1.& Bourgongne,
art.20. ne permettent à la femme de tester, sans auctorité
de son mary. Mais Poictou, art.275. Auxerre, art.238. Berry des testamens, art.3.& Reims, art. 12. permettent à la
fême mariee de tester sans auctorité de son mary. De vray
le testament ne peut & ne doibt estre subiect à auctorité
ny aucunement dependre de la volonté d'autruy, ains doit
mouuoir de la pure & entiere liberté du testateur. *l. illa. ff. de*
hered. instit. Pourquoy semble que cessant la prohibition de
la coustume, ou bien quand le mary ne s'en plaint, on n'a
occasion de s'en plaindre que le testament de la femme,

sans

sans auctorité de mary est vallable és prouinces, où il est
prohibé à la femme de tester sans auctorité.

Homme & femme mariez, sont cōmuns, sans qu'il y ait
autre conuenance en meubles, debtes, & credits mobiliers,
faicts & à faire. & és cōquests faicts durant le mariage. Ainsi dient presque toutes les coustumes de France. Niuernois
de droicts de mariez, art. 2. & en l'article premier, dit solemnisation en face d'Eglise. Paris, art. 220. & dit dés le iour de
la benediction nuptiale. Poictou, art. 229. & dit la benediction nuptiale en face de saincte Eglise. Niuernois en parlant de solemnisation de mariage, en face de saincte Eglise,
dit auec plus grande efficace, que Paris qui parle simplemēt de la benedictiō nuptiale pour deux raisons. L'vne que
la benediction nuptiale peut estre faicte par le Prestre en
maison priuee, ou clandestinement sans assemblee. L'autre
raison est que toutes nopces ne sont pas subiectes à benediction : car les secondes & tierces nopces ne reçoiuent la
ceremonie de la benediction, & y est la benediction defenduë, *cap. 1. cap. vir autem. extra de secund. nupt.* Et que ceste
ceremonie publique soit requise, est decidé par Marian Socin le ieune, mon Precepteur, *consil. 31. & consil. 86. vol. 1. &*
allegat Abbat. in c. ex tenore. extra qui filij sunt legit. Et hoc decidit
idem Abb. is, consil. 1. vol. 1. disant quand il n'y a eu que les paroles de present, sont dits *sponsalia de praesenti & verbum ma-*
trimonium importat, sunt verba maritus & vxor, vt sit matrimo-
nium planè consommatum. Ceste modification de la solemni-
té publique doit estre generale : car cōbien que les paroles
de present facent le mariage selō le droict canonique, quāt
au lien de mariage, toutesfois en ce qui depēd du droict ciuil, cōme est la puissāce maritale, la cōmunauté & le douaire, la publication & solēnisation est necessaire, qui n'est pas
seulement au ministere du Prestre, par la benedictiō nuptiale : mais aussi en grande & notable assemblee de Chrestiens, au lieu où les Chrestiēs ont accoustumé de s'assembler, car Eglise signifie les deux, & l'assemblee des Chrestiens, & le lieu où ils s'assemblent. Sens, art. 272. Auxerre,
art. 190. Berry, mariages, art. 7. qui dit deslors de la solemni-

fation ou côfommation:mais Poictou. & Niuern. parlent
plus propremét. Bourb.art. 223.fe contente de paroles de
prefent.Orleans,art.186.Touraine,art.230.comme Paris,
idem Meleun,art.211.Bourg.art.21.Troyes,art. 83. Laon,
art. 17.Bretagne,art.421.446.448. dit qu'ils ne font cômis
en conquefts, s'ils n'ont efté en mariage par an & iour , &
s'ils n'ont efté an & iour, la femme emporte ce qu'elle a
apportè.Reims,art.239.ne faict les mariez communs,mais
apres le deceds du mary eft au choix de la femme, de partir en meubles & conquefts, quoy faifant fon apport mo-
bilier(apport c'eft comme la dot)demeure côfus,& meflé,
ou prendre fon apport & doüaire , ou le teftament de fon
mary,outre fa moitié,prend hors part fes habits des Dimãches & feftes:& ainfi dit Laon,art.21.quand aux veftemés.
Cefte communauté d'entre mariez,dont l'effet eft proprement apres le mariage diffolu : car durát iceluy le marv eft
maiftre & feigneur des meubles & côquefts, côme fera dit
cy-apres,fait qu'apres la diffolutiõ les meubles &côquefts
fe partent par moictié entre le furuiuant & heritiers du decedé,& payent auffi par moictié les debtes. Sauf en aucunes prouinces,efquelles à l'efgard des mariez nobles le furuiuant prend tous les meubles & debtes, actiues mobiliai-
res.Auffi doit payer les debtes & les frais des exfeques. Vitry,art.74.& art.104.dit que les heritiers doiuent accôplir
le teftament,& met la conditiõ s'il n'y a enfãs,Laon,ar. 20.
parle du mary noble furuiuant,de mefme Reims,ar.279.&
dient que le mary furuiuant paye les debtes.Et Reims, ar.
284.dit que le furuiuant des deux mariez nobles, qui préd
les meubles,doit payer les frais funeraux, mais n'eft tenu
des lais.Mais és autres prouinces,mefme entre roturiers les
meubles & conquefts fe partent par moitié , & debtes auffi
font payez par moitié.Touraine, art.307. met vne belle &
honnefte limitation qui meriteroit bien eftre generale par
tout que le furuiuant a en aduantage,fes habits quotidians,
& des Dimãches,& s'il eft noble,il a auffi en precipu fes armes , & s'il eft de lettres fes liures:dont la raifon eft qu'il y a
affection particuliere enuers tels meubles, & c'eft contre-

cœur au furuiuant de les veoir partager, & felon la raifon du droict Romain ce qui eft attribué à aucun par affection particuliere, n'eft tranfmis à autres perfonnes, ores qu'ils foient heritiers. *l.cum patronus.ff.de lega.2.l.penult.ff. de feruit.legata.* Et quant aux autres veftemens, Touraine, audit art.307.& Laon,art.21.dient que le furuiuant les pourra & deura auoir en recompenfant : mais les frais funeraux & exfeques du defunct, ny les laigs teftamentaires ne font de la communauté, & le furuiuant ne doit y contribuer, finon en aucunes prouinces où le furuiuant préd tous les meubles, dont a efté parlé cy-deffus. Ainfi dit Niuern. des droicts de mariez, art 7. Mais Reims, art.277. dit que le mary, qui prend tous les meubles, doit faire inhumer fa femme. Ce qui correfpond au droict Romain. *l.in eum.l.celfus.ff.de religiof.* Cy-apres au tiltre de l'eftat des perfonnes & tuteles fera parlé de la garde noble, que le furuiuãt des deux mariez a pour caufe de laquelle il gaigne les meubles.

Le mary durant le mariage peut par cõtracts entre vifs, difpofer à fon plaifir fans le confentement de fa femme, des meubles & droicts mobiliers, & des conquefts faicts durãt le mariage : mais par ordõnãce de derniere volõté ne peut difpofer que defa moitié. Paris, 225. & adioufte ces mots, *difpofer enuers perfonne capable & fans fraude.* & art. 296. pour le fecond chef. Sens, art.274. Auxerre, art.194. Niuernois, art. 3. Poictou, art. 244.& 245. comme Paris, & quand au premier chef excepte, pourueu que ce ne foit par contract d'alienation generale de tous fes biens, le contract d'alienatiõ generale par cefte feule raifõ de generalité eft fufpect de fraude. *l.omnes.§.lucius.ff.quæin fraud.cred.* Berry eftat des perfonnes, ar.18.19. Touraine, ar.254. Laon, ar.18. Meleun, ar.212. Bourb.art.236. Orleans, article 193. & adioufte *etiam par donation entre vifs.* Senlis, art.271. Troyes, article 81. 84. Blois, art. 178. & adioufte ces mots, *comme vray feigneur de fa propre chofe* Bourgongne, article 22. & dit par donation, vendage, permutation, ou autres contracts entre vifs, Prefque toutes lefdites couftumes mettent l'exception, *difpofer entre vif fans fraude.* Et fe doit ainfi entendre generalement par tout, selon la raison mise *in l. creditor.§. Lucius. ff. mandati*, où est parlé du pouuoir donné à aucun de disposer tout à sa volonté & plaisir, & est dit que ceste generalité doit estre restraincte, selon la consideration de bonne foy, sans l'estendre plus auant.

Mais le mary ne peut aliener, ny autrement disposer par contract, emportant alienation des doüaires assignaux, & heritages propres de sa femme, sans le consentement d'elle. Niuernois des droicts de mariez, art. 4. Paris, art. 226. & adiouste eschanger, partager, liciter, obliger, Poictou, art. 230. & dit que l'alienation ne vaut au prejudice d'elle, comme voulant dire qu'elle vaut, au preiudice du mary, pour estre tenu de l'euiction, & pour valoir l'alienation autant de temps que le mariage durera, parce que les fruicts sont siens, & il est censé auoir vendu le droict qu'il y a. *l. qui tabernas. ff. de contrah. empt.* Sens, art. 274. Auxerre, art. 194. & adiouste qu'il ne peut disposer des acquests de sa femme, faicts auant le mariage. Ce qui est general par tout : car les conquests faicts durát le mariage, sont faicts des meubles communs, desquels le mary estoit seigneur, & pouuoit s'abstenir de faire les conquests. Mais les conquests faicts par la femme auant leur mariage, ne regardent aucunement le mary. Bourbonnois, art. 235. Senlis, art. 207. Mais Paris, art. 227. dit que le mary peut faire baux à loyer, & ferme pour six ou neuf ans sans fraude, & de mesme Sens, art. 275. Ce qui correspond au droict Romain. *l. si filio. §. si vir in quinquennium. ff. soluto matrim.* Blois, ar. 179. parle plus cruëment, disant que le mary ne peut bailler à ferme, sinó pour le temps du mariage, qui correspond à ce qui est dit de l'vsufruictier, *in l. si quis domum. ff. locati.* Mais par raison, puis que le mary est administrateur des immeubles de sa féme, la femme doit tenir le bail qui est faict en forme d'administratió: ainsi se dit que le pupille doit obseruer le loüage fait par son tuteur ores, que partie de temps du loüage esche apres la tutelle finie : qui est vne limitation de la reigle, qui dit que le successeur n'est pas tenu d'ester à la location faicte par son predecesseur. Et est ceste limitation fondee sur la raison de la *l. si tutele. ff. de admini. tut.*

Berry estat des personnes, art. 20. Bourbonnois, art. 235. &
Blois, art. 179. & Bretagne, art. 412. dient que le mary est
administrateur, & gaigne durant le mariage, les fruicts de
tous les immeubles & propres de sa femme. Aussi Senlis,
art. 250. dict que le mary peut receuoir les hômages, & en-
saisiner des heritages roturiers mouuans de la seigneurie
de sa femme sans elle. Toutesfois en allegue vn Arrest pour
Charlotte de Chalon, du 4. Iuin, 1515. par lequel fut iugé
que nonobstant l'inuestiture faicte par le mary, la femme
pourroit retenir. Mais Auuergne, chap. 14. art. 3. dict que
le mary & la femme ne peuuent disposer des biens dotaux
d'elle, & l'alienation est nulle, qui rapporte au droict
Romain, selon lequel par la loy Iulie, l'alienation de l'heritage dotal estoit deseduë. *l. lex Iulia. ff. de fundo dot.* & art. 4.
dict que si le mary luy auoit faict recompense de l'alienation, la femme dedans l'an apres le mariage dissolu aura le
choix de se tenir à la recompense, ou reprendre ses biens
dotaux. Article 6. dict que la femme peut aliener le quart
de ses biens dotaux pour marier ses filles, quand le mary
n'a dequoy. Article 7. La femme peut aliener les biens dotaux, pour les alimens de son mary & d'elle, & pour racheter son mary de prison sans recompense, apres cognoissance de cause & decret. Ce qui correspond à ce qui est dict
in l. mutus. 2. respenso. ff. de iure dot. Article 8. dict que tous les
biens qu'vne femme a lors des fiançailles ou mariage sont
reputez dotaux, s'il n'y a dot particuliere. Soit noté qu'il
est practiqué au pays d'Auuergne, que la femme retient
partie de ses biens pour estre parafernaux, dont elle peut
disposer, & qui n'entrent en la puissance du mary. Au ch.
14. art. 1. 9.

Le mary durant le mariage peut agir, & estre conuenu
és actions personnelles & possessoires de sa femme, sans
mandement d'elle. Er quant aux droicts reels, elle les peut
poursuiuir auec l'auctorité de son mary, & à son refus par
auctorité de Iustice. Niuernois de droicts de mariez, art.
5. 6. & sera remarqué le vieil erreur dont est parlé cy dessus, que les droicts personnels sont entenduz pour droicts

mobiliers & droicts reels pour immobiliers. Car selon la propre signification, laction personnelle en plusieurs cas peut estre intentee pour immeubles, & l'action reelle pour meubles, comme la rei-vendication. Auxerre, art. 196. Bourbonnois, art. 235. Bourgongne, art. 24. Meleun, art. 214. & Blois, art. 180. dient côme Niuernois. Mais Paris, art. 232. 233. dict plus correctement, les actions mobiliaires & possessoires. Poictou art. 228. Meleun, art. 214. dient en general toutes actions personnelles, possessoires & petitoires: ce qui est aucunement exhorbitant, car nul ne peut intenter action pour immeuble, sinon celuy qui a puissance d'aliener. *l. ait Prætor. §. quid sit. ff. de iure deliber.* Sens, art. 279. Laon, art. 30. Rheims, art. 14. parlent plus distinctement, disans que le mary peut intenter les actions reelles pour l'heritage de sa femme, entant que touche l'interest de luy mary: car le mary durant le mariage est reputé comme seigneur des biés dotaux de sa femme, hors-mis qu'il n'a pouuoir d'aliener. *l. doce ancillam. C. de re vend.* Pour les actions possessoires parlent toutes lesdictes Coustumes, mesme Paris. art. 233. Niuernois, art. 5. Sens, art. 119. Auxerre, art. 196. Bourbônois, art. 233. Troyes, art. 136. Mais Orleans, art. 195. dict que le mary est seigneur des actions, & peut les deduire en iugement sans elle. Ie croy qu'il se doit entendre auec la limitation cy-dessus, entant que touche l'interest du mary, qui est legitime administrateur des biens dotaux de sa femme, auec telle efficace que la loy Romaine dict qu'il en est seigneur. *d. l. doce ancillam:* Mais selon nos Coustumes nous pouuons dire qu'il peut exercer les actions vtiles pour l'interest reel qu'il y a, ainsi qu'il se dict du superficiaire. *l. 3. §. penul. ff. de noui oper. nunt.* Mais la femme apres le mariage dissolu, a neatmoins sesdroicts entiers : mesme si le mary n'a pas exercé ou soustenu les actions assez soigneusement.

Nostre Coustume de Niuernois audict tiltre des droicts des mariez, art. 12. 13. & celle de Bourgongne, art. 36. 37. ont faict estat des assignaux, que les maris font à leurs femmes pour les deniers dotaux d'elles, qui doiuent sortir nature d'heritage propre pour elles, & ont dict que la femme est saisie de son assignal faict en particulier, pour en iouyr apres la mort de son mary. Niuernois dict que, tant elle que ses heritiers, gaignent les fruicts. Bourgongne dict que la vefue gaigne les fruicts : mais les heritiers d'elle les doiuent precompter au sort. Niuernois faict l'assignal racheptable dedans trente ans. Et Bourgongne dict toutesfois & quantes, nonobstant le laps de temps. De ceste diuersité resulte que Bourgongne a tenu ses assignaux pour estre simples hypotheques auec iouyssance de la chose hypothequee, dont les fruicts tiennent lieu des interests, que la Coustume a estimé estre vrays interests, quant à la femme qui n'est substantee de sa dot & vray patrimoine. Et quant à l'heritier d'elle, a iugé que ce n'est interest : mais *ad instar* des fruicts de la chose hypothequee, qui sont precomptez au sort principal. *l. C. de pignor. act.* Et Niuernois a iugé que ces assignaux emportent translation de proprieté, entant que la femme & ses heritiers prennent les fruicts comme de leur chose propre. Or selon la raison du sens commun & de l'vsage politique, me semble que tels assignaux ne doiuent auoir lieu, sinon quand la femme vefue ou ses heritiers renoncent à la communauté du mary, ou quand les meubles & conquests d'icelle communauté, ne sont pas suffisans pour rembourser à la femme s'esdicts deniers dotaux. Car la premiere destination de tels deniers sortissans nature d'heritage propre, est pour les employer en achapt d'heritage qui soit propre à la femme, & au cas d'employ l'assignal cesse. C'est dont il est parlé en l'article 32. de la Coustume de Niuernois. Si les deniers n'ont pas esté employez à cest effect, ils sont demeurez en la masse des biens communs, ou autre chose subrogee au lieu d'iceux : qui est autant que si les mesmes deniers estoient encores extans en ladicte masse. *l. Imperator. §. cum autem & l. seq. & l. Lucius. resp. 1. ff. de lega. 2. l. pater. ff. de adim. l. §.* Estans en ceste masse ils y doiuent estre repris & baillez à la femme auant tout partage, selon qu'il est dict au dixhuictiesme article dudict tiltre des droicts de mariez. Et si nous permettions à la veue qui prend la communauté de prendre son assignal sur l'heritage de son mary, outre son droict de communauté, elle prendroit vn tiers plus qu'elle n'a apporté: Estant ainsi que l'assignal particulier estoit l'heritage propre du mary, & par le contract de mariage est destiné pour estre heritage propre de la femme, en cas que le mary n'employe lesdicts deniers dotaux en achapt d'heritage pour elle, *verbi gratia*, si les deniers de la femme sortissans nature d'heritage, & assignez par le mary sur son heritage, sont de mil escus: la femme prenant la communauté, prendroit la moitié de ces mil escus en la masse de la communauté où ils sont entrez. Et de rechef prendroit de l'heritage de son mary, & sur son mary seul pour mil escus. Ce seroit quinze cens escus au lieu de mil escus, chose desraisonnable, veu qu'il n'appert que le mary ait voulu donner cinq cens escus à sa femme: & la donation qui de soy est mauuais mesnage, n'est à presumer si la volonté du donateur n'est bien certaine. *l. cum de indebito. ff. de probat. Imo*, la vraye intention des contrahans est d'asseurer à la femme sa dot, & non autre chose. Aussi la Coustume de Bourbonnois & autres plusieurs Coustumes ne parlent d'assignaux.

Ordinairement quand la dot d'vne femme est constituee en deniers seulement: Il est conuenu qu'vne partie demeurera en sa nature de meubles pour estre meslee, & entrer en la communauté du mary. L'autre partie est destinee pour sortir nature d'heritage propre pour la femme: & a l'on accoustumé d'y mettre la clause, que le mary sera tenu employer tels deniers en achapt d'heritage propre pour sa femme. La Coustume de Bourbonnois, art. 221. dict quand il n'en est rien conuenu qu'entre nobles, les deux tiers de la dot en deniers, doiuent sortir nature d'heritage. Et entre non nobles, la moitié en nature d'heritage: l'autre moitié demeurant en sa nature de meubles. Ce qui s'entend quand toute la dot est en deniers: mais si partie est en meuble, partie en heritage, chacun bien demeure en sa nature. Es Prouinces où ordinairement on a accoustumé

stume de destiner partie de la dot de deniers en heritage,
comme en Niuernois. Si par le contract il n'en est rien conuenu: ie croy qu'il est bien à propos de la suppleer, & tenir
comme s'il auoit esté accordé selon la reigle du droict Romain, qui est tres-raisonnable, qu'és contracts de bonne
foy, ce qui est accoustumé & en vsance doit estre entendu,
ores qu'il ne soit exprimé: *l. quod si nolit. §. quia assidua. ff. de
edil. edicto.* Or quand il est conuenu ou qu'on supplee la
conuenance. Apres le mariage dissolu, la vefue ou ses heritiers, en cas que les deniers sortissans nature d'heritage
n'ayēt esté employez, ils sont pris auant tout partage sur les
biens meubles & conquests de la communauté, & s'ils ne
suffisent sont pris sur l'heritage propre du mary, qui pour
ce est hypothequé par la Coustume. Ainsi dict Niuernois
des droicts de mariez, art. 18. & Bourbonnois, art. 248.
qui dict, premierement sur les meubles, puis sur les conquests. Et Laon, art. 11. qui dict, que les heritages du mary
sont hypothequez du iour de la reception des deniers. Ce
qui se peut entendre quand il n'y a contract passé auec hypotheque. Car s'il y auoit contract auec hypotheque: l'hypotheque seroit du iour des conuenances, & non du iour
du payement: comme il est prouué *in l. 1.* Ioincte la glosse,
ff. qui potiores in pignore hab. Chopin au traicté de *priuileg. ru-
stic.* dict auoir esté iugé par Arrest de la Cour, que le premier conquest faict par le mary apres la reception des deniers de telle nature, est reputé l'employ d'iceux deniers:
& peut la femme le pretendre comme son heritage. Ce
qui a grande raison, en presumant selon la loy que le mary
ait voulu faire, & ait faict ce à quoy il est tenu: cōbien qu'il
n'ait declaré sa volonté expresse par l'argument de la *l. 2. ff.
de distract. pignor. & l. 1. C. de dolo.*

Ces deniers dotaux, soit qu'ils demeurent en leur nature de meuble, soit qu'ils sortissent nature d'heritage portēt
interest au profit du mary, deslors que le terme de payer est
escheu: & s'il n'y a terme certain, compter du iour qu'il y a
eu sommation iudiciaire. Ainsi dict Niuernois, art. 20. Ce
qui est fondé en raison: car ce n'est pas vsure, ains vray inte-

refts à l'efgard du mary, entant qu'il fupporte les charges de mariage, par la raifon du chap. *falubriter extra de vfuris in antiquis*. Ainfi Bourbonnois, art. 248. & Bourgongne, art. 44. Et s'il eftoit ainfi que le mary ne portaft les charges de mariage, comme fi le pere de la femme ou autre parent tenoit, & nourrift les mariez en fa maifon par amitié, le mary ne feroit receuable à demâder les interefts de la dot non payee. *l. pater profilia. ff. de except doli. l. creditor. §. fi inter. ff. mandati*. Niuernois taxe les profits à huiĉt pour cent par an: Bourgongne les taxe à dix pour cent: comme auffi faifoit l'ancienne Couftume de Niuernois, & toutes deux font de datte auant l'an 1500. auquel temps on commence à moderer les interefts, qui auparauant eftoient tolerez à dix pour cent, & encores de prefent font tolerez en Normandie. Bourbonnois ne taxe les interefts, pourquoy les faut arbitrer felon l'Ediĉt d'Orleans, art. 60. entre marchands au douziefme denier du fort principal, qui eft huiĉt & tiers pour cent. Et entre autres au denier quinze, qui eft fix, & deux tiers pour cent. Mais quant à la reftitutiô des deniers dotaux, qui eft à faire à la femme où à fes heritiers. Niuernois met l'intereft à la mefme raifon de huiĉt pour cêt par an, à compter de la fommation. Ce qui eft bien rude, car ce n'eft femblable intereft que celuy du mary, auffi les Doĉteurs Vltramontains en la reftitution de la dot, n'ont attribué les interefts, finon auec difficultez & circonftances: & à ceft effeĉt pourra eftre veu ce qui en eft raifonné *per Alex. Confil. 27. vol. 4. & Confil. 74. & 141. vol. 5.*

Deniers dotaux qui font deftinez pour fortir nature d'heritage pour la femme, & fôt affignez ou promis d'affigner: font cenfez immeubles & heritages pour la femme fes heritiers & ayans caufe. Ainfi diĉt Niuern. des gens mariez, art. 17. & Bourgongne, art. 45. Paris, art. 93. y a adioufté vne belle limitation, quand la fomme de deniers eft promife par pere, mere, ou autre afcendant, à caufe de la deftination. Et ie croy que cefte limitation doit eftre prife efdiĉtes autres Couftumes. Quant aux deniers promis d'affigner, dont l'affignal n'a encores efte realizé, ny l'employ faict. Car si la femme vsant de ses droicts se constituë dot d'elle mesme. Ie croy que telle condition de sortir nature d'heritage, est a ce seul effect, que les deniers n'entrent en la communauté du mary: car nul ne peut se donner loy à soy-mesme, ny s'abstraindre que son bien ne soit sien en toute liberté, & de la condition, dont naturellement il est, *l. nemo. ff. de pact.* Et parce qu'à chacun de nous sa volonté est libre, qui faict que selon les Grammariens, l'imperatif n'a point de premiere personne. Orleans, art. 350. Laon, ar. 108. 109. Rheims, ar. 27. 29. 109. dient que l'heritage qui est achepté de tels deniers, deuient en nature de naissant & propre : Mais pource que c'est vn naissant ou propre conuentionnel, & non de par soy, il remonte aux ascendans, & n'est reputé vray propre, tenant plus de la nature d'acquest.

Si par le traicté de mariage est conuenu que les mariez payeront separément leurs debtes, faits parauant leur mariage: est besoin pour faire sortir effect à telle conuenance qu'il y ait inuentaire des biens de l'vn & de l'autre, faict parauant leur mariage : auquel cas l'vn demeure quitte des debtes de l'autre, en representant les biens dudict inuentaire, ou l'estimation. Et à faute d'inuentaire ils sont tenuz des debtes, comme si telle couuenance n'auoit esté. Paris, art. 122. Orleans, art. 212. La raison en est generale, & peut estre obseruee par tout, pour euiter la fraude qui se feroit aux creanciers, qui selon la presomption de la Coustume, qui est le droict commun, ont iuste occasion de croire que les mariez sont communs en biens & debtes. A quoy faict ce qui est dict *in l. 1. S. praeterea ff. de separat.* que la separation doit estre requise auant la meslange & commission.

Toutes contre-lettres faictes à part, & hors la presence des parens qui ont assisté aux contracts de mariage sont nulles. Ainsi dict Orleans, art. 223. Chopin en son liure de *priuileg. rusticorum*, dict auparauant ladicte Coustume redigee, qu'ainsi auoit esté iugé par vn Arrest qu'il allegue. La raison peut estre fondee sur ce que les pactions qu'on crainct de manifester à ses parens, sont ordinairement ou

peu honneſtes, ou deſraiſonnables : & afin d'oſter occaſion aux ieunes perſonnes frappees d'amour , de s'abandonner à promettre facilement. Les anciens ont remarqué , que la bourſe des amoureux eſt liee des fueilles de
pourreau : & ſemble qu'il y ait quelque correſpōdāce, auec
ce qui eſt dict *in l. ſi ita ſtipulatus quæ eſt. 97. §. ſi tibi nupſero. ff.
de verbor. oblig.* qui blaſme quād on marchāde les mariages.

Par les loix nouuelles de France, & par aucunes Couſtumes ont eſté reſtrainctes les donations & aduantages que
les femmes veſues ayans enfans de leurs premiers mariages, voudroiēt faire à leurs ſeconds maris. L'Edict du Roy
François, ſecond du mois de Iuillet 1560. remettant en
vigueur la loy Romaine, *hac edictali. C. de ſecundis nupt.* defend aux femmes veſues de donner à leurs ſeconds maris
plus qu'à l'vn de leurs enfans de leur premier mariage. Et
quant aux biens que leſdictes femmes ont par bien-faict
de leurs premiers maris , ou que les maris ont par bien-
faict de leurs defunctes femmes, les maris, & les femmes ſe
remarians n'en peuuent rien donner au ſecond party de
mariage : ains ſont tenuz les reſeruer aux enfans dudict
premier mariage. Ce qui a eſté rechargé pour le premier
chef par les Couſtumes de Paris, art. 279. & d'Orleans,
art. 203. & Rheims, art. 293. & 236. & Laon, art. 29. ont
renouuellé le ſecōd chef de ladicte ordonnāce. Et Reims, a
adiouſté ce qu'aucuns Docteurs Vltramōtains ont decidé
que les enfans du premier mariage prennent leur legitime
és biens de la mere auant tout œuure , & ſur ce qui reſte le
ſecond mary, & les enfans du premier mariage viennent
par égales portions. Et ainſi le tient *Philippus Decius.
Concil. 246. vol. 2.* Et ſi la mere auoit laiſſé à l'vn de
ſes enfans bien petite part , & ledict enfant par le
moyen de ſa legitime euſt faict ſa part plus grande : le
ſecond mary ne prendra pas ſelon ceſte part ainſi rem-
plie : mais ſe contentera de la part, telle que la mere auoit
taxee. Ainſi dient Alex. & du Molin en l'annotatiō, *conſil.*
158. *vol.* 5. Paris audict art. 279. Et Orleans audict art. 23.
ont appoſee vne autre bride aux femmes veſues, de nō

pouuoir aduantager leurs seconds maris, de la part qu'elles ont aux conquests de leurs premiers maris, en reseruant à tous les enfans d'ellesdu premier & second mariage, d'y succeder egalement. Ces coustumes & loix sont fondees en tres·iuste raison, parce qu'ordinairement les femmes demeurans vesues, & en moyen aage, ou aage plus abaissé sont plus ardentes à desirer les masles, qu'en plus bas aage. Ce qu'Ouide a remarqué, parlant entr autres du trête-cinquiesme an, ou plus grand aage.

La coustume est presque generale en France, conforme au droict Romain que gens mariez, durant leur mariage ne peuuent donner l'vn à l'autre, n'eux aduantager par contracts entre vifs. La raison du droict Romain est pleine d'honneur, à ce qu'il ne semble que l'amitié, concorde, & gratieux traictement soit à vendre, & pour faire cognoistre qu'au cœur est la vraye amour, & non en l'exterieur. Aucunes coustumes ont passé outre le droict Romain, en defendant les donations testamentaires, & pour cause de mort, comme Berry des mariages, ar.1.Paris, art.282. Sens, art.71.Auxerre, art.228.Orleans, art.280. Blois, ar.174. Bourgongne, art.26.& met l'exception si autrement par le traicté de mariage n'estoit côueu. Bretagne, art.225. Touraine, art.243.Meleun, art.234.Senlis, art.143.144. Troyes, art.84.Laon, art.50.Auuergne, chap.12.art.16.& chap.14. art.9.39.46. permet au mary de donner à sa femme, mais defend à la femme de donner à son mary. Autres coustumes permettét aux mariez de dôner l'vn à l'autre par testament, & autres en ne prohibant que les contracts & aduantages entre vifs, semblét permettre les testamétaires. Côme Reims, ar.291, Niuer. des droicts de mariez, ar. 27. Bourb. ar.226.Poictou, art.209. Mais presque toutes defendent les donations entre vifs des mariez, sinon par don mutuel, quand ils n'ont point d'enfans d'vn ou d'autre mariage, & sont en santé, les vnes adjoustent quand ils sont pareils en agge, ou à dix ans ou quinze ans prez, les autres adioustent quand ils sont franches personnes. Les vnes coustumes permettent ce don mutuel pour les meubles & conquests.

en propriété. Les autres en vsufruict seulemét. Pour la proprieté sont les coustumes de Niuernois, des droicts mariez,
art.27 Blois,art.163.Senlis,art.143.144.Laon,art.47.Pour
l'vsufruict seulement des meubles & conquests sont les
coustumes de Paris , art. 280. & dit pour les conquests
faicts durant leur mariage, & qu'ils', ou l'vn d'eux , n'ont
enfans de ce mariage , ou d'autre,& à la charge de bailler
caution , art.285.& le suruiuant ne gaigne les fruicts, iusques apres la caution presentee. Sens,art.112. & dit que le
suruiuant est saisy , mais l'heritier peut requerir la sursean-
ce à faute de caution. Auxerre , art.222.Bourbonnois,art.
227.228.& à la charge de viure quarante iours apres le don
mutuel,faire inuentaire auant qu'estre saisy,bailler cautió,
qui ne peut estre remise.Orleans,art.281.Meleun,art. 226.
227.Troyes,art.85.Les autres permettent donner mutuel-
lemét la proprieté des meubles, & l'vsufruict des cóquests,
& l'vsufruict de portion des propres.Touraine,art.243.Vi-
try.art.113.Laon,art.47.Bretaigne,art.223.Mais Berry des
mariages , art. 1.permet donner mutuellement le tiers des
meubles en proprieté, & l'vsufruict des conquests. Niuernois,audit article.27.outre la proprieté des meubles & cóquests , permet donner mutuellement l'vsufruict des heritages propres, mais limite iusques à concurrence, c'est à
dire si le mary a des heritages pour cent liures de rente , &
la femme pour cinquante liures : la femme suruiuante ne
iouyra que de la moictié des heritages de son mary.De vray
l'equalité est de l'essence des donations mutuelles. Poictou,art.209.dit que mary & femme soit mutuellement ou
simplement,ou par testament, ayent enfans ou non , peuuent donner l'vn à l'autre tous meubles,conquests & biens
d'heritage propre.Mais si le suruiuant se remarie,&y ait enfans du precedent mariage,les acquests & heritages seront
en vsufruict seulement. Et art.211. dit que don mutuel ne
vault , fait par malades qui decedent dans quarante iours.
Art.212.que la donation simple est reuoquee,si le donataire decede le premier. Art.213. dit que donation simple en-

tre mary & femme peut eſtre reuoquee , & ſe confirme
par mort, n'eſtant reuoquee, & que la mutuelle ſe peut reuoquer en faiſant ſçauoir à l'autre. Reims, art. 291. permet
aux mariez , ores qu'ils ayent enfans, de diſpoſer par teſtament, l'vn au profit de tous leurs meubles & cõqueſts faicts
durant leur mariage en proprieté. Et en vſufruict de la
moictié de leur heritage , naiſſant au propre & moictié de
conqueſts faicts auparauant. Et art. 234. permet donner
par don mutuel , proprieté des meubles & vſufruict des
conqueſts, ſoit qu'il y ait enfans, ou non, à la charge de faire inuentaire des tiltres , & baillant caution de rendre les
conqueſts en bon eſtat. Blois, art. 163. permet aux mariez,
qui ont enfans, de donner en vſufruict, meubles & conqueſts mutuellement, ſans caution, ſinon en cas de ſecon-
des nopces, ou mauuais meſnage. Bourgongne, art. 26. permet aux mariez de diſpoſer par donation, l'vn au profit de
l'autre, ſoit entre vifs, ou pour cauſe de mort, quand il a eſté
conuenu en traicté de mariage, & non autrement. Troyes,
ar. 85 qui n'octroye le don mutuel, que pour l'vſufruict dit,
que ſi le ſuruiuant par grand cas fortuit perdoit ſes biens,
& n'euſt à ſuffiſance, il pourroit s'aider des biés du premier
decedé. A quoy correſpond aucunement l'Authentique
præterea. C. vnde vir & vxor, En toutes ces couſtumes de don
mutuel, doit eſtre entendu qu'il doit eſtre egal, & qu'il n'y
ait pas plus d'aduantage d'vn coſté que d'autre, pourquoy
ſi les mariez n'eſtoient pas cõmuns par moictié, ie croy que
le don mutuel ne vaudroit que iuſques à la concurrence
de la moindre portion. Et pour faire la parité & equalité
par tout, la pluſpart deſdites couſtumes ont requis parité
d'aage : & toutes, que les mariez ſoient en ſanté. Car quand
la parité eſt par tout, ce n'eſt pas proprement donation :
mais permutation d'eſperance , à quoy ſert la deciſion de
la l. de fideicommiſſo. Cod. de tranſact. Leſdites couſtumes
qui parlent du don mutuel pour l'vſufruict, chargent le
ſuruiuant d'auancer les frais des exſeques, & moictié des
debtes du defunct, pour en faire deduction ſur la portion
dudit defunct, lors de la reſtitution , apres l'vſufruict finy.

Chargent auſſi le ſuruiuant d'entretenir les heritages, payer les rentes foncieres, & les rentes conſtituees durant la communauté. Paris, article 286. 287. & ne charge le ſuruiuant de payer les laigs du defunct. Sens, article 113. & charge d'auancer les laigs. Auxerre article 286. & charge d'accomplir le teſtament. Bourbonnois, 227. 228. 230. charge de payer les debtes ſur la maſſe, les exſeques & les laigs mobiliers. Orleans article 281. Senlis, article 144. comme Paris, Meleun, 227. 228. Laon article 49. charge le ſuruiuant de payer debtes perſonnelles, frais funeraux, & laigs mobiliaires, Reims, article 235. mais ie croy que le tout ne doit pas eſtre iugé entierement de meſme façon : le ſuruiuant paye la moictié des debtes : car il les doibt, & il auance l'autre moictié, qui eſt la part du defunct pour la recouurer ou tant moins rendre apres l'vſufruict finy. Mais quant aux frais funeraux & laigs teſtamentaires du defunct, l'heritier les doit entierement. Le ſuruiuant donataire les doit auācer, & les recouurer pour le tout, apres l'vſufruict finy. Sera noté ce que Touraine, art. 244. dit que toutes autres donations, horſmis de don mutuel, faictes conſtāt le mariage, ont traict à mort, & ſont reuocables. Et article 243. approuue le don mutuel, ores qu'ils ne ſoient egaux en biens.

Si durant le mariage eſt vendu aucun heritage, ou rente propre à l'vn des deux mariez, ou la rente propre à l'vn d'eux eſt racheptee. Le prix de la vente ou rachapt eſt repris ſur le bien de la communauté, par celuy auquel appartenoit l'heritage ou rente. Ores qu'il n'y ait eu conuenance ou proteſtation de r'employer. Paris article 232. Orleans, article 192. Bretagne, article 422. preſque autant, diſant que la recompenſe doit eſtre ſur l'heritage du mary, ou ſur les conqueſts, & ſi ceſt ſur l'heritage du mary. Il ſera recompenſé d'autant ſur les conqueſts. Reims, art. 259. dit comme Paris, adiouſtant, ſi la femme ſe tient à ſon apport, qui eſt à ſa dot, à ſon douüaire. Sens, article 286. & Auxerre article 198. dient que la recompenſe eſt deuë, ſi en vendant ou auparauant elle a

eſté

esté stipulee, par celuy qui vendoit son heritage, & non si long temps apres. Bourbonnois article 239. met presque pareille charge, & article 238.dit que la femme peut aliener son heritage auec l'auctorité de son mary sans estre recompensee. Vray est que la mesme coustume de Bourbonnois, article 240.dit que si lors de la dissolution du mariage sont encore deus aucuns deniers procedans de la vente de l'heritage de l'vn des mariez,que les deniers sont propres à celuy de qui l'heritage a esté vendu. Mais il semble que la coustume de Paris est fondee en raison generale,qui deust auoir lieu par tout:car si autremét estoit ce seroit indirectement donner par l'vn des mariez à l'autre,en faisant entrer en la communauté le pris de l'heritage propre de l'vn des mariez, qui est en effect donnee par l'vn des mariez à l'autre la moitié de son heritage, car en tel cas le pris est subrogé au lieu de l'heritage. Ce qui a lieu,non seulement és droicts vniuersels.*l. si & rem.ff. de petit.hæred.*mais aussi en droicts singuliers.*l.si ipsa res.ff.quod vi metus-ve causa.l.imperator.§.cum autem&l.sequenti.ff.de lega.2. l.quia qui pretio.ff.de vsufr.*Ce qui se doit dire à plus forte raison en ce cas où est question d'empescher que fraude ne soit faicte à la loy : ce qui seroit si le mary ne pouuant directement donner cinq cens escus à sa femme, vendoit son heritage de mil escus, dont le prix entrast en la communauté , en laquelle la femme a la moitié , pourquoy ie croy que la coustume de Paris, pour sa raison doit estre obseruee par tout,& tant s'en faut qu'en dissimulant la recompense ne soit pas deuë , comme dient Bourbonnois, Sens,& Auxerre, que *etiam* par paction expresse , la recompense ne peut estre empeschee:car la nullité est aussi bien en ce qui se fait en fraude de la loy,comme en ce qui se faict directement contre icelle,*l.si libertus minorem.ff.de iure patron.*

Si durant le mariage l'vn des mariez marie son enfant d'autre lict,& luy paye dot ou autre bien faict : la moitié de ce qui a esté baillé sera rembourse apres le mariage dissolu à celuy de qui l'enfant n'est pas yssu, sinon que ledit

enfant euſt renôcé à ſes droicts, au profit des deux mariez,
qui payent la dot. Ainſi dit Bourbonnois, article 233. Et
pource que la raiſon en eſt generale, ſemble qu'il en faut
ainſi iuger par tout. Car la dotation d'vne fille eſt la propre
charge du pere. *l. vlt. Cod. de dotis promiſſ.* Et telle charge de
doter ne tombe en communauté, ores qu'elle ſoit de tous
biens, ſelon la plus commune opinion des Docteurs, qui
alleguent la *l. ſi ſocius pro filia. ff. pro ſocio. Ludo. Romanus*, au
conſeil 145. donne vne reigle generale, que les affaires dont
ne peut rien reuenir de profit en la communauté, & regardent le ſeul intereſt de l'vn des aſſociez, ne ſont à la
charge de la communauté, ores que la communauté ſoit
de tous biens.

Si durant le mariage, les mariez ou l'vn d'eux, rache-
ptent vne rente, dont l'heritage de l'vn d'eux, fuſt ſpecialement chargé auant le mariage, les couſtumes ſont diuerſes, ſi telle rente demeure ſimplement eſteinte, au profit
de celuy qui la debuoit, à la charge de rembourſer l'autre
de la moictié apres le mariage diſſolu. Ou ſi la rente demeure en ſa nature ancienne de rente, pour eſtre conqueſt.
Paris, art. 244. dit ſimplement que c'eſt conqueſt. Mais
Sens art. 278. Auxerre art. 199. Meleun art. 220. dient bien
que c'eſt conqueſt, & qu'apres la diſſolution du mariage, le
proprietaire de l'heritage qui eſtoit chargé, pourra recouurer en rédát la moitié du pris. Auxerre adiouſte dedãs l'an
apres la diſſolution: Meleun adiouſte, ſi mieux n'aime le
proprietaire, continuer la moitié de la rente. Troyes, art.
82. Poictou, art. 344. & Laon, article 31. ne dient pas que ce
ſoit conqueſt: mais dient que dedans l'an apres la diſſolution, le proprietaire de l'heritage peut recouurer: Poi-
cton dit recouurer la moitié, comme preſuppoſant que la
rente ſoit eſteinte & confuſe, ſeulement pour la moitié
du proprietaire. Laon paſſe outre, diſant qu'il y a con-
fuſion & extinction de la rente durant le mariage: apres
le mariage diſſolu, l'autre prendra la moictié: mais le
proprietaire de l'heritage pourra rembourſer. Niuernois,
article 29. & 30. dit que celuy des deux mariez, qui n'auoit

rien en l'heritage defchargé ne participera en la rente:mais fera rembourfé dedans l'an de la moitié du pris , & cependant iouyra. Et à faute de rembourfer dans l'an : ce qui a efté acquis demeure conqueft. Me femble que Niuernois eft fondé en meilleure raifon que les autres : car fi le mary a rachepté la rente, dont fon heritage eftoit chargé: il faut dire que la rente eft efteinte, car il eftoit maiftre & feigneur des meubles & deniers qu'il y a employez, & en a peu difpofer fans le confentement de fa femme, & ne refte à la femme que fon indemnité, qui eft le remboursement apres la diffolution du mariage. Mais fi le mary a rachepté la rente, dont l'heritage de fa femme eftoit chargé. Ie diray auffi que la rente eft efteinte , ayant le mary à ceft efgard geré le negoce de fa femme, des biens & droicts de laquelle il eftoit legitime adminiftrateur : & cefte geftion de negoces ne tombe pas en donation, car apres la diffolution, luy ou fes heritiers feront rembourfez. Ce que deffus femble eftre bien ainfi dit, quand c'eft vne rente racheptee, qui eftant vne fois efteinte & amortie , ne peut pas reuiure. Mais fi c'eft vn corps d'heritage vendu à rachapt, qui ait efté rachepté, apres le temps du rachapt expiré. Me femble eftre affez raifonnable qu'à faute de rembourfer dedans l'an, il foit conqueft, & voudrois ainfi entédre les vingt-neuf & trentiefme articles de Niuernois:mais s'il auoit efté racheté durant le temps de rachapt accordé au mefme traicté du contract , ie croy que l'heritage deuroit demeurer en fa nature ancienne d'heritage propre & patrimonial , à celuy mefme de qui il eftoit propre, ainfi tient *Decius confil.* 88. *volum.* 1. & allegue la *l. fi vnus.* §. *quod in fpecie. ff. de pactis.* De mefme Socin le ieune, mon precepteur , *confil.* 20. *vol.* 1. Et en ce cas l'autre des mariez ne peuft y auoir autre droict, *etiam* apres l'an que le rembourfement, & auec hypotheque fpeciale.

Si durant le mariage eft retraict par proximité de lignage , ou achepté d'vn lignager aucun heritage qui foit de l'eftoc & ligne de l'vn defdits mariez: Ledit heritage eft propre au marié lignager , à la charge de rembourfer de-

dans l'an apres le mariage diſſolu le marié qui n'eſt lignager ou ſon heritier. Et à faute de faire le rembourſement
dedans l'an, l'heritage demeure conqueſt. Niuernois des
droicts de mariez, article vingt-huict & trentieſme. Et en
dit autant entr'autres communs. Au titre des communautez, article ſept. Ainſi dit Bourbonnois, article deux cents
ſeptante trois, en chacun deſdits cas. Mais Poictou, article 242.& 351. ne donne ce remede ſinon entre mariez. Et
article trois cents trente-neuf, trois cens quarante & trois
cens quarante & vn, dit que c'eſt conqueſt, mais que dedans l'an apres le meriage diſſolu, le rembourſement de la
moitié pourra eſtre faict: de vray ce qu'aucun acquiert par
retraict lignager luy eſt conqueſt, pource que l'acquiſition ſe faict des deniers de ſon eſpargne, qu'il pouuoit
employer en acquiſition d'autre heritage, ou le tenir en
meuble: mais il retient quelque faueur du lignage. Sens,
article ſoixante deux, comme Niuernois, pour le retraict
lignager, & ne parle de l'an & iour. Auxerre, article 181.
comme Niuernois és deux cas: mais outre la reſtitution
du prix les melioriations doiuent eſtre renduës pour la
moitié. Ainſi dient Auxerre, article cẽt quatre-vingts & vn,
& Sens, article ſoixante, Laon, article deux cents cinquante & vn,& Reims, article deux cents dix-ſept, dient les reparations, non ſeulement vtiles: mais auſſi les voluptuai-
res ou volontaires. Et outre Sens, & Auxerre, adiouſtent que s'il y a des enfans du mariage, ils auront ſix mois
en prerogatiue pour rembourſer. Et s'ils ne rembour-
ſent dans ledit temps, vn autre lignager pourra dans autres ſix mois retraire la moitié qui eſt ſortie de la ligne.
Bourgongne, article quarante ſept, dit comme Niuernois,
& ne parle de Laon. Toutes les couſtumes s'accordent
que durant le mariage, il n'y eſchet retraict: mais aucunes dient que dedans l'an apres le mariage diſſolu la
moitié du marié non lignager eſt ſubjecte à retraict enuers le lignager. Ainſi Paris, article cent cinquante-
cinq. Berry de retraict, article 22. 23. 24. & adiouſte

que le furuiuant lignager doit eftre preferé à vn autre lignager. Senlis, art. 229. 230. Laon, art. 249. 250. 251. excepte s'il y a des enfans du mariage. Auffi dict que la marié lignager ou fon heritier, eft preferé à autre lignager durant
les fix mois apres la diffolution. Rheims, art. 217. Blois.
art. 207. Orleans, art. 381. donne le retraict aux heritiers
du trefpaffé lignager ou autres parens : & dict que les heritiers font preferez à autres parens. Et art. 382. reçoit le furuiuant lignager ou fes heritiers, à rembourfer dedans l'an
le marié non lignager ou fes heritiers. Bretagne, art. 305.
309. 310. dict comme Niuernois, & à faute de rembourfer
dans l'an, la moitié demeure propre au noir lignager.
Bourbonnois és deux cas de retraict ou achapt, donc trois
mois pour rembourfer par le furuiuant lignager, ou les heritiers du lignager.   Et à faute de rembourfer dans trois
mois, donne autres trois mois à vn autre lignager. Mais s'il
y a enfans du mariage de ces acquereurs ou retrayans, il
n'y a retraict lignager fur le furuiuant non lignager. Paris,
art. 156. Laon, art. 250. 251. qui adioufte la raifon pour l'ef-
perance qui eft, que l'heritage leur viendra. Rheims, art.
217. Mais Sens art. 61. Auxerre, art. 181. donnent fix mois
aux enfans, & les autres fix mois aux autres lignagers, côme a efté dict cy-deffus. Berry de retraict, art. 24. ordonne
le rembourfement dans foixante iours apres le deceds. Paris, art. 157.   Dict que fi l'heritage eftant demeuré en la
maifon des mariez, comme dict eft, fort hors de la ligne par
le moyen du partage, qu'il eft fubject à retraict par moitié :
pourueu que le lignager ait intenté fon action, ou protefté
dedans l'an du deceds de celuy des deux mariez qui eft lignager. Le but de toutes ces Couftumes eft pour faire que
l'heritage demeure en la ligne : pourquoy ie penfe qu'il y
faut prendre les mefmes confiderations du retraict lignager. Et pour temperer les diuerfitez, me femble que Niuernois, Bourbonnois, & autres femblables, ne parlent affez amplement, entant que la faueur du lignager eft de-
laiffee pour le tout, en la puiffance du furuiuant. Auffi me
femble que Paris, Laon, & Rheims, fe font trop eftendus

en excluant les autres lignagers, quand il y a des enfans du mariage, à cause de l'esperance que les enfans succederont: car en attendant cest euenement, l'heritage demeure conquest au suruiuant non lignager. La moyenne voye mise par Auxerre & Sens, me semble plus raisonnable : entant que six mois sont donnez aux enfans, & apres lesdicts six mois, les autres six mois sont donnez aux lignagers selon la reigle comune de retraict. Ce qui se dict des enfans, me sembleroit estre bon dire pour le suruiuant lignager, ou ses heritiers lignagers, pourceque ja la moitié leur est asseuree & il est raison qu'ils soient preferez aux autres lignagers *saltem* durant les six mois, pour joindre les deux moitiez, & ne tomber és inconueniens, que les communions ont accoustumé d'apporter.

L'heritage acquis constant le mariage des deniers procedez de la vente de l'heritage ancien de l'vn des mariez est propre à luy, en prouuant que le payement de l'achapt ait esté faict des mesmes deniers procedez de la vente. Ou bien monstrant que lors de l'alienation, & lors du remploy, les mariez ou l'vn d'eux, ont affermé pardeuant le Iuge, que l'alienation a esté faicte pour employer en autre heritage, & que l'acquisition a esté faicte des deniers procedans de la vente. Ainsi dict Niuernois des droicts de mariez, art. 31. Mais Blois, art. 164. Sens, art. 277. Auxerre, art. 197. Bourbonnois, art. 239. Meleun, art. 225. dient, que si en vendât l'heritage il n'est dict que ce soit pour employer en autre heritage. Que l'heritage achepté est reputé conquest. Bourbonnois, art. 239. desire que l'employ soit faict tost apres la vente, & affermant lors dudict employ, que c'est des deniers procedez de la vête: car la proximité du temps faict presumer que ce soient les mesmes deniers. *l. si ventri.* §. *vlt. ff. de priuileg. credit.* Meleun desire que la declaration faicte en vendant, soit faicte par escript deuant Notaire. Blois, art. 165. met vne extention qui est tres-raisonnable, qu'ores que l'accordance n'ait esté faicte à l'instant que la recompense : peut neantmoins estre faicte sans fraude. Rheims, art. 30. dict encores plus au large, que l'heritage que le mary achepte ou baille en recompense à sa femme,

au lieu de celuy qu'il a vendu, estant du naissant ou propre
de sa femme, sortit nature de naissant pour la mesme ligne.
Ce qui est fondé sur la mesme raison, par laquelle l'heritage pris en eschange sortit mesme nature d'heritage propre, comme estoit celuy qui a esté baillé. Ces deux Coustumes ont traicté cest affaire auec raison, & les autres trop
à rigueur: Car lesdictes autres Coustumes prenans trop à
l'estroit les contracts & promesses d'entre mary & femme,
mettent tel affaire au peril, que toutes les Coustumes ont
voulu euiter, qui est de l'aduantage des mariez l'vn à l'autre: entant que si celuy de qui l'heritage a esté vendu n'est
recompensé, l'autre marié amende de la moitié du prix de
l'heritage vendu auec le dommage de son conjoinct, qui
est vne espece de donation. Et au côtraire ces Coustumes
de Blois & Rheims, mettans hors les formalitez, & excluäs
la seule fraude, ont desiré l'indemnité de celuy qui a vendu son heritage. A laquelle prouision correspond ce qui
est cy dessus, fol. 199. de la Coustume de Paris. art. 232.
Aussi du Molin tresbô autheur, dict quelque part en quelque temps, que la conuenance de recompenser celuy de
qui l'heritage est vendu soit faicte: & en quelque têps que
la recompense se face, pourueu qu'il ne se descouure aucune fraude, que la recompense est vallable. C'est en l'annotation sur lesdicts articles de Blois, 164. & Bourbonnois,
238. A la suitte de la mesme raison, est le 33. article de la
Coustume de Niuernois, des droicts des mariez, & de
Bourbon. art. 239. que l'heritage acquis par le mary, pour
l'employ des deniers dotaux de sa femme, destinez à l'heritage, appartient & est propre à la femme, en declarant
par le mary lors de l'éploy, que c'est audict effect. Ce qui est
tres-raisonnable, ores qu'il ne soit pas prouué que ce soiêt
les mesmes deniers: Car puis que le mary les a receus,
ores qu'il les ait meslez parmy ses autres deniers, ou qu'il
les ait employez: la masse de la communauté d'entre le
mary, & la femme en est enflee & enrichie, & là doiuent
estre repris pour estre employez: & par subrogation sont
censez les mesmes deniers. *l. pater. ff. de admend. leg.* Et cecy

n'est pas les termes de l'heritage achepté des deniers dotaux, qui n'est pas faict dotal, sinon subsidiairement quand
le mary n'est pas soluable. *l. ex pecunia. C. de iure dot. l. vxor
marito. f. de donat. inter vir & vxor.* Car esdictes loix est parlé, quand le seul faict de l'employ y est sans declaration de
volonté: autrement est quand la volonté des mariez, ou du
seul mary y est: Aussi qu'esdictes loix n'est pas question de
deniers destinez pour estre employez en achapt d'heritage: mais d'vne dot qui est nuëment en deniers. Ioint que
ce n'est aucun aduantage à la femme: ains est le profit du
mary, pour descharger son heritage qui est hypothequé
pour la dot de sa femme.

Quand le mary est mauuais mesnager, & que la femme
a doute de perdre sa dot: Le droict Romain a diuerses
fois a introduicts diuers remedes de prouision à la femme
pour conseruer sa dot, *in l. si constante. ff. soluto matri. l. vbi
adhuc. C. de iure dot. in authent. de æqualitate dotis. §. Illud. collat. 7.* En la France coustumiere, il y a autres consideratiõs
à prendre: car les femmes sont communes en biens auec
leurs maris, & pour acquerir ceste communauté, ordinairement vne partie de leur dot y est employee. Et audict cas
de mauuais mesnage, est practiquee la separation de biens
entre mary & femme, qui se traicte pardeuant le Iuge lay,
pource qu'il est seulement question des biens: & s'il estoit
question de separer les mariez du lict, la cognoissance en
seroit au Iuge d'Eglise. Ceste separation de biens, ores que
les mariez l'accordent, doit estre auctorisee par le Iuge
apres sommaire cognoissance de cause. Ainsi dient Berry
des mariages, de l'estat & qualité des personnes, art. 48.
49. Orleans, art. 198. Paris, art. 224. & le faut tenir pour
general. De ceste separation est aussi ordõné par les Con-
stumes de Bourbonnois, art. 73. Blois, art. 3. Toutes les
susdictes Coustumes desirent que ladicte separation soit
insinuee & publiee en iugement, pardeuant le Iuge du
lieu, seant iudiciairement à iour ordinaire durant lesdicts
plaidz, & soit enregistree. Blois adiouste qu'elle soit publiee au Prosne de la parroisse où les mariez demeurent.

Paris

Paris & Orleans deſirent que la ſeparation ſoit executee
ſans fraude, c'eſt à dire qu'il y ait partage des meubles &
conqueſts faicts à bon eſcient. Toutes ces ceremonies ſont
pour euiter les fraudes qui facilement ſeroient entre mariez, & ce que la communauté, qui a eſté publiquement
cogneuë, comme a eſté le mariage: ne ſoit tenuë pour diſ-
ſoluë, ſinon apres publication & ſignification à tous. Pour
la raiſon de la *l. ſed etſi. §. de quo palam. ff. de inſtit. act.* Orleãs,
art. 199. adiouſte que ſi apres ils ſe reaſſemblent ce ſera
comme s'il n'y auoit eu ſeparation, neãtmoins ce qui aura
eſté faict durant icelle tiendra. Es lieux où i'ay practiqué,
i'ay donné aduis d'adiouſter aux ſentences de ſeparation:
que nonobſtant icelle, la femme ſoit tenuë au ſeance &
traictement de ſon mary : & de ſecourir de ſes biens ſon
mary, & les enfans de leur mariage ſelon les facultez de la
femme: Selon qu'il eſt dict *in l. vbi adhuc.* vers la fin. *C. de iu-*
re dot. Et ainſi fut iugé par Arreſt moy preſent en la plaidoyerie du Mardy dixſeptieſme Feurier, mil cinq cẽs cinquante.

   A eſté dict cy-deſſus, que le mary & la femme ſont communs en debte & credits, & qu'apres diſſolution du mariage, la femme ou ſes heritiers, ſont tenus de payer la moitié des debtes. Selon les anciennes Couſtumes, on prenoit
cela ſi cruëment, que la femme eſtoit preciſément tenuë à
la moitié *etiam*, outre la valeur des biens qu'elle prenoit
en la cõmunauté: pourquoy aucunes Couſtumes octroyẽt
faculté aux femmes vefues apres le deceds de leurs maris,
de renoncer à la communauté, c'eſt à dire, quitter toute la
part qu'elles auoient aux meubles & conqueſts d'icelle: &
ce faiſant demeurer quittes des debtes, en faiſant ſermens
par elles, de mettre tous les biens en euidence, pour eſtre
faict inuentaire: Et ſi elles receloient ou diſtrayoient aucuns biens, de perdre le benefice de la renontiation. Ainſi
Niuern. des droicts de mariez, art. 14. & 15. qui dõne terme
de vingt-quatre heures apres le deceds. Ainſi Bourbonnois, art. 245. qui donne quarante iours. Paris, art. 237.
Orleans, art. 204. Sens, art. 214. Auxerre, art. 192. Bour-

gongne, art. 38. 39. 40. 41. qui faict diſtinction de la forme
de renoncer entre les femmes nobles & roturieres. Touraine, art. 308. Meleun, art. 217. Senlis, art. 147. Troyes, art.
12. & Laon, art. 26. 27. mettent diſtinction de la forme &
du temps entre nobles & roturiers. *Idem*, Touraine, art.
270. & 290. Bretagne, art. 416. 418. Mais aucunes Couſtumes ont mis ceſt affaire plus au large, & ont ordonné que
la femme qui ne s'eſt expreſſement obligee, n'eſt tenuë des
debtes faictes par ſon mary plus auant que iuſqu'à la cõ-
currence de ce qu'elle ou ſes heritiers amendét de la communauté, pourueu qu'apres le deceds du mary ſoit faict
loyal inuentaire, & qu'il n'y ait fraude de la part de la vefue ou de ſes heritiers. Ainſi Paris, art. 228. Orleans, art. 187.
Sens, art. 214. Auxerre, art. 192. Touraine, art. 270. Toutesfois Sens, art. 214. excepte ſi la femme eſt ſpecialement
obligee. De meſine dient Auxerre, art. 192. & met autre
exception, ſi la vefue a faict acte approbatif de la communauté. Mais Orleans, art. 205. & Rheims, art. 258. dient
que ſi la femme eſtoit obligee par ſa parole, & elle fuſt
pourſuiuie, elle aura ſon recours contre les heritiers de ſon
mary. Niuernois, art. 14. & Bretagne, art. 416. tiennent la
vefue quitte, ores qu'elle fuſt obligee.

Qũid la femme vefue renõce à la cõmunauté, elle prend
ſon heritage propre, & ſon doüaire francs de debtes. Bourbonnois, art. 245. adiouſte qu'elle prend vn de ſes habits
moyens, & que durant quarante iours elle peut viure en
ſon meſnage, & Orleans, art. 206. Mais Touraine, art. 293.
dict qu'outre ſon doüaire, elle doit auoir vn lict garny, ſes
heures & patenoſtres, vne de ſes meilleures robes, & vne
moyenne. Laon, art. 27. luy donne ſes habits des Dimanches & feſtes communes. Bretagne, art. 418. luy donne ſon
lict, ſon coffre, deux accouſtremens. Ce qui eſt aucunemét
conſonant, à ce qui eſt dict par les Docteurs du droict Romain, que les robes precieuſes des femmes, & leurs ioyaux
ſont propres au mary, & eſt cenſé le mary en auoir accommodé ſa femme, pour ſe parer en faueur de luy : Mais les
veſtemens quotidiens ſont cenſez, du tout propres à celuy

pour qui ils sont faicts,& n'estre de la communauté. Ainsi dict *Ludo. Roma. Consil.* 146. & Soci le Ieune, duquel i'ay esté auditeur à Padoüe.*Consil.* 134. *vol.* 1. Mais Bourgongne,art. 41. dict que la vefue qui renonce à la communauté, perd son doüaire.

La pluspart desdictes Coustumes ostent à la vefue le benefice de renonciation,ou le benefice de n'estre tenuë plus auant que de la communauté,quãd elle recele & distraict aucuns biens d'icelle communauté apres le deceds de son mary ou durant sa maladie dont il est decedé. Niuernois au dict art. 15. Paris,art. 228. Bourbonnois,art. 245. Bourgongne,art. 42. Rheims,art. 274. Meleun,art. 217. Laon, art.27. Ce qui se rapporte aux decisiõs du droict Romain, *In l. rescriptum.ff. de ys quib. vt indig.& in l. paulus si certarum. ff.ad Trebel.& in l.si seruum quis.§. Prætor.versic.si suus.ff. de acq. hared.* Ou si de son auctorité elle s'est immiscee & entremise aux biens auant inuentaire.Tours, art. 290. Rheims, art. 270.

La forme & le temps de la renonciation ne sont d'vne mesme sorte. Aucunes Coustumes donnēt quarãte iours. Bourb.art.245.Sens,art.214.Troyes,ar.12.Mais Bourg.ar. 38.39.dict que la vefue noble doit declarer par deuãt le Iuge,auãt que le corps mort du mary soit enleué du logis : & la roturiere doit se desceindre & laisser sa ceincture sur la fosse, ou declarer dans 24.heures. Niuernois , art.14. dans vingt-quatre heures pardeuant le Iuge. Il y a plus de raison en ces Coustumes , qui donnent le temps court, afin que les creanciers du mary ayent moyen d'estre soigneux que rien ne soit transporté ny distraict. Senlis, art. 147. donne trois mois à la vefue noble. Vitry, art. 91. dict que la vefue roturiere doit mettre les clefs sur la fosse de son mary le iour du trespas. Laon, art. 26.27. la noble dans trois mois:la roturiere dans six sepmaines. Touraine , art. 290. femme noble dans quarante trois iours, la roturiere dans vingt iours.

Berry des mariages, art. 9. dict que la conuenance , qui par le traicté de mariage est accordee à la femme pour choisir, vaut contre le mary ou ses heritiers: mais non contre les creanciers, entant qu'il y a aucun aduantage faict à la femme : mais vaut contre tous pour la reception de ce que la femme a apporté. Ce qui sembleroit tres-raisonnable pour estre observé par tout: car il n'est pas raison que la femme qui a deu estre compagne de toutes les fortunes de son mary, profite aupres de luy, au preiudice de ses creanciers, & se doit estimer estre bien, quand elle ne gaigne rien, & ne perd rien aussi: & l'action reuocatoire est facilement octroyee contre vn donataire. *l. ignoti. C. de reuocand. ijs quæ in fraud. cred.*

Nonobstant la renonciation, la vefue est tenuë des debtes qu'elle deuoit parauant le mariage. Niuernois, art. 16. Bourgongne, art. 42. Rheims, art. 255. & adiouste les debtes à cause des successions qui luy seroient aduenuës. Et ar. 266. charge la vefue, ayant renoncé de payer les debtes que le mary auroit faicts : à ceste cause me semble raisonnable d'en dire autant, si le mary à faict de grands frais, excedans le reuenu du bien de sa femme, pour demesler procez ou autres affaires venans de par elle.

Touraine, art. 291. permet à la femme durant le mariage, de repeter ses droicts & biens si le mary vient à pauureté, ou és autres cas de droict. Iceux sommairement verifiez auec le mary, dont a esté parlé cy-dessus, fol. 207. Et de mesme Niuernois des doüaires, art. 6. pour demander prouision de son doüaire.

Poictou, art. 252. dict que la femme prenant part en la communauté de son mary, est tenuë des rentes cõstituees par le mary durant le mariage, tant du principal qu'arrerages, iusques à concurrence des biens de la communauté, Autant en dict Auxerre, art. 121. Mais Berry des mariages. art. 26. dict que la femme n'est tenuë que des debtes mobiliaires, & non des rentes constituees, sinõ à la concurrence des conquests. Quoy faisant les autheurs de ceste Coustume, selon mon aduis, ont mal comparé debtes mobiliaires aux meubles, & les rentes constituees aux conquests : Car bien souuent on constituë des rentes pour affaire qu'on a, qui sont pures mobiliaires : & non pas tousiours pour ac-

querir immeubles. Parquoy ie croy que les articles de Poictou & Auxerre, doiuent estre tenuz pour generaux.

DE DOVAIRE.

ES coustumes de France ont attribué aux femes
vefues le douäire, qui est la iouïssance leur vie durant, apres le deceds de leurs maris, de la moitié
ou du tiers, ou autre portion des immeubles de
leurs maris : comme pour conseruer la memoire de la dignité & honeur des maisons de leursdits maris. Et en est
l'establissement si ancien, qu'en la formule des paroles de
present, qui sont dictes à la porte de l'Eglise, par le ministere du Prestre lors des espousailles solemnelles, ces mots y
sont *de mes biens te douë.* Aucuns ont estimé que le douäire
correspond à ce qui est du droict des Romains, *donatio pro-
pter nuptias.* Iaçoit qu'il y ait plusieurs differences, si est-ce
que nos predecesseurs, qui faisoient leurs contracts en Latin, appelloient ainsi le douäire, & ie l'ay veu en la Chambre des Comptes à Neuers, au contract de mariage de Iean
fils du Roy S. Louys, & de Yoland, Comtesse de Neuers,
en datte du mois de Ianuier, l'an mil deux cents soixante
cinq, dont l'original est en ladite Chambre des Comptes.
Selon la pluspart des coustumes le douäire est de la moitié des immeubles que le mary a lors de la benediction
nuptiale, ou solemnisation des nopces, & de la moitié des
immeubles qui escheent au mary, par succession directe
durant le mariage. Ainsi dient Paris, article 247. 248. Sens,
art. 262. Auxerre, art. 208. Orleans 218. Senlis. article 175.
Troyes, art. 86. Blois, art. 189. Vitry, art. 86. 87. Laon, art.
32. 33. Mais Niueruois des douäires, art. 1. extend ceste eschoite en ligne directe, & dit iusques au trespas du mary.
Aucunes coustumes donnent la moitié ou le tiers des immeubles que le mary a lors de son deceds. Berry des mariages, art. 11. 14. Bourbonnois, art. 250. Bourgongne, art. 25.
Les autres donnent le tiers des immeubles que le mary a
lors de la benediction nuptiale, & de ceux qui escheent en

ligne directe ou collaterale durant le mariage, côme Touraine, art. 326. pour les femmes nobles. & art. 238. les femmes roturieres ont la moitié des heritages qui appartiennent à leurs maris lors de leur deceds. Bretagne, art. 436. donne à la vefue pour fon doüaire le tiers de l'heritage, dont fon mary a eu, ou deu auoir la faifine durant le mariage, & art. 433. dit que la femme gaigne fon doüaire quand estant espousee elle met fon pied au lict, iaçoit que fon mary n'ait affaire auec elle. Cefte couftume plus charnelle que fpirituelle a fait plus d'eftat de la copulatiõ de la chair, ou des actes prochains d'icelle, que du Sacrement. Car quand il fe dit la femme auoir vn pied dans le lict, il faut croire qu'il eft mal-aifé que le refte ne s'en enfuiue. Poictou, art. 256. ne donne que le tiers des immeubles, que le mary a lors du mariage, & de ceux qui luy efcheent en ligne directe durant le mariage. Aucunes couftumes, outre la quotité de moitié ou du tiers de l'heritage, donnent à la vefue la iouïffance de l'vne des maifons du mary, & s'il n'y en a qu'vne, la moitié, comme Vitry, art. 87. Laon, art. 24. dit de mefme entre nobles, mais adioufte vn beau mot, *durant la viduité.* Et feroit affez expedient que tous doüaires fuffent reftraints à la viduité de la femme, pour finir par fon fecond mariage, & accroiftre aux enfans, és lieux où doüaire eft heritage d'enfans, accroiftre au proprietaire, és lieux où le doüaire eft viager. Car depuis que la femme eft remariee, il ne luy faut plus de confolation de la perte de fon premier mary, & la dignité de la maifon de fon premier mary n'eft plus reprefentee par elle. Et comme Laon dit, Reims, art. 282. Et Bretagne, art. 438. excepte du doüaire, le manoir de fief noble: mais dit que l'heritier doit bailler à la vefue, maifon competente.

Le doüaire peut eftre prefix & conuenu par le contract de mariage, pour eftre autre que le doüaire couftumier. Selon aucunes couftumes on ne peut faire le doüaire conuenu plus grand que le doüaire couftumier, Ainfi dit Niuernois des doüaires, article 2. Auxerre, article deux cents vnze, Poictou, article 259. Touraine, article 372. Bour-

gongne, art. 27. Surquoy Niuernois adioufte que les contrahans ne peuuent y deroger, Auxerre dit prefque autât
quand le mary a heritage propre, mais s'il n'en a point le
prefix vaudia pour autant qu'il monte. Touraine excepte
fi les afcendans du mary auoient promis le douaire plus
grand que le couftumier. Ces couftumes font fondees en
grande raifon ; àfin que le mary lors de la grande chaleur
de fon amour ne fe defpouille par trop, & laiffe des enfans
coquins: ou bien és lieux efquels le douaire eft heritage des
enfans, s'il aduient que la mere defdits enfans meure, le
pere foit en peril de paillarder, pour ne trouuer party en
mariage digne de luy, ayant efpuifé fes facultez par vn
douaire exceffif. Les loix Romaines n'ont pas approuué
indiftinctement tous aduantages que les mariez font l'vn
à l'autre en traicté de mariage, mais ont voulu que le Iuge par fon office en iugeaft. *l. fi ita ftipulatus. §. fi tibi nupfero.*
ff. de verbor. obligat.

   Si le douaire eft conftitué en deniers ou chofe mobiliaire par conuenance, il n'eft qu'à la vie de la vefue par vfufruict, & apres le deceds d'elle, retourne aux heritiers du
mary. Ainfi dient Niuernois des douaires, art. 3. Berry des
mariages, art. 15. Meleun, art. 239. Auquel cas par neceffité
le douaire eft fubiect à caution fideiuffoire : car autrement
ne peut eftre conftitué l'vfufruict en deniers. *l. 1. ff. de vfufr.*
earum rerum quæ v'u confu. Mais Bourbonnois, art. 255. Sens.
art. 169. & Auxerre, art. 214. dient que le douaire conftitué
en deniers, eft propre à la femme vefue, & n'eft fubiect à
reftitution, ny à retour. Paris, art. 259. dit que le douaire
conftitué en deniers, vient aux enfans du mefme mariage,
comme feroit le douaire en heritage, & neantmoins demeure en fa nature de meuble, & fuccedent en iceluy les
heritiers mobiliers, les enfans aufquels le douaire a efté fait
heritage. Selon mon aduis és prouinces où la couftume
ne difpofe en particulier, femble qu'il eft raifonnable de
dire fi la couftume eft telle que le douaire ne foit heritage
des enfans, ou fi du mariage ne font aucuns enfans, que le
douaire en deniers foit propre à la femme, comme lefdits

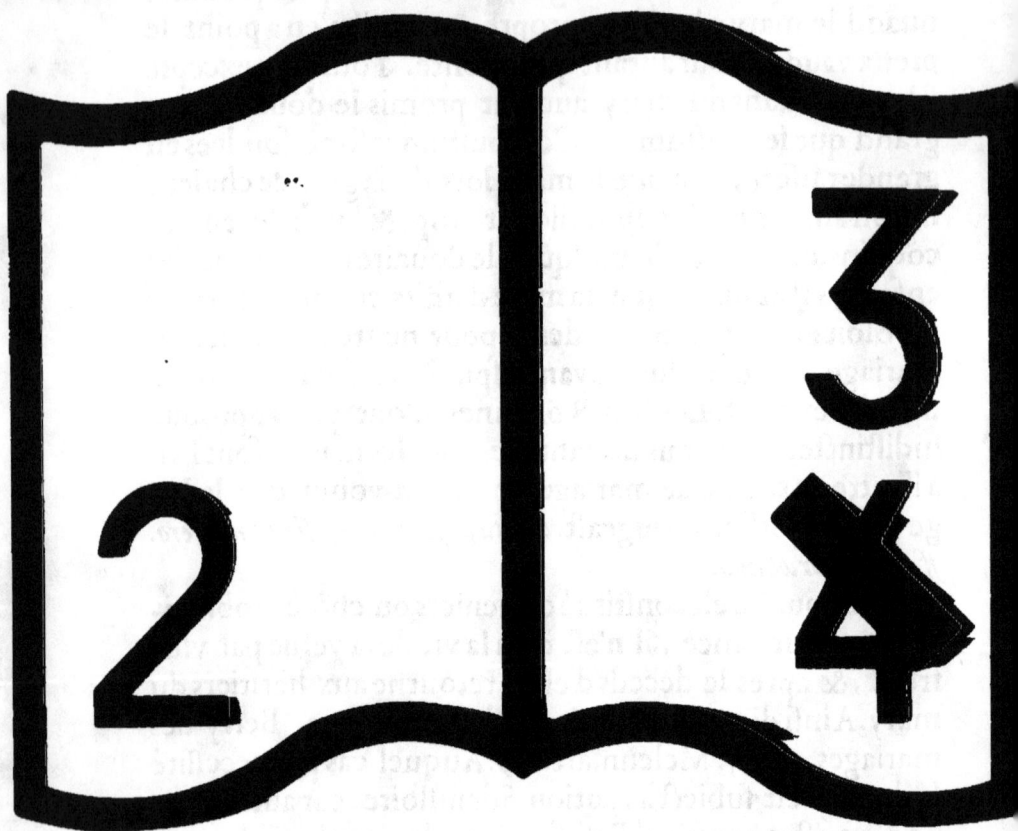

Pagination incorrecte — date incorrecte

NF Z 43-120-12

deniers tenans lieu de l'estimation de l'vsufruit que la vesue auroit si le mary eust eu de l'heritage, selon que les loix Romaines trouuent bon d'estimer l'vsufruict en deniers pour yne fois. *l. computationi. ff. ad leg. falcid.* Et si c'est en prouince, où le douaire est heritage des enfans, & que du mariage soient enfans suruiuans, ledit douaire en deniers leur appartienne selon ladite coustume de Paris.

Selon aucunes le douaire de la femme est purement en vsufruict pour la vesue, & ne vient aux enfans. Selon autres coustumes le douaire appartiét a la vesue en vsufruict, & est heritage aux enfans du mesme mariage. Les coustumes qui font le douaire à la seule vie de la vesue, sont Poictou, art 257. Sens, art. 163. Auxerre, art. 215. Bourbonnois, art. 249. Orléans article 220. Troyes, art. 90. Laon, art. 33. Reims, art. 282. Bourgongne. art. 25. combien que par l'ancienne loy des Bourguignons, faicte par Gondebard, chap. 24. le douaire apres la mort de la vesue, soit attribué aux enfans de chacun mariage, si la femme a esté mariee plusieurs fois. Berry des mariages, art. 14. Les coustumes qui font le douaire heritage des enfans de mesme mariage, sont Niuernois des douaires, art. 8. Paris, art. 249. Meleun, art. 239. Senlis, art. 177. Ces coustumes en moindre nombre semblent estre fondees en vne raison fort politique & humaine, entant que les enfans sont asseurez d'auoir quelque bien de reste, quelque male fortune qui aduienne à leurs pere ou mere. Ceux qui resonnent au contraire: sont trop amateurs d'eux-mesmes, & font trop peu de compte de leurs enfans & de la posterité, & de l'immortalité. La pluspart desdites coustumes qui font le douaire heritage des enfans, dient que si l'enfant est heritier de son pere, il ne prendra pas le douaire. Ainsi dit Paris, art. 250. 251. Meleun, art. 239. Senlis, art. 176. Et Paris, ar. 252. dit que l'enfant prenant le douaire, doit rendre ou precompter les aduantages qu'il a eus de son pere. Bien est certain que l'enfant qui prend le douaire, sans estre heritier, n'est tenu aux debtes de ses pere & mere, & que ses pere & mere, ne peuuent aliener le douaire au preiudice dudit enfant : car ils ont le

douaire

douaire par le bien-faict de la couftume , & non comme
heritiers : mais Niuernois a admis que les enfans puiffent
eftre heritiers,& prendre le douaire en precipu ,contre les
autres couftumes, & ainfi eft obferué.   Et la raifon peut
eftre que Niuernois permet aux peres & meres d'aduantager leurs enfans , & leur donner en precipu , pourquoy
l'enfant peut prendre l'aduantage du douaire,& outre ce
eftre heritier. Ce que la couftume de Paris, & autres couftumes ne permettent. Audit cas quand le douaire eft heritage des enfans,il fe part entr'eux fans droict d'aineffe,ou
prerogatiue:ainfi dit Paris, art. 250. la raifon peut eftre que
nul ne prend droict d'aineffe fans eftre heritier. Et ladite
couftume ne donne le douaire à celuy qui eft heritier , &
qui prend le douaire n'eft pas heritier. Et fi l'vn des enfans
accepte le douaire, renonçant à la fucceffion du pere, &
l'autre fe dit heritier. Celuy qui prend le douaire aura feulement telle portion au douaire, comme il euft eu fi l'autre
euft pris le douaire. Ainfi dit Senlis, ar. 189. du Molin,en
l'annotation,dit la raifon eftre pource que l'enfant heritier
ne perd pas fa part du douaire directement, mais par droict
d'exception,pource qu'il eft heritier,& qu'il ne peut prendre double aduantage. Ce qui correfpond à ce qui a efté
dit cy-deffus, que l'empefchement d'eftre douairier & heritier procede de la prohibition que fait la couftume, que
l'vn des enfans heritiers foit aduantagé plus que l'autre.
Es prouinces où douaire eft heritage des enfans, fi les
enfans decedent fans defcendans, le douaire retourne,ou
bien demeure au pere. Aucuns ont eftimé que le pere ne
fuft qu'vfufructier du douaire,& que dés fon viuant les enfans foient proprietaires. Ce qui ne fe peut dire bonnemét:
car le douaire n'efchet que par la mort du mary, vray eft
que le pere ne peut aliener, non pas precifément, mais au
preiudice de fes enfans. De fait fi les enfans decedent auãt
luy, ou que fes enfans foient fes heritiers, l'alienation fe
trouue ferme, pource qu'il n'y a perfonne qui la puiffe reuoquer. Ainfi dit-on de celuy qui eft inftitué heritier , ou
faict legataire,fous cõdition de reftituer en certain cas,l.vl.

                                        Ee

§. *si nautem.Cod.commun.de legat.* Et si le pere est decedé auāt ses enfans,& le douaire soit acquis aux enfans,ledit douaire par le deceds desdits enfās sans descēdans,vient aux proches heritiers du costé paternel. Ainsi Niuernois des douaires, art. 8. Meleun, art. 240. dit que le douaire est heritage paternel aux enfans. Et ainsi fut iugé en la coustume de Paris par Arrest solemnel de la prononciation de Noël faicte par le President le Maistre,le Mercredy 23. Decembre 1551. entre de Gasperne,Massot,& le Grand, en la succession de Charlotte, fille de Florent Thibaut. Au mesme cas des preuinces,qui font le douaire heritage des enfans.Si l'homme a esté marié plusieurs fois. Niuernois dit en general, art. 5. que le douaire coustumier de la premiere femme est la moitié de la seconde le quart.de la tierce,la huictiesme partie des heritages du mary,& ainsi des autres , enquoy faut presupposer que des premier & second mariage y ait des enfans,pource que les seconde & tierce fēmes sont douces de la moitié de ce qui reste en l'heritage du mary. Mais Paris,art. 253. & Senlis, art. 185. expriment plus clairement, disans que la secōde fēme est douce de la moitié de la part des cōquests que le mary a faicts durāt son premier mariage,& moitié des immeubles qui ne sont subiets au premier douaire,& ainsi des autres mariages. Et ar. 254.dit que si les enfans du premier mariage meurēt durant le secōd, il n'en accroist riē aux enfans dudit secōd mariage, qui est vne decision sur chose sans doute , car le douaire se mesure selon les biens que le mary a au temps qu'il espouse vne femme, & non de ce qui suruient apres, s'il ne vient en ligne directe. Dont resulte que soit en premier, second, ou tiers mariage,la femme est douce de la moitié des immeubles , de quelque nature qu'ils soiēt que le mary a lors qu'il espouse ladite femme, & qu'ils ne sont subiects à aucū douaire precedent,ains sont en la plaine proprieté du mary. Si le mary n'a aucuns heritages , & qu'il n'y ait douaire prefix, la vesue aura pour son douaire l'vsufruict de la moitié de la part que le mary a és meubles & conquests de leur cōmunauté , qui est le quart du total. Bourb. art.256.Orleans

approchant dudit remede , art. 221. dit que la vefue aura
l'vfufruict du quart des conquefts. Et s'il n'y a conquest aura en proprieté le quart des meubles, en ce qui reftera apres
les debtes prifes & deduites fur la maffe. Es prouinces où
n'y a aucune difpofition de couftume pour tel cas. Ie croy
qu'il eft affez à propos d'y pratiquer cet expedient, afin que
la vefue ne demeure fans douaire, qui eft l'honneur d'vne
femme. Et afin que la parole d'ancienne ceremonie, qui fe
dit lors du Sacrement de Mariage *de mes biens te doüe*, ne
foit inutile & fans efficace.

Le douaire efchet par la mort naturelle ou ciuile du
mary. Ainfi dit Meleun , article 236. Vray eft que Niuernois art. 6. parle feulement de mort naturelle , mais ie
croy qu'il fe doit entendre *etiam* de mort ciuile, car combien que le mariage ne foit pas diffolu par mort ciuile entre nous Chreftiens, comme il eftoit par la loy Romaine. *l.*
fi quis fic ftipuletur. ff. foluto matrimonio: Toutestois en tout ce
qui concerne les biens & droicts de ciuilité, c'eft comme fi
le mary n'y eftoit plus. *l. quidam. ff. de pœnis*. Et ainfi fut iugé
par arreft folénel au profit A. de Spifame, femme de maiftre Iean Mouliner , le 14. Aouft. 1567. lequel Arreft à la
prononciation duquel i'eftois prefent, porte deux belles
decifions.   L'vne que par la mort ciuile du mary , la femme eftoit bien receuable à demáder reftitutiõ de fes deniers
dotaux, fortiffans nature de propre : en quoy y auoit peu
de difficulté, puis que fon mary eftoit mort ciuilement, &
eftoit bien receuable auffi de demander fon douaire pour
en iouyr deflors, combien que le mariage ne fuft diffolu, &
vfa le Prefident Seiguier de ces mots *prefenti pecunia*, combien que l'efcrit de l'extraict que i'ay depuis veu figné , ne
porte ces mots. L'autre decifion eftoit que fefdits deniers
dotaux, en nature de propre ny fon douaire n'eftoient fubiects aux debtes du mary, combien qu'elle fuft commune en biens, mais elle n'eftoit expreffément obligee.

Quand le douaire efchet foit couftumier ou prefix ,
& conuenu , la vefue en eft faifie, & peut pour iceluy intenter remedes poffeffoires. Ainfi dient Niuernois des

douaires , article septiefme. Paris, art. 256. qui dit que les
fruicts du douaire font deus du iour du deceds du mary.
Poictou, article 254. Sens, article 167. Auxerre, article 211.
Berry des mariages, article 19. Meleun , article deux cents
trente fept. Senlis, article 179. Troyes , article 86. & Vitry, article quatre-vingts-huict , quatre-vingts-neuf, ces
trois dient de mefme, pour le douaire couftumier , mais
quand au douaire prefix & commun , dient qu'elle n'eft
pas faifie , finon apres qu'elle a fait fa declaration du
choix ou demande. Laon , article trente-quatriefme ,
comme Niuernois , Reims , article deux cents quarante-
huict, & Bourgongne , article 34. Auuergne, chapitre quatorze , article vnze , dit que la femme eft faifie du douaire
conftitué.

La douairiere pour iouyr de fon douaire doit bailler caution, affauoir pour les immeubles, telle qu'elle peut: & pour
les meubles, bonne & fuffifante caution. Ainfi dit Niuernois des douaires, article 11. Mais Paris, article 264. & Orleans, article 218. dient fi elle fe remarie, doit bailler caution fuffifante, fi elle demeure vefue, caution iuratoire, la
iuratoire caution, & la caution telle quelle peut, c'eft tout
vn, car celuy qui doit bailler caution, doit iurer qu'il ne
peut trouuer caution bourgeoife, & doit promettre auec
ferment qu'il fatisfera à ce qui doit eftre faict : la forme de
cefte caution iuratoire eft mife *in auth. generaliter. Cod. de
Epifc. & Cler.* La promeffe & la caution d'vn vfufructier doit
eftre de iouyr, &c. de iouyr bonnement fans deterioration ,
& de rendre la chofe apres l'ufvfruict finy. Car l'vfufrui-
ctier doit bailler caution à ces deux fins. *l. 1. ff. vfufr. quem-
admod.caueat leg.vfufruct. C. de vfufr.* Et la vefue tant qu'elle
demeure vefue retient toufiours l'honneur & la faueur de
la maifon de fon mary, pourquoy ne doit eftre contrainte à
cautiõ bourgeoife, & fe doit-on affeurer de fa foy, par argument de la *l. teft. in fin. ff. de teft. tut. l. firmio. §. 1. ff. quando dies
leg.* Mais fi ce douaire confiftoit en meuble la caution fideiuffoire feroit requife indiftinctement : car l'vfufruict de deniers & autres meubles periffables ne peut

estre constitué sans caution. *l. 1. ff. de vsufr. earum rerum.*
En vn autre cas, la vefue doit bailler caution fideiussoire
pour l'immeuble, ores qu'elle ne se marie: à sçauoir quand
elle a mal-versé, & mal-verse en son vsufruict, en tout ou
partie. Et outre ce doit perdre l'vsufruict de la chose en laquelle elle a mal-versé. Ainsi dict, Niuern. des doüaires, ar.
11. Bourb. art. 264. Bretagne, art. 445. & outre, ce doit reparer le dommage. Touraine, art. 334. Vitry, art. 96. traicte la vefue plus doucement, disant qu'elle ne perd son
doüaire: mais doit estre contraincte de reparer. Pour la
perdition de l'vsufruict en cas de mal-versation, faict la *l.*
hoc amplius.§. vlt. ff. de damno infecto.

La doüairiere doit payer les charges reelles & foncieres
deuës sur l'heritage de son doüaire. Ainsi dict Niuernois
des doüaires, art. 4. Sens, art. 165. pour les charges fonciè-
res, & non pour les rentes constituees. Auxerre, art. 216.
Bourbonn. art. 252. Orleans, art. 218. Touraine, art. 335.
mesme de l'arriere-ban. Troyes, art. 89. comme Sens, Meleun, art. 242. Vitry, art. 86. 87. Laon, art. 38. 39. & pour
l'arriere-ban. Bourgongne, art. 25. Rheims, art. 851. Blois,
art. 189. & adiouste les rentes constituees auant le mariage.
Ie croy qu'il se doit entendre des rentes qui sont *ad instar,*
de foncieres, côme si côstituees au denier vingt, ou creées
par partage ou par fondation: car le mot de *constituer* se
peut adapter à toutes creations de rentes. Mais si c'estoit
vne rente constituee à pris d'argent à la vulgaire raison,
côme du denier douze ou quinze. Iaçoit qu'elle fust assignee specialement: ie croy que la doüairiere n'en seroit tenuë simplement: mais bien par hypotheque, à charge d'a-
uoir son recours contre l'heritier de son mary: car en ce cas
l'hypotheque n'est qu'accessoire.

Aussi la doüairiere doit entretenir les heritages de son
doüaire, en l'estat qu'elles les trouue, & faire les menuës
reparations: mais les grosses reparations qui durent plus
que la vie de l'homme, sont à la charge du proprietaire. Ce
qui est descrit particulierement par aucunes Coustumes.
Niuernois, art 4. dict menuës reparations estre les couuer-

tures, huys & planchers, & les grosses reparations, estre les murs, cheminees & poultres. Paris, art. 262. dict reparatiõs viageres & d'entretenement, & que la doüairiere n'est tenuë aux quatre gros murs, poultres & couuertures entieres & voultes Sens, art. 164. Auxerre, art. 216. Bourbonnois, art. 252. disent que cheminees sont grosses reparations: mais non le contre-feu. Orleans, art. 222. comme Paris, Blois, art. 189. dict entretenir en bõ estat. Touraine, art. 334. Meleun, art. 342. dict que cheminees cõtre gros murs sont grosses reparations : mais cheminees contre cloisons non. Troyes, art. 86. Vitry, art. 86. 87. en l'estat qu'ils luy ont esté baillez. Laon, ar. 37. tenir clos & couuert. Rheims, art 251. & Bourgongne, art. 25. Le sommaire de tout ce que dessus, est que la doüairiere est tenuë aux reparations telles qu'vn vsufruictier doit, que les Latins appellent *sarta tecta*, qui est à dire, reparations telles, dont l'vsage communément ne dure que la vie d'vn homme.

La doüairiere, comme ayant l'vsufruict, peut perceuoir tous les fruicts de l'heritage dont elle iouyst par doüaire, non seulement les fruicts que nature produict de par soy, & auec l'industrie & labeur de l'hõme : mais aussi les fruicts ciuils, qui sont introduicts par le droict ciuil, comme sont quints deniers, lots ventes, tiers deniers, collations d'offices, & presentations de benefices, si les mutations ou vacations aduiennent de son temps. Ainsi dict Niuernois des doüaires, art. 10. Poictou, art. 32. Touraine, art. 331.

Quant aux bois tailliz, Niuernois, art. 9. & Vitry, art. 93. dient si le defunct a vendu la couppe à annees, qu'elles prendra les payemens escheans de son temps. Mais ceste distibution est mal proportionnee : car il se pourra faire, si le bois se couppe de quinze ans, que les payemens se ferõt en deux ans : pourquoy est mieux à propos de distribuer, comme a esté dict cy-dessus, au faict de rachapt ou relief en fiefs, à sçauoir qu'elle prenne sur le prix de la couppe, *pro rata* des annees que son doüaire aura duré : car ores que toute la couppe se face en vn an, c'est neantmoins le fruict de quinze ans. Ainsi se doit dire des estágs, & autres choses dont le fruict ne se perçoit tous les ans. Niuernois, art. 9. Bourbonnois, art. 257. & Touraine, art. 331. ne permettent pas à la doüairiere de receuoir les hommages des fiefs dependans de son doüaire: dont la raison peut estre, pource que l'hommage consiste en honneur, qui n'est estimable en deniers: & partant n'est pas fruict. Touraine iouste qu'elle ne peut receuoir le serment du Capitaine du chastel, duquel elle iouyt en doüaire. Ce qui se rapporte au droict Romain, *In l. si ita legatus. ff. de vsu & habit.* Où il est parlé de *saltuario & insulario*, qui sont comme le gruyer des forests, & capitaine ou concierge de la maison: pource que la charge de tels officiers est principalement pour la conseruation de la proprieté. Aussi Niuernois ne permet aux doüairieres de receuoir denombremens, pource que l'acceptation d'iceux concerne le droict de proprieté. Ne permet pas aussi de bailler souffrances, qui ont mesme effect que les hômages. Mais Poictou, art. 32. permet à la doüairiere de receuoir les hommages, & prendre les profits. Paris, art. 2. permet à l'vsufruictier de saisir le fief mouuant de la seigneurie dont il a l'vsufruict, apres auoir sommé le proprietaire : & à la charge de nommer le proprietaire par la saisie. Ce qui est necessaire, afin qu'il soit cogneu que l'vsufruictier veut conseruer le droict de proprieté & possession du proprietaire, & qu'il ne veut acquerir aucune saisine. Ceste decision a esté tiree des commentaires dudict sieur du Molin.

Selon la Coustume de Niuernois art. 9. la doüairiere ne peut exercer le droict de retenuë des heritages vendus, mouuans de la seigneurie dont elle iouyt. Ce qui est consonant à l'opinion dudict sieur du Molin, qui dict que la retenuë est octroyee seulement à effect de consolider & re-vnir: & partant ne peut estre cedee & transportee. Mais és Palais on tiét auiourd'huy pour opinion cômune, que la retenuë peut estre cedee, côme estant vn droict domanial & foncier, non seulement à effect de la re-vniõ, mais pour auoir le profit ou commodité du bon marché , & pour auoir moyé de choisir vn vassal. Pourquoy selõ raison elle

pourroit eſtre exercee par la doüairiere , à la charge de remettre ès mains du proprietaire apres l'vſufruict finy , en
rembourſant: Et ainſi dict Bourbonnois , art. 474. & 475.
tant à l'eſgard du fermier, que de la doüairiere. Ce qui s'entend , en cas que le proprietaire le vueille auoir pour re-
vnir:car s'il ayme mieux laiſſer la ſeigneurie vtile ès mains
de l'vſufruictier, pour la tenir de luy proprietaire, il y ſera
ouy.

Auſſi la doüairiere n'a droict de prendre les commiſes
d'heritages mouuans de la ſeigneurie directe. Niuernois,
art. 9. Ce qui s'entend à effect d'en faire bail nouueau &
prendre l'entrage, ou pour s'approprier les heritages commis. Mais peut durant ſon vſufruict , iouyr & prendre les
fruicts des heritages commis. Ainſi dict Bourbonnois,
art. 257. qui eſt fondé en raiſon generale.

Niuernois audict art. 9. dict que la doüairiere ne peut
faire baux excedans neuf ans. Selon le droict Romain, elle
ne peut bailler à loüage,ſinon pour le temps de ſon doüaire. *l. ſi quis doñ § . his ſubiungi.ff.locati*. Mais ſi c'eſt vn heritage accouſtumé d'eſtre baillé à ferme,& qui n a accouſtumé d'eſtre tenu par le proprietaire en ſes mains. Ie croy
que le bail à ferme faict par la douairiere, à trois ou à cinq
ans, ſans fraude doit tenir. Car l'vſufruictier eſt procureur
du proprietaire, conſtitué par la loy. *l.* 1. *in fine cum lege ſeq.*
ff. vſufruct. quemad . caueat : pourquoy le proprietaire doit
auoir agreable ce qu'il a faict , qui giſt en adminiſtration
ordinaire & accouſtumee. *l. vel vniuerſorum. ff. de pignor.*
act.

La douairiere ny autre vſufruictiere , ne peut abbattre
bois de haute fuſtaye, ſinon pour la reparation des heritages de ſon douaire. Ainſi dict Niuernois audict art. 9. &
ainſi Bourbonnois, art. 262 & Touraine, art. 334. qui adiouſtent vne limitation (qui peut eſtre ſuiuie part tout) que
ce ſoit en appellant le proprietaire. Ce qui ſe rapporte à ce
qui eſt dict *In l. arboribus. verſ. materiam. ff. de vſufr.* Mais en
ce que Niuerno is met vne autre exception pour *chauſer,*
faut entendre ſainement par les mots ſequens, comme vn
bon

bon pere de famille : à ſçauoir que la douairiere prendra bois mort & mort bois. Et s'il n'y a aucun de ceste qualité, elle aduiſera auec le proprietaire: & à ſon refus auec la Iuſtice, ſelon l'aduis de perſonnes cognoiſſantes, quel bois elle deura prendre pour eſtre moins dommageable, & ſe peut recueillir de ladicte loy *arboribus in principio*.

Selon la loy Romaine l'vſufruictier prend les fruicts en l'eſtat qu'il les trouue quand l'vſufruict commence, & le proprietaire auſſi les prend en l'eſtat qu'ils ſont lors que l'vſufruict prend fin : voire que s'ils eſtoient ſeparez du fonds autrement que par la main & au nom de l'vſufruictier lors qu'il decede, l'heritier de l'vſufruictier ne les auroit pas. *l. ſi vſufructuarius meſſem. ff. quib. mod. vſuff. amitt. l. qui ſcit. verſ. præterea. ff. de vſur.* Suiuant ce, Bourbonnois, art. 263. en ordonne & adiouſte ſans recompenſer d'vne part & d'autre les fraiz & labeurs. Ainſi en dict Vitry, art. 94. pour le ſecond chef, & Troyes, art. 86. Mais Laon, art. 40. & Rheims, art. 252. chargent le proprietaire de rembourſer les labeurs & ſemẽces. Ce qui me ſemble tres-raiſonnable : ſi ce n'eſtoit que la doüairiere commençant ſa iouyſſance, euſt trouuez les heritages preſts à deſpoüiller, auquel cas il y a apparence qu'elle doiue les delaiſſer en pareil eſtat. Mais ie croy que les Couſtumes ont trop eſtroittement comparé le douaire à l'vſufruict : car en l'vſufruict ne ſe conſidere aucune circonſtance, ains le ſimple faict de iouyſſance. Au douaire y a conſideration particuliere que ceſt vſufruict eſt attribué à la vefue pour ſes alimens & entretenement en repreſentant l'honneur & la dignité de la maiſon de ſon mary. Pourquoy ie croy qu'elle doit gaigner les fruicts *pro rata* du temps que ſon douaire à duré : comme ſe dict du mary qui gaigne les fruicts des biens dotaux de ſa femme *pro rata* du temps que le mariage a duré, parce qu'il gaigne les fruicts auec cauſe, entant qu'il ſupporte les charges de mariage. *l. fruct⁹ vel. l. diuortio. ff. ſoluto matri.* & ainſi ſe doit dire en general, quand le profit à ſon reſpect directement à la charge. *l. ſeio. reſponſ.* 1. *ff. de anim. leg.*

Niuernois tiltre des douaires, art. 6. met vne prouision en faueur de la femme pour auoir son douaire du viuant de son mary. Si son mary vient à pauureté euidente par mauuais mesnage.S'il est banny.S'il est absent par long espace de temps. S'il chet en autre euident inconuenient, par lequel les biens du mary soient en voye de perir. Laquelle prouision est fondee en tres-gráde equité pour estre pratiquee par tout:Car le douaire est vn secours à la femme, quád elle est destituee par le deceds de son mary, de l'aide qu'vne femme attéd de son mary. Et la mesme raison y est, quand luy viuant n'a aucun moyen de luy faire secours. Aussi nous voyons qu'en ce mesme cas la loy permet à la femme de demander restitution de sa dot.

Poictou, art. 260. met aussi vne autre belle & raisonnable prouision, pour vn cas auquel la vefue seroit en peril de n'auoir point de doüaire, si le fils ayant pere & mere viuás, & marié de leur gré,& vienne à deceder auant eux. La vefue du fils aura durant la vie des pere & mere, la moitié du douaire qu'elle eust eu, si son mary eust suruescu: Et apres la mort desdicts pere & mere, aura le douaire entier. Et si les pere & mere n'ont consenty, ladicte vefue n'aura rien sur leurs biens.Quant au premier chef, il est aucunement dur, d'oster aux pere & mere sur leur vieil aage, la iouyssance de partie de leur bien quand plus ils en ont affaire. Au second cas, semble qu'il y a grande apparence pour estre obserué par tout:Car l'esperance que le fils a de succeder à son pere,est consonante à nature, & a droict, & n'est pas au rang des esperances de successions que le droict ciuil reprouue. *l. nec ÿ s.ff. de adopt. l.cum ratio.ff. de bonis damnat.* & la femme du fils par le mariage faict auec la volonté du pere entre par subrogation en ceste esperance,qui est *ad instar* des conditions par contract,qui sont transmissibles. §. *ex conditionali.Inst.de verb.obliga.*Au tiers cas quád le mariage est sans le gré de pere, le fils &sa fẽme sont indignes de faueur. Bretagne approchant de ceste prouision dict, art. 442. si le fils marié meurt auant son pere, que la vefue du fils aura le tiers de la tierce partie de la terre du pere.Et soit noté qu'en Bretagne le douaire eſt du tiers & non de la moitié. Aux raiſons cy-deſſus, on peut adiouſter, pource que le contract de mariage eſt de bonne foy, qu'il faut ſuppléer ce que les côtrahans ont vray ſemblablement entendu, & qui eſt accouſtumé d'eſtre faict, combien qu'il n'ait eſté exprimé.*l. quod ſi nolit* §. *quia aſſidua.ff. de ædil. edicto.* La Couſtume eſt d'aſſeurer vn douaire à la femme.

Aucunes Couſtumes auec grâde raiſon n'attribuét point de douaire à la fême, quâd par le côtract de mariage le mary luy a fait fort grâd aduantage de ſes biens, qui peut emporter autât ou plus que ſon douaire. Côme Auxerre, art. 209.dict que s'il y a aſſociation entre les mariez, de toutes ſortes de biens meubles, conqueſts & propre: Et Poictou, art.266. 267. dict ſi le mary donne à ſa femme le tiers de ſon heritage, elle n'aura le don & le douaire: Mais s'il donnoit vn corps immeuble qui ne fuſt le tiers de ſon bien: elle aura ſon douaire ſur le reſte, iuſques à la concurrence du tier. Et ſoit noté qu'en Poictou le douaire n'eſt que du tier. Touraine, art.337.dict que la veſue ne peut auoir don & douaire, quelque côuenance qu'il y ait: mais doit opter. Ce qui ſe rapporte, à ce qui eſt dict par Niuernois, qu'on ne peut faire le douaire prefix plus grâd que le Couſtumier, & que les contrahans ne peuuent y deroger. Et ce ſeroit obliquemét y deroger, ſi outre le douaire le mary faiſoit donation à ſa femme, & ſeroit faire fraude à la loy, dôt eſt parlé cy deſſus, fol.213. La loy Romaine a tenuës pour ſuſpectes les pactions aduantageuſes que les femmes ſtipulent de leurs maris, auant que de les eſpouſer.*l. ſi ita ſtipulatus.* §. *ſi tibi nupſero.ff. de verb. oblig.* & afin que les mariages ne ſemblent eſtre ſubjects à venalité.*l.1.2.& 3.ff.de donat. inter vir. & vxor.*

La femme perd ſon douaire qui ſe forfaict par adultaire durant le mariage: où qui laiſſe ſon mary, & ne faict deuoir de le ſeruir ſi elle le peut faire, & le mary ne la refuſe. Mais ſi elle auoit adulteré, & ſon mary la retient auec luy, elle aura ſon douaire. Ainſi dict Bretagne, art. 433.435. Nul autre que le mary n'eſt receuable a accuſer la femme d'adul-

tere. *l.constante.ff. ad legem Iul.de adult.* Aussi quand le Mary
accuse & rend sa femme conuaincuë, elle perd non seulement son douaire, mais aussi sa dot, qui est adiugee au mary,& elle doit estre recluse,. & son mary luy doit donner
pension. Ainsi fut iugé contre vne marie de quatre liures,
par Arrest du 23. Decembre, 1522. recité par Rebuffy, és
commentaires sur les ordonnances, *tomo 1. fol.* 273. Et depuis fut iugé contre la femme de M. François Thomas sci-
gneur de la Roche. Autant en dict Touraine, art.336, pour
le premier chef, s'il y a eu plaincte du mary en Iustice. A
quoy se rapporte ce qui est dict *in cap. plerumque, extra de do-*
nat. inter vir. & vxor. Mais si le mary n'en a rien sceu,& partant n'a eu moyen de s'en plaindre. Ie croy que l'heritier
en pourroit faire object. Et ainsi dit Alexand. *de immola. con-*
*sil.*189.*vol.*6.& allegue Salicet, *In l. vult.ad leg. Iul. de adult.*
Autrement est si le mary l'a sceu,& ne s'en est plaint : par la
raison de la *l. constante. ff. ad leg. Iul. de adult.* Ainsi se doit entendre la *l. rei.§.* 1. *ff. soluto matri.* De faict si la vefue dedans
l'an du dueil, vit impudiquement l'heritier du defunct
mary , peut la faire priuer de tous les heritages nuptiaux
qui luy ont esté faicts *auth. eisdem .C. de secund. nupt. Et in au-*
th. de restitut. & ea qua parit. §. vlt. collat.7. Et ainsi est decidé
per Paul. Castr. Consil. 147. *vol.* 2. & parle outre de la perdition de la dot. Et *in l. sororem. C. de ys quib. vt indig.* 1. *S Steph.*
Bertrand cons. 222. *vol.* 3. Et quant au mary qui sçait l'a-
dultere de sa femme, & s'en plaint pour estre separé de
lict, est à noter que si le mary, luy mesme s'est abandonné
à autre femme, il n'est pas receuable d'accuser sa femme
d'adultere. *cap. significasti, extra de diuort.* A quoy faict la *l.*
viro. ff. soluto matri.

Laon, art. 42. & Rheims, art. 278: dient que si le mary
du consentement de sa femme, vend l'heritage subject au
doüaire d'elle : Elle doit estre recompensee sur les autres
biens du mary: sinon que le prix fust tourné au profit de la
communauté: pource que si elle n'estoit recompensee, ou
par le moyé de la cõmunauté du mary ou par l'heritier, elle
auroit faict donation & aduantage à son mary. Ce qui est

defendu. Rheims adioufte, que fi les heritages du mary ne
fuffifent, la fortune tombera fur la femme, à caufe de fon
confentement: car en ce faifant le mary, n'en eft de rien aduantagé.

QVELLES CHOSES SONT
meubles, conquefts, ou propres.

A cognoiffance de la nature des chofes eft necef-
faire pour les couftumes de France, & non pas
tant pour le droict Romain : car felon les Romains tout le patrimoine d'vne perfonne eftoit
reputé vne mefme vniuerfité compofee de plufieurs efpe-
ces, mais en la France couftumiere, d'vne mefme perfonne
font diuers patrimoines, & l'vn ne fe gouuerne pas comme
l'autre, foit en fucceffions, en communautez, en teftamens
en retraict lignager, & pour autres effects.

Noms & actions pour chofes mobiliaires, & arrerages
de redeuances, qui font efcheus, font reputez meubles.
Ainfi dient Niuernois, quelles chofes font meubles, art. 7.
Paris, art. 89. Bourbonnois, art. 281. Reims, art. 18. Orleans,
art. 207. dit que les arrerages de rentes foncieres, ou con-
ftituees, & loyers de maifon ne font meubles, finon apres le
terme efcheu. Poictou, art. 247. Auuergne, chap. 16. art. 10.
dit fimplement noms, debtes & actions font meubles. Berry quelles chofes font meubles, dit de mefmes, & adioufte
que noms & actions à immeubles, font reputez immeubles, & pour les deux, dit tant en côtracts qu'en teftament.
Ainfi felon nos couftumes eft appaifee cefte fafcheufe &
fophiftique queftion, fi les noms & debtes font meubles
en vne tierce efpece de biens, en laquelle queftion les Docteurs fe font exercez, comme iouxtans contre l'ombre.

Selon aucunes couftumes les fruicts de terre, qui font
encores pendans font reputez meubles en certaines faifons de l'annee. Niuernois quelles chofes font meubles,

ar.1. dit simplement que les bleds, depuis qu'ils sont nouëz,
c'est à dire en tuyau, sont reputez meubles. Vitry, art. 94. dit
que deslors que les bleds sont semez & couuerts, ils sont
meubles. Blois, 184. Berry de meubles, art. 23. Auxerre, art.
195. & Bourbonnois, art. 284. dient qu'entre mariez & cô-
muns personniers, les bleds, & autres fruicts industriaux
sont meubles, deslors qu'ils sont semez. Ce qui a grande
raison à cause de la destination & attente, pour la prouision de maison, que chacun a en faisant labourer & semer
terres: & pource que le profit qu'on en attend par nature, &
par l'industrie de l'homme, est ordonné à estre meuble.
C'est la raison de Paul Castrense. consil. 123. vol. 1. Quand
aux vignes. Niuernois art. 2. dit que les fruicts des vignes,
apres qu'elles sont labourees & fouïes, sont meubles, Bourbonnois, art. 284. dit apres la taille. Vitry, art. 94. apres la
feste sainct Iean, Blois, art. 184. apres qu'elles sont macrees
& taillees. Reims, art. 19. à la my-Septembre, Auxerre, art.
195. le 16. May, Berry, art. 23. dit meubles entre suruiuans &
heritiers du decedé. Les prez, quant à l'herbe sont meubles
apres la feste de Nostre Dame en Mars, selon Niuernois,
ar. 3. & Reims, ar. 19. à la my-May, & de mesme Vitry, ar. 94.
mais Berry des meubles, art. 24. ne fait les foins meubles, sinon apres la cueillette, de vray quant aux prez y a raison
autre que des terres & vignes quand l'herbe des prez est
purement naturelle sans industrie de l'homme. Mais Paris,
art. 92. Meleun. art. 282. Laon, art. 103. Sens, art. 275. & Orleans, art. 354. dient que les fruicts d'immeubles, tant qu'ils
sont sur pied, & pédans par la racine sont immeubles. Vray
est que Paris, art. 231. & Orleans, art. 208. dient que les
fruicts de l'heritage propre de l'vn des mariez, appartiennent à son heritier, à la charge de payer la moitié des labeurs & semences. Laon, art. 23. octroye au suruiuant des
deux mariez, ou heritier du premier decedé proprietaire,
le choix de laisser prendre à l'autre la moitié des fruicts, ou
de prendre le tout en recompensant moitié des frais. Mais
Troyes art. 88. dit que tous fruicts industriaux pendás lors
du deceds de l'vn des mariez se partent par moitié entre

le furuiuant & les heritiers du decedé à la charge de fournir par moitié les frais qui font à faire. Ce qui fembleroit
eftre bien raifonnable, pour eftre obferué par tout, mefme
és prouinces, où n'y a couftume' expreffe au contraire , &
non feulement entre mariez: mais auffi contre tous autres
communs perfonniers, tant à caufe de la deftination, comme auffi parce que la prouifion de la maifon a fon fondement fur cefte attente. Reims, art. 19. dit que tous fruicts
pendans par les racines, horfmis foins, & raifins font meubles, apres la natiuité fainct Iean. Prefque toutes les couftumes parlans des fruicts , dient que les fruicts naturels
comme font ceux des arbres, ne font meubles, finon apres
la cueillette. Bourbonnois, art. 284. Berry des meubles, art.
24. Niuernois , article 4. Mais Niuernois , au tiltte de
partage', article 2.'3. dit que fi aucuns qui foient communs en biens, fe departent apres les labourages faicts ou
ja commencez, les fruicts de la prochaine cuillette fe departent entr'eux, comme meubles, à la charge de parache-
uer ce qui refte à faire à frais communs. Ces fictions introduictes par les couftumes, font fondees en grande raifon,
pour auoir lieu quand la culture ou labourage a efté fait
aux defpens de ceux qui font en communauté de biens.
Car il eft certain qu'é fruicts induftriaux, mefme des bleds,
l'eftimation de l'impenfe, qui fe fait pour les faire venir,
monte plus que ne monte l'eftimation de la feule production de la terre. En comprenãt en ladite impenfe les iournees des hommes , l'achapt & nourriture de cheuaux ou
bœufs, les femences, le farclement & autres façons : tout
cela eft mobilier : & puis que pour faire venir les bleds. Il y
va plus de meuble que d'immeuble. C'eft raifõ de iuger les
fruicts meubles à caufe de la preualence , & felon les reigles brocardiques de droict , qu'en toutes chofes compo-
fees de meflange , il en faut iuger felon l'efpece , qui eft
de plus grand prix & valeur. *l. in rem. §. in omnibus. ff. de rei
vend. l. queritur. ff. de ftatu. homi.* Auffi l'attente que chacun
des communs perfonniers, a de recueillir la prouifion pour
fa nourriture , ne luy doit eftre fruftratoire , & il n'en eft

suffisamment recompensé quand on luy rembourse ses
frais & impenses.

Quant aux fruicts ne sont parceus tous les ans, comme
la couppe d'vn bois taillis, la pesche d'vn estang, & autres
tels, aucunes coustumes les ont estimez meubles en la saison propre & accoustumee à cueillir les fruicts. Comme
Laon, art. 105. & Reims, art. 19. ont dit quand le temps de
la couppe ordinaire du taillis est venu, que la taille est meuble, ores que le bois ne soit couppé. Comme Niuernois des
meubles, art. 5. Bourbonnois, art. 285. font le poisson d'e-
stang estre meuble apres les deux ans de l'empoissonne-
ment. Vitry, art. 36. & 114. Laon, art. 104. & Reims, art. 19.
font le poisson meuble apres les trois ans : la diuersité des
deux & trois ans, vient de la coustume de pescher les estãgs,
comme Vitry le declare, art. 114. dont la raison est que
l'attente qu'on faict de pescher, est pour la commodité du
proprietaire, & non pour faire profiter le poisson d'auantage, & partant le poisson est comme en reseruoir. Aussi Laon
article 106. dit que le suruiuant des deux mariez participera auec les heritiers du decedé, és profits de la pesche des
estangs, fossez & viuiers, & de la couppe des bois taillis,
pour raison & portion du temps, combien que les profits
soient perceus apres le mariage dissolu. Ce qui a grande
raison, à cause de la destination & attente. Mais Paris, art.
91. Orleans, art. 355. Meleun, art. 281. dient que le poisson
est reputé immeuble tant de temps, qu'il est en l'estang ou
fossé, & qu'il est meuble, quand il est mis en boutique ou
reseruoir. Blois, art. 185. dit que si l'estang estoit en pesche
lors du deceds de l'vn des mariez, que la pesche se partira
par moitié.

Artillerie, & autres engins seruãs & destinez à la tuitiõ &
defense d'vn chastel & place forte, ne sont pas meubles, &
appartiennent au proprietaire du chastel. Ainsi dient Niuernois, des meubles, ar. 10. Bourbonnois ar. 286. Berry des
meubles, ar. 4. & dit qu'ils sont reputez immeubles. Ainsi
dient Laon, art. 102. & Touraine, art. 227. qui parle des grosses pieces. Dont resulte qu'à cause de la destination telles

pieces

pieces sont immeubles:car selõ leur naturel, elles sõt meubles, combien qu'elles soient difficiles à mouuoir:car pour estre censee la chose faire portion de l'immeuble, non seulement est à considerer si elle est attachee par fer , cloud, cheuille , ou matiere, mais aussi si elle est mise pour perpetuelle demeure.*l.fundi.§.labeo.ff.de actionib.empt.*

L'edifice assis sur seulle , qui n'a fondement en terre, soit maison ou pressoir sont reputez meubles, comme aussi sont les cuues d'vn pressoir. Ainsi dit Niuernois des meubles, ar. 12.La plufpart des coustumes dient autrement. Paris art. 90.Poictou, ar. 250.Berry des meubles.ar.6.Orleans, art. 353.Bourbonnois, art. 288. Touraine, art. 223.224. Meleun,ar.279.Laon, ar. 102. & Rheims,ar.123.dient que les pressoirs , & autres choses qui sont mises en vn lieu pour perpetuelle demeure, & ne peuuent estre ostees sans fraction,ou deterioration,ou sans desassembler, sont reputez immeubles, Laon & Reims dient pressoirs à vis:mais aucunes desdites coustumes reputent les cuues seruans aupres du pressoir estre meubles,comme Niuernois audit art. 12. Bourbonnois, art.288.& Laon,art. 101.mesmement quãd elles peuuent estre deplacees sans grande deterioration. Les autres les reputent immeubles,cõme Poictou.art.250. Berry,art. 6.Touraine,art.224.Meleun.art.279. Surquoy me semble que l'estat qui se veoid à l'œil,n'est pas tant à cõsiderer,comme la destination & l'vsage du pere de famille. Car si en vn endroit de maison , expressément à ce destiné sont posez le pressoir & les cuues,& ledit endroit est appellé pressoir, vinee, ou d'autre nom semblable. Il faut croire que tout cela y est mis pour demeure perpetuelle. Qui est le vray & le plus certain argument , pource que cela fait portion de la maison , & par consequent est immeuble. Ainsi est dit *in l.fundi.§.labeo.ff.de action.empt.*Ainsi se dit par argument plus fort des serfs destinez à vn domaine des champs.*in l.longe.ff.de diuers. & tempor.pro'cript. & in l.iubemus nulli.Cod.de sacrof. Eccl.*Pourquoy i'estime que l'article de Niuernois, parlant des edifices sur seulle des pressoirs, & des cuues est trop vague.Et quant aux edifices qu'il faut

entendre de quelque leger baftiment, qui aifément fe peut
mouuoir de la qualité dont eft parlé *in l. titius. ff. de acq. rer.*
domi. & in l. grauaria. ff. de act. empt. Ou comme des pref-
foirs tels qu'on en veoid à Paris, que l'on tranfporte és
places pour preffurer des verjus. Et non pour ce qui eft
bafty en vn lieu en intention d'y demeurer touf-jours.

Toutes chofes de maifon tenans à icelle auec clou, cheuille, ou par matiere, ne font pas reputees meubles. Ainfi
dit Paris, article 90. & adioufte ce qui eft feelié en plaftre,
& qui eft mis pour perpetuelle demeure. Et qui ne peut
eftre tranfporté fans fraction ou deterioriation. Ainfi Orleans, art. 356. Laon, art. 100. Reims, art. 20. Bourbonnois,
article deux cents fept. Meleun, art. 288. remarque feulement fi pour perpetuelle demeure. Berry des meubles,
Et Touraine, art. 225. 226. exceptent fi le locataire ou vfu-
fruictier auoit fait appofer quelque ouurage, qu'ils le pourroient ofter fans deteriorer l'edifice. Sinon que le proprietaire vouſiſt recompenfer, à quoy faut ce qui eft dit *in l. fed*
addes. §. fi inquilinus. 1 ff. locati.

Moulins a cauë qui fôt pofez fur paux fichez, ou qui ont fô-
dement en terre font immeubles. Mais quant aux moulins à vent, les couftumes font diuerfes. Paris, article 90.
Orleans, article 352. Berry des meubles, article 3. Laon,
article 102. Reims, article 23. dient que moulins a vent
font immeubles. Mais Niuernois des meubles, article
8. Bourbonnois, article 282. dient s'ils font pofez fur feul-
le, qu'ils font meubles: mais me femble qu'il en faut dire, comme cy-deffus a efté dit des edifices affis fur feul-
le. Quant aux moulins à eau qui font pofez fur bafteaux
aucunes couftumes les font meubles, comme Niuernois
audit art. 8. Orleans, article 352. Bourbonnois, article 282.
Touraine, article 221. Touraine y met vne exception, qui
pour fa raifon femble debuoir eftre generale, finon qu'il y
euft attache ou affiche perpetuelle, ou qu'ils fuffent bannaux, efquels cas ils font immeubles. Berry des meubles.
art. 3. dit fimplement que moulins fur bafteaux font immeubles, & que moulins à bras font meubles.

Rentes constituees à prix d'argent sont immeubles, iusques à ce qu'elles soient racheptees,& apres le rachapt les deniers qui en procedent sont meubles. Ainsi Paris, article 94, Sens, article 123. Auxerre art. 120. Orleans, art. 191. & 351. Touraine, art. 228. Meleun, art. 264. Berry des mariages, art. 25. Laon, article 107. La distinction me sembloit auoir beaucoup de raison que lesdites rentes de la part du creancier fussent reputez immeubles : car il n'a autre droict que de demander sa rente, & ne peut la conuertir en deniers. Mais de la part du debteur soient les rentes reputees meubles, car il s'en libere,& les esteint quand il veut moyennant deniers.

Mais autres coustumes simplement les reputét meubles, tant que le temps du rachapt dure (c'est donc à tousiours : car elles sont racheptables à tousiours, comme sera dit cy-apres) Ainsi dient Troyes, article 66. Reims, article 18. ores qu'elles soient nanties, Blois, art. 157. Bourgongne, art. 48. Senlis, ar. 201. 273. les repute meubles, tant qu'elles ne sont infeodees ny ensaisinees. Monfort. art. 53. & Mante, art. 51. dient qu'elles sont immeubles quand elles sont specialement assignees sur heritages. Reims, art. 18.& Touraine, art. 229. mettent les huictiesmes & autres aides acheptez du Roy, en mesme rang, que les rentes constituees, pource que en effet ce sont rentes constituees à prix d'argent : car combié que dés le cómencemét on eust vendu les huictiesmes, selon l'annee cómune des dix dernieres, & que le surcroist de la valeur vinst aux achepteurs. Toutesfois depuis on a restraint les achepteurs au petit pied à prendre le profit de leurs deniers à raison du douziesme,& que le surplus reuiendroit au Roy : mais on n'a pas pourueu de recópense quand les huictiesmes sont venus en dechet, pour rapporter moins du denier douziesme. Ainsi le conseil des finances a traittez les subiects de ceste coronne. Et combien que Reims les face meubles, toutesfois dit qu'elles ne peuuent estre alienees par vn tuteur sans decret. Suiuant ce Paris, ar. 94. Orleans, art. 351. dient que les deniers procedez de rachaps des rentes appartenans à mineurs durant leur minorité

rité où le remploy d'iceux sont censez de mesme nature & qualité d'immeubles qu'estoient les rentes pour le faict de succession. Ces rêtes constituees a prix d'argent, ores qu'elles soient immeubles sont racheptables à tousiours, *etiam* apres cent ans. Ainsi Paris, art. 119. Orleans, article 268. Sens, art. 123. Troyes, art. 67. Vitry, art. 131. qui excepte, si elles n'estoient amorties, à l'esgard de l'Eglise ou infeodees quant aux nobles. Bourbonnois, article 418. & adiouste à quelque pris qu'elle soit constituee : mais Berry, article 33. restraint ce rachapt perpetuel quāt aux rentes constituees depuis trente ans. Et Troyes, article 67. dit qu'on ne peut deroger par paction à ceste faculté de rachapt perpetuel. Ce qui est general en la France, & est pris de *l'extrauag. regimini, de empt & vend,* Ce qui se doit entendre quant aux rêtes constituees à la raison du denier douziesme ou quinziesme, ou à autre proportion au dessous du denier vingt. Car si la rente estoit acheptee à raison du denier vingt, & assignee specialement sur heritage, auec paction, qu'elle ne fust racheptable, ou fust racheptable dans certain temps seulement. Ie croy que la paction seroit valable, comme en rente fonciere, de tant que le prix commun & ordinaire de la valeur des heritages est à raison de vingt annees du reuenu annuel d'iceux, & telle est l'opinion cōmune auiourd'huy, & telle estoit du tēps des Romains cōme se peut recueillir auec vn calcul subtil *in l. Papinianus.* §. *vnde. ff. de inoff. test.* & plus clairement *in authent. de non alien.* §. *quia vero leonis.* Et ce qu'on dit que telles rentes sont immeubles, est plus fondé en auctorité de ceux qui ont tenu ceste opinion, y ayans interest pour leurs affaires domestiques, qu'en raison fonciere. Car ce qu'on allegue de la *l. iubemus nulli. C. de sacros. Eccles.* & autres textes, peut aussi bien estre entendu des rentes foncieres que ces rentes constituees qu'on appelle volantes, & le sieur du Molin a plus incliné à ceste opinion qu'elles soient meubles : aussi on les appelle volantes. Et si tant est qu'il les faille iuger immeubles, il se doit dire que c'est de la part de celuy à qui elles sont deuës, pource qu'à son esgard elles sont perpetuelles: & non à l'esgard de celuy qui les doit, pource qu'il s'en peut desuelopper quand il veut, comme a esté dict cy-dessus.

Mais rentes crees par bail d'heritage, par partage en supplément, ou par licitation d'heritage sont censees foncieres : ores qu'il y ait faculté de rachapt. Ainsi dict Orleans, art. 349. & croy que la loy doit estre tenuë pour generale, pource que la source & origine procede de translation d'heritage.

L'vsance est presque generale en ce Royaume, que si aucun eschange son heritage propre à autre heritage, l'heritage pris par luy en contre-eschange, deuient & sortist mesme nature d'heritage propre, comme estoit celuy qu'il a baillé, tant en succession qu'en retraict. Ainsi dict Paris, art. 143. Sens, art. 38. Auxerre, art. 159. Senlis, art. 231. Bourbonois, art. 462. Vitry, art. 115. qui dict, s'il y a soulte en deniers qu'il sera conquest iusques à concurrence de la soulte. Rheims, art. 36. comme Vitry, & adiouste que l'heritier de celuy à qui ce n'est pas heritage n'aissant ou propre, prendra en deniers la moitié de la soulte. Laon, art. 115. dict comme Paris: mais s'il y a soulte, & que l'eschange soit faict par mariez, il ne laissera d'estre heritage propre: mais l'autre sera recompensé de la moitié des deniers de la soulte. Berry de retraict, art 14. côme Paris. Orleans, art. 385. comme Paris, & côme Laon en cas de soulte. Meleun, art. 141. La subrogation se faict par le ministere de la Coustume a effect de distinguer les natures des immeubles, qui sont ou propres ou conquests. Conquests ne peuuent estre s'ils ne sont acquis moyennât deniers, ou autre chose equipollent à deniers, comme meubles ou seruices. L'immeuble qui n'est tel, doit estre reputé propre: & partant l'heritage acquis par eschange d'heritage propre est reputé propre, pource qu'il n'a la nature de conquest. Ceste subrogation est à effect de la qualité de propre ou conquest: & non à effect de changer les hypotheques & autres droicts reels: car tels droicts sont tousiours adherans à l'heritage qui vne fois y a esté affecté.

A la suitte de ceste decisiõ doit estre dict, que si par partage d'vne succession entre heritiers de diuerses lignes, eschet à l'vn des heritiers, vn heritage qui ne soit de sa ligne: neantmoins il luy sera propre comme s'il estoit venu de sa ligne, tant en retraict que succession. Ainsi dient Sens, art. 44. Auxerre, art. 166. & Troyes, art. 154. Ce qui doit estre tenu pour general. De vray y a mesme raison en ce cas qu'en eschange. Papinian dict que le partage est vne permutation de choses & droicts pour separer la communiõ. *In l. cum pater.§. hereditatem. 2. ff. de lega 2.* dont appert que partage & eschange sont à party pareil.

Immeubles sont reputez heritages propres, pour estre affectez à la ligne quãd ils aduiennẽt par successiõ de parent. Iaçoit que le defunct l'ait acquis. Et ce quant a succession, & suit la ligne de l'acquereur. Ainsi dict Niuernois des meubles. art. 13. Paris, art. 230. Orleans, art. 303. Bourbonnois, art. 275, Meleun, art. 264. 265. Rheims, art. 24. qui exprime, soit par succession directe, soit par collaterale. Quant à retraict lignager les Coustumes sont diuerses, comme sera dict cy-apres, tiltre de retraict.

Immeubles sont reputez acquests, qui aduiennent à aucun par acquisition particuliere à tiltre onereux ou lucratif. Sinon que ce soit par donation faicte à celuy qui eust peu succeder à la chose donnee, lors de la donation, si le cas de succession fust aduenu. Ainsi dict Niuernois des meubles, art. 14. Presque toutes les Coustumes s'accordẽt que la donation qui est faicte à l'heritier presomptif, ou par ascendant au descendant, ou par parent en faueur de mariage, est reputé propre heritage au donataire & non acquest. Ainsi dict Paris, art. 246. Sens, art. 41. Orleans, art. 211. Meleun, art. 233. Es Capitulaires de Charlemagne, *lib.* 4. *art.* 9. la femme a part, non seulement és acquisitions à tiltre onereux: mais aussi à ce qui a esté donné au mary par ses amis. Vitry, art. 116. Laon, art. 112. Rheims, art. 25. & 26. Blois, art. 172. Cessans lesquelles circonstances, les donations sont reputees acquests: soit qu'elles soiẽt faictes simplement: soit qu'elles soient faictes en remune-

ration de feruices. Paris, art. 246. Poictou, 233. Orleans,
art. 211. Meleun, art. 233. Senlis, art. 232. Rheims, art. 33.
& Vitry, art. 116. parlent de donations faictes à perfonnes
eftranges, & Rheims appelle perfonne eftrange qui n'eft
habile à fucceder. Laon, art. 112. Rheims, art. 25. 26. &
38. Mais Niuernois audict tiltre de meubles, art. 9. dict que
l'heritage legué ou donné par contemplation du donataire, eft heritage propre pour luy & les comuns ny ont aucune part. Qui me femble eftre la vraye diftinction pour accorder lefdictes Couftumes, qui font diuerfes. Car fi le don
eft fait à celuy qui eft prochain habile à fucceder, il eft cenfé faict en auancement d'hoirie.   Et ainfi dict Bourbonnois, art. 274. S il eft faict à l'vn des mariez en faueur de
mariage: il eft cenfé faict en faueur du donataire, & de la
lignee qui viendra de ce mariage: mefme s'il eft faict par
vn parent. Et ainfi dict Blois, art. 172.   De mefme s'il eft
faict par vn parent, fans autre refpect que de l'amitié qu'il
porte au parét à caufe du parétage. Ie diray felon ceft Article de Niuernois, que c'eft en contemplation du donataire, & que les communs perfonniers du donataire n'y ont
rien.   Que fi le don eft faict pour recompenfe de feruices
faicts, ou attente de feruices à faire. Ie diray que c'eft ac-
queft: car ces feruices font eftimables en deniers. Selon ces
circonftances me femble qu'il fe doit iuger, fi le don eft
propre ou conqueft: Et qu'il ne faut pas dire fimplement
& indiftinctement, que donations faictes par autres que
afcendans foient conquefts: comme aucunes Couftumes
dient. Ainfi il en faut iuger par les circonftances, & par
qu'elle contemplation la donation eft faicte. Et à ce faict,
ce qui eft dit. *In l. quæftus, in l. nec adiecit. cum fequentibus. ff.*
pro focio. Et in dubio, on doit penfer que ce qui eft donné par
vn parent, eft par contemplation du parentage. *l. fed fi plu-*
res. §. in arrogato in fine. ff. de vulgari.

Paris, ar. 95. & Orleans, art. 485. dient qu'vn office venal
eft reputé immeuble, & a fuite par hypotheque, tant qu'il
eft és mains du debteur: & peut eftre adiugé par decret.
Mais les deniers prouenans de la vente, font fubjects à

contribution comme meubles : De vray le droict des offices est pur mobilier, pource que les concessions d'offices de leur nature sont precaires , combien qu'on tienne que les offices Royaux ne sont receuables à volonté du Roy : si est-ce que la clause des prouisions est ordinaire, tant qu'il nous plaira. Et tels offices n'admettent hypotheque de suite non plus que les meubles. Ainsi fut iugé par vn notable Arrest, moy present , au faict du Greffe de la Reaulle, sur les plaidoyeries des Ieudys troisiesme & dixiesme Decembre, l'an 1551. plaidant le Maistre Aduocat, & son pere, President à l'audience.

Rheims, art. 21. 22. & 258. dict que le meuble, ou ce qui est censé meuble : se reigle par la Coustume du domicile de celuy par le deceds duquel ils sont delaissez. Iaçoit qu'ailleurs ils soiet reputez immeubles : & que les immeubles se reiglent par la Coustume des lieux où ils sont assis : & non selon la Coustume du domicile de ceux qui disposent. Cecy peut estre tiré des decisiōs des Docteurs Vltramōtains, qui tiennent que tous statuts sont locaux, se fondans sur ce que le droict Romain est leur vray droict commun, & que les status qui sont contre, ou outre ledict droict , doiuent pour ceste cause estre pris à l'estroit, & n'auoir effect, qu'à l'esgard des biens qui sont assis au mesme territoire : & aucuns de nos Docteurs François ont comparé nos Coustumes à statuts. Ce qui est mal à propos selon mon aduis : car le droict Romain, n'est pas loy à nous, & ne nous sert que de raison , & nostre vray droict ciuil, & nos loix sont nos Coustumes. Qui faict que les Coustumes lient les volontez des personnes qui sont domiciliees au territoire desdictes Coustumes : & qu'és affaires qui dependent des seules volontez & dispositions des personnes : Il faut suiure les Coustumes des lieux où les personnes sont domiciliees : & non la Coustume des lieux où les biens sont assis. Et quant aux meubles qui sont destinez à vsage ou ornement perpetuel d'vn lieu : il les faut iuger faire portion dudict lieu, & les reigler par la Coustume d'iceluy lieu, à cause de la destination, suiuant la *l. longe ff. de diuers. & tempor. prescript.*

prescript. & l. fundi. §. labeo. ff. de act. empt. l. quesitum. §. si quis
§. Idem respondit. ff. de fundo instr.

DES DONATIONS.

TOVTES les Coustumes de France dient pour reigle, que donner & retenir ne vaut. Ce qui procede, comme il est vray semblable, du naturel des vrays François, qui est de faire franchemunt & à cœur ouuert, sans retenir à couuert. Mais la pluspart desdictes Coustumes ont estenduë la validité des donations: non seulement s'il y a tradition reelle, qui doit estre durant la vie du donateur, comme dict Berry des donations. art. 1. ains aussi quand il y a ficte tradition par retention d'vsufruict precaire ou constitut, qui sont remedes introduicts par le droict Romain, pour valoir comme vraye tradition. *l. quisquis. C. de donat. l. quædam mulier. ff. de rei vend.* & selon la doctrine de *Ioan. Fab. In §. venditæ instit. de rerum diuis.* Ainsi dient Paris. art. 273. & 275: Niuernois des donatiõs. ar. 1. Sens, art. 108. 115. Auxerre, art. 217. Berry des donat. art. 1. 2. 3. Orleans, art. 283. 284. Auuergne, chap. 14. art. 21. Bourbonnois, art. 214. Meleun, art. 167. 231. Troyes, art. 137. Blois, art. 169. Vitry, art. 111. & adjouste bail à accense valoir tradition. Rheims, art. 229. Vray est que les Docteurs tiennent communément quand le negoce est subject à suspition de fraude, que la tradition ou translation doit estre reelle, & la ficte tradition n'est suffisante. *Per eosdem textus in l. vnica. C. de suffragio & in l. per diuersas. C. mandati.* Aucunes desdictes Coustumes interpretent, donner & retenir, quand le donateur se reserue faculté de pouuoir disposer de la chose donnee, soit par conuention expresse ou par moyen oblique, cõme s'il donne à charge de payer les debtes que le donateur deura lors de son deceds, ou de accomplir le testament du donateur sans limitation. Ainsi dict Niuernois pour les trois cas, art. 2. 3. Meleun, art. 230.

Hh

pour le premier chef. Rheims, art. 229. Auuergne, chap. 14.
art. 19. 20. Mais en ce que Niuernois, art. 3. met entre les
cas de donner & retenir, payer les fraiz funeraux du donateur. Auuergne audict art. 20. y contredict, & dict par expres, que la charge de payer les laigs & funerailles, n'infir-
me la donation. Et dict bien quant aux funerailles: car tels
fraiz sont subjects à reiglement & moderation selon l'estat
& dignité du defunct: qui est tout autant que s'il y auoit
somme limitee. *l. si quis sepulchrum. §. sumptus. ff. de relig.* Et
quant aux lais la raison est particuliere en Auuergne, pour
ce que nul ne peut disposer par testament que du quart de
ses biens. Aucunes Coustumes mettent autres limitatiõs.
Comme Vitry, art. 111. dict qu'en fief le donataire pour
estre saisi, doit faire la foy, & instituer officiers. Laon, 54.
& 55. Rheims, art. 231. Senlis, art. 211. ne se contentent d'vne
ne ficte tradition par le consentemét des côtrahans : mais
desirét Vest & Deuest & ensaisinement, qui sont certaines
formalitez requises par lesdictes Coustumes, pour acquerir la proprieté. Orleans, art. 278. dict que saisine & dessai-
sine en presence de tesmoins vaut tradition, sans apprehension de faict.

Auuergne, cha. 14. art. 25. dict, que dõner & retenir vaut
en mariage & en association vniuerselle. Autant en dict
Bourbonnois, art. 212. quant à faueur de mariage. Du Molin en l'annotation sur le 160. article de l'ancienne Coustume de Paris, dict cela estre general, pource que la prohibition de donner & retenir, n'est que pour euiter les fraudes.
Rebuffe sur les ordonnances, *vol. 1. fol. 256.* dict auoir esté
iugé que donner & retenir en contract de mariage vaut,
par Arrest du 24. Mars, 1521. entre de Fouquesques & de
Sorze. I'y disois vne autre raison selon nostre Coustume,
pource que la donation en faueur de mariage saisit, pourquoy n'est besoin de tradition.

Touraine, article 240. dict que l'heritier du donateur
est tenu de faire tradition au donataire, si le donateur ne l'a
faicte de son viuant, ou s'il n'y a retention d'vsufruict, ou
autre clause de ficte tradition.

Par donation entre vifs, chacune personne habile à aliener, peut disposer de tous ses biens. La disposition testamentaire, ou pour cause de mort est limitee, comme sera dict au chapitre des Testamens. Ainsi dient Niuernois des donat. art. 4. & quant au premier chef, Paris, art. 272. Sens, art. 109. Auxerre, art. 218. Orleans, art. 275. Auuergne, ch. 14. art. 42. Meleun, art. 232. Vitry, art.   Laon, art. 51. qui met la limitation pour celuy qui n'a enfans. Laquelle limitation est generale, & doit seruir à toutes les autres Coustumes. Car nonobstant la donatiõ vniuerselle *etiam*, entre vifs, les enfans peuuent demander leur legitime sur les biens donnez. Berry, art. 9. 10. dict que celuy qui a enfans ne peut donner à estranger outre la moitié de sesbiés. Poictou, art. 203. ne permet donner entre vifs que le tiers des immeubles escheuz par succession. Et s'il n'a que meubles & conquests, ne peut donner que le tiers : si ce n'estoit que ce fust pour sa nourriture : auquel cas on peut tout donner, sinon qu'il fust malade de maladie, dont il decedaft dedans quarante iours. Mais Laon, art. 51. Rheims, art. 232. & Blois, art. 167. ne permettent donner entre vifs que meubles & conquests, & moitié du naissant ou heritage propre. Bretagne, art. 220. ne permet donner plus du tiers de l'heritage propre, si ce n'est à ses hoirs. Touraine, art. 233. permet à roturiers qui n'ont enfans, dõner à estrãgers qui ne sont heritiers presomptifs, tous acquests & tiers du patrimoine par vsufruict, & tous meubles à perpetuité: S'ils ont enfans moitié des meubles à perpetuité, moitié d'acquests à vie.

Donation pour cause de mort, & laigs testamentaire sont de mesme nature & effect, tant par les Coustumes, que par le droict Romain. *l. vlt. C. de donat. causa mort.* Par la pluspart des Coustumes, la donation est censee & reputee à cause de mort, ores qu'elle ne soit nommee telle, quand elle est faicte par malade de maladie dont il meurt, ou par personne estant en danger & peril de mort: Ou quand pour doubte de mort elle est faicte, en remettant l'execution & effect apres la mort. Ainsi dient Niuernois

des donations, art. 5. Paris, art. 277. & adjouste nonobstant que par mots expres, elle soit conceuë entre vifs,
quand elle est faicte par malade, de maladie dont il meurt.
Orleans, art. 297. comme Paris. Auuergne, chap. 14. art.
13.14. Celle de Paris vse de ces mots, *gisant au lict malade.*
Blois, art. 171. Sens, art. 106. & Auxerre, art. 218. dient
comme Paris, auec la limitation si le donateur decede dedans quarante iours. Auxerre adjouste, si elle est conceuë
entre vifs, elle peut estre reuoquee dedans quarante iours
non apres. Auoit esté iugé par Arrest en la succession de
Maistre Iean Thioust, que la donation entre vifs faicte par
malade, n'a effect que de donation pour cause de mort, &
sur l execution dudit Arrest, y eut autre Arrest à la prono-
ciation solemnelle de Pétecoste, le Védredy 4. Iuin, 1568.
Mais Berry des testamens, art. 18. dict que donation entre
vifs faicte par malade qui en meurt, est vraye donation entre vifs. Ceste Coustume a esté dressee par le Sieur President Lizet, tres-grand obseruateur du droict Romain, &
qui de tout son pouuoir à voulu rendre le droict François,
subiect au droict Romain. Selon le droict Romain, la donation entre vifs, faicte par vn qui se meurt, vaut entre vifs.
l. seia. §. vlt. ff. de causa mort. donat. La difference d'entre le
droict Romain & le nostre, à cest esgard est, que les heritages propres d'aucun sont affectez à la ligne: & n'en peut le
proprietaire disposer en plaine liberté. Mais le droict Romain mettoit toutes sortes de biens à party pareil. Ces donations pour cause de mort sont reuocables, nonobstant
qu'il y ait clause d'irreuocabilité. Et ne saisissent, ains faut
prédre par les mains de l'heritier comme vn laigs. Niuernois audict art. 5. & 6. Poictou, art. 274. disant qu'en telles
donatiös la tradition ricte ne sert de rien. Auuergne, chap.
14. art. 35. 36.

Si les peres & meres peuuent faire aduantage à l'vn de
leurs enfans plus qu'à l'autre, les Coustumes sont fort diuerses. La pluspart dient, qu'on ne peut aduantager les enfans venans à succession, c'est à dire, qu'on ne peut leur

donner par precipu, mais doiuent se tenir au don sans estre
heritiers, ou estans heritiers rapporter le don. Les autres
coustumes en plus petit nombre permettent les aduantages. On dit que les coustumes qui defendent les aduantages, sont pour euiter les mescontentemens & les enuies entre les enfans dōt biē souuēt aduiennēt les discordes. Mais
aussi c'est vne grande seruitude & misere aux peres & meres
de n'auoir pas la liberté de leurs biens, & n'auoir moyen de
recompenser les seruices & officiositez de leurs enfans, &
de tenir en subiection & crainte ceux qui ne sont pas obse-
quieux. Auoir la liberté de disposer de ses biens enuers vn
estranger, & ne l'auoir pas enuers ses enfans, qui doiuent
toute subiection & obeissance. Se recognoistre estre subiect en l'endroit où l'on doit commander. Et tant bons &
obeissans soient les enfans, c'est grand ennuy à vn bon &
honneste cœur de sentir sa seruitude & priuation de liberté. Les coustumes qui defendent les donations aux enfans,
sinon en faueur de mariage ou pour cause raisonnable sont
Bourbonnois, art. 217. Sens, art. 110. Orleans, art. 272. qui
dit en faueur de mariage ou emancipation, Bretagne, art.
230. entre roturiers, si ce n'est auec cause raisonnable. Les
autres coustumes permettent bien les donations à faire par
les pere & mere à leurs enfans, mais si lesdits enfans veulent venir à succession & heredité, ils doiuent rapporter,
parce que la donation ne peut estre faicte par precipu &
sans rapport, vray est que les enfans donataires peuuent
s'arrester à leur don, sans venir à succession. Ainsi dient
Paris, art. 303. 304. 307. Auxerre, art. 244. Poictou, art. 218.
Sens, art. 270. Laon art. 52. 88. Blois, art. 167. Orleans, art.
273. Touraine, art. 314. Meleun, art. 274. Senlis, art. 171.
Troyes, art. 142. Vitry, art. 73. qui adiouste ceste limitation,
pourueu que le don faict en mariage n'excede la portion
contingente que l'enfant eust deu auoir en la successiō des
pere ou mere. Aucunes coustumes permettent aux peres
& meres de donner à leurs enfans en precipu, & sans qu'ils
soient tenus de rapporter les choses donnees. Comme
Bourbonnois, art. 308. quānd la donation est faicte en fa-

ueur de mariage, Reims, art. 288.& adiouste que l'enfant
prenant le precipu ne paye des debtes que pour sa portion
hereditaire. Ce qui est conforme au droict Romain. *l.* 1. *C. si
certum petatur.* Niuernois, art. 10. 11. & art. 7. permet aux peres & meres, d'aduantager aucuns leurs enfans, sauue la legitime des autres. Par tout faut excepter le droict de legitime aux autres enfans: car en quelque sorte, ou faueur que
les peres & meres donnent à leurs enfans, la legitime doit
estre reseruee aux autres enfans. Communément on a suiuy le droict Romain és nouuelles & authentiques, pour la
proportion de la legitime. Selon les Digestes & le Code, la
legitime estoit du quart de la portion entiere que l'enfant
eust eus s'il n'y au   point de donation. Iustinian és nouuelles a faicte la legitime le tiers de la portion contingente, quand ils sont quatre enfans ou moins. Et s'ils sont plus
la moitié. Paris, art. 198. en rejettant auec grande raison.
ceste distribution de Iustinian, comme mal proportionnee.
A dit indistinctement que la legitime est la moitié de la
portion contingente. A quoy se rapporte aucunement
Berry des testaments, ar. 5. disant que celuy qui a enfans ne
peut donner à l'estranger plus que la moitié de ses biens.
Ceste legitime se prend non seulement sur les biens, & à
l'esgard des biens qui appartenoient au defunct lors de
son deceds, mais aussi à l'esgard des biens donnez, soit que
la donation ait esté faicte aux autres enfans, ou à esträgers,
pourueu que la donation soit de chose en notable valeur.
Et de tous ces biens en faire vne masse, par eualuatiõ, pour
sur icelle prendre le pied de la legitime. Aussi nous voyons
au Code que les deux titres y sont des testamens inoffi-
cieux, & des donations inofficieuses. Poictou, art. 215. permet à chacun d'aduantager ses heritiers en meubles &
conquests quand le donateur a des heritages propres, esquels propres il ne peut aduantager. Et s'il n'auoit des propres il doit laisser à ses heritiers la moitié de ses meubles &
conquests.

Les rapports ou collations furent introduictes par le
droict Romain quand l'enfant emancipé par le benefice

du preteur venoit à succeder au pere auec les enfans, estans
en sa puissance. Mais en France, nous obseruons que les
enfans venans à succession des peres , meres ou autres ascendans sont tenus indistinctement de rapporter les
aduantages qu'ils ont receus ou tant moins prendre. Si ce
n'est és coustumes où est permis de donner en precipu &
sans rapport. Ce rapport ou collation est pour les faire tous
esgaux. Paris art. 278. Orleans, art. 272. 273. dient que meubles ou immeubles donnez par pere & mere à leurs enfans , sont reputez estre donnez en auancemens d'hoirie.
Lesdites coustumes se sont estenduës à deuiser en particulier de la maniere de ce rapport , & y ont mis des reigles
grandement equitables & aucunes correspondentes au
droict Romain. Asçauoir, que les enfans doiuent rapporter les choses donnees , si elles sont extentes en bonne valeur, & sont en leur puissance, & à la charge de les recompenser, ou autrement leur faire raison des meliorations
faictes par lesdits enfans esdictes choses donnees. Et si les
choses donnees sont hors de leur puissance lors de la succession escheuë, doiuent rapporter la valeur & estimation.
Aucunes coustumes dient la valeur qui estoit lors que la
donation a esté faicte, les autres dient lors du partage. Paris,
article. 305. qui dit valeur lors du partage. Mais Sens, art.
271. Auxerre, art. 252. Reims, ar. 317. Touraine, art. 304. Meleun, art. 274. dient la valeur lors du don. Ie croy que par
temperament se peut dire que si la chose donnee est de
teriorée par la faute du donataire, l'estimation soit faicte
selon le temps du don. Si la deterioration est par cas fortuit sans sa faute, lors du partage. S'il n'y a rien deterioré, &
soit en mesme estat de bonté naturelle & intrinseque ,
comme elle estoit lors de la donation. Ie croy estre raisonnable d'auoir esgard au temps du partage : car la dimi-
nutiõ ou augmentation de la bonté extrinseque, qui est en
ce que selon le cours des commerces, le prix des choses
croist ou diminuë, ne doit tourner au profit ny à la perte
du donataire , & doit estre le tout represente, comme s'il
fust touliours demeuré en la puissance des pere & mere

donateurs,& se trouuast en leur heredité. Auxerre art. 251.
& Sens, art. 268. dient si l'heritage a esté baillé, prisé & estimé qu'il suisit de rapporter la prisee. Ce qui semble estre
de peu d'effect, puis qu'il faut faire estat de la vraye valeur,
attendu que l'vn des enfans ne peut estre aduantagé plus
que l'autre. Auxerre, art. 253. & Sens, art. 269. Troyes, art.
143. dient que robbes nuptiales, & trousseaux doiuent estre
rapportez. Troyes, adiouste frais de nopces. Les mesmes
coustumes, de Sens, & Auxerre, Laon, art. 95. Blois, art. 159.
& Reims, art. 323 dient que les frais du festin des nopces, ne
se rapportent. Et auec grande raison: car il n'en demeure
aucun reste ny profit aux mariez. Aussi les peres & meres
en traictáts leurs parens, sont l'honeur de leur maison. Ne
doiuent estre rapportez frais ne nourriture & entretenemét
des enfans, les frais d'escole & apprentissage, liures & outils, dont la raison est que les alimés sont deus par les peres,
corame peres. l. si quis a liberis. §. idem rescripsit. ff. de liber. agnosc.
Et sont censez en obligation, & non en donation. Et com-
bien que sous le nom d'alimens ne soit comprise l'impense
pour l'estude, ou pour apprendre art. l. legatis. ff. de aliment.
leg. toutesfois quand c'est a respect de paternité, & de filia-
tion, sous le nom d'aliments est comprinse telle impense. l.
de bonis. §. 1 en solum. ff. de carbo. caché. l. 3. §. sed si non. ff. vbi pu-
pillus educari. Mais frais de maistrie ou Doctorat, ou achapt
d'office, ou payement de rançon de guerre doiuent estre
rapportez. Auxerre, art. 253. Berry, ar. 42. Orleans, art. 309.
Tours, art. 304. Meleun, art. 278. Blois, art. 159. Laon, art.
89. 90. & 95. De mesme quant aux frais de gendarmerie
faicts moderément, iusques à ce que les enfans soient mariez, & pour faire l'enfant Cheualier. Berry, art. quarante-
deux, Laon, article quatre-vingts-quinze. Meleun article 278. Aussi se doiuent rapporter les donations faites aux
enfans des enfans heritiers. Paris, art. 306. Et Orleans, art.
307. 308. qui adiouste, comme fait Paris, art. 308. que le
nepueu en ligne directe, venant à la succession de son
ayeul, de son chef doit rapporter ce qui a esté donné à
son pere, ores qu'il ne soit heritier de son pere: ainsi fut

iugé

iugé par vn Arreft folemnel du 14. Aouft , 1564. entre les
Gayets de Patras, & Guerard de Nogent fur Seine, fuiuant
la loy *illam. Cod. de collat.* Et par le mefme Arreft fut iugé que
l'office de grenetier, qui eft venal, donné par le pere à fon
fils, qui auoit efté perdu par le deceds du fils, foit rapporté
par le petit fils. Les fruicts des chofes donnees, perceus par
les enfans du viuant du donateur ne font rapportez , ains
feulement ceux qui font perceus depuis le deceds.   Ainfi
dit Paris, art. 209. Mais Orleans, art. 309. dit que les fruicts
ne font rapportez , finon depuis prouocation à partage,
Bretagne, art. 531. dit depuis la demande faicte en Cour. Selon la raifon du droict Romain les fruicts doiuent eftre rapportez depuis la fucceffion efcheuë. *l. non eft ambiguum . iun-*
ct. a gloff. Cod. famil. ercif. Paris audit article 309. que fi deniers
ont efté donnez , doiuét eftre rapportez les profits, à raifon
du denier vingt depuis le deceds. Le denier vingt, c'eft le
profit correfpondant à fruict d'heritage, & non à profit de
deniers, & eft à croire que le fils à qui le pere a donné , n'a
laiffé fes deniers oififs fans les employer.

L'heritage que le pere ou la mere donnent à leur enfant
en faueur de mariage ou autrement, fortit nature de propre audit enfant. Et fi le donataire va de vie à trefpas , fans
enfans, l'heritage retourne au donateur. Ainfi dit Niuern.
des donat. art. 9. & des fucceffions, art. 5. Paris, art. 313. Auxerre art. 241. Orleans , art. 315. Laon, ar. 110. Bourbônois,
art. 114. qui parle de tous biens donnez par afcendans, &
non feulement d'immeubles. Ce qui a grande raifon , afin
que le pere, outre la perte de fon enfant, ne voye durant fa
vie, le bien prouenu de fon labeur eftre transferé en famille
eftrange. Touraine, art. 311. Melcun, art. 270. Bourgongne,
art. 65. Sens, art. 114. Auxerre, art. 224. Troyes, art. 141. Berry des fucceff. art. 5. & adjoufte que le retour d'heritages
donnez venant au pere, eft auec charge des debtes reelles
du fils, mais fans charge de debtes perfonnelles, finon fubfidiairement en cas que les autres biens ne fuffifent, & iufques à concurrence des biens retournez. Ce qui femble deuoir eftre obferué par tout, pource que le pere prend ces

biens non pas proprement comme heritier, mais par droict
de retour. Et la coust. de Niuer. esdits articles susdits, &
la plus-part des autres coustumes vsent du mot de retour,
de vray quand la donation se fait en traict de mariage, la
presomption est, que c'est directement pour la posterité de
lignee, que le pere espere par le mariage de son enfant. Ceste succession est aucunement *ad instar* de ce qui est dit au
droict Romain que les peres en emancipant leurs enfans
stipuloient par forme de fiducie, que les biens des enfans
leur viendroient. §. *ad legit. instit. de legit. agnat. successf.*

La pluspart des coustumes ont fauorisé les donations en
faueur de mariage au profit des mariez, les vnes non seulement par donation, mais aussi par institution d'heritier, &
conuenance de succeder, tant en faueur des mariez, que
de leurs descendans, Comme Bourbonn. art. 219. Niuern.
des donat. ar. 12. Auuergne, cha. 14. ar. 26. 27. 29. 33. Iaçoit
que selon le droict Romain, les pactions de succeder ne valent *etiam* en faueur de mariage. *l. pactum dotali. C. de pact. l. ex
eo. C. de instit. stipul.* Mais en France, comme par coust. generale non escripte, les pactiōs de succeder en faueur des mariez valent, à quoy faict ce qui est dit *in cap. vnico de filiis natis
ex matrim. ad morgan. contracto. in vsib. feud.* où est faicte mention de la loy Salique. Orleans, art. 202. permet toutes do-
nacions en traicté de mariage, auant la foy baillee. Et de
mesme Berry des donat. art. 7. mais au tiltre des mariages, art. 2. 5. 6. defend les institutions d'heritier, & les donations vniuerselles, & permet les donations au profit du suruiuant en certains biens, monsieur le President Lizet, Cō-
missaire à la redaction de ladite coustume, estoit grand sectateur du droict Romain, selon lequel les successions ne
peuuent estre donnees par pactions: Blois, art. 161. permet
de donner tous meubles & conquests, & moitié des patrimoniaux, & adiouste, s'il n'y a enfans, que l'heritage retourne au donateur ou à ses heritiers. Touraine, art. 236. permet
de donner tous les meubles à perpetuité, & moitié des cōquests à vie. Bretagne, art. 222. dit que les mariez en traicté
de mariage, peuuent donner l'vn à l'autre le tiers des he-

ritages, & tous les meubles qui feront lors du deceds, à la charge des exfeques & debtes du premier decedé.

Si lors de la donatiõ le dõnateur n'auoit enfans, & en procree par apres en loyal mariage, la donation eſt reuoquee, *ipſo facto*. Niuernois, art. 13. des donations. Bourbonn. art. 225. de meſme quant aux donations vniuerſelles, ou par quotte portion de biens. Auuergne, chap. 14. art. 32. Bourbonnois, & Auuergne exceptent ſi la donation eſtoit faicte en faueur de mariage, auquel cas n'y auroit reuocation que pour la legitime. Par arreſt ſolemnel donné entre maiſtre Charles, & maiſtre Ferry du Molin, freres, du 12. Auril, 1551. auant Paſques, prononcé par le Preſidẽt S. André, fut iugé pour la reuocation de donation faicte en faueur de mariage, auec ceſte exception, ſi les biens du mary ne ſuffiſoient pour reſpondre des droicts matrimoniaux de la feme, que les biens du donateur en reſpondroient ſubſidairement. Ceſte reuocation eſt fondee au droict Romain, en la *l. ſi vnquam. C. de reuocand. donat.* & ledit droict Romain eſt fondé ſur la preſompte volonté du donateur, qui n'euſt dõné, s'il euſt penſé auoir apres des enfans, & à ce fait, ce qui eſt dit. *in l. tale pactum. S. vl. ff. de pact. & in l. vlt. ff. de hæred. inſt.*

Mineurs & autres perſonnes eſtans ſous l'adminiſtration d'autruy ne peuuent donner ny teſter au profit de leurs tuteurs, curateurs ou autres adminiſtrateurs pendant leur adminiſtration. Selon l'ordonnance de l'an, 1539. & celle du 4. Mars, 1549. Paris, art. 276. Orleans, art. 296. dient de meſme, & adiouſtent au profit des pedagogues, ny au profit des enfans deſdits adminiſtrateurs, & iuſques à ce qu'ils ayent rendu compte. Peuuent toutesfois diſpoſer au profit de leurs aſcendans non remariez, dont la raiſon eſt qu'à cauſe de l'excellente amour des aſcendãs, il n'eſt vray-ſemblable qu'ils ayent ſollicité la donation par maleſaçon.

Donations entre vifs, ores qu'elles ſoient mutuelles, remuneratoires, ou en faueur de mariage doiuent eſtre inſinuees au ſiege Royal, & enregiſtrees dedans les quatre mois de la paſſation d'icelles, & peuuent eſtre debatuës à faute d'inſinuation, tant par les creanciers, que par les heritiers

du donateur. Edict de l'an 1539. & Edit de Moulins, 1566, ar.
58. Les infinuations fe font principalement pour euiter les
fraudes: au cōmencement on a eftimé que cela regardoit
le feul intereft des creanciers du donateur, & doubtoit-on
fi l'heritier eftoit receuable à debatre la donation faicte par
fon predeceffeur, par faute d'infinuation, pource, difoit-on,
que l'heritier eft tenu des faicts & promeffes de fon predeceffeur: mais pource que l'heritier en fe difant heritier, oblige fa perfonne, & les biens qu'il a d'ailleurs que de l'heredité, pour payer les debtes du defuuct *etiam* outre les moyés
& la valeur des biens hereditaires, il fe doit dire qu'il a iufte intereft d'auoir moyen de cognoiftre fi le defunct auoit
donné, & quels font les moyens demeurez en fon heredité:
pour s'il cognoift qu'il y ait des donations grandes s'abfte-
nir de l'heredité. Poictou, ar. 320. parlant des infinuations à
autre effect, met vne belle reigle, & vtile pour euiter les fup-
pofitions des dattes, & qui feroit bonne a eftre obferuee par
tout, que le greffier n'efcriue au dos du contract, l'infinua-
tiō iufques à ce que le regiftre en ait efté fait, & par l'adoffe-
ment doit quotter le fueillet du regiftre. Auffi les ordonnances des annees 1539. 1549. & 1566. commandent expreffément que regiftre foit faict: la lecture & publication
qui fe faict en iugement peut eftre incogneue à plufieurs.
Le regiftre eft permanent, & peut chacun qui a intereft, y
auoir recours pour veoir que c'eft: car tel regiftre eft com-
municable à toutes perfonnes.

DE L'ESTAT DES PERSONNES, tutelles, & curatelles.

Es enfans mariez font reputez pour emācipez, &
vfans de leurs droicts, & ont l'adminiftration de
leurs biés meubles & fruicts de leurs immeubles,
combien qu'ils ne foient aagez de 25. ans: mais ne
peuuēt aliener leurs immeubles fans decret, auāt l'aage de
25. ans accōply. Paris, ar. 239. Niuern. des droicts de mariez,
art. 26. Sens, art. 160. Auxerre, art. 257. Orleans. art. 181. 182.

Bourb.art.166.& dict de mesme des enfans Prestres : mais soit noté que par les statuts Canoniques ils ne doiuét estre Prestres auant les 25. ans. Touraine, art. 351. & adjouste qu'ils peuuent ester en iugement , & demander compte à leurs tuteurs, estans assistez de deux parens. Meleun , art. 119. Troyes, art. 21. Rheims, 10. Blois, art. 1.2. Ce qui se dict de l'exemption de la puissance paternelle , peut estre extendu pour sortir de tutelle : car la puissance paternelle est de plus grande efficace que la tutelle. Mais Senlis, art. 221. dict que puissance paternelle n'est en vsage. Poictou, art. 312. quant aux nobles, dict que par mariage la puissance paternelle ne cesse, s'il n'y a expresse emancipation. Et quant aux roturiers, que les enfans sont tenuz pour emancipez , quand ils ont tenu mesnage à part par an & iour. Bretagne, art. 503. & 504. dict que l'enfant par mariage est tenu pour emancipé, quand il a esté marié de l'assentement de son pere, & que le fils ayant vingt-cinq ans, ne demeurant auec son pere, est tenu pour emancipé. A tout ce que dessus, ie voudrois faire l'imitation : pourueu que le masle fust en pleine puberté, qui est selō le droict Romain de dixhuict ans : Ou bien de vingt ans, pource que c'est l'aage auant lequel le Prince n'octroye dispense d'aage par ses lettres. Car s'il estoit en aage de quatorze ou quinze ans, semble qu'il n'y auroit raison de luy donner le maniement de son bien.

L'enfant procreé en mariage de pere noble, est noble : jaçoit que la mere soit roturiere. Meleun, art. 294. Laon, art. 14. Rheims, art. 2. La femme roturiere , femme du noble, ou vefue du noble , est noble tant qu'elle est en mariage ou en viduité. Touraine, art. 317. Meleun , art. 294. Troyes, art. 13. Vitry, art. 68. Laon, art. 14. & 15. Rheims, art. 3. 4. Et si la femme noble est mariee a roturier, est roturiere durant le mariage : mais estant vefue , elle peut reprendre sa noblesse, en declarant par deuant Iuge competent, qu'elle entend viure noblement. Ces decisions semblent deuoir estre generales , & correspondent au droict Romain. l. emancipatum. l. fœminæ. ff. de senat. Quant à la femme noble vefue d'vn roturier: Guido Pape a tenu l'opinion contraire, qu'elle eft roturiere, & ne reprend fa nobleffe. Mais ie croy le contraire eftre veritable : car le mariage du roturier n'ofte pas la nobleffe : mais l'obfcurcit & couure feulement tant que le mariage dure, & l'empefchement ofte la nobleffe qui eft en elle, & en fa chair reprend fes effects. Sens, art. 161. & Troyes, art. 1. dient que l'enfant qui eft nay de pere ou mere noble, iaçoit que l'autre foit roturier eft noble: & Poictou, art. 286. dict fi l'vn des deux mariez eft noble, que les enfans partiront l'heritage de celuy qui eft noble noblement, & du roturier, roturierement. Et quant aux meubles & conquefts, fe partiront felon la conditiõ du pere, foit noble ou roturier. Bretagne, art. 720. dict que gens nobles exerceans faict de marchandife font contribuables aux tailles, & peuuent reprendre l'exemption en ceffant le faict de marchandife. I'ay veu practiquer d'obtenir en tel cas, lettres en Chancellerie au petit feel, addreffees aux Efleuz pour reftablir en nobleffe ceux qui ont exercé marchãdife, en delaiffant le trafic. Et depuis, l'ay veu qu'en telles lettres on adiouftoit la claufe, à la charge de payer les tailles & fubfides, pour le temps qu'il a faict acte derogeant à nobleffe. En tout ce que deffus, faut excepter s'il auoit perdu fa nobleffe par forfaict ou acte infamant, ou par vilité & lafcheté de cœur en exploicts de guerre : car en tel cas la nobleffe eft perduë perpetuellement fans remede, finon auec aboliti du Prince de fa certaine fcience. Vitry, art. 7. & art. 13. dict qu'és cas efquels l'amende contre vn roturier, feroit de foixante fols, comme en caufe d'appel : elle fera arbitraire contre noble, ou contre vn chapitre & college.

Les fils de famille font en la puiffance de leurs peres iufques à ce qu'ils foient emancipez. Qu'ils foient mariez ou Preftres. Ou foiét majeurs de vingt cinq ans en aucuns lieux, en autres de vingt ans. Comme a efté dict cy-deffus. Rheims, art. 6. 9. met l'aage de vingt ans, & art. 7. dict que l'enfant eft tenu pour emancipé, quand au veu & fceu de fon pere, il exerce marchandife ou charge publique. Tout

ce que deſſus n'eſt conſonant au droiƈt Romain , ſelon lequel le fils par mariage ou aage de vingt-cinq ans , n'eſtoit
hors de puiſſance paternelle. Auſſi les François n'ont ad-
jouſté la puiſſance paternelle auec telle efficace que les
Romains : auſſi la loy Romaine diƈt que c'eſt vn droiƈt
propre aux Romains. *l. 3. ff. de ijs qui ſunt ſui vel alieni Iuris*:
ſelon les Romains, le pere auoit droiƈt de mort & vie ſur
ſon enfant, pouuoit le vendre en ſeruitude pour ſa neceſſité, tout ce que le fils acqueroit appartenoit au pere. Mais
ceſte puiſſance paternelle n'eſt que ſuperficiaire en France, & par nos Couſtumes en ont ſeulement eſté retenuës
quelques petites marques auec peu d'effeƈt : Pourquoy ne
faut trouuer eſtrange ſi les Couſtumes en ont parlé diuerſement, & ſi les ceremonies requiſes par le droiƈt Romain:
és emancipations ne ſont obſeruees. Le pere peut eman-
ciper ſon enfant, preſent ou abſent, en quelque aage qu'il
ſoit: pourueu que ce ne ſoit pour ſon dommage. Berry
eſtat des perſonnes, art. 7. Orleans, art. 185. Ce que le fils
eſtant en puiſſance de pere auant les vingt-cinq ans acquiert en meubles, il acquiert à ſon pere. Ce qu'il acquiert
apres les vingt-cinq ans eſt à luy, & en tous cas les immeubles appartiennent au fils. Poiƈtou, art. 318. Et Bretagne,
art. 305. preſqu'autant: & excepte ſi aucuns biens viennẽt
au fils par mariage, par ſucceſſion, par donation , ou s'il acquiert par ſeruice ou promeſſe: eſquels cas ils appartiennẽt
au fils. Semble que ceſt Article eſt raiſonnable , pour eſtre
obſerué par tout , & en general quand les biens ſont acquis au fils, d'ailleurs que par le moyen, en faueur, par le
credit, ou par les moyens du pere. Et ce qui eſt diƈt au texte *promeſſe*: Ie croy qu'il doit dire *premeſſe*: Car ſelon le dia-
leƈte de Bretagne premeſſe c'eſt proximité, & s'entend de
retraiƈt lignager par proximité de ſang. Fils de famille, ny
celuy qui eſt en puiſſãce de tuteur ou curateur ne peut eſter
eniugemẽt ſans auƈtorité de pere ou tuteur : ſinon en matiere d'iniures, tant en demandant qu'en defendant. Et en
cas de condẽnation les iugemens ſerõt executez contr'eux
apres la puiſſance finie. Bourbonnois, art. 169. Ce qui a

quelque correspondance au droict Romain. *l. clarum. C. de auct. prest.* toutesfois si l'action pour iniures est intentee ciuilement, & se puisse plaider par procureur. Ie croy qu'il faut auctorité en demandant & en defendant: mais quand la cause est intentee criminellement contre le fils de famille ou mineur, l'auctorité n'est requise, detant que l'accusé respond par sa bouche. Et selon le droict Romain, le fils de famille en absence de son pere, peut agir sans auctorité pour injure à luy faicte, & en autres affaires qui requierent celerité. *l. si longius. §. 1. ff. de iudic. l. cum filius. ff. si cert. pet.* Si le fils de famille exerce marchandise au veu de son pere, & de son consentemēt expres ou tacite (le tacite consentement est quand le pere sachant, ne le contredict, & ne faict *l. Idē si . quanquam. ff. ad Macedon. l. vlt. ff. quod cum eo.*) Le pere en sera tenu mesme des debtes contractez pour ledict faict. Berry estat des personnes, art. 9. 10. Bourbonnois, art. 168. Cela peut estre entendu quand il exerce ceste marchandise en la maison paternelle. Les contracts faicts par fils de famille ou autres, estans en puissance de tuteur ou curateur: sans auctorité sont nuls, & n'ont effect *etiam*, apres la puissance ou tutelle finie. Berry estat des pers. ar. 17. Bourbōnois, art. Troyes, art. 139 pour le premier chef. Rheims, art. 15. & pour le second chef. Pour la nullité des contracts faicts par les adultes sans auctorité de curateur, est la *l. si curatorem. C. de restit. in integ. minorum.* Et est bien raison que la nullité demeure *etiam*, apres la tutelle finie : pource que lors du contract l'infirmité de iugement pour le bas aage du mineur y estoit. Mais en la nullité du cōtract de la femme mariee sans auctorité du mary, si elle est maieure y a autre raison : Car la prohibition n'est pas à cause de la personne de la femme de par soy: mais à cause de la puissance de son mary. Pourquoy cy-dessus, i'ay dict que la nullité n'est perpetuelle. *supra fol.* 181. Bretagne, art. 615. dict que si l'enfant estant au pouuoir de son pere faict tort à autruy, le peredoit payer l'amēde ciuile, pource qu'il doit chastier ses enfans. Senlis, art. 221. dict que puissance paternelle n'a lieu. Ce qui se rapporte à ce que dict la glosse en l'instit. *de patria*

patria poteſtate, que les François n'vſent de puiſſance paternelle. De faict pour le general en France, le droict de la
puiſſance paternelle n'eſt qu'imaginaire.

Tutelles teſtamentaires ordonnees par les peres des mineurs ſont vallables, & preferees à autres tutelles. Niuernois des tutelles, art. 1. Bourbonnois, art. 177. Auuergne,
chap. 11. art. 1. Bretagne, art. 478. Auxerre, art. 258. & adjouſte la charge de faire inuentaire & rendre compte. Le
droict des Romains à cauſe de la puiſſance paternelle, en a
raiſonné plus exactement: que le pere ne donnoit tuteur à
ſon fils, qui eſtoit en ſa puiſſance, non autrement: Ne donnoit curateur à ſon fils adulte: que la mere ne donnoit tuteur à ſon fils, ſinon pour l'adminiſtration des biens que le
fils deuoit auoir de ſa mere. *l. 1. l. pater. ff. de teſta. tut. l. 1. in*
fine. ff. de conſir. tut. Mais Rheims, art. 329. dict que toutes
tutelles ſont datiues, & que la teſtamentaire doit eſtre cō-
firmee par le iuge les parens ouys.

A defaut de la tutelle teſtamentaire, la tutelle legitime
a lieu qui n'eſt deferee, ſinon aux aſcendans, pere, mere
ayeul ou ayeulle. Le pere ſe dict proprement legitime ad-
miniſtrateur de ſon enfant non emancipé. Et quand l'enfant eſt emancipé, le pere eſt legitime tuteur: comme auſſi
eſt la mere tutrice legitime, l'ayeul & l'ayeulle. Ceſte adminiſtration des aſcendans en la pluſpart des Couſtumes
eſt appellee entre nobles, garde noble ou bail: & en aucuns lieux les aſcendans ſont dicts gardiens bourgeois entre roturiers. Entre nobles les pere, mere, ayeul, ayeulle, à
faute de pere ou mere ont la garde noble ou bail de leurs
enfans, & par la pluſpart d'icelles Couſtumes, gaignent à
eux les meubles à la part de leurs enfans, & les fruicts de
leurs immeubles, iuſques à ce que la garde ou bail ſoit finy. Et ce gaing eſt à la charge de payer les debtes, acquitter les charges reelles deuës ſus les heritages: entretenir
iceux heritages en bon eſtat, nourrir & entretenir les enfans. Ainſi dient Paris, article 265. Meleun, art. 287. & art.
289. adiouſte autre charge de pourſuiuir les actions Senlis,
art. 152. qui donne la garde aux pere & mere, & non aux

Kk

ayeuls : & adioufte autre charge de payer frais funeraux.
Troyes, art. 27. pour les pere ou mere. Rheims, art. 330.
31. Touraine, 339. 340. pour les pere ou mere. Laon, art.
260. Blois, art. 4. pour le gaing des fruicts des immeubles,
mais non pas des meubles : & adioufte autre charge de
monter de cheuaux le mafle à la fin de la garde, & veftir la
fille. Bourgongne, art. 54. 55. & charge de bailler caution.
Sens, art. 156. Berry eftat des perfonnes, art. 22. 23. 24. 26.
Bourbonnois, art. 174. Cefte garde finit par fecond mariage defdicts afcendans. Paris, art. 268. Sens art. 156. Berry eftat des perfonnes, art. 30. Bourbonnois, art. 174, Touraine, art. 319. Laon, art. 260. Auuergne, chap. 11. art. 2,
Meleun art. 218. Senlis, art. 152. Troyes, art. 17. Rheims,
art. 332. Mais Orleans, art. 25. Vitry, art. 63. ne font finir la
garde par fecond mariage. Mais le gardien doit bailler
caution audict cas, pour fatisfaire à ce qu'il eft tenu.

Auffi la garde finit aduenant certain aage des enfans.
Paris, art. 268. & Touraine, art. 340. dient à vingt ans des
mafles, & à quinze ans des femelles. Orleans, art. 24. faict
finir la garde à vingt ans, & quatorze ans : & adioufte, art.
28. que l'vn des enfans venant à vingt-cinq ans, acquiert
le bail des autres. Sens, art. 158. & Bourbonnois, art. 173.
font finir la garde à dixhuict ans, & à quatorze-ans. Berry
eftat des perfonnes, art. 37. Troyes, art. 18. Laon, art. 260.
Rheims, art. 332. Blois, art. 8. Bourgongne, art. 54. & Meleun, art. 290. font finir la garde à quatorze ans, & à douze
ans, qui eft le temps de puberté, remarqué par le droict
Romain. Mais Vitry, art. 65. dict quinze & douze ans. Meleun adioufte qu'audict aage, les gardiens deuiennent tuteurs comptables.

Auffi finit la garde, fi le gardien deuient manuais mefnager, & gouuerne mal le bien des enfans. Bretagne, 477.
Meleun, art. 293. Entre non nobles, les pere ou mere,
ayeul ou ayeulle, ont la legitime adminiftration ou tutelle
des defcendans. Niuernois, art. 6. & Bourbonnois, art.
174 difpenfent les pere & mere de l'aage, difans, qu'à l'aage de vingt ans ils peuuent accepter cefte tutelle legitime.

Aucunes Couſtumes donnent le gaing des fruicts aux pere & mere iuſques à la puberté : à la charge de nourrir les
enfans, acquitter les charges reelles, & payer les debtes:
comme Paris, art. 267. Touraine, art. 346. Auuergne,ch.
11.art. 2.Bourg.art.57.Berry,eſtat des perſonnes,art.22.23.
iuſques à valeur des fruicts. Les autres ne leur donnent le
gaing des fruicts,& les rendent comptables:comme Blois,
art. 6.Auxerre,art. 254.Oleãs,art.32.178.Rheims, art. 33?.
Niuernois n'en dict rien,qui faict croire qu'ils ſont cõpta-
bles,& ne gaignent les fruicts. Aucunes Couſtumes chargent le pere de faire inuentaire:comme Auxerre,art. 254.
Tours,art.348.Blois,art. 6.Rheims,ar.333. Berry eſtat des
perſonnes, art. 26. Les autres ne chargent le pere de faire
inuentaire s'il ne veut.Poictou, art. 308. Auuergne, ch.11.
art. 2. Mais la mere tutrice doit faire inuentaire.Bourbon.
art.174.Auuergne,ch.11.art.4.Bourgõgne,ar.56.& outre
de bailler cautiõ. Aucunes Couſtumes delaiſſent la legitime adminiſtratiõ au pere,ores qu'il ſe remarie.Niuernois
des tutelles,art.7.Orleans,art. 180.Touraine ar.350.Mais
preſque toutes oſtent la tutelle legitime à la mere qui ſe re-
marie.Niuernois,art.7.qui adiouſte perpetuellement, qui
emporte,ores qu'elle deuienne veſue la ſecõde fois, qu'elle ne peut la reprendre. Berry eſtat des perſonnes, art. 31.
Orleans, art.32.180.Bretagne,art. 484. Blois, art.9. Auuergne,chap.11.art. 11. & adiouſte qu'elle perd la tutelle
deſlors qu'elle eſt fiancee. Ce qui ſemble biẽ raiſonnable:
car l'amour qui eſt encores en ſes pretentions , eſt auſſi ar-
dent que l'amour eſt en iouyſſance. Touraine,art.350.'Les
aucunes deſdictes Couſt.chargẽt la mere qui eſt tutrice de
faire pouruoir de tuteur à ſes enfans auãt que ſe remarier:
& ainſi dict Niuern.ſimplement des tutelles,art.7.Auuer-
gne,ch.11.ar.5.charge la mere de rendre cõpte auãt que ſe
remarier,à peine de perdre les gains nuptiaux. Berry eſtat
des perſonnes, art. 31. priue la mere de la ſucceſſion de ſes
enfãs,& d'autres droicts à eſcheoir par leurs deceds. Bour.
art.176.cõmande ſimplemẽt faire pouruoir de tuteur auãt
les fiançailles ou mariage.La priuatiõ de ſucceſſiõ eſt ſelon

le droict Romain. *In l. omnem. C. ad Titul.* Et n'est pas assez
de faire pouruoir de tuteur, mais doit rendre compte &
payer le reliqua. Ce qui semble estre raisonnable pour
estre obserué par tout où il n'y a Coustume contraire: Car
la mere qui va en puissance d'autre mary, sans faire pouruoir de tuteur à ses enfans, semble abandonner ses enfans,
ou bië les mettre à la mercy d'vn beau-pere: qui la rëd indigne de succeder par arg. de la *l. 2. C. de infant. expos.* & sera
notee la *l. lex quæ vers. lex enim. C. de admi. tut.* Et ne faut pas
dire que par ceste indignité la succession soit acquise au fisque, cöme est la reigle commune des indignes, ains vient à
l'autre parét plus proche. *l. 2. §. vlt. ff. ad Tertull.* Et par la raison de la *l. post legatü. §. amittere. ff. de ijs quib. vt indig.*

   Quand la tutelle testamëtaire ou legitime defaut, la tutelle datiue à lieu, qui se doit confirmer par le Iuge selon
l'eslection faicte par les parés & alliez des mineurs de chacun costé. Et a defaut de parens & alliez par eslection de
voisins & amis: & doiuent estre les eslecteurs au nombre de
sept pour le moins. Ainsi dict Niuernois des tutelles, art. 3,
Bourb. art. 180. Auxerre, art. 255. qui dict indistinctement
parés, amis & voisins. Berry estat des personnes, art. 41. dict
appellez trois parés du costé paternel, & trois du costé maternel. Et à defaut de parens, les voisins de la qualité des
mineurs. Par la loy des Romains on doit s'adresser aux
amis, en absence de celuy contre lequel on a affaire. *l. aut
qui. §. 1. ff. quod vi aut clam. l. ergo. ff. ex quib. caus. maior.* Orlëas.
art. 183. dict cinq parés proches, à defaut d'eux, des voisins.
Sera esleu le plus prochain habile à succeder idoine. Et outre dict que l'on n'appellera les parés hors la Prouince, s'ils
ne sont les plus proches, & que celuy qui n'aura esté appellé ne peut estre esleu.

   Niuernois des tutelles, art. 4. dict que les tutelles testamentaires, legitimes & datiues, sont subjectes a estre con
firmees par le Iuge, & iusques à ce, le tuteur ne doit administrer. Bourbonnois, art. 178. dict que les testamentaires
& legitimes n'öt besoin de cöfirmatiö. Rheims, ar. 329. dict
que toutes tutelles sont datiues: & que la testamentaire
doit estre cöfirmee apres les parens ouys. Auuergne, ch. 11.

art. 12. dit comme Niuernois. Le temperament entre ces
diuerſitez, peut eſtre que le tuteur ſoit teſtamentaire ou legitime ou datif doit preſter ſerment deuant le iuge, qui eſt
ordinaire de bien adminiſtrer, faire inuentaire, & rendre
compte. Le iuge ne doit differer à receuoir ce ſerment qui
eſt la confirmation de la tutelle teſtamentaire & legitime.
Si ce n'eſt que les parens facent quelques remonſtrances,
pour faire cognoiſtre que ce n'eſt pas l'vtilité des mineurs,
que tel ſoit tuteur, & peut le iuge auec quelque cognoiſſance de cauſe reietter le tuteur teſtamentaire ou legitime. *l. in
confirmando. l. vtilitatem. ff. de conſir. tit.* Et peut le iuge auant
que receuoir le ſerment, prendre l'aduis de deux ou trois
parens.

Aucunes couſtumes trop adſtraintes au droict Romain,
ont diſtingué les tutelles & curatelles, diſans que les tutelles finiſſent à la puberté de quatorze ans de maſles, &
douze ans des femelles. Ainſi Niuernois des tutelles, ar. 5.
Orleans, art. 182. Niuernois dit art. 8. quand la tutelle eſt
finie par la puberté ſuruenante que le tuteur deuient curateur, iuſques à 25. ans. Orleans dit que la puberté aduenuë,
le tuteur doit faire la diligence de faire pouruoir de curateur, & iuſques à ce n'eſt deſchargé. Auxerre art. 259. a parlé plus proprement ſelon le droict Fraçois, diſant qu'entre
tutelle & curatelle n'y a difference : mais pour dire encores
plus clairement, il falloit exprimer de la curatelle, qui conſiſte en adminiſtration generale, & qui eſt comptable : car
aucunes curatelles ſont pour negoces particulieres, & qui
ne ſont comptables, comme quand le tuteur a des affaires
à demeſler contre ſon pupille, ou quand celuy qui eſt marié, ou a obtenu diſpenſe d'aage a à traitter pour l'alienation de ſon immeuble : & ne ſont telles curatelles à comparer aux tutelles. La loy Romaine a comparé la puiſſance
du curateur donné à l'adulte, à la puiſſance du tuteur donné au pupille. *l. ſi curatorem. ff. de in integ. reſt. min.* Aucunes
couſtumes ont fait finir les tutelles ou curatelles à moindre
aage que de vingt-cinq ans. Comme Bourbonnois, article
180. des maſles à vingt-cinq ans, des filles à ſeize ans. Bre-

tagne , art. 461. 474. fait les mafles & femelles maieurs à vingt ans , *etiam* pour aliener immeubles , & pour l'administration de biens, les roturiers à dix-fept ans. Niuern. des tutelles, art. 8. Auxerre, ar. 256. Meleun, art. 295. & Sens, art. 159. ne font finir la tutelle ou curatelle, qu'à vingt-cinq ans. Cy-deſſus, fol. 252. a eſté dit que ceux qui font mariez, ores qu'ils foient mineurs de vingt-cinq ans, ont l'adminiſtration de leurs biens, & ainſi faut dire de ceux qui ont obtenu lettres de difpenſe d'aage: aux vns & aux autres eſt interdite l'alienation de leurs immeubles , iuſques apres vingt-cinq ans. Vitry, art. 65. dit bien que la tutelle finit à quinze ans, & à douze ans: Mais *nouo more*, dit que la curatelle finit à vingt-quatre ans accomplis, le vingt-cinquieſme entamé. Senlis, art. 155. fait les nobles, maieurs à vingt ans les mafles, & feize ans les filles : mais ne peuuent aliener immeubles, auant vingt-cinq ans.

Tous tuteurs font tenus de faire inuentaire des biens des mineurs par auctorité de iuſtice, auec apreciation, & vn curateur, & ce dedans quarante iours. Ainſi dient Poiĉtou , art. 306. & adioufte que l'inuentaire ne peut eſtre prohibé par teſtament ny autrement. Sens, art. 159. Berry , eſtat des perſonnes, article quarante deux, quarante-quatre, & adioufte que l'inuentaire doit eſtre faiĉt par le iuge & greffier appellez deux notables, & eſtre clos dans quaráte iours, & les appreciateurs eſleus par les parens. Bourbonnois, article 182. Ce qui femble tres-raifonnable pour eſtre fuiuy par tout, nonobſtant l'Edit de Blois, art. 164. qui auec grande raifon ne fe doit entendre des mineurs, ains feulement des maieurs. Car le choix d'vn notaire, & autres perſonnes que le tuteur feroit, emporteroit quaſi autát que s'il y procedoit tout feul fans côtrerooleur: mais ceſte limitatió d'Auuergne , auec moindres frais que faire fe pourra , eſt tres-iuſte. Auuergne chap. 11. art. 7. & auec moindres frais que faire fe pourra, felon la qualité des mineurs & valeur des biens.   Bretagne, art. 481. non feulement faire inuentaire, mais auſſi bailler caution. Meleun, art. 295. Touraine, art. 348. charge *etiam* les pere & mere de faire inuentaire.

Et ores que les administrateurs portent titre de gardiens, ils doiuent faire inuentaire. Paris, article 269. Sens, article 156.

Aucunes coustumes ont suiuy le droict Romain à l'esgard des acquisitions faictes par les fils de famille : comme Vitry. art. 110. Laon art. 56. Reims, art. 8. qui dient que la donation faicte à fils de famille, que Vitry dit estre en volerie & puissance est pour en iouyr par les pere & mere : Vitry dit leur vie durant. Laon dit iusques à ce que l'enfant ait vingt ans, soit marié ou emancipé. Reims, art. 35. adiouste, ou si le fils est entré aux sainctes ordres, & la fille ait dix-huict ans. Sinon que le don eust esté fait, à la charge que le pere n'en iouyroit. Berry des donatiõs, ar. 5. 6. dit que donation faicte à fils de famille est nulle (& croy qu'il veut dire faicte par le pere) mais est confirmee par mort, s'il y a tradition vraye ou ficte. Excepté si elle est faicte par ascendant au descendant en contract de mariage. Et art. 8. si elle est faicte par le pere au fils, en faueur d'estude. Le sieur President Lizet, aucteur de ceste coustume de Berry estoit exact obseruateur du droict Romain, comme a esté dict cydessus, & ces articles en sont tirez tout purement. *l. si pater. C. de inoff. donat. l. si donation. C. de collat.* & autres endroicts : mais à nous, en France la puissance paternelle n'est presque qu'imaginaire, pourquoy n'est à propos d'appliquer en tels cas le droict Romain.

DE RETRAICT LIGNAGER.

LE droict de retraict lignager est propre des François, qui ont eu en recommandation de conseruer en la famille & lignage les biens immeubles : & ce qui plus y a aidé est que les nobles & autres qui ont quelques seigneuries, sont soigneux d'estre appellez du nom de leurs seigneuries, & les enfans descendus des fils de France, par ancienne obseruation prennent le furnom du principal appanage, qui leur eſt donné, & ne retiennent le nom du lignage. Comme Anjou, Bourgongne, Orleans, Valois. Les Romains, auoient quelque ſoing de conſeruer les heritages anciens de leurs maiſons, comme ſe veoid *in l. ſi in emptionem. ff. de minorib. l. in fundo. ff. de rei vend.* mais Ciceron dit qu'en ſucceſſion, les heritages ne ſuiuoient la ligne, les mots Latins ſont, *non eſſe gentem prædiorum* : car le plus prochain lignager prenoit tous les biens, ores qu'ils fuſſent venus d'autre ligne : mais nous François, obſeruons que les heritages retournent par ſucceſſion à la ligne dont ils ſont procedez. Doncques ſi aucun a vendu hors la ligne, l'heritage qui luy eſt propre, & venu par lignage : Le parent de la ligne du vendeur & de la choſe venduë, pourra retraire pour le meſme prix qu'il a eſté vendu. Aucunes couſtumes limitent le degré de lignage, dans lequel on eſt receu au retraiƈt. Niuernois de retraiƈt, art.1. dit iuſques au ſixieſme inclus. Et Bourbonn. art. 434. dit iuſques au ſeptieſme exclus, qui eſt tout vn. Sens, ar. 46. dit dans le ſeptieſme degré. Bretagne, art. 286. dit dans le neufieſme degré du ramage, dont procede l'heritage. Vitry art. 126. dit en quelque degré que ce ſoit. Paris, art. 129. Auxerre, article 154. Berry, du retraiƈt, article 1. Orleans, art. 363. dient ſimplement du lignage. Touraine, ar. 152. par-le de lignagers, habiles à ſucceder au vendeur, ores qu'ils ne fuſſent nais ny conceus lors de la vendition (mais pour-ueu qu'ils ſe trouuent auoir eſté au ventre de la mere dedans le temps du retraiƈt, car ceux qui ſont au ventre de la mere ſont reputez pour nais, quand il eſt queſtion de leur profit. *l. qui in vtero. ff. de ſtatu hominum*: Ainſi dit Laon, 253. 254. & Reims, 193. 194.) La meſme couſtume, art. 156. don-ne le retraiƈt en acqueſt au lignager de l'acquereur. Et Poiƈtou. art. 336. reçoit le lignager d'vn eſtoc à retraire l'heritage d'autre eſtoc, pourueu qu'il ne ſoit vendu à vn du bran-chage. Se dit d'heritage vendu, pource que les deniers re-çoiuent fonƈtion. Et autant en faut dire s'il eſt baillé en payement de debte. Orleans, art. 397. Ce qui eſt general. Autant en faut dire s'il y a eſchange d'heritage à meubles,

pourueu

pourueuque ce ne soient meubles vulgaires, & en commun commerce, qui sont aisément recouurez par deniers.

Selon aucunes coustumes l'heritage n'est reputé propre pour estre subiect à retraict, s'il n'y a eu descendant qui y ait succedé, & est requis que le retrayant soit descendu de l'acquereur, ou de celuy à qui l'heritage a appartenu. Ainsi dit Niuernois, quelles choses sont meubles, art. 13. Meleun, ar. 137. qui ne reçoit les collateraux, nõ descendus de l'acquereur. Orleans, art. 380. dit en heritage escheu par succession ou donation d'ascendant qui l'auoit acquis, les seuls descendans sont receus au retraict, & non les oncles & cousins. Autres coustumes se contentent que l'heritage soit venu par succession directe ou collaterale au vendeur, sans qu'il soit besoin que le retrayant soit descendu de celuy à qui l'heritage a appartenu. Paris, art. 141. Berry de retraict, art. 5. Bourbonnois: art. 435. Laon, art. 255. Reims, art. 191. Meleun, art. 130.

Le temps plus commun attribué par les coustumes pour venir au retraict est d'an & iour : lequel an & iour aucunes coustumes font courir du iour de la vente, cõme Blois, art. 193. Bourgongne, art. 106. Sens, art. 32. Auxerre, art. 154. Orleans, art. 365. quant à roture, & quant à fief du iour de l'hommage, ou offres ou souffrance. Les autres font courir l'an, à compter du iour de l'ensaisinement du seigneur feodal ou censier. Paris, art. 129. 130. Meleun, art. 145. Senlis, art. 222. Troyes, art. 144. Vitry, art. 126. Reims, art. 189. Laon, ar. 225. Ces deux exceptent si l'acquereur auoit iouy dix ans, qui vaut inuestiture. Et quant aux heritages allodiaux, à compter du iour de la possession reelle, Troyes, art. 144. Vitry, 126. Laon, art. 225. Paris, art. 132. dit du iour que l'acquisition a esté publiee en iugement au siege Royal, quant à l'heritage allodial. Poictou, art. 319. dit l'an & iour à compter de l'acquisition notifiee & insinuee au greffe du lieu où l'heritage est assis. Les autres coustumes en toutes sortes d'heritages comptent l'an & iour de la possession reelle & actuelle, comme Niuernois de retraict, article sept. Touraine, article cent cinquante trois,

L l

qui defire que la poffeffion foit prife en prefence de notaire & tefmoins, ou bien s'il a iouy dix ans. Aucunes couftumes ne donnent que trois mois, pour le retraict , comme
Bourbonnois & Auuergne, mais Bourbonnois, art. 422. dit
les trois mois apres l'inueftiture en fief ou en cenfiue, & fi
c'eft heritage allodial corporel, dans trois mois apres la poffeffion reelle, prife en prefence de notaire & tefmoins, & fi
c'eft allodial incorporel, dans fix mois apres la poffeffion
telle que deffus. Et Auuergne, cha 23. art. 1. 2. dit dans trois
mois, à compter du iour de la poffeffion reelle prife en prefence de tefmoins. Berry de retraict, art. 1. n'octroye que 60.
iours , à compter du iour de la vente. Ces couftumes qui
commencent le temps du retraict, à compter du iour de
l'inueftiture, font fondees fur la tref-ancienne obferuance
des fiefs & cenfiues, qui portoit que l'alienation ne pouuoit eftre faicte, fans le congé du feigneur direct ,'à peine
de commife, & que l'acquereur ne pouuoit fe dire faify ,
iufques à ce qu'il fuft inuefty par le feigneur : dont les vefti-
ges font demeurez és prouinces de nantiffemét, côme font
Senlis, Laon, & Reims : mais és prouinces où telles ceremonies de veftir & deueftir ne font pas en vfage, me femble que mal à propos on a retenu que l'an & iour ne cou-
ruft que du iour de l'inueftiture, & que telles couftumes
font captieufes, pource que bien fouuét l'inueftiture fe fait
à fecret. Et mieux feroit de faire courir l'an du iour de la
poffeffion reelle, publique & cogneuë. Comme auffi eft
captieux de faire courir l'an à compter du iour de la vente,
car les contracts peuuent demeurer long temps couuerts
& cachez, fans eftre cogneus aux lignagers. Meleun, ar. 142.
met vne exception à cet an & jour, en cas qu'il y ait quelque
fraude exquife contre le retraict , que ledit an & iour ne
court que du temps que la fraude eft defcouuerte. Ce qui
eft aucunement conforme au droict Romain *in l. 1. §. idem
pomponius in fine, & § feq. ff. de dolo.*
 L'action pour le retraict lignager eft de la nature de celles dôt le droict Romain parle, actiô perfonnelle efcripte *in
rem* : & en telle actiô le choix du demádeur eft de s'addreffer

pardeuant le iuge de la chofe, ou pardeuant le iuge du domicile du defendeur, felon qu'il eſt traicté *in l. vlt. Cod. vbi
in rem actio.* Ce choix eſt expreſſément octroyé par aucunes
conftumes, au demandeur. Bourbonn. ar. 427. Touraine,
art. 169. Poictou, ar. 327. Laon, ar. 233. Reims, art. 198.

Niuernois au tiltre de retraict, ar. 2. requiert que le retraict
foit demandé par action : ce qui femble auoir quelque rai-
fou pour euiter les fraudes & collufions qui pourroiét eftre.
Suiuát ce Touraine, art. 191. dit que le retraict doit eftre fait
en iugemét & plaine audience, & autrement fait eft reputé
vendition. Bretagne, article 289. dit autant, fi c'eft hors les
plaids, que ce foit au lieu accouftumé à tenir iurifdiction.

Aucunes couft. outre l'an & iour, ont donné certaine forme, pour le delay, depuis le iour de l'adiournemét, iufques
au iour que l'affignation efchet: comme Niuern. de retraict
art. 2, & Bourbonn. art. 441. dient que l'affignation ne doit
eftre plus loingtaine de dix iours, & le tout dedans l'an &
iour. Blois ar. 198. met le delay de quinzaine. Autres couft.
fe contentent que le iour de l'adiournement foit dans l'an,
iaçoit que le iour de l'affignation foit apres l'an, non efloi-
gné toutesfois de plus de quarante iours. Comme Laon,
art. 232 Reims, art. 197. Vitry, art. 126. qui adioufte la limitation, pourueu que les deniers foient offerts à defcouuert
dedans l'an. Ie croy que cefte limitation doit eftre generale par tout, & n'en faut dire comme és fimples actions, efquelles le feul adiournement libellé interrompt, car l'actiõ
de retraict doit eftre accompagnee de deniers, autrement
n'a aucun effect d'action, comme fe cognoift par les couft.
qui dient que le demandeur à faute de continuer les offres
à chacune expedition de la caufe, auant conteftation, dechet du retraict. Celuy donc qui fait adiourner dedans l'an,
fans offrir deniers à defcouuert dedans l'an, n'a rien faict,
& ne fe peut dire l'action auoir efté intentee. Paris, art. 130.
fe contente que l'affignation efchée dedans l'an. Sens, art.
32. fe contente que l'adjournement foit dans l'an, & l'affignation peut eftre d'vn mois apres l'an. Auxerre, art. 157. dit
de mefme, hors-mis qu'il met quarante iours, Troyes, art.

143.deſire par exprés que les offres ſoient faites reellement dãs l'an & iour,& ar.151.dit que ſi l'aſſignatiõ eſt plus lointaine du mois, qu'vn autre lignager ſera receu, nonobſtant la preuention.Laon,art.232.permet à l'achepteur d'anticiper l'aſſignation lointaine.

A l'aſſignation premiere ſur le retraiſt, le retrayant doit offrir à deniers deſcouuerts le prix de l'achapt, s'il le ſçait, auec quelque ſomme pour les loyaux couſts, & à parfaire. Et ſi le contract n'a eſté exhibé,doit offrir vne ſomme vray-ſemblable. Ainſi Niuern.de retraiſt,art.3. Paris, art.140. Auuergne, chap.23. art.10. Aucunes deſirent que lors de l'adiournement l'offre ſoit faiſte à deſcouuert, Laon, art. 231.Reims,art.196. Aucunes couſtumes deſirent que l'acquereur,en exhibant le contract afferme la verité du prix, les autres que le vendeur & l'achepteur afferment. Et auſſi que le retrayant afferme que c'eſt en ſon nom & profit, & ſans fraude, & pour demeurer en la famille, & de ſes propres deniers.Ce qui s'entend,s'ils en ſont requis,Poiſtou, art.323.324,Sens,art.33.Auxerre,art.154.155.156. Berry de retraiſt,art.9.10. Bretagne,art.298. Bourbonnois, art. 455. Auuergne,chap.23.art.33.Meleun,art.154. Troyes, ar. 151. 162.Laon,art.237.238.mais ne contraint le vendeur de iurer,ſinon apres que le retrayant a maintenu qu'il y a fraude. Et ainſi dit Reims,art.204.Les offres doiuent eſtre continuees à toutes aſſignations de la cauſe,iuſques à conteſtation incluſe , & à faute de ce, le retrayant ſera debouté du retraiſt.Niuernois de retraiſt, art.4.5.Paris,art. 140. & adiouſte de continuer les offres en cauſe d'appel, iuſques à concluſion ſur l'appel , Bourbonnois, art.428.Senlis, art. 223. Troyes,art.151.Vitry , art. 126. Laon,art.231. 235. dit qu'il n'eſt requis d'offrir tous les deniers apres la premiere fois:mais ſuffit offrir vne piece, & à parfaire.Meleũ,ar.159. attribuë la decheãce contre le retrayant,ſi en la meſme audience le defendeur le requiert, ſinõ le retrayant pour purger ſa demeure *re integra*. Ce que deſſus s'entẽd en cas qu'il n'y ait conſignatiõ en main tierce,car la cõſignatiõ ſupplee

les offres. Sens, art. 34. se contente des offres à la premiere
iournee. Auuergne, chap. 23. art. 4. 38. semble ne se contenter de la simple offre , & desirer la consignation en
main tierce. Aussi dict que par la consignation faicte en
main tierce, partie appellee , le droict du lignager est conserué & perpetué.

S'il y a acceptation des offres faictes par le lignager pour
le retraict, ou s'il y a sentence adiudicatiue du retraict. Le
retrayant doit fournir les deniers dans certain tẽps, qui est
prefix: mais n'est semblable par toutes les Coustumes. Aucunes Coustumes dient dans vingt-quatre heures apres
l'acceptation ou adiudication. Comme Paris , art. 136. &
adiouste, pourueu que le contract ait esté exhibé , & apres
affirmation faicte du vray prix si elle est requise. Orleans,
art. 370. Bourbonnois, art. 428. Auxerre, art. 183. Meleun,
art. 153. Senlis, art. 223. Laon, art. 236. Rheims , art. 212.
Vray est qu'Auxerre, Orleans, & Meleun, dient que s'il y
à eu empeschement , contestation ou delay pris par l'acquereur: il est à l'arbitrage du Iuge de prefire le delay , ou le
delay est de huictaine. Poictou, art. 325. & Bretagne, 295.
octroyent huictaine apres l'acceptation. Sens, art 63. donne trois iours apres l'acceptation: & s'il y a eu contredict,
donne huictaine ou l'arbitrage du Iuge. Blois, art. 194.
donne huictaine apres le delay que l'acquereur à faict,
pourueu que le contract ait esté exhibé. Niuernois de retraict, art. 5. soit en acceptation, ou apres sentence, donne
vingt iours : Autrement la decheance de retraict, qui est
declaree par la Coustume en ces mots, *est & sera*.

Outre le prix de l'achapt, il faut offrir les frais & loyaux
cousts: s'ils sont liquides, ils les faut offrir en deniers comptans: S'ils ne sont liquides , il faut offrir quelque somme
de deniers, & à parfaire. Meleun, art. 154. dict apres les
loyaux cousts liquidez, il les faut payer dedans huictaine, à
peine d'estre decheu de retraict. Berry de retraict, art. 12.
dict qu'il les faut payer promptement, s'il en appert promptement. Niuernois, art. 11. 12. met en loyaux cousts, lettres, contracts, labourages, semences , reparations necess-

faires. Et quant aux lots, ventes, quints deniers, supplémét
- de iuste prix, rachapt de faculté de rachapt, & autres tels
frais faicts sans fraude auant l'adiournement en retraict,
les met en sort principal. La raison pour laquelle quint
denier, & lots & ventes, font portion du prix, a esté mise cy
dessus au tiltre des fiefs, où est parlé du quint en montant.
Quant aux profits seigneuriaux payez, en est ainsi decidé
par Poictou, art. 354. Berry de retraict, art. 12. Bourbonnois, art. 431. Auxerre, art. 158. & mettent lesdicts profits
au rang des loyaux cousts. Aucunes dient, que si le sci-
gneur a faict grace des profits à l'acquereur, que neantmoins le retrayant doit tout rembourser, comme Poictou,
art. 354. Berry de retraict, art. 12. Et telle a esté l'opinion
du sieur du Molin pour le general:& a esté iugé par Arrest
sur appel, venant du bailliage de Niuernois, entre François de Chaugy, Charles de Reugny, & Claude de Cossay
Escuyers. Quant aux reparations les Coustumes en ont
parlé diuersement. La pluspart permettent à l'acquereur
faire les necessaires pour les recouurer, comme Niuernois,
art. 12. Paris, art. 146. Orleans, art. 372. Meleun, art. 165.
Poictou, art. 371. Auxerre, art. 158. Sens, ar. 36.& Troyes,
151. mais veulent Sens & Troyes, que les fruicts perceuz
soiét precomptez. Bourbonnois, art. 430. dict reparations
necessaires&vtiles faictes par auctorité de Iustice: Mais ar.
481. semble dire indistinctement que les necessaires sont
à rembourser. Laon, art. 243. pour les necessaires faictes
auant l'adiournement. Vitry, art. 128. ne permet reparer,
quelque necessité qu'il y ait sans auctorité de Iustice. Blois,
art. 202 pour les necessaires faictes auant ou depuis l'adiournement. Ainsi Touraine, art. 170. Rheims, art. 211. dict
comme Laon, & adiouste des necessaires faictes par auctorité de Iustice, apres que l'adiournement a esté posé. Mais
où la Coustume ne dispose en particulier: Il faut dire
qu'en tous cas les reparations necessaires sont à rembourser: car *etiam*, le possesseur de mauuaise foy les recouure. *l.*
domum. C. de rei vend. Et si bien il n'auoit action pour les repeter, il auroit retétion de l'heritage, iusques à ce qu'il fust

remboursé.*l. si in area.ff. de condict. indeb.* Laquelle retentiõ est fondee sur l'exceptiõ de dol de celuy qui se veut enrichir auec le dõmage d'autruy. *l. hæreditas.ff.de petit.hered. l. in hoc ff. communi diuid.*

Presque toutes les Coustumes defendent à l'acquereur d'empirer l'heritage durant l'an du retraict. Paris, art.146. Sens, art. 39. Troyes,art. 152. Vitry,art.128. Auxerre, art. 160. Laon, art.244.qui adiouste, qu'il ne peut changer la forme. Rheims.art. 213. Blois, art. 202. dict, ne peut faire demolition ny nouuel edifice.Orleans, art.373. Bourbonnois.art. 482.

Quant aux impenses vtiles, aucunes Coustumes dient pource que l'acquereur n'en est remboursé, qu'il peut les oster sans deterioration de l'heritage, sinon que le retrayãt vueille payer le prix des matieres,sans la main del'ouurier. Ainsi Poictou, art. 371. Laon, art. 243. Rheims, art. 211. Ce qui se rapporte au droict Romain parlant du possesseur de mauuaise foy, qui faict impenses vtiles, *dict.l. dominum C. de rei vend.* Toutesfois és bastimens des villes, ne doit estre permis de demolir par la raison de la *l. cetera. §. 1. ff. de legat. 1. Vide Ruinum concil. 24. volu. 1. & consil. 165. volu. 4.*

De quel temps le retrayant doit gaigner les fruicts, les Coustumes ne sont semblables. Aucunes dõnét les fruicts au retrayant depuis la consignation par luy faicte, & non plustost. Niuernois de retraict, art. 8. Auxerre, art. 168. Berry de retraict, art.6. Troyes,art.166. Les autres donnent les fruicts au retrayant depuis les offres reelles deuëment faictes. Paris,art.134.Poictou,art. 338. Bourbõnois, art. 428. & semble adiouster la raison, pource qu'il doit continuer les offres à toutes assignatiõs. Meleun,art.160. Rheims, art. 201. Blois, art. 198. qui adiouste que le retrayant n'est tenu de consigner, sinon apres le cõtract veu. Le sieur du Molin dict la raison,pource qu'estant tenu de representer les deniers à toutes assignations:Il ne peut s'en iouër,ny en faire son profit: & en est comme depositaire. Le plus seur est de consigner: car il semble que les loix ne se

contentent d'vne simple offre, quand il est question de gaigner quelque aduantage, ains requierent la consignation
en main tierce *l. accept. C. de vsur. l. vlt. ff. de lege commiss. l.*
tutor pro pupillo. §. 1. ff. de administ. tut.

Aucunes desdictes Coustumes dient que les fruicts perçeuz par l'acquereur auant l'adiournement en retraict luy
appartiennent. Poictou, art. 369. Auxerre, art. 168. Orleans, art. 375. Bourbonnois, art. 482. auec ces mots, *cueillis*
en saison deuë. Touraine, art. 168. qui adiouste le choix à
l'acquereur de laisser les fruicts, en luy remboursant par le
retrayant les frais. Meleun, art. 161. Troyes, art. 166. Laon,
art. 246. Rheims, art. 214. Blois, art. 198. auec le choix que
Touraine met. Mais Berry, art. 6. dict que les fruicts perceuz auant la consignation, & depuis doiuent estre partiz
pro rata du temps, entre l'acquereur & le retrayant. Orleãs,
art. 376. dict qu'en rentes foncieres & loyer de maison, les
fruicts auant les offres *pro rata.* Et Poictou, art. 369. dict
que les fruicts prochains à cueillir lors du retraict, doiuent
estre partis *pro rata* de temps. Orleans, art. 374. dict que les
fruicts pendans lors des offres, sont au retrayant en remboursant culture & semence. Troyes, art. 166. dict que si
l'achepteur auant la consignation a faict semences: il doit
Ieuer les fruicts. Laon, art. 245. qui donne à l'acquereur les
fruicts perçeuz auant le retraict, dict que si les impenses
faictes pour lesdicts fruicts excedent la valeur d'iceux, &
apportent profit à l'aduenir que l'acquereur recouure les
impenses. L'acquereur qui a perceu aucuns fruicts auant
que d'estre appellé en retraict les a faicts siens : pource que
re vera il estoit proprietaire, & n'y a aucune raison pourquoy on les luy doyue oster. Quant aux fruicts pendãs, lors
de l'introduction du retraict. Il y a grande raison de les partir *pro rata* de l'vn à commencer l'an du iour que l'acque-
quereur à payé le prix de la vente, ou du iour que par conuenance il a deu les faire siens, ayant terme de payer, selon
la raison de la *l. curabit C. de act. empti.* Et ainsi est porté par
l'Edict du rachapt des biens temporels Ecclesiastiques.

Si

Si l'acquereur a depuis son achapt vendu l'heritage à vn autre, le retrayant sera seulement tenu de payer le prix, frais & loyaux cousts de la premiere vente. Niuernois, de retraict, art. 13. Bourbonnois, art. 460. Vitry, art. 127. Meleun, ar. 248. Laon, ar. 248. Reims, art. 205. 215. Blois, art. 205. Auxerre, art. 178. Berry, de retraict, art. 17. & art. 18. excepte si la seconde vente estoit faicte à vn lignager, ores qu'il fust plus esloigné. La raison de ce qui ce dict de la premiere vente, est que dessors de la vente le droict de retraict est acquis au lignage, & ne peut-l'on rié faire pour deroger à ce droict acquis.

Aucunes Coustumes dient qu'audict cas il est loisible au retrayant de s'adresser au premier ou au second acquereur qui est detenteur. Bourgongne, art. 111. Sens, art. 57. qui adiouste, ou à tous deux. Auxerre, art. 177. Berry, art. 17. Troyes, art. 163. comme Sens, Rheims, art. 205. Blois, art. 205. Les autres dient que le premier acquereur qui a alienè, doit faire venir & fournir partie au retrayant, c'est à dire faire venir en jeu le second acquereur. Ainsi dict Poictou, art. 332. 352. 353. & presque de mesme Meleun, art. 148. & Blois, art. 205.

Si plusieurs lignagers se presentent au retraict la questiô est, lequel doit estre preferè. Aucunes Coustumes preferêt le plus diligent, ores qu'il soit plus lointain en degre, côme Paris, art. 141. Orleans, art. 378. Bourbonnois, art. 439. Meleun, art. 150. Senlis, art. 225. Niuernois de retraict, art. 17. pourueu que l'assignation ne soit de plus de dix iours. Sens, art. 52. Auxerre, art. 173. Berry de retraict, art. 5. & excepte si le moins diligent estoit enfant ou frere du vêdeur, ou s'il auoit portion indiuise en l'heritage. Orleás, ar. 378. côme Berry: & requiert les deux, proximité, & auoir part indiuise. Laon, art. 230. Rheims, art. 195. & aucunes dient que le iour est seulement à considerer, & nô l'heure, côme Sens. Auxerre, Laon, Rheims. Les autres Coustumes preferent le plus prochain, ores qu'il ne soit le plus diligent. Poictou, art. 332. Auuergne, chap. 23. art. 16. 17. Touraine, art. 154. Troyes, art. 145. Bourgongne, art. 103. Blois,

Mm

art.199. S'ils font en pareille proximité ou diligence, ils viendront par égales portions, ainfi dient Niuernois, Poictou, Auxerre, Blois, Auuergne, Meleun, Troyes. C'eft felon les reigles de droict Romain, que quand plufieurs fe trouuent en concurrence, chacun d'eux ayant droict pour le tout: ils font part l'vn à l'autre, & viénent par égales portions. *l. fi finita. §. fi ante. ff. de damno infect. l. titio. ff. de lega. 1.* Ce qui fe dit de la côcurrence, fe dit pour le refpect des lignagers de l'vn & l'autre: Car à l'égard de l'acquereur, il n'eft tenu de diuifer, & ne receura l'vn pour fa portion s'il ne veut. Ainfi fut iugé par Arreft folemnel du 14. Aouft, 1568. du Harlay Prefident. Mais Laon, art.230. audict cas de côcurréce, permet à l'acquereur de choifir celuy à qui il voudra faire le delaiffement. Berry prefere le plus ancien, & le mafle à la femelle. Bourgongne, art.105. dict, que le parent qui n'eft de la ligne, peut venir au retraict, fi aucun parent de la ligne ne fe prefente.

Les Couftumes s'accordent, qu'en concurrence de feigneur feodal ou cêtier pour la retenuë: & du lignager pour le retraict: que le lignager eft preferé. Et fi le feigneur auoit preuenu le lignager, le pourroit retraire fur luy. Ainfi Paris, art.159. Niuernois de retraict, art. 22. Poictou, art.349. Sés, art.42. Auxerre, art.163. Berry de retraict, art.13. Orleans, art.365. Bourbonnois, art.438. Touraine, art.164. Meleun, art.163. Senlis, art.226.227. Vitry, art.124. Laon, art. 259. Blois, art.208. Bourg. art.110. Auuergne, chap.21. art.15. & ch.23. art.15. excepte fi le feigneur acquiert la chofe tenuë de luy à cens fans fraude. Bretagne, art.293. dict que le feigneur direct vient à retenuë à faute de lignager.

Pour ce retraict lignager n'eft deu quint denier, ny profit de lots & ventes, ains feulement du premier achapt. Niuernois de retraict, art. 26. Auxerre, art. 182. Berry de retraict, art. 11. Orleans, art. 405. Bourbonnois, art. 445. Auuergne, chap. 23. art. 20. Meleun, art. 157. Rheims, art. 68. & art. 95. dict que fi le lignager retraict fur le feigneur feodal qui auoit retenu, qu'il payera le quint. Ce qui eft bien raifonnable: car en ce cas le lignager tient lieu d'achepteur:& il y a mutation de perſonne qui doit profit vne fois pour le moins.

Le temps de retraict court ſans remede de reſtitution contre mineurs ignorás, abſens, furieux & autres perſonnes priuilegiees. Paris, art. 131. Niuernois, art. 10. Poictou, ar. 362. Betry, de retraict, ar. 1. Orleans, ar. 366. Bourbonn. art. 425. & adjouſte de femmes mariees. Auuergne, chap. 23. art. 3. Côme Bourbonnois, Laon, art. 229. Rheims, art. 190. Touraine, art. 197. de meſme, & en dict autant à l'eſgard de la retenuë du ſeigneur direct. La raiſon au retraict, eſt que le lignager n'eſt cenſé rien diminuër de ſon droict qui eſt en defaillance d'acquerir. *l. qui autem. ff. que in fraudem cred.* Le droict Romain dict autrement. *In cap. conſtitutus extra de reſtit. in integrum.*

S'il y a faculté de rachapt par la vente, aucunes Couſtumes dient que le temps du retraict ne court, ſinon apres le temps dudit rachapt paſſé. Ainſi Niuernois de retraict, art. 9. Sens, art. 63. Orleans, art. 393. Bourbonn. art. 423. Touraine, art. 157. Blois, art. 206. Et ainſi auoit eſté iugé par Arreſt ſolemnel du 7. Septembre, 1532. en la maiſon de la Tremalle de Sully. Et neantmoins le lignager peut venir dâs le temps de reemeré: & à la charge d'iceluy. Touraine, art. 158. adiouſte que la grace de rachapt doit eſtre par eſcrit, & par meſme forme & inſtrument que la vente.

Les autres Couſtumes font courir le temps deſlors de la vente, ou poſſeſſion, ou enſaiſinement, ou notification au Greffe: nonobſtât qu'il y ait faculté de rachapt, côme Poictou, art. 320. Auxerre, art. 185. Bourgongne, art. 16. Berry, du retraict, art. 3. Auuergne, chap. 23. art. 13. Touraine, art. 189. & ar. 158. dict que ſi auât la poſſeſſiô priſe y a reſolutiô de retraict, ſans fraude du gré des parties, n'y a retraict.

Le retrayant peut payer le prix en autres eſpeces de mônoye que celles contenuës au contract de vente. Bourbonnois, art. 332. Niuernois, art. 14. de retraict, qui met l'exception, ſi l'acquereur n'a intereſt à ce. C'eſt ſuiuât la *l. Paulus. ff. de ſolut.* L'intereſt peut eſtre, ſi l'acquereur eſt marchant, qui trafique en pays eſtrange, & a affaire de monnoye d'or

telle qu'il a payee: ou si on le paye en mōnoye blanche qui
en grand nombre, est malaisee à transporter.

Celuy qui n'est habile à succeder par inhabilité perpetuelle, comme vn religieux profés, bastard, ou banny à perpetuité, ne peut venir à retraict lignager. Niuernois de retraict, art. 25. Paris, art. 158 Sens, art. 46. Orleans, art. 404.
Bourbonnois, art. 436. Meleun. art. 139. Troyes, art. 155.
Rheims, art. 227. Quant au bastard legitimé, me semble
que s'il est legitimé à la requeste, ou par le cōsentemē seul
de son pere, qu'il n'a droict de retraict, sinon à l'esgard de
ses freres & sœurs ou leurs descendans. S'il est legitimét par
le consentement des collateraux il peut venir au retraict à
leur esgard: Car la legitimation par rescript qui est dispense doit estre prise à l'estroit. Autrement est de la legitimation par mariage sequent, car elle vaut pour tous respects.

L'heritage vendu par decret sur criees est subject à retraict lignager, ainsi dit Paris, ar. 150. Niuernois de retraict,
art. 28. Sens, art. 45. Auxerre, art. 167. Meleun, art. 138. Berry de retraict, art. 25. Bourb. art. 450. Auuergne, chap. 23.
ar. 27. Trois, ar. 147. Laon, ar. 252. Rheims, ar. 190. Bour-
gōgne, art. 110. Mais Troyes & Bourg. dient que l'an commence du iour de l'interpositiō du decret. Auxerre & Auuergne du iour de la deliurance & seel du decret. Berry ne
dōne que 8. du iour de l'adiudicatiō. Mais Orleans, ar. 400.
dit que l'heritage vendu par decret n'est subject à retraict.
Et Tours, art. 180. ne donne retraict sur decret, sinon que
parauant y eust prix conuenu. La raison desdictes deux
Coustumes est, pource que le lignager a peu s'il a voulu encherir, & estre adiudicataire, puis que l heritage estoit ex-
posé en vente, & ayant vne fois negligé, on ne la doit pas
receuoir à la grace. L'heritage vendu sur vn curateur à biés
vacans chet en retraict. Paris, art. 151. 153. Vide sup. f. 32. Aussi
heritage propre vēdu par l'executeur du testamēt est suiect
à retraict. Bourb. ar. 471. Sés, ar. 55. Auxerre, ar. 176. Troyes,
ar. 160. Pource qu'esdicts deux cas l'heritage est de l'heredité du defunct qui est censee, dame & maistresse des biens
cōme representant le defunct. l. 1. §. 1. ff. si quis test. li. Et sur la

queſtion qui me fut propoſee, qu'vn proprietaire auoit
confiſqué pour crime au profit du Roy. Les biens n'ayans
eſté apprehendez par le Procureur du Roy. Eſt creé vn curateur à biens vacans, ſur lequel les creanciers font crier les
heritages, & ſont adiugez par decret. I'ay reſpondu qu'en
ce cas n'a retraict: car celuy qui eſt executé à mort ne laiſſe
point d'heredité, & les heritages ſont acquis au ſeigneur
haut iuſticier, par tiltre non ſubiect à retraict: Mais heritage
vendu ſur vn curateur à la choſe abandonnee n'eſt pas ſubiect à retraict. Paris, art. 151.153. Pource qu'elle eſt cenſee
eſtre hors du lignage n'appartenant plus au proprietaire,
deſlors de l'abandonnement. *l. 1. ff. pro derelict.* Et l'alienation n'eſt pas faicte à prix d'argent.

Si l'heritage propre & ancien eſt baillé à vn eſtranger,
ſoubs charge de cens, rente, ou autre preſtation. Aucunes
couſtumes ne donnent le retraict, ſinon que la rente ſoit racheptable par le contract de bail. Ainſi dit Paris, art.137. &
dit que le retrayant doit payer le prix. Poictou, art.359. do-
ne le retraict quãd la rente eſt racheptee. Sens, art.43. Auxerre, article 164. Orleans, article 388.390. Blois, article
205.209. Touraine, article 169.175. Troyes, article 148.
Reims, art. 209. Laon, art.242. dient qu'il n'y a retraict,
ſinon que la rente ſoit racheptable, ou que la rente ſoit
venduë, & aucunes dient, ores que la vente ſoit racheptable,
qu'il n'y a retraict, ſinon lors du rachapt. Aucunes admettent le lignager à retraire l'heritage, ſoubs la charge de
la rente. Comme Niuernois de retraict, art. 18. Bourgongne, art. 109. Paris, art.149. dit que le bail a quatre-vingts
dix-neuf ans, ou a longues annees eſt ſubiect à retraict. Aucunes couſtumes qui ne donnent le retraict à bail à rente,
octroyent le retraict ſi la rente eſt venduë ou racheptee.
Poictou, art.359. Auxerre, 164. Orleans, art.388. Blois, art.
209, Tours, art.166. Et s'il y a entrage de deniers en faiſant
le bail, il y a retraict. Tours, art.167. Orleans, art. 389. Meleun, art.143. eſt veu en dire autant par argument. Sens, art.
64. Blois, art.205. par argument. Mais Bourbonnois, art.
442. ne donne audit cas le retraict, ſinon que l'heritage ex-

cede la valeur de la redeuance: à quoy se rapporte par argument.le 27.art.des fiefs, Niuernois. Meleun,art. 132. dit si l'heritage est vendu en retenant cens, ou autre prestation, il y eschet retraict. Bretagne, art. 300. dit qu'il n'y a premesse ou retraict en pur bail à feage de noble fief, quand le bailleur retient l'obeissance: car le parent ne feroit les seruitudes, comme l'estranger, & ar. 301. dit qu'en tout autre contract d'engaige ou censuel, premesse a lieu, premesse c'est droict de proximité ou de lignage : car ladite coustume vse de ce mot *presme*, pour lignager, comme si presme estoit le François de *proximus*. Mais rente ou autre charge est venduë sur heritage propre, le lignager pourra auoir la rente par retraict. Niuernois de retraict, article dix-huit. Poictou, article trois cens cinquante sept. Sens, article 40. *etiam* en rente constituee à prix d'argent, ores que l'hipotheque fust generale, ce qui n'a pas grande raison : car en telles rentes n'eschet affection de lignage. Bourbonnois, ar. 423. Troyes, art, 148. Blois, art. 193. Touraine, art. 192. distingue & dit que rente fonciere creée auant dix ans, acquittee sur soy, n'est subiette à retraict: si depuis dix ans est subiecte à retraict. Mais Auxerre, art. 161. Orleans, art. 399. dict que rente constituee à prix d'argent, *etiam*, assignee specialement, n'est subiecte à retraict. Ce qui semble deuoir estre general : car la rente constituee ne peut estre faicte perpetuelle, pource qu'elle peut estre racheptee *etiam* apres cent ans, & n'y peut cheoir affection de lignage, pource qu'elles sont en commerce vulgaire.

Droict de retraict lignager ne peut estre cedé à vn estranger de la ligne, mais bien à vn lignager. Ainsi dit Niuern. de retraict, ar. 23. qui adiouste que le cessionnaire n'a autre aduantage, que si luy-mesme eust retraict. Poictou, art. 351. Meleun, 164. Bourg. art. 107. Touraine, art. 181. dit simplement que le retraict ne peut estre cedé. Auxerre, ar. 169. dit que si l'achepteur reuend dedans l'an à vn du lignage, sans fraude, & auant l'adiournement qu'il n'y eschet retraict.

Si aucun a achepté vn heritage propre de son lignager, &

apres il le vend à vn eſtranger. Il y a retraict lignaget, & audit retraict, ſera receu le premier vendeur, car il n'a mis l'heritage hors de la ligne. Paris. art. 133. Sens, art. 51. Auxerre,
art. 172. Orleans, 379. Bourbonnois, art. 434. Ainſi faut dire que l'heritage, qu'aucun a retraict par droict de lignage,
eſt ſubiect à retraict, ſi le retrayant le vend à vn eſtranger.
Niuernois de retraict, art. 24. Sens, art. 50. 51. Meleun, art.
135. Troyes, art. 158. Laon, ar. 247. qui adiouſte ces mots,
combien qu'il ſoit conqueſt. Reims, art. 215. Bourgongne, art.
108. Touraine, 171.

Les heritiers du vendeur qui ſe trouuent dedans l'an du
retraict apres le deceds. Et les enfans du vendeur durant la
vie de leur pere, peuuent retraire l'heritage vendu qui eſt
de leur ligne: car il n'y vient comme heritier, ains par le ſeul
droict de lignage, & les deux qualitez n'ont rien de com-
mun l'vne à l'autre. *l. filÿ. ff. de iure patro. l. ſi maritus. ff. famil. er-*
ciſc. Paris, art. 142. Meleun, art. 144. Orleans, art. 402. Bourbonnois art. 485. Auuergne, chap. 23. art. 22. dit qu'aſcendans & deſcendans ſont receus au retraict. Laon, art. 253.
254. dit que l'enfant peut retraire, ores qu'il ne ſoit emancipé, & que le retraict peut eſtre faict au nom de l'enfant
qui eſt au ventre de la mere, combien qu'il ne fuſt conceu
lors de la vente, pourueu qu'il ſoit conceu dedans le temps
octroyé pour le retraict. Reims, art. 193. 194. comme Laon.
l. qui in vtero. ff. de ſtatu hominum.

L'heritage qu'aucun a eu par eſchange d'autre heritage,
ſortit meſme nature pour le retraict, comme auoit l'heritage qu'il a baillé, Paris, 143. Sens. ar. 38. Berry, retraict, art.
14. Meleun, art. 141. Troyes, art. 154. & de meſme ſi par partage d'heritages eſt aduenu heritage d'autre ligne: c'eſt vne
ſubrogation introduicte par la couſtume qui a ſon effect
ample: Et en eſt la couſtume generale en France. Orleans,
art. 385. comme Paris, & adiouſte s'il y a tourne de deniers,
que c'eſt conqueſt, iuſques à concurrence des deniers, &
neantmoins que l'heritier des propres peut auoir le tout en
rembourſant, à ce qu'il ne ſoit contrainct d'entrer, en com-

Pagination incorrecte — date incorrecte

NF Z 43-120-12

munion outre son gré. *l. si non sortem.* §. *si centum. ff. de condit. in deb.*

Si plusieurs heritages de diuers lignages sont vendus par vne seule vente, & vn seul prix. Les coustumes en ordonnent diuersement. Les vnes dient que chacun lignager doit retraire, ce qui est de la ligne & estoc, & doit retraire aussi tout ce qui en est. Ainsi dit Niu. de retraict, ar. 27. Bourbonnois, art. 447. 448. & adiouste si les heritages sont de diuers estocs que l'acquereur a le choix, de laisser tout à vn, ou à chacun lignager le sien. Touraine, art. 178. Meleun, art. 140. comme Bourbonnois, Laon, art. 239. & Reims, art. 206. dit que le retrayant n'est tenu de prendre, sinon ce qui est de son propre. Les autres coustumes dient que le lignager est tenu de retraire tous les heritages & immeubles vendus, soiët de son estoc ou autre oucōquests. Poictou, ar. 348. Orleans, art. 395. Auuergne, chap. 23. art. 29. dit que si l'achepteur veut tout delaisser, le lignager sera tenu de prédre tout. C'est la raison que le droict a consideré, en faisant le tout indiuidu à cause de l'interest de l'achepteur qui n'eust pas voulu achepter vne partie. *l. tutor.* §. *curator. ff. de minorib.* Orleans adiouste vne belle limitation, art. 396. que s'il y a du propre & du conquest, & la moindre partie soit du propre, le lignager ne pourra vser de retraict, à cause de la preualence du conquest, non subiect à retraict, la moindre partie doit sortir la mesme nature. *l. in rem.* §. *in omnibus. ff. de rei vend.* Laon audit article, 239. met vne belle limitation, à ce qui est dit que le lignager n'est tenu de prendre, sinon ce qui est de son naissant & propre. Si ce n'estoit que lachepteur eust notable interest & incommodité à retenir vne partie, & laisser l'autre, laquelle limitation me semble deuoir estre tenuë pour generale, à cause de sa raison: *tum*, pource que de la part du lignager, sembleroit estre animosité, à laquelle ne faut prester aucune faueur. *l. in fundo. ff. de rei vend. Tum* pource que la grande incommodité doit faire iuger la chose impossible de diuiser. *l. plerumque. ff. de edil. edicto.* Bretagne, art. 296. met vne limitation fort aduantageuse pour le lignager, disant que le presme & lignager

gnager n'est tenu de retraire, sinon ce que commodement il peut, ce qui semble sans raison. La pluspart desdites Coustumes parlent par mesme moyen de la retenuë des seigneurs, les vnes dient que le seigneur direct n'est receu & n'est tenu aussi à retenir, sinon ce qui est mouuant de luy. Ainsi dit Poictou art. 348. Touraine, art. 178. Mais Auuergne chap. 21. art 9. 10. & chap. 22. art. 23. & 24. dit que si l'achepteur offre la totalité des choses venduës, le seigneur est tenu de prendre tout.

Celuy sur lequel est faict le retraict n'est tenu d'euiction enuers le retrayant. Niuernois de retraict, art 29. Vitry art. 130. qui adiouste, sinon de ses faicts & obligations.

L'vsufruict de propre heritage vêdu à estranger ne chet en retraict, pource que la proprieté demeure au lignage. Paris, art. 147. Bourbonn. ar. 463. Reims, ar. 226. Meleun, art. 133. qui met l'exception, sinon apres que la proprieté fust venduë au mesme achepteur, car en ce cas tout sera subiect à retraict. Et Touraine, art. 188. dit qu'en vendition de fruicts d'heritages pêdans, ou de pension d'heritage, ou de doüaire, n'y à retraict. Bretagne, art. 303. dit qu'il y a premesse ou retraict quand l'heritage est baillé à iouyr pour certain temps en payement de debte.

Si en la vente y a donation de plus de valuë, l'heritage est subiect à retraict, en rendant le prix de la vente seulement. Bourbonnois art. 451. Auuergne chap. 23. art. 35. 36. que si la plus-valuë excede, il n'y a retraict, si elle est moindre retraict a lieu, & sera payee l'estimation de la plus-valuë.

Si par mesme contract, & pour vn seul prix y a vente de meubles & d'immeubles : le choix de l'acquereur est de delaisser tout, ou de delaisser seulement l'immeuble. Ainsi Bourbonnois, art. 472.

L'eschange n'est subiect à retraict. Senlis, art. 224. Blois, art. 204. Sinon qu'il y ait fraude qui face presumer que ce soit vendition. Ou s'il y a retour de deniers, plus grand que l'heritage baillé auec lesdits deniers : Les Coust. mettent certains cas de presumption de fraude, qui rend l'eschan-

Nn

ge subiect à retraict. Si dedans l'an l'vn des compermutans rachepte l'heritage qu'il a baillé, ou si dedans l'an il en est trouué possesseur. Auxerre, art. 159. Orleãs, art. 387. Bourb. art. 454.459. Touraine, art. 176. Audit cas qu'il y a soulte de deniers, si la soulte excede la valeur de la moitié de l'heritage. Aucunes coust. dient que le tout de l'heritage est subiect à retraict, & sera payee en deniers l'estimation de l'heritage baillé en contr'eschange. Ainsi Berry de retraict, art. 15. 16. Poictou, art. 355. Orleans, art. 384. Les autres dient qu'il y a retraict pour portiõ de la soulte, *etiam* que la soulte soit plus grande que l'heritage. Paris, ar. 145. Meleun. art. 142. Bourbonnois, art. 453. Touraine, art. 177. Les autres diẽt simplement qu'il y a retraict *pro rata* de la soulte, Sens, art. 38. Auxerre art. 159. Ces coustumes ont peu de raison, qui font l'heritage subiect à retraict pour partie. Car le retraict n'estant que volontaire & pour bien-seance dependant d'affection : il semble n'estre pas raisonnable de contraindre vne personne d'auoir part seulement à l'heritage, & y auoir compagnon. Autres diẽt ores qu'ils y ait soulte en deniers, grande ou petite qu'il n'y a retraict. Auuergne, chap. 23. art. 31. Si en fraude du lignager on a mis au contract plus haut pris que n'est le vray pris conuenu, aucunes coustumes diẽt que si apres la confirmation par serment, le retrayant prenne le contraire de l'affirmation, l'achepteur confisque ses deniers au seigneur iusticier, & l'heritage sera adiugé au retrayant sans payer cousts. Ainsi dient Sens, art. 58. Auxerre, art. 179. Meleun, art. 158. Tours, art 172. dit que ce qui abonde outre le vray prix, sera payé au double au lignager auec l'amende à iustice, art. 173. 174. Celuy qui nie auoir acquis, ou qui nie auoir baillé deniers ou meubles, & succombe perd la chose au profit du lignager. Ce sont coustumes penales, qu'il ne faut estendre hors la Prouince.

Si l'acquereur se trouue absent de la chastellenie où l'heritage est assis, & il n'ait domicile, il peut estre adiourné à la personne de l'entremetteur de ses affaires ou à cry public, ou à yssuë de la Messe parrochiale. Et par 2. defaux apres demande verifiee, le retraict est adiugé en consignant les deniers. Sens. art. 53. Niuernois retraict, art. 6. 7. & parle de celuy qui s'absente apres l'adiournement. Auxerre, ar. 174. Bourbonn. art. 429. Meleun, art. 146. qui dit publication par trois Dimanches au Prosne de la Messe parrochiale. Troyes, art. 159. Laon. 256. Reims, art. 219. pour interrompre la prescription d'an & iour, Autres coustumes donnent le remede de saisir l'heritage sous la main de iustice, pour interrompre la prescription, faire offre & consigner: Comme Berry de retraict, art. 5. 8. Touraine, art. 194. Poictou, art. 329. dit faire offre sur les lieux vendus, en presence de sergent & tesmoings.

Si l'acquereur a terme de payer le retrayant, aura mesme terme en baillant bonne seureté à l'achepteur. Sens, art. 54. Auxerre, ar. 175. dit pour la seureté, bailler cautiõ au vēdeur ou bien gage à l'achepteur ou vēdeur. Berry de retraict, art. 19. comme Auxerre. Bourbonn. art. 470. & dit seureté, argent ou gage. Meleun, art. 156. & adiouste que le vendeur ne quittera son debteur, si bon ne luy semble. Touraine, ar. 155. dit bailler caution & l'heritage specialement hypotheque. Vitry, art. 126. dit simplemēt que le retrayāta semblable terme. Troyes, art. 161. dit que le retrayant doit payer contant. Reims, art. 225. dit de mesme, que le retrayāt doit payer contant, sinon que le vendeur vueille descharger l'achepteur. De vray ils doiuent estre contentez tous deux, & l'acquereur, qui desire estre deschargé: car il est obligé, & le vendeur qui a suiuy la foy de l'acquereur, & peut alleguer difficulté au change.

Donatiõs remuneratoires de seruices, ou pour recōpense, faictes sans fraude, ne sont subiectes à retraict. Bourbonn. 443. Autres coustumes dient qu'il y eschet retraict. Troyes, art. 165. donation pour recompense ou pour payement de deniers. Reims, article 210. parle en general qu'en dons gratuits & remuneratoires, ou pour cause en transaction, & autres contracts où n'y a bourse desliee, & qui n'equipollent à vendition n'eschet retraict.

Pourroit eſtre diſtingué ſi ce ſont ſeruices vulgaires qui cõmunement ſe recompenſent, ou dont la recompenſe eſt facilement eſtimable en deniers : qu'il y eſchee retraict. (Si ce ſont ſeruices graues & importans qui facilemét & communement ne peuuent eſtre eſtimez comme ſi vn Gentilhomme par ſa valeur & dexterité a deliuré vn Prince de mort, ou de priſon vn iour de bataille, telle donatiõ ne ſoit ſubjecte a retraict.)

En vente de couppe de bois de haute fuſtaye ou taillis n'y eſchet retraict, Sens art. 66. Pour ce quand l'achepteur execute ſõ droict ce qu'il a achepté ſe trouue meuble à ſçauoir bois couppé non ſubject à retraict.

Si aucun n'eſtant de lignage acquiert vn heritage, & il ait enfans lignagers, Le retraict n'a lieu ſinõ en cas qu'il reuendiſt l'heritage, Paris art. 156. Orleans art. 403.

Eſchange d'heritage à meubles : ou s'il eſt baillé en recompenſe & payement de deniers, eſt ſubject à retraict, Sens art. 49. 59. Auxerre art. 171. 180. Bourbonnois art. 452. & dit en payant l'eſtimation des meubles Auuergne chap. 23. art. 30. & dit que tel contract eſt reputé vente, Meleun art. 136. Troyes art 153.

Heritage dõné par pere ou mere à ſon enfant en mariage, ores que ce ſoit conqueſt au donateur, eſt propre audit enfant & ſubiect à retraict, ſi ledit enfant l'aliene. Sens art. 41. Auxerre art. 192. & adiouſte qu'il chet en retraict aux pere & mere & à leurs ſucceſſeurs, Bourbõnois art. 468. Melcũ ar. 131. Troyes ar. 153. comme Auxerre, Reims art. 224. & adiouſte, auſquels leſdits pere & mere pourroiét ſucceder. La raiſon eſt pour ce que telle donation eſt reputee de tel effect comme ſi l'heritage eſtoit venu par ſucceſſion, & cõme donné en auancement d'icelle.

Le mary peut requerir le retraict lignager au profit de ſa femme, ſans qu'il ait mandemét ſpecial d'elle. Poictou art. 331. Bourbonnois art. 465. Reims art. 223. & adiouſte ces mots , *en qualité de mary* . Mais apres le mariage diſſolu lors qu'il faudra rébourſer, ie croy que ſi la femme ou ſon heritier trouue incõmodité, il ne ſera tenu d'accepter : car le retraict est hors le pouuoir d'vn maistre de cõmunauté.

Entre gens de cõditiõ seruile n'y en bourdelage n'eschet retraict lignager. Niuernois de retraict, art. 20. Berry de retraict, art. 21. dict que terres chargees de terrage ne sont sujettes à retraict. Bourbonnois, art.　dict que le franc ne peut retraire ce que son lignager serf à vendu : mais le serf peut retraire ce que le franc à vendu.

Si le retrayãt decedé delaissant vn heritier des cõquests, & autre heritier des propres. L'heritier des propres aura l'heritage en rébourfant l'heritier des conquests du prix de l'achapt dãs l'an du deceds. Paris, art. 139. Orleans, art. 383. La raison est, que de vray c'est cõquest, pource qu'il est acquis moyennant deniers : & partant, en ce que les deniers ont peu faire, il viẽt à l'heritier des cõquests. Et en ce que le lignage à faict, il est propre subject à la ligne.

DES TESTAMENTS.

PRESQVE toutes les Coustumes ont limité le pouuoir de tester, en ne permettant pas de disposer de tous biens par le testateur, qui est en faueur des heritiers : afin que l'heredité ne soit sans profit, qui est *ad instar* de la falcide : Vray est qu'aucunes Coustumes limitent, & restraignent la puissance de tester à toutes sortes de biens, comme Bourbonnois & Auuergne. Les autres limitent seulement pour l'heritage propre, laissans en pleine liberté au testateur les meubles & conquests : Et ces Coustumes ont faict en faueur de lignage, les autres purement en faueur de l'heritier. Et en tous cas, cela a correspondance à la falcide. La pluspart desdictes Coustumes permettent de disposer de tous meubles & conquests, & de la cinquiesme partie de l'heritage ancien ou propre. Comme Paris, article 292. qui adiouste ces mots, *etiam*, pour cause pitoyable. Niuernois des testaments, ar. 1. Sens, art. 68. adioustant, si le testateur n'a que des meubles : il ne peut disposer que du quart. Auxerre, article 225. Orleans, article 292. Tours, article 324. Meleun, article 246.

Senlis, art. 217. 218. qui excepte la legitime des enfans qui doit estre saufue & doit estre ainsi entendu par tout.

Les autres Coustumes permettent de disposer de tous les meubles & cõquests, & du tiers ou de la moitié du naissant ou propre. Troyes, art. 95. qui dit *etiam* au preiudice des enfans, a la charge que les deux tiers du naissant, viennent aux enfans ou autres heritiers frãcs de debtes & laigs, si tant est que les autres biens y puissent fournir, sinon les deux tiers seront chargez de debtes, & laigs par portion. Vitry, art. 100. qui dict que les deux tiers du naissant doiuēt venir franchement aux enfans ou heritiers: & dit que le testateur peut laisser le tiers en vne ou plusieurs pieces. Laon, art. 60. permet de disposer de tous meubles & conquests, & de la moitié du naissant roturier, & tiers du naissant en fief. Rheims, art. 292. permet de tous les meubles & conquests, & de la moitié du naissant. Laon, art. 67. met vne exception quant aux meubles, qui par raison doit estre generale, à sçauoir si c'estoit meuble precieux, qui de long temps fust de la maison, & fust legué par l'vn des mariez, le suruiuant pourroit le retenir en payant l'estimation. On a estimé ces joyaux precieux tenir lieu d'heritage, & és Eglises la vête en est defenduë, comme des immeubles, *Iu can. Apostolicos.* 12. *quest.* 2. où se trouue faute au texte en ce mot *ciminilia*, qui d'eust estre *cimelia*, du mot Grec κειμήλια.

Autres Coustumes permettent seulement de disposer du quart de toutes sortes de biens, ledict quart chargé de laigs, & funerales, & s'entend le quart des biens, qui restēt apres debtes payees. Bourbonnois, art. 291. Auuergne, chap. 12. art. 16. 41. 42. & dict le quart chargé du quart des debtes. Berry de testament, art. 1. 5. celuy qui n'a enfans peut disposer de tous ses biens, *etiam*, par institution d'heritier, & tel heritier est saisi. S'il a enfans, ne peut disposer que de la moitié enuers estranger. Poictou, ar. 203. permet de donner le tiers des immeubles escheus par succession. Blois, art. 173. pour le quart des biens patrimoniaux en censue, & le quint en fief. En toutes les Coustumes susdictes, est à entendre, que quand le laigs est d'vniuersité ou

de quote portion d'icelle vniuerſité, comme de tous meubles ou moitié de meubles, troiſieſme ou cinquieſme d'heritage propre. Le legataire eſt ſubject aux debtes du defunct *pro rata* des biens qu'il prend. C'eſt à dire qu'il ne
prend ſinon la portion de ce qui reſte apres que les debtes
ont eſté pris & eſcumez ſur toutes ſortes de biens. Car en
ces pays Couſtumiers, au cõtraire du droict Romain, nous
faiſons pluſieurs patrimoines & hereditez d'vne ſeule perſonne, l'heredité des meubles, l'heredité des conqueſts,
l'heredité des propres paternels, l'heredité des propres
maternels: celuy qui eſt legataire de tout vn patrimoine,
ou de quote portion, doit ſa part des debtes, ſelon & à raiſon de l'emolument qu'il prend, comme s'il eſtoit heritier
en ceſte portion: *Verbi gratia*, ſi les meubles du teſtateur
vallent mil eſcus: Les conqueſts cinq cens eſcus: & les propres quinze cens eſcus: Et lors de ſon deceds, il deuoit mil
eſcus: c'eſt le tiers de ſon bien. On prendra & eſcumera ſur
les meubles mil francs, ſur les conqueſts cinq cens francs,
& ſur les propres quinze cens francs. Cela eſtant retiré, le
legataire des meubles ſe trouuera auoir deux mil francs: le
legataire des conqueſts mil francs. Le legataire du quint
des propres aura ſix cens liures, qui eſt le quint de trois mil
francs ou mil eſcus.

L'aage pour teſter eſt diffiny par aucunes Couſtumes,
par les autres non: Aucuns ont eſtimé és lieux où l'aage
n'eſt diffiny, qu'il ſe faut regler par le droict Romain, qui
permet de teſter la puberté aduenuë, qui eſt de quatorze
ans aux maſles, & de douze ans aux filles. Mais ſelon mon
aduis, ceſt aage eſt trop tendre, & auec trop peu de ſens &
experience pour teſter: auſſi qu'en tel aage les inductiõs &
ſubjections ſont plus faciles: & eſt preſque neceſſaire
qu'vn teſtament ſoit faict auec meure & certaine delibe-
ration. Pourquoy és lieux où l'aage n'eſt diffiny: ie deſire-
rois que pour le moins ce fuſt en pleine puberté, qui eſt ſelon le droict Romain, à dix-huict ans. *l. mela. ff. de alim. leg.*

Aucunes Couſtumes ont diffiny l'aage de teſter à vingt
ans, pour les meubles & conqueſts, & pour les propres à

vingt-cinq ans. Ainsi Paris, art.293. 294. Orleans, art.293.
Meleun, art.246. Laon, art. 59. Rheims, art. 290. Toutesfois si le testateur n'auoit aucuns meubles & conquests, il
pourroit disposer du quint de propre à vingt ans, dit Paris,
art.293.& Orleãs, art. 294. Mais Meleun, art. 246. desire
qu'é ce cas le laigs soit pour cause pitoyable, ou autre iuste.

Autres Coustumes mettent l'aage de disposer aux masles de vingt ans, aux femelles de dix-huict ans, cõme Sens,
art. 68. Auxerre, art. 225. Touraine, art. 324. Mais Laõ, ar.
56.& Rheims, art. 290. mettent exception quant à l'aage,
si les testateurs estoient mariez, ils pourroient disposer cõme à vingt ans. Berry des testamens, art. 1. met l'aage de
tester à dix-huict ans, qui est la pleine puberté. Poictou, ar.
276. met l'aage pour tester des immeubles à vingt ans le
masle, dix-huict ans la fille: Et quant aux meubles, dixsept
& quinze ans. Ie n'ay peu comprendre pourquoy ils ont
requis vingt-cinq ans pour tester des immeubles ainsi
qu'ils sont requis à l'alienation par contracts entre vifs: car
le mineur n'a iamais interest à ceste disposition testamentaire de propres, pource qu'elle n'a effect qu'apres sa mort.
Ce qui faict cesser la cause de la prohibition d'alienation
entre vifs. Et puis que les Coustumes ont bridé la volonté
de tous testateurs, de ne pouuoir disposer que du quint ou
tiers des propres. Semble que ce quint ou tiers d'eust estre
en la puissance des mineurs qui sont en aage de tester d'autres biens. Aussi les Romains sans aucune distinction, ont
permis aux puberes de tester, tant & si auant que les majeurs peuuent tester. Paris, art. 295. met vn remede bien
expedient, quand le testateur à legué plus qu'il ne peut, &
plus qu'il ne luy est permis par la Coustume. Que l'heritier
peut quitter aux legataires tous les meubles conquests, &
cinquiesmes. Apres que sur toute la masse des biens, les
debtes auront esté pris & payez. Ainsi Orleans, art. 295.
qui est la vraye practique de la falcide, *vt in §. cum autem
ratio. instit. de lege falcid.*

Les executeurs de testaméts nommez par les testateurs,
sont saisis des biens meubles delaissez iusques à concurréce

de

de l'execution testamentaire, apres inuentaire par eux fait, qui doit estre faict l'heritier present ou appellé. Ainsi Paris, art. 297. Niuernois, des testaments, ar. 2. 4. Berry, des testaments, ar. 22. qui adjouste, pour les laigs pitoyables, frais funeraux, salaires de seruiteurs declarez par le testament, payer les debtes du defunct cogneus par luy. Orleans, art. 290. & art. 291. dict qu'ils doiuent deliurer les laigs, les heritiers presens ou appellez. Bourbonnois, art. 29. Meleun, art. 251. & dict s'il n'y a heritier apparent, que l'inuentaire se doit faire auec le procureur de la seigneurie. Sens, art. 75. comme Meleun, Auxerre, art. 232. Troyes, art. 98. Vitry, art. 105. 106. Laon, art. 61. Rheims, art. 297. Blois, art. 177. C'est expedient d'ordonner des executeurs est, pource que bien souuent les heritiers se trouuans seuls sans contreroolle, n'ont cure d'accomplir les volontez de leurs predecesseurs, & n'y auroit aucune contrainte : car elle seroit de l'heritier contre soy-mesme. A ceste cause les Romains y appliquoient l'auctorité des Pôtifes, pour contraindre les heritiers. *l. hæred. §. 1. ff. de petit. hæred.* Les executeurs suppleent ce deuoir, & a cest effect la Coust. les faict saisis des biens du defunct. S'il n'y a assez de meubles pour executer le testament, les executeurs sont saisis des conquests : & s'ils ne suffisent apres qu'ils auront denoncé aux heritiers, peuuent par auctorité de Iustice védre à rachapt ou simplement, les heritages propres du defunct. Niuernois, art. 4. Troyes, art. 100. Vitry, art. 107. Blois, art. 177. Mais Poictou, art. 271. dict indistinctement des immeubles. Sens, art. 74. dict que l'executeur ne peut deliurer les immeubles leguez sans appeller l'heritier. Auxerre, 231. en dict autant. Il est bien à propos d'en dire autant de tous laigs d'importance : car il se pourra faire que l'heritier dira contre le testament ou contre le legataire, raison pertinéte pour empescher la deliurance du laigs. Rheims, art. 299. dict que l'executeur peut prendre par ses mains les deniers ou meubles à luy leguez : mais doit prédre l'immeuble legué par les mains de l'heritier ou de Iustice. Peut l'executeur dedans l'an, payer les debtes du defunct, bien

cogneus apres auoir fommé les heritiers. Niuernois , art.
7.9. Sens, art. 77. Auxerre, art. 234. Berry des teftamens,
art. 22. Meleun, art. 254. Troyes , art. 115. qui dict, qu'il
peut & doit payer les debtes. Combien que l'heritier face
offre d'executer le teftament & bailler caution pour ce faire, neantmoins l'executeur fera faifi & executera. Ainfi
dient Poictou, art. 271. Sens, art. 76. qui excepte, fi l'heritier bailloit argët, ou meubles exploictables fuffifans pour
l'execution. Auxerre, art. 233. Berry, de teftaments, ar. 23.
qui dict feulement en baillant deniers comptans. Bourbonnois, art. 295. Laon, art. 61. Rheims, art. 297. Meleun,
art. 252. Vitry, art. 106. & Troyes, art. 99. defirent denïers
comptans. Le plus feur eft deniers comptans : car bailler
caution, c'eft occafion de double procez , & la deliurance
des laigs en eft retardee: & quelquefois le legataire fruftré,
qui ayme mieux quitter que de plaider. Ceft inconuenient
qui refulte de fe contëter de caution eft remarqué *in l. fuf-*
pectus. cum lege feq. ff. de fufp. tut. Et Meleun, art. 253. dit qu'à
faute de bailler deniers comptans, l'executeur pourra faire
vendre les meubles en public.

  Les executeurs peuuent dedäs l'an & iour receuoir fans
l'heritier, les debtes actifs du defunct , dont les obligations
luy auront efté baillees par inuentaire. Niuernois des teftamens, art. 8. Auxerre, art. 235. Bourbonnois, art. 298.
Meleun, art. 255. Le pouuoir defdicts executeurs dure
an & iour, & apres ledict temps paffé, doiuent rendre compte. Niuernois, art. 9. Sens, art. 79. Auxerre, art. 236. Berry, des teftamens, art. 24. Troyes, art. 116. & en attribuë la
contrainte aux officiers du Roy ou du Diocefain. C'eft
vn ancien erreur , qui autrefois à commencé de prendre
racine en France, au temps du grand regne des Ecclefiaftiques, qui par diuers pretextes mettoient la main par tout,
& croy que ladicte loy *hæreditas* y a donné occafion , qui
parle de l'auctorité Pontificale : Mais ladicte loy eft faicte
par autheurs Gentils, non Chreftiens: & n'y a aucune cor-
refpondance pour en tirer argument par nous. Cefte en-
treprife & erreur a efté effacee en plufieurs Prouinces.

Mais elle est en vigueur és pays d'obeyssance, qu'ils appellent, qui sont celles, qui sans aucun examen de Iustice &
raison, ont tenu indistinctement tout ce que les Papes ont
ordóné. Iaçoit que depuis quatre cens ans ils se soient faict
croire qu'ils auoient toute puissance au spirituel & au temporel. Bourbonnois, art. 296. adiouste que l'executeur est
creu par serment des frais d'exeques, Messes & aumosnes.
Niuernois, art. 3. dict si les executeurs ne veulent accepter
la charge, le Iuge en peut subroger, si ce n'est que les heritiers s'en veulent charger & bailler caution pour accomplir.

Legataires ne sont saisis, & ne peuuent prendre par leurs
mains ce qui leur est legué : ains doiuent prendre par les
mains des executeurs ou des heritiers, & à leur refus par la
main de Iustice. Ainsi dient Niuernois, article 5. qui adiouste ces mots *si le testateur n'en auoit autrement disposé.* Sens,
article 73. Auxerre, art. 231. Orleans, article 291. & 298.
Bourbonnois, article 293. & adiouste qu'apres deliurance
verbalement faicte ils sont saisis. Meleun, art. 250. qui
dict que l'immeuble tousiours se doit deliurer par l'heritier. Troyes, art. 114. comme Meleun, Laon, art. 63. qui
dict deliurer meubles sans l'heritier : immeubles par l'heritier. Idem. Rheims, art. 296. Cecy a quelque correspondance auec le droict Romain, qui defend aux legataires de
prendre les laigs de leur auctorité, & la raison, afin que
l'heritier puisse par ses mains, prendre la falcidie sans estre
subject aller rechercher les legataires pour luy remplir sa
falcidie : & à cest effect est l'interdict, *quod legatorum. l. vnica. In fine, in verb. retentione. C. quod legatorum.* Et là dict la
Glosse, que quand l'heritier n'y a point d'interest à cause
de la falcidie, que le dict interdict n'est receu.

Aucun ne peut estre heritier & legataire d'vne mesme
personne. Paris, article 300. & adiouste qu'aucun peut
estre donataire entre vifs & heritier collateral. Orleans,
article 288. & dict legataire ou donataire pour cause de
mort, & comme Paris, Niuernois, article 11. qui semble
nouueau & estrange en ladicte Coustume, qui permet de

dōner en precipu aux enfans de faire partage par difpofition pour caufe de mort entre heritiers. Auxerre, ar.245.
229. Meleun, article 249. Senlis, article 160. Troyes, art.
112. Blois, article 158. Mais Sens, article 72. dict que le legataire peut accepter le laigs en repudiant l'heredité, pourueu que le laigs n'excede fa portiō contingente hereditaire. A quoy fe rapporte ce qui eft dict par aucunes Couftumes, que l'on ne peut par teftament aduantager l'vn de fes
heritiers venans à fucceffion plus que l'autre. Sens. art. 73.
Auxerre, art. 230. Troyes, 113. Touraine, art. 302. entre roturiers: finon pour feruices bien prouuez, & iufques à valeur d'iceux. Auuergne, chap.12. art. 46. dict que s'il eft prelegué à vn des heritiers.   Il pourra prendre fon laigs fur le
quart, comme feroit vn autre legataire. Rheims, art. 302.
permet eftre heritier & legataire, & art. 303. dict que l'heritier legataire ne paye pas des debtes d'auantage, pource
qu'il prend plus, fi ce n'eft les charges foncieres anciennes
fur l'heritage prelegué : qui eft fuiuant le droict Romain.
In l. 1. C. fi certum petatur. J'ay quelquefois eftimé que ceft
Article n'eftoit à propos en noftre Couftume de Niuernois, qui permet aux afcendans & à tous autres, de partager & faire affignation de leurs biens entre leurs futurs he-
tiers : qui femble emporter permiffion de faire vne portion
hereditaire plus groffe que l'autre : ce qui emporte l'effect
d'vn prelaigs. Au tiltre des fucceffions, article 17. La mefme Couftume au tiltre des donations, art. 7. permet aux
peres & meres d'auantager aucuns de leurs enfans fauue
la legitime. La mefme Couftume tiltre des donat. art. 11.
permet de donner aux enfans par precipu. Si entre les enfans eft permis d'aduantager, à plus forte raifon pourra
eftre permis à l'efgard des collateraux. Pourquoy i'eftime
qu'il faut prendre ceft Article és termes du droict Romain,
qui eft en la fubtilité, que pour la portion qu'aucun eft
heritier : il n'eft pas legataire, ains pour la portion de fes
coheritiers: car il ne peut prendre laigs fur foy-mefme. *l. le-
gatum eft delibatio.§. 1.ff. de lega. 1.* Ou bien prendre l'Article
en cefte forte, que fi le teftateur a legué à fon heritier,
que le legataire foit tenu de prendre ce laigs en qualité

d'heritier:& comme faisant partie de sa portion hereditaire, en augmentation d'icelle. *vt in l. titia. §. Lucius. ff. de legat.*
2. en sorte que côbien que par apparence il soit legataire, en
effect il ne soit qu'heritier, en prenant comme heritier ce
qui luy a esté delaissé en forme de laigs.

Institution ny substitution d'heritier par testament ny autrement n'ont point de lieu, & nonobstant icelle, l'heritier par la voye d'*intestat,* succede & est saisy. Niuernois des
testaments, art. 10. Paris, art. 299. interprete ceste coustume, disant que l'institution n'est requise pour la validité
d'vn testament, & neantmoins que l'institution peut valoir, comme laigs, iusques à concurrêce de ce qu'il est loisible disposer par testament. Poictou, art. 272. Sens, art. 70.
Auxerre, art. 227. Auuergne, chap. 12. art. 30. Orleans, art.
287. qui dient comme Paris. Et de mesme Touraine, art.
258. Reims, art. 285. Les autres dient simplement qu'institution d'heritier n'a lieu. Senlis, art. 165. adjoustant ceste
raison, pource que c'est pays coustumier. Troyes, art. 96. Vitry. art. 101. qui adiouste ces mots, *au prejudice de l'heritier pro-*
chain habile. Blois, art. 137. Selon le droict Romain, nul testament ne pouuoit valoir sans institution d'heritier, ny l'institution d'heritier estre faicte autrement que par testamêt.
l. 1. in fine. ff. de vulgari. En pays coustumier il n'y a point d'heritiers testamétaires, tous sont par la voye d'*intestat,* entant
qu'on veut prendre l'heritier proprement heritier. C'est
pourquoy l'article est ainsi mis. Mais par benigne interpretation, on prend la disposition directe pour oblique, que
l'heritier institué soit tenu comme legataire, *vt in l. pater. §.*
vlt. ff. de legat. 3. l. scenola. ff. ad Trebell. Bourbonnois, art. 324.
dit que substitution d'heritier n'a lieu par aucune disposition de derniere volonté, & ne vaut *etiam,* pour laigs testamentaire. Autant en dit Auuergne, chap. 12. art. 53. Mais
Berry des testamens, art. 1.5. permet d'instituer heritier par
testament. Bourgongne, art. 61. 62. dit que le testateur peut
instituer heritier és deux tiers de ses biens, & doit laisser à
ses heritiers de sang, la legitime, qui est vn tiers. La forme
des testamens pour faire preuue entiere, a esté ordonnee

diuerſement par les couſtumes, mais preſque toutes con-
current ſi la forme qui a eſté preſcripte par la couſtume de
Paris, art. 289. que le teſtament ſoit eſcrit tout du long, &
ſigné de la main du teſtateur: Ou paſſé pardeuant deux
notaires, ou pardeuant vn notaire & deux teſmoins: Ou
pardeuant le Curé ou Vicaire principal de la parroiſſe, a-
uec trois teſmoins. Et que leſdits teſmoins ſoient maſles,
idoines, aagez de vingt ans, & non legataires. Et que le teſtament ait eſté dicté par le teſtateur, & depuis à luy releu,
dont ſoit faicte mention par l'eſcrit. Auxerre, art. 226. *idem*,
mais ſe contente de deux teſmoins auec le Curé. Sens, art.
69. & ne reçoit le Curé, ſinon quand il n'y a Notaire, re-
ſident au lieu actuellement. Poictou, art. 268. comme Paris
& Sens, & adiouſte ſans ſuggeſtion, excepté és cauſes pitoyables, eſquelles ſuffit du Curé, auec deux teſmoins. Niuernois des teſtaments, art. 13. & ne parle de dicter ny de
relire, & dit du Curé ou Vicaire, auec deux teſmoings, en
cas de neceſſité: Et met vn autre cas ou ſigne du teſtateur,
en preſence de deux teſmoins. Blois, art. 175. Troyes, article 97. de meſme à Paris, & dit Curé & vn notaire ou
Curé & deux teſmoins. Ou quatre teſmoings, Orleans,
article 389. comme Paris, Bourbonnois, article 289. comme Paris & Niuernois, & met trois teſmoings, quand il eſt
ſeulement ſigné du teſtateur, & comme Troyes. Et pour
laigs pitoyables le droict Canon. Touraine. art. 322. comme Paris, & Poictou, & que les teſmoins ſoient cogneus & reſidens, au lieu non ayans intereſt. Meleun, article
244. comme Bourbonnois, Senlis, article 173. comme
Orleans & Bourbonnois. Vitry, art. 102. comme Troyes,
Laon, artic. 58. & Reims, article 289. comme Bourbonnois
& Laon adiouſte, ou par deuant le Iuge ou Greffier
auec deux teſmoins. Auuergne chap. 12. article 48. ne requiert autre ſolennité que d'vn Notaire & deux teſmoins.
Ou quatre teſmoins, Berry des teſtamens article 8. 9. 10.
quand le teſtament cótient inſtitution d'heritier ou diſpo-
ſitió de la moitié des biés requiert auec le Notaire trois teſmoins, non infames aagez de 20. ans & apres la lecture que

le teſtateur ſoit interrogé s'il le veut ainſi. Et art. 16. pour
la forme commune deux Notaires, ou vn notaire & deux
teſmoins, ou le Curé ou deux teſmoins. Bretagne, art. 574.
diſtingue ſi le teſtament eſt fait en ſanté, ſuffit qu'il ſoit eſcrit & ſigné du teſtateur. Si en maladie, ou que le teſtateur
ne ſçache eſcrire: Le Curé & vn Notaire, ou deux Notaires, ou vn Notaire & deux teſmoins. Toutes ces ceremonies ont eſté introduictes pour euiter les fauſſetez. Et ainſi
eſt abolie la ſolemnité du droict Romain, qui requiert
ſept teſmoins.

Laigs & donations faictes au Notaire ou aux teſmoins
du teſtament ſont nulles. Niuernois, art. 13. Berry des teſtamens, art. 17. & adiouſte des enfans ou femmes des notaires, Bourbonnois, art. 292. Auuergne, chap. 12. art. 49. Bretagne, art. cinq cents ſeptante cinq, dit qu'à celuy qui eſcrit legats, pour luy ou ſes adherents, foy ne doit eſtre ad-
iouſtee. Mais Paris, Sens, Auxerre, Tours, Meleun, Laon,
& Reims, dient ſimplement que legataires ou autres
ayans intereſt, ne peuuent eſtre teſmoins. Selon le droict
Romain, ſi aucun eſtant appellé pour eſcrire vn teſtament, eſcriuoit les laigs à luy faicts, ores que le teſtateur
dictaſt, eſtoit puny de faux, comme par la loy Corne-
lie *de falſis. l. 3. Cod. de iis qui ſibi adſcribunt.*

Exheredation eſt permiſe és cas de droict, Orleans,
article deux cens quatre-vingts ſept. Berry des teſtamens,
article cinq. Touraine, article trois cents trois, parle d'exheredation de toutes ſortes d'heritiers. Et pendant le debat
ſur la verité des cauſes d'exheredation, l'heritier legitime eſt ſaiſy. Berry des teſtaments, article cinquieſme.

DES SVCCESSIONS ET
hereditez.

SElon la couſtume generale de France. Le mort ſaiſit le vif : qui eſt à dire que l'heritier par voye d'*inteſtat* eſt ſaiſy de l'heredité du defunct, ores qu'il n'ait apprehendé de faict. Ainſi dit Paris, art. 318. Niuern. de ſucceſſions. art. 1. Poictou, art. 279. & permet de former complainte. Sens, art. 82. & 118 Auxerre, art. 239. Berry des ſucceſſions, art. 28. Orleans, art. 301. Bourb. ar. 299. Auuergne, cha. 12. ar. 1. Bretagne, art. 514. Touraine, art. 71. Vitry, 259. Meleun, ar. 166. Senlis, 142. Troyes, ar. 90. Laon, art. ar. 71. Reims, ar. 307. Blois, ar. 136. Bourg. art. 59. Selō le droict Romain ſi l'heritier eſtoit fils de famille en la puiſſance du pere qui eſtoit dit *ſuus heres*. C'eſtoit aſſez qu'il s'entremiſt en la iouïſſance ſans autre ceremonie, & par ceſte entremiſe eſtoit faict heritier. Mais l'additiō eſtoit requiſe à tous autres heritiers pour les faire heritiers, qui eſtoit vne ceremonie introduicte par le droict, par laquelle ils eſtoient faicts heritiers pour la proprieté : mais la poſſeſſion n'eſtoit acquiſe à l'heritier, ſinon que de faict il l'euſt apprehendee. *l. cum hæredes. ff. de acq. poſſ.*

Tant qu'il y a deſcendant du corps du defunct, ou autres deſcendans, la ſucceſſion n'eſt deferee aux aſcendans, ny aux collateraux. Niuern. des ſucceſſions. art. 3. Et cela eſt general.

Par aucunes couſtumes les filles qui ſont mariees par pere & mere : ou l'vn d'eux, & dotees ne viennent à la ſucceſſion deſdits pere & mere qui ont doté, ou de l'vn d'eux, tant qu'il y aura hoir maſle, ou hoir deſcendant de maſle, ſoit maſle ou femelle, ſi autrement n'eſt conuenu. Ainſi Niuernois des droicts de mariez, art. 24. Bourbonnois art. 305. Bourgongne, art. 72. qui limite aux hoirs maſles, deſcendus de maſle. Auuergne, chap. 12. art. 25. Poictou. art. 221.

entre

entre roturiers, n'exclud la fille si elle ne renonce, selon
Niuernois ladite fille peut demander supplément de legitime, selon les biens des pere & mere lors de leur deceds.
Ainsi dit Sens, art. 267. Mais Bourbonnois & Auuergne
l'excluent dudit supplément & des successions collaterales dedans representation. Toutes lesdites coustumes donnent pouuoir ausdits pere & mere, de leur reseruer le droict
de succeder en les mariant. Bourgongne, art. 72. Bourbon.
art. 311. & Auuergne. art. 30. defendent de les rappeller à
hoirrie: mais bien permettent de donner en particulier:
mais Berry des successions, art. 35. & poictou, art. 221. permettét de rappeller la fille qui a renôcé. Es prouinces où la
coustume ne defend de rappeller: La question a esté si les
pere & mere peuuent rappeller, & y a grande raison de dire,
quand en ceste dotation & appanage, il n'y a eu que le seul
faict des pere & mere, sans que les fils soient interuenus
pour doter & stipuler la forclusion.   Que lesdits pere &
mere puissent reuoquer leur volonté, qui n'a esté liee auec
autre volonté. Selon la raison de la *l. si quis hac. ff. de seruis ex-*
pert. Et comme il est traicté *in l. quoties. C. de donat. quæ sub mo-*
do. Bourbonn. art. 307. & Auuergne, chap. 12. art. 31. dient
que la renonciation & exclusion de la fille appanee profite
aux seuls masles ou leurs descendans. Aussi ils sont tenus
de payer ladot de la fille, ou ce qui en reste à payer. Auuergne adiouste que le masle venant à succession doit conferer la dot, comme la fille feroit si elle venoit à succession.
Auuergne, art. 37. met vne belle limitation que la fille n'est
excluse pour auoir esté fiancee, si elle n'est mariee du viuant de sesdits pere & mere: & autant en dient en effect
Bourbonnois & Niuernois, qui dient ces mots, *fille ma-*
riee & dotee. A quoy y a grande raison: car les pere & mere, pour l'excellente amour, & soing enuers leurs enfans,
aduisent de plus pres pour bien colloquer leurs filles en
mariage. Et auec ce soing vne fille pourra estre mieux
mariee pour cinq cens escus de dot, que sans ce soing pour
mil escus.   Autres coustumes limitent ceste exclusion
de filles pour auoir lieu és maisons nobles, pour la con-

feruation de la dignité,& noms des familles. Poiĉtou , article deux cents vingt,dit que fille mariee par pere ou autre afcendant noble ne vient à fucceffion de celuy qui l'a dotee ,*etiam*, par fupplément de legitime. Bretagne,article deux cents vingt-fept, dit que la fille noble,qui a moins que ce qui luy appartient, ne fe peut plaindre, pourueu qu'elle foit fuffifamment apparagee: c'eft à dire en maifon noble , & de pareille qualité & dignité , ou approchant, comme eft la maifon où elle eft nee. Et à cet effeĉt foit veuë l'annotation du fieur du Molin, fur le 29.confeil d'Alexandre, vol. 3. & fur le confeil 180. vol.5. Touraine, article 284. dit que la fille noble qui a eu don de mariage , n'euft-elle eu qu'vn chappel de rofes , eft excluse des fucceffions des afcendans qui l'ont dotee. Anjou , article 241.& le Maine,article 258.mettent vne notable limitation , pourueu qu'elle foit emparagee noblement. Du Molin interprete qu'elle foit mariee en maifon digne de celle dont elle eft iffuë. De vray ce mot *emparager*, femble auoir quelque efficace , pour monftrer que ce doit eftre party pareil. La fille qui eft ainfi excluse, ores qu'elle ne prenne part, eft comptee au nombre des enfans , pour la computation de la legitime. Ainfi dit Bourbonnois, article 310.

Enfans de diuers licts fuccedent à leurs peres & meres par teftes. Niuernois des fucceffions, art.6. Orleans, article trois cents foixante & vn. Bourbonnois,art. 300. Bourgongne,art.67.

Gens francs peuuent marier leurs enfans par efchange, & les enfans efchangez ont pareils droiĉts en la maifon où ils viennent , quant aux biens ja acquis , comme auoient ceux au lieu defquels ils viennent. Et encores viennent en pareil droiĉt aux fucceffions , à efcheoir des afcendans. En autres fucceffions les parens fuccedent les vns aux autres, felon le degré de lignage. Niuernois, droiĉts de mariez,article 25.Bourbonnois,article, 295. qui met limitation , en la fucceffion des afcendans , qui ont confenty le mariage. Et outre diĉt qu'ils font tenus pour appanez en la maison, dont ils partent en la succession d'ascendans. Et ce a lieu entre non nobles.

Quand aucun decede sans enfans & descendans de son corps, les pere & mere, & autres ascendans, selon les degrez succedent en ses meubles & conquests. Paris, article trois cents vnze. Niuernois des successions, article 4. Auxerre, article 241. Reims, article, 313. Blois, article 149. Sens, article 81. Auuergne, chapitre 12. article 2. 3. Touraine, article 310. Meleun, article 258. Senlis, article 141. Troyes, art. 103. Vitry, article 85. Laon, art. 77. Reims, art. 313. Aucunes coustumes admettent les freres, & sœurs du trespassé auec les ascendans, Bourbonnois, article 314. Bourgongne, article 66. c'est suiuant le droict Romain ès Nouelles de Iustinian, *auth. defuncto. Cod. ad Tertull.* Autres coustumes donnent aux ascendans les meubles en proprieté, & l'vsufruict des conquests du defunct. Berry des successions, art. 3. Orleans, art. 313. Poictou, article 284. mais Poictou & Orleans limitent, en cas que le defunct ait laissé freres & sœurs, ausquels la proprieté desdits conquests doit venir. Les coustumes parlent diuersémént de la charge des debtes, quand les ascendans succedent. Niuernois art. 4. dit si les ascendans prennent les meubles seulemét, ils les prennēt francs de debtes, en cas que les autres biens y puissent satisfaire. S'ils prennent meubles & conquests, ils payent debtes & frais funeraux, iusques à concurrence des biens. Touraine, art. 310. & Senlis, art. 141. diēt que les ascendans qui prennent meubles & conquests payent debts mobiliers, qu'ils dient personnels, frais funeraux & laigs testamentaires mobiliers, Bretagne, art. 565. à charge des debtes & frais funeraux. Vitry, art. 81. parle plus temperément, disant que lesdits ascendans doiuent satisfaire aux charges susdites, *pro rata* des biens qu'ils prénent, auec les autres heritiers, qui est la reigle commune, mise cy-apres. Aucunes coustumes dient engeneral, quicõque prend les meubles & conquests par succession doit payer les debtes mobiliaires. Ainsi Bourbonnois, art. 316. & adjouste par succession ou contract. Meleun, article

268. Auuergne, chap.12. art.19. Poictou , art.248. dict
quiconque prend les meubles à titre vniuerfel ou particulier doit payer les debtes mobiliaires & eft cenfé heritier.
Mais Berry des fucceff. art. 3. dit que les afcendans prennent les meubles en pur gain fans payer debtes finon fubfidiairement à faute d'autres biens. Auffi les afcendans fuccedent à leurs defcendans decedez fans hoirs pour les heritages qu'ils ont donnez aufdits defcendans. Paris art. 313.
qui dit des biens donnez. Niuernois des fucceff. art.5. & des
donat.art.9. Auxerre, art.241. Berry des fucceff.art.5. & dit
qu'ils retournent fans charge de debtes perfonnelles , mais
bien fous charges reelles & encores fubfidiairement pour
perfonnelles, à faute d'autres biens & iufques à concurrence des biens retouruez. Orleans, art.315. Laon , article 110.
Bourb.ar.314. pour tous les biens dōnez. Touraine, ar.311.
Meleun,ar .270. Bourg. art.65. Mais quant aux autres heritages propres anciens, & venus par fucceffion aufdits enfans, les afcendans n'y fuccedent par la reigle: qui dit propre heritage ne rencontre point, ains viennent aux parens
collateraux du cofté dont ils font procedez. Ainfi Paris,
art.312. Sens. art. 85. qui adjoufte vne limitation que les
ayeuls fuccedent aux propres de leur cofté, auant les cou-
fins germains, Auxerre, article 241. Orleans , article 314.
Meleun, ar. 269. Laon, article 81. Touraine , article , 310.
Senlis , art. 141. Troyes, art. 103. Reims, art. 29. Blois, article 150. Bourgongne article 64. Aucunes couftumes exceptent, finon à defaut de collateraux , auquel cas les afcendans fuccedent pluftoft que le fifque. Poictou art.284.
Meleun, art.269. Touraine, article 310. Reims, article 29.
Ce qui eft fondé en vne raifon generale quand aucun
eft exclus d'vne forte de fucceffion non pas en haine
de foy ny pour inhabilité qui foit en fa perfonne :
mais en faueur d'autre perfonne. Que quand cette faueur ceffe : Il reprend fon habilité à fucceder. Autres couftumes exceptent fi c'eftoient propres conuentionnels ,
c'eft à dire heritages acheptez defdeniers baillez & deftinez
par les afcendans pour employer en heritages, lefquels
retournent aufdits afcendans. Poictou , art.185. Tours,

article 311. Meleun, art. 270. Rheims, art. 29. Laon, art.
109. Ce qui a grande raiſon: car tel heritage eſt comme ſu-
brogé au lieu des deniers, & eſt profeſtice venant en effeſt
de la ſubſtance de l'aſcendant. Autres Couſtumes dient,
quand aucun decede ſans deſcendans & ſans aſcendens,
que la moitié de ſes meubles & conqueſts vient aux plus
proches du coſté paternel, & l'autre moitié aux plus proches du coſté maternel. Bourbonnois, art. 315. Bretagne,
art. 565. Auxerre, art. 242. diſt ſi vn parent collateral donne aucuns immeubles à ſon parent, & le donataire decede
ſans hoirs, les choſes donnees retournent au donateur.

Les heritages propres procedans du coſté paternel
viennent en ſucceſſion collaterale aux heritiers de ce coſté, ores qu'ils ſoient plus lointains. Et ainſi les heritages
propres maternels au coſté maternel. Niuernois des ſuc-
ceſſiõs, ar. 7. Paris, ar. 326. qui diſt qu'ils ſont reputez propres d'vn coſté, ores que leſdiſts heritiers ne ſoient deſcen-
duz de l'acquereur. Et ainſi diſt Niueruois, quelles choſes
ſont meubles, ar. 13. & Laõ, ar. 79. Orleans, art. 324. & 325.
ſelon l'interpretation de Paris & Niuern. Auuergne, ch. 12.
art. 4. Senlis, art. 162. Laon, ar. 78. Bourg. art. 68. Rheims,
ar. 315. Mais Touraine, ar. 288. & Meleun, ar. 264. diſt que
les heritiers ne ſont reputez de l'eſtoc, s'ils ne ſont deſcendus du premier acquereur, ou de celuy à qui l'heritage a
autresfois appartenu. Aucunes Couſtumes dient, que s'il
n'y a point de parens du coſté & ligne dont procedent les
heritages, que les proches parens de l'autre coſté y peuuẽt
ſucceder & exclurre le fiſque. Paris, art. 330. Orleans, art.
326. Berry des ſucceſſions, art. 1. Laon, art. 82. Rheims,
art. 316. Ce qui doit eſtre obſerué en general és pays Couſtumiers. Ainſi le tient du Molin en l'annotation ſur lediſt
article, 316. de Reims & de Monſtrücil, art. 10. & de Berry
des ſucceſſions. Inteſt. art. 1. Berry audiſt Article, met vne
belle deciſion, que ie croy deuoir eſtre tenuë pour generale. Que les collateraux ſuccedent en quelque degré qu'ils
ſoient. Et ainſi le tient du Molin, en l'annotatiõ ſur le 434.
article de la Couſtume de Bourbonnois, nonobſtant le

droict Romain , qui parle du septiesme & dixiesme degré.

La Coustume de Niuernois au tiltre des successions, art. 8. à vne decision particuliere qu'eschoite d'heritage ancien, ne monte point en succession collaterale , & y succedent plustost les descendans collateraux , ores qu'ils soient plus loingtains en degré que les ascendans, qui aussi sont collateraux plus prochains. L'exemple en est, si aucun decede delaissant son oncle d'vn costé , & de l'autre costé delaisse son nepueu ou l'enfant de son nepueu, qui tous ses parens du mesme costé dont procede l'heritage. Le nepueu qui est au tiers degré, & le fils du nepueu qui est au quart degré exclurrōt l'oncle qui est au tiers degré. Auparauant l'an 1573. on auoit auancé la practique de ceste Article en autres termes , à sçauoir que le cousin germain du defunct estant au quart degré , excluoit l'oncle qui est au tiers degré. Et estoit mal à propos: car le cousin germain n'est pas descendant collateral: & ainsi la declaré la Court par deux Arrests, l'vn en la maison de Guerchy de Marrafin, en datte du dernier Iuillet, 1575. & l'autre en la maison de Monsieur Bolacre Lieutenant general de Niuernois, du 20. Iuillet, 1577. Encores cest intellect, par lequel le nepueu exclud l'oncle procede d'vn ancien erreur des Docteurs Vltramontains, qui en la lecture de l'auth. *de hæred. ab intestato.* §. *si autem cum fratribus. colla. 9.* n'ont pas bien cōpris quelle estoit la façon de parler des Grecs, qui estans copieux en paroles & sentences , ont accoustumé apres auoir exprimé vne sentence au long, de faire vne repetitiō à la fin, comme par epilogue. Et ont estimé que le Versicale *Illud palam*, fust vne decision de par soy, qui n'est qu'vne appendice & comme repetition du precedent: & selon ceste opinion , ont tenu en general, que le nepueu exclud l'oncle: & nostre Coustume à la suitte de cest erreur, ne s'est abandonnee que pour les heritages anciens & propres, & n'a rien dict quant aux meubles & conquests. Pourquoy és meubles & conquests, l'oncle & le nepueu du defunct succederont par moitié, comme tous deux estans en pareil degré , qui eſt le troiſiefme degré. Auxerre, art. 243. a dict qu'en tous biens les nepueux excluent les oncles du defunct , meſmes és propres de leur eſtoc. Mais Paris, art. 339. Orleans, art. 329. dient que l'oncle & le nepueu du defunct ſuccedent également , comme eſtans en pareil degré, & qu'il n'y a repreſentation, & art. 338. Paris, Orleás, art. 328. & Meleun, art. 267. dient que l'oncle ſuccede à ſon nepueu auant le couſin germain.

Niuernois des ſucceſſions, art. 9. dict que les pere & mere, & autres aſcendans en ligne directe : combien qu'ils ne ſuccedent és anciens heritages: neantmoins ont l'vſufruict des heritages procedez de leurs eſtocs, eſcheuz à leurs enfans par ſucceſſion collaterale. A quoy peut eſtre aucunement rapporté ce qui eſt dict en la Couſtume de Paris, art. 230. que la part des conqueſts des deux mariez, qui a duient à l'heritier de l'vn d'eux eſt propre heritage à luy, & ſuit ceſte ligne en ſucceſſion : & toutesfois les pere, mere, & autres aſcendans, ſuccedans à leurs enfans, en iouyront par vſufruict leur vie durát, au cas qu'il n'y ait aucuns deſcendans de l'acquereur. Autant en dict Orleans, art. 316. Et ce qui eſt dict au 314. article de ladicte Couſtume de Paris, que les pere & mere iouyſſent par vſufruict des biens delaiſſez par leurs enfans, qui ont eſté acquis par leſdicts pere & mere, & par le deceds de l'vn d'eux, ont eſté faicts propres à leurſdicts enfans, qui ſont decedez ſans enfans.

Quand deſcendans ſuccedent à leurs aſcendans en ligne directe, repreſentation a lieu en infiny, ſans aucune limitation de degré: Qui eſt Couſtume preſque generale, conforme au droict Romain. Paris, art. 319. Sens, art. 96. Niuern. des ſucceſſions, art. 11. Auxerre, ar. 247. Orleans, art. 304. Vitry, art. 66. Meleun, art. 261. Blois, art. 138. 139. qui dict, que d'ancienneté n'y auoit repreſentation en ligne directe & de preſent y eſt. Bourbonnois , art. 306. Auuerg. ch. 12. ar. 9. Sẽlis, ar. 139. Troyes, ar. 92. Laõ, ar. 74. Flandres & Artois, n'admettent repreſentation en ligne directe. A ce tiltre le Comté d'Artois fut adiugé à Mahaut d'Artois, fille de Robert , & en fut exclus Robert fils de

Philippe, ledict Philippe decede auant ledict premier Robert son pere. A la fin de la loy Salique, est la constitution de Childebert Roy, faicte par luy, tenãt ses Estats le 20. an de son regne, par laquelle est dict, qu'en la ligne directe, y aura representation: mais en ligne collaterale non.

En succession collaterale plusieurs Coustumes anciennes ne receuoiét representation, & suiuoiét le droict Romain ancien des Digestes & du Code, selon lequel n'y auoit representation en collateral. Mais la plufpart d'icelles Coustumes à la nouuelle reuision ont admise representation au cas du droict des nouuelles de Iustinian, quand le defunct est decedé delaissant son frere & ses nepueux, enfãs de son autre frere decedé: qui est le seul cas de representation en collateral. Et ainsi a esté iugé par Arrest solemnel de Parlement, du 23. Decembre, 1526. & par le retenu *In mente* de la Cour, fut arresté pour seruir de loy, selon l'opinion d'Azo, ainsi qu'il est porté par vn Arrest és registres du Conseil, du quatorziesme Mars, mil cinq cens cinquante. Et ainsi faut entendre les Coustumes, qui ne determinent pas autrement. Pour ladicte representation sont les Coustumes. Paris, article 320. 321. qui dict, quand le defunct n'a delaissé que nepueux de diuers freres, qu'ils succedent par testes sans representation. Auxerre, ar. 247. Sens, art. 96. Niuernois des successions, art. 13. Berry des successions, art. 43. Orleans, art. 318. 319. comme Paris. Meleun, art. 262. 263. comme Paris, Troyes, art. 92. Vitry, art. 66. Laon, art. 75. 76. comme Paris, Bourbonnois, art. 306.

Aucunes Coustumes ont dict qu'en collateral n'y auoit representation, comme Senlis, art. 140. Blois, art. 139. qui met l'exception si elle n'a esté accordee.

Autres Coustumes mettent la representation infiniement, comme Auuergne, chap. 12. art. 9. Poictou, ar. 277. Touraine, art. 287. Rheims, art. 309. en roture auec declaration que quand tous sont en pareil degré ils succedét par testes. Bourgongne, art. 69. 70. Niuernois excepte de la representation, la succession de meubles qui va au plus

prochian

prochain fans reprefentation, art. 13. En fucceffion collaterale dans les termes de reprefentation on fuccede par lignes: hors icelle on fuccede par teftes. Ainfi dient Niuernois, art. 10. Paris, art. 320. 321. 327. Sens, art. 88. Orleans,
art. 327. Bourbonnois, art. 306. Sera noté quand on dict
freres & fœurs, & enfans de freres & fœurs, il s'entend freres & fœurs du defunct. Niuernois le declare expreffément. Bourbonnois ne l'exprime, mais il fe doit ainfi entendre.

Selon aucunes Couftumes en fucceffion collaterale, le
frere forcloft fa fœur, & les enfans du frere forcloent leur
tante, fœur du defunct, & les enfans d'elle: Comme Niuernois des fucceffions, art. 14. & art. 15. font exceptees quelques contrees de Niuernois, efquelles la fœur fuccede côme le frere. La forclufion a efté tenuë pour auoir lieu dedans les termes de reprefentation. Et en a efté pris l'argument du mefme texte du quatorziefme article vers la fin,
où eft parlé de reprefentation: & encores au milieu en ces
mots, *plus prochaine de la chair du defunct.* Et encores, pource
que l'Article pris plus generalemêt feroit du tout odieux.
Et pource que noftre Couftume voifine de Bourbonnois,
n'exclud la fille appancé, finon és termes de reprefentatiõ.
L'argument de la Couftume voifine eft bon. *cap. fuper co.
extra de cenfib. cap. fuper co. extra de cognat fpirit.* Bourbonnois, art. 305. n'exclud la fœur, finon quand elle a efté mariee & appancé, & ce dans les termes de reprefentation.

Plufieurs Couftumes en fucceffion de fiefs, excluent les
fœurs & autres femelles, en faueur de leurs freres, ou autres mafles en pareil degré. Paris, art. 25. Meleun, art. 98.
Sens, art. 202. Orleãs, art. 99. Senlis, art. 134. Troyes, art.
15. Vitry, art. 59. 67. Laon, art. 163. Rheims, art. 51. 55. 56.
Blois, art. 152. Paris, art. 323. dict que les nepueux enfans
du frere n'excluent leur tante en fiefs, ains leur tante fuccede auec fes nepueux enfans de fon frere: tous lefquels
enfans ne font que pour vne tefte. Orleans, art. 321. dict
que la fille venant du mafle reprefentant fon pere prend
auec fon oncle.

Qq

Freres germains qui sont conjoincts des deux costez, en succession l'vn de l'autre quãt aux meubles & cõquests, sont preferez à freres paternels ou vterins. Ainsi les enfans de freres germains aux enfans de freres vterins ou paternels:Et à defaut des masles ainsi des femelles. Niuern. des successf. art. 16. Poictou, art. 295. Berry, des successions, art. 6. Orleans, art. 330. qui limite iusques aux degrez d'oncles, tantes, nepueux & niepces du defu̅ct. Bourbonn. art. 317. estend bien auant ceste faueur de germanité disant, tant que la ligne du germain dure, soit en representation ou non: que ceux conjoincts d'vn costé sont exclus. Touraine, art. 289. Troyes, art. 93. Blois, art. 155. Bourg. art. 71. qui dit, pour toutes sortes de biés, que les germains sont preferez iusques aux enfans de freres & sœurs germains.

Aucunes Coustumes admettent également és meubles & conquests, les freres & sœurs de l'vn des costez auec les freres & sœurs conjoincts des deux costez. Comme Paris, art. 240. Sens, art. 84. Auxerre, art. 240. Meleun, article 260. Senlis, art. 168. Vitry, art. 83.

Mais quant aux heritages anciens, la pluspart des Coustumes dient, qu'ils appartiennent aux plus prochains de la ligne & estoc, dont ils sont procedez sans distinction de germanité. Ainsi Niuernois, art. 16. vers la fin. Sens, ar. 84, Auxerre, art. 240. Blois, article 156. Orleans, art. 330. Auuergne, chap. 12. art. 5. Troyes, art. 92. Laon, art. 80. Du Molin en l'annotation sur le 245. article de l'ancienne Coustume d'Orlans dict que la Coustume est generale en France, que la conjonction des deux costez n'est considerable en la succession des propres. Mais Berry des sucessiõs, art. 6. dict que le frere des deux costez est preferé és heritages propres, au frere du costé dont les heritages sont venus. Et en toutes autres successions collaterales, la conjonction des deux costez n'a point de priuilege par dessus la conjonction d'vn costé.

Collation & rapport ont lieu en succession directe, & non en successiõ collaterale. Niuernois des successf. art. 20. Sens, art. 264. 265. Auxerre, art. 250. Bourbonnois, ar. 313.

Laon, art. 98. Rheims, art. 324. Cy deſſus au tiltre des donations a eſté traitté quelles choſes ſont ſubjettes à rapport, quelles non.

Les pere, mere & autres, qui ont à laiſſer hœredité, peuuent faire partage ou aſſignation de leurs biens, entre ceux
qui leur doiuent ſucceder : Et ſont les heritiers ſaiſis ſelon
ledict partage apres la mort. Et eſt tel partage reuocable &
ambulatoire iuſqu'à la mort. Niuern. de ſucceſſiõ, art. 17.
Bourbonnois, art. 216. met la limitation, pourueu que ce
ſoit quarante iours auant le treſpas, & ne parle que de pere
& de mere: & permet d'aduantager, ſauue la legitime: & le
reſte comme Niuernois. De ce partage par le pere entre ſes
enfans qui eſt vallable, & n'eſt pas donation, mais diſpoſi-
tion teſtamentaire: Eſt dict *in l. ſi. filia. S. ſi pater. ff. famil. erci-
ſc. l. quoties. C. eodem tit.* Ceſt Article ne ſeroit à propos és
Prouinces où les pere & mere & autres, ne peuuent aduantager aucuns de leurs heritiers pluſque les autres. Car vn
d'entr'eux hargneux, auroit occaſion de dire l'vn des lots
eſtre de plus grande valeur ou plus grãde commodité que
l'autre.

Moines & religieux profés, de quelque religion qu'ils
ſoient, ne ſuccedent à leurs parens, ny le monaſtere pour
eux. Niuern. des ſucceſſ. ar. 18. Paris, ar. 337. Poict. ar. 287.
& parle de profeſſion expreſſe ou tacite. Auxerre, art.
249 & parle de religon approuuee. Berry de ſucceſſ. art. 36.
& dict de profeſſion expreſſe ou tacite. Senlis, art. 171. Orleans, art. 334. Bourbonn. art. 318. qui excepte, s'il n'y auoit
expreſſe dedication à l'Egliſe. Auuergne, chap. 12. art. 13.
Troyes, ar. 104. Vitry, art. 77. Rheims, ar. 326. Par l'Edict
d'Orleans faict és Eſtats, 1560. eſt defendu receuoir profeſſion des maſles auant 25. ans, & des filles auant 20. ans. La
profeſſion auãt cet aage n'eſt pas declaree nulle : mais eſt
permis aux profés de diſpoſer de leur bien. Par l'Edict des
Eſtats de Blois, art. 28. on a ſuiuy le Concile de Trente, qui
permet les profeſſiõs à 16. ans. Par l'Edict de Moulins, 1566.
les profeſſions monachales doiuent eſtre prouuees par eſcrit. art. 55. *vnde ſequitur*, que les profeſſions tacites ne ſont

admiſes,& ſont neceſſaires expreſſes profeſſions. Es Capitulaires de Charlemagne,*lib.1. cap. 46.* & 107. les filles ne
doiuent eſtre voillees auant les 25.ans d'aage.

Les biens de ceux qui font profeſſion en religiõ,appar-
tiennent à l'inſtant de leur profeſſiõ à leurs plus prochains
habiles à ſucceder,cõme ſi lors ils mouroient par mort naturelle. Ainſi Niuernois de ſucceſſ.art.19. Poictou,ar.287.
qui adiouſte, Religiõ approuuee & en pleine liberté. Sens,
art.87.& adiouſte,s'ils n'auoient diſpoſé au profit de la religion ou autre perſonne capable eux eſtans en aage,& cõme il eſt permis par la Couſt.Berry, des ſucceſſ.artic. 23.&
ne permet de diſpoſer au profit du monaſtere que du tiers.
Orleans art.333.Bourb.art.318. Auuergne chap. 12. art. 12.
qui dit que les biẽs ne font dediez à l'Egliſe s'il n'y à expreſſe dedication.Tour.art.296.& parle de religion approuuee
& de profeſſion expreſſe, ſans force ou contrainte, Reims
art.326. Blois art. 147. & dit profeſſion expreſſe ou tacite.
Nous n'auons receu en France l'*authent. ingreſſ. C. de ſacroſ.*
*eccl.*ſelon laquelle les biens de ceux qui font profeſſion ſont
acquis aux monaſteres eſquels ils font profeſſion de vray ce
ſeroit choſe important à l'Eſtat : car depuis cinq cens ans
le tiers de tous biens euſt eſté acquis aux monaſteres , & le
ſecond & tiers Eſtat affoiblis d'autant.

Les prochains lignagiers des gẽs d'Egliſe,ſeculiers leurs
ſuccedent par la voie d'inteſtat, comme on ſuccede à perſonnes layes.Niuern. des ſucceſſ.art.21.Paris art. 336.Poi-
ctou,art.288.Berry,des ſucceſſ.art.40. ſans diſtinguer ſi ce
font biens patrimoniaux ,ou eſpargne des biens d'Egliſe,
Bourbonnois,art.319.Senlis, art.170. Auuergne chap. 12.
art.55.Troyes,art.106.Vitry,art.85. Reims, art.327. Blois,
art.148.C'eſt Couſtume generale , en France cõtraire aux
deciſiõs des canoniſtes, qui dient que les biẽs que les gens
d'Egliſe ont en leur puiſſance prouenus de l'Eſpargne, du
reuenu qu'ils ont perceu de leurs benefices , appartiennent à l'Egliſe,& de meſme les immeubles qu'ils en ont acquis.*capite primo & quarto,extra de pecul. clericorum.* Selon cet

article de couſtume, a eſté iugé par arreſt de la prononciation de my-Careſme 1526. entre Pigeart, & l'Abbé de Colon.

Bannis à perpetuité ne ſuccedent point. Niuern. article 25. Sens, article 97. Auxerre, 248. Bourbonnois, art. 322. & dit que les plus proches apres eux ſuccedent. Les bannis ſont reputez comme morts, & ſe dit la mort ciuile, qui les rend incapables de ſucceder, & les plus prochains apres leur degré ſuccedẽt, l. 1. §. vl. ff. de bon. poſſ. contr. tab. Autremẽt eſt des bannis à temps: car ils retiennent leurs biens, & le droict de ſucceder. l. 1. & 4. ff. de interd. & releg.

Eſt obſerué preſque generalement en France, que les pere & mere qui ont enfans ne peuuent faire donations, que ce ne ſoit à charge de la portion legitime enuers leurs enfans. Et quant aux donations faictes à eſtrangers, il eſt plus commun, mais quand les peres & meres, meſmement nobles, marient leurs filles, & leur conſtituent dot. Selon pluſieurs couſtumes les filles ne peuuent demander ſuppléement de legitime, dont a eſté parlé cy deſſus. Communément on a eſtimé la legitime eſtre ſelon la proportion que Iuſtinian en ſes Nouuelles a eſtablie, qui eſt du tiers ou de la moitié, ſelon le nombre des enfans: qui auparauãt eſtoit du quart: laquelle proportion ſemble n'auoir aucune raiſonnable proportion, & analogie: car au nombre de quatre enfans, la legitime eſt la douzieſme Et au nombre de ſix, la legitime eſt auſſi la douzieſme. Qui fait croire que c'eſt vne proportion regie par l'eſprit de Tribonian, que Suidas dit auoir eſté vn marchand de loix. La couſtume de Paris, art. 198. & Orleans, art. 274. auec grande raiſon ont dit que la legitime eſt la moitié de telle proportion que chacun enfant euſt euë en la ſucceſſion de l'aſcendant, s'il n'euſt diſpoſé par donation entre vifs, ou de derniere volonté. Apres que ſur la maſſe totale des biens ont eſté deduicts les debtes & frais funeraux. Mais ſi l'enfant eſtoit exheredé ou deſ-heredité pour iuſte cauſe (Iuſtinian en ſes nouuelles, met quatorze cauſes) il ne peut demander legitime. Mais ceſte exheredatiõ n'empeſche pas que l'enfant ne ſoit

Qq iij

faiſy de l'heredité de ſon pere, iuſques à ce que la cauſe
d'exheredation aura eſté deuëment verifiee. Ainſi dit Berry des teſtamens. art. 5. la raiſon depend de la Nouuelle de
Iuſtinian, qui ne permet pas au pere par ſa ſeule volonté
d'exhereder ſon enfant: mais deſire qu'il y ait cauſe, & que
la cauſe ſoit verifiee. *auth. non licet. C. de liber. prœterit.* Aucunes
couſt. mettent des cas particuliers d'exheredation, côme ſi
la fille forfait en ſon corps auparauât l'aage de 24. ans. Ainſi
dit Touraine, ar. 286. Si elle ſe marie auant les 25. ans de ſon
aage, ſans le ſceu, & outre le gré de ſon pere, ou apres le treſpas de ſon pere, ſans le gré de ſa mere. Ainſi dit Bourbonn.
art. 312. Mais Auuergne, chap. 12. art. 36. dit de la fille qui ſe
marie outre le gré de ſes pere & mere, à hôme qui ne ſoit de
qualité digne de ſon lignage. Mais l'Edict du Roy Henry
2. du mois de Feurier, 1556. permet aux peres & meres d'exhereder leurs enfans, qui maſles auant l'aage de trente ans,
ou femelles auant l'aage de vingt-cinq ans, ſe ſeront mariez ſans leur gré & conſentement, & audit cas d'exheredation les declare priuez & exclus de tous aduantages, qu'ils pouuoient eſperer és maiſons de leurſdits peres
& meres.

Peres & meres peuuent en mariant leurs enfans leur
donner ce que bon leur ſemble de leurs biens pour leurs
droicts ſucceſſifs, & les faire renoncer à leurs ſucceſſions,
ſauf le droict de legitime aux donataires & autres enfans,
à prendre ladite legitime, ſelon les biens delaiſſez par le deceds deſdits peres & meres. Sens, ar. 267. Berry des ſucceſſions, art. 33. & adjouſte que ces enfans ſont inhabiles à ſucceder. Et art. 35. peuuent eſtre rappellez à ſucceſſion, & audit cas ſeront ſaiſis comme heritiers.

Celuy qui eſt habile à ſucceder, s'il eſt appellé pour declarer s'il eſt heritier, doit auoir quarante iours pour deliberer. Ce qui eſt preſque general en la pratique iudiciaire, & ainſi dient Sens, art. 90. Auxerre, art. 245. Orleans, ar.
337. & adjouſte s'il n'eſt adjourné, que ce ſera du iour qui
luy aura eſté ordonné par le iuge. Troyes, art. 107. de meſmes s'il eſt appellé dedans l'an. Et pour deliberer plus ſeu-

rement ledit prochain habile peut requerir inuentaire eſtre fait aux deſpens de la ſucceſſion. Et ſi celuy qui eſt decedé eſtoit marié, les frais ſeront par moitié. Ainſi dient Sens, art. 90. & Troyes, art. 107. Auxerre 245. dit que l'inuentaire doit eſtre fait aux deſpens du requerant. La loy des Romains n'impute pas à eſtre acte d'heritier, ce que l'heritier preſumptif faict pour cognoiſtre les facultez de l'heredité, a fin de deliberer plus ſeurement, ou bien ce qu'il faict pour conſeruer les biens de l'heredité, durant le temps qu'il a pris pour deliberer, pourueu qu'il le face auec auctorité de iuſtice. *l. pro hærede. S. ſeruos. ff. de acquir. hæred. l. Ariſto. ff. de iure delib.*

Le benefice de ſe declarer heritier ſous inuentaire, pour n'eſtre tenu des debtes & charges & hereditaires, plus auãt que ſelon les biens, introduit par le droict nouueau Romain. Eſt receu en France, & a l'on accouſtumé d'obtenir lettres Royaux en Chancellerie à cet effect, iaçoit que du Molin die que c'eſt ceremonie ſuperfluë, & que la voye ordinaire ſuffit. Ce benefice d'inuentaire a eſté reiglé par diuerſes deciſions, les vnes en nos couſtumes, les autres reſultans dudit droict Romain. Berry des ſucceſſions, art. 9. & ſequens, met la forme d'y proceder, que ie croy deuoir eſtre obſeruee generalement. Que celuy qui eſt habile à eſtre heritier doit declarer dans quarante iours pardeuant le iuge ordinaire du lieu, qu'il entend eſtre heritier par benefice d'inuentaire. Et dedans quarante iours, & auant que s'immiſler & entremettre, il doit faire inuentaire, bailler caution de la valeur des biens, appeller audit inuentaire expreſſement & nommément les creanciers cogneus : les non cogneus à cry public, auec delay competent, qui eſt la pratique priſe de la *l. ſi eo tempore. C. de remiſſ pignor.* Luy & les domeſtiques doiuent faire ſerment d'exhiber tous les biens. S'il ne ſatisfaict à ce que deſſus, ou s'immiſe és biens auant la cloſture, ou s'abſtrait aucuns biens, perdra le benefice dudit inuentaire, & ſera tenu pour heritier ſimple. La reigle commune eſt que le lignager qui ſe dit heritier ſimple, ores qu'il ſoit plus lointain en degré de lignage doit

exclurre l'heritier par benefice d'inuentaire. Ainsi dit
Niuernois des successions, art. 28. Bourbonnois, art. 329.
Auuergne, cha. 12. ar. 38. & dit qu'en ce cas l'heritier simple
doit bailler caution. Laon, art. 72. Reims, art. 308. Orleans,
340. Ces trois dient porueu que cet heritier simple vienne
dedãs l'an, Reims dit dedãs l'an de la presentation des lettres. Laon dedans l'an de l'inuentaire: Orleans dit dedans
l'an apres l'apprehension des biens par inuentaire. Mais
Berry, art. 16. donne dix ans apres la succession deferee. Paris art. 342. Orleans, art. 338. & Berry des successions, art. 27.
dit que l'heritier par benefice d'inuentaire qui est en ligne
directe, n'est exclus par autre parent heritier simple, & Berry dit que l'enfant heritier simple exclud l'heritier testamẽ-
taire, par benefice d'inuentaire. Le mineur qui se dit heritier simple estant plus lointain, n'exclud l'heritier par inuentaire qui est plus proche, ainsi dient Paris, art. 343. Orleans, art. 339. à quoy y a grande raison: car le mineur, à cause du benefice de restitution en entier, peut facilemẽt estre
releué de la gestion d'heritier simple, & partant en effect
est comme heritier par benefice d'inuentaire. Berry des
successions. art. 17. dit que si le pere ou tuteur fait le mineur
heritier simple, il prendra les biens par inuentaire, & ne les
meslera auec les autres biens du mineur, ny ne les em-
ployera aux affaires du mineur, iusques apres les creanciers
& legataires satisfaicts, & art. 21. dit que si les pere & tuteur
font autrement, ils en respondront, tant au mineur qu'aux
creanciers & legataires. Ce qui a grande raison pour estre
obseruè par tout, pour euiter les fraudes. Celuy qui s'est
declarè heritier par benefice d'inuentaire, peut se declarer
heritier simple, si autre lignager suruient se disant heritier
simple, & luy sera gardè son degré de lignage: en sorte que
s'il est en pareil degré, il viendra en concurrence: s'il est
plus loing, sera exclus. Berry des succ. art. 23. Orleãs, ar. 341.
Meleun, art. 271. Mais Orleans dit porueu qu'il se declare
dans quarante iours apres que l'heritier simple sera apparu. L'heritier par benefice d'inuentaire, ou curateur aux
biens vacans, doit vendre les meubles publiquemẽt, & au
plus

plus offrant apres publications faictes: mais ne peut vendre les immeubles, sinon auec solennité de crices Orleans art. 342. 343. Paris art. 344. Bourgongne, art. 73. dit qu'il faut impetrer du Prince le benefice d'inuentaire. Celuy qui est estranger ne peut se dire heritier simple pour exclurre l'heritier par benefice d'inuentaire. Berry des succeß, art. 22. Auuergne, chap. 12. article 39. Bourbonnois, art. 330. L'heritier conuentionnel fait en contract & faueur de mariariage, ores qu'il ne soit lignager, peut se declarer heritier par benefice d'inuentaire. Pourueu qu'il n'y ait lignager du defunct, qui vueille estre heritier simple. Niuern. des successions, art. 29. Bourbonn. art. 223. & 330. Auuergne, ch. 12. art. 34. 35. 39. Bourbonn. excepte si ledit heritier institué vouloit delaisser la qualité d'inuentaire, & prendre la qualité d'heritier simple. Et Bourbonn. & Auuergne dient que l'heritier institué & conuentionnel peut repudier. Auuerg. adiouste que vn lignager qui se dira heritier simple, ou par inuentaire exclurra l'heritier conuentionnel estranger, qui se dira heritier par inuentaire.

Les heritiers sont tenus personnellement payer les debtes du defunct, pour les portions qu'ils sont heritiers. Et chacun detenteur des heritages du defunct, hypothequez au debte, peut estre poursuiuy hypothecairement pour le tout. Paris, article 332. 333. Ce qui se peut prendre pour general en France. Et en tel cas, quand aucun est obligé personnellement pour sa portion hereditaire, & comme detenteur d'immeubles, peut estre poursuiuy pour le tout, il ne peut se sauuer de l'hypothecaire, en remettant le creancier à discuter les personnellement obligez, mais doit respondre sans discussion, à cause de l'obligation personnelle qui le tient. Vray est quant à l'hypothecaire, qui est action reelle qu'il peut appeller garend formel, qui est son coheritier detenteur d'autres heritages, & aux charges dictes, par l'ordonnance que le iugement donne contre le garend, est executoire contre les garenty. Mais quand les heritiers succedent, les vns aux meubles, les autres aux conquests. Les autres aux propres, ils sont tenus

R r

contribuer aux debtes pour telle part & profit qu'ils y prennent. Paris, article 334. Auxerre, article 246. & adjouste qu'ils sont tenus faire apprecier les biens qu'ils prennent dans quinzaine, autrement sont tenus par egale portion, sauf leur recours. Berry des successions, article 32. & adiouste qu'ils ne laissent d'estre tenus outre la valeur des biens hereditaires. Orleans, article 360. Troyes, article 111. Vitry, art. 82. qui adiouste la raison, parce que chacun y vient par droict d'heredité. Laon, art. 65. 83. Reims, art. 301. Dont resulte que ceste distribution du payement des debtes sur les heritiers de chacune espece de biens, est pour le respect & interest des heritiers entr'eux, & non au respect des creanciers, la condition desquels ne doit estre alteree par la suruenance d'heritiers. *l. 1. §. ex his. ff. de verborum obligatione. l. pretoris. §. incertum. ff. de pretor. stipul.* Paris, & Orleans, dient autant des legataires vniuersels, pour estre tenus aux debtes, selon la valeur des biens qu'ils prennent. car selon nos coustumes sont plusieurs patrimoines & hereditez d'vne seule personne contre les reigles du droict Romain. Donc celuy qui est legataire de tous les meubles est comme heritier des meubles, estant legataire d'vniuersité de biens, & partant tenu des debtes, par la raison de la *l. cum fil. vs. §. Lucio*, & de la *l. cum pater. §. mense. ff. de legatis secundo*: Mais Sens article nonante cinq, dit que l'heritier mobilier doit payer les debtes personnelles du defunct (il entend debtes mobiliaires) toutesfois le creancier peut s'addresser contre l'heritier, du meuble ou immeuble, sauf son recours. Autant en dit Poictou, art. 291. Bourbonnois, art. 316. & Meleun, art. 268. dient que l'heritier des meubles & conquests doit payer les debtes mobiliaires: Bourbonnois adiouste, ores qu'il prenne lesdits meubles & conquests en vertu de contract. Meleun adiouste que tel heritier de meubles & conquests paye les frais funeraux, & accomplit le testament, & neantmoins que le creancier s'addresse où il veut. Auuergne, chap. 12. art. 19. 21. 24. dit presque de mesme, mais restraint aux debtes que le defunct a faictes : mais les debtes dont le defunct comme heritier de pere & mere, & les laigs seront payez par toutes sortes d'heritiers *pro rata*. Le fils aisné, ores que par le moyen de son droict d'aisnesse il prenne plus, toutesfois ne paye des debtes, non plus que les autres heritiers, Paris, art. 334. Orleans, art. 360. & dit debtes & rentes constituees. Senlis, art. 163. Laon, art. 68. 69. & excepte les charges foncieres & anciennes faictes auparauant le temps des pere & mere. Ce qui correspond au droict Romain, qui dit que celuy des heritiers, qui par prelaigs ou aduantage, prend plus que son coheritier, pourueu que ce ne soit pas aduantage, en quote portion de toute l'heredité, ne paye des debtes, non plus que l'autre heritier qui prend moins. *l. 1. Cod. si certum pet.* Poictou, art. 291. dit que tous les enfans qui partent les meubles egalement doiuent payer les debtes mobiliaires.

Quand aucun declare en iugement estre heritier ou declare n'estre pas heritier, ceste declaration profite à tous: mais celuy qui est declaré heritier par contumace est heritier, quant au poursuiuant seulement. Niuernois des successions, art. 27. Bourbonnois, art. 326. Car les contumaces profitent seulement à celuy qui les a poursuiuies. Par argument de la loy derniere. *ff. de interog. act. l. vl. §. quod si. C. de side instru.*

Celuy qui prend les biens du decedé, ou partie d'iceux, s'il est habile à estre heritier, & n'ait autre qualité au droict: il faict acte d'heritier, Paris, art. 317. qui adiouste, ores qu'il luy fust deu, par ce qu'en ce cas il doit demander par iustice. Orleans, art. 336. Senlis, art. 150. & dit s'il prend des biens, iusques à cinq sols parisis. Meleun, article 272. & adiouste ces mots, *quelque protestation qu'il face*. Niuernois, des successions, article vingt-six, & Bourbonnois, article 325. tirent plus auant, disans qui paye les debtes du defunct & laigs, paye les frais funeraux, où s'entremet à l'administration des biens. Bourbonnois dit ou faict autre acte d'heritier. S'il est habile à succeder, & faict lesdits actes simplement sans protestation precedente: Est reputé heritier, & ne peut apres repudier: toutesfois semble que

Niuernois parle trop au large. Quant à payer debtes
pource que les deniers peuuent appartenir à celuy qui
paye : la reigle de droict est que l'on peut , en payant
pour autruy fans fon fceu & gré le liberer du debte , *leg.*
foluendo. ff. de nego. geft. Pourquoy femble que payer le
debte hereditaire , n'eft pas faire acte d'heritier. Auffi
frais funeraux peuuent eftre payez par l'enfant pour le
feul debuoir de pieté en tirant les deniers de fa bourfe.
qui n'eft pas faire acte d'heritier.*l. at fi quis* . §. *plerique.ff.*
de religiof. & fumptib. funerum. Pourquoy ie croy que
pour faire acte d'heritier , il faut toucher aux biens hereditaires.

La portion de l'vn des habiles à eftre heritier , qui repudie , accroift aux autres qui fe dient heritiers.Paris, article 310. qui adioufte , fans prerogatiue d'aineffe entre les enfans de la portion qui accroift. Orleans , article 359. Bourbonnois article 323. Le droict d'accroiffe-
ment eft du droict Romain , & eft de telle forte que la portion quittee accroift à l'autre portion , qui a efté accep-
tee , *etiam* outre le gré de celuy qui a efté accepté. *l. fi ex*
pluribus. Cod. de fuis & legit. leg. ex teftamento. Cod. de im-
pub. & aliis fubftit. l.vnica. §. *his autem. Ita. Cod. de caduc.*
tolle.

Aucunes couft. adherentes au droict Romain , dient
fi aucun decede fans heritier de l'vne ou de l'autre ligne,
les mariez fuccedent l'vn à l'autre pluftoft que les biens
foient dicts vacans. Ainfi Poictou,art.299. Berry des fucceffions , article 8.

DES PRESCRIPTIONS.

L Es Couſtumes ont parlé des preſcriptions diuerſement, les vnes ont ſuiuy
le droict Romain pour la preſcription
de dix & de vingt ans. Les autres ont
reduict toutes preſcriptions à trente
ans. Selon leſdites couſtumes ſembla-
bles au droict Romain, ſi aucun ayant
acquis vn heritage à iuſte titre, & de bonne foy en à ioui
paiſiblement dix ans entre preſens, & vingt ans entre abſens, il a moyen de ſe defendre de la demande qu'vn
tiers feroit contre luy pour l'euincer de la proprieté ou
par hypothecque. Pourueu que la poſſeſſion ſoit reelle
& publique. Ainſi dient Paris, article cents treize 114.115.
Poictou, artic. 373. qui excepte l'Egliſe, mineurs, ſeigneurs
feodaux & cenſuels, & les ſeigneurs rentiers quand c'eſt la
premiere rente fonciere apres le fonds. Auxerre, ar. 188. Vitry, art. 134.135. Laon, art. 141. Blois, art. 192. Senlis, art. 188.
Meleun, art. 170.171. Reims, art. 380. La pluſpart deſdictes
Couſtumes mettent en vſage la preſcription de trente ans,
quand le poſſeſſeur n'a titre comme Paris, art. 118. Auxerre,
art. 188. Meleun, art. 172. Laon, ar. 142 Blois, ar. 192. Reims,
art. 381. autres couſtumes mettent indiſtinctement toutes
preſcriptions à trente ans entre lais, & quarante ans contre
l'Egliſe. Niuer. des preſcript art. 1. Orleans, art. 260. Berry,
des preſcript. artic. 1. & dict de 30. ans, *etiam*, contre l'Egliſe,
& à la charge de reſtitution en entier. Auuergne chap. 17.
art. 1.2.3. mettant la limitation pourueu que ce ſoit contre
perſonnes qui ont puiſſance de agir, en iugement contradi-
ctoire qui eſt la limitation *in l. 1. C. de annali exceptione*. Bourgongne, artic. 126. Bourbonnois, article 23. auec limitation
d'Auuergne, aucunes couſtumes diſtinguent, diſans que
les actions perſonnelles ſont preſcriptes par trente ans, &

Rr iij

les hypothecaires par quarante ans. Melun, artic. 74. Vitry, art. 137. Senlis, art. 189. pour les actions perfonnelles, & 190. pour rente ou charge reelle par quarante ans, Reims, 381. l'hypotheque par quarante ans, & 383. la perfonnelle par trente ans. Laon, article 143. que l'hypotheque nantye fe prefcript par l'obligé ou fes heritiers, par quarante ans. Orleans, art. 261. dict qui iouyt d'vn heritage ou droict incorporel, fans titre par trente ans, eft faict feigneur, fauf le vendeur & obligé, ou fon heritier, qui acquiert par quarante ans.

Selon plufieurs couftu. le droict de cens ne fe prefcript par le detenteur contre le feigneur. Paris, art. 124. qui dict *etiam*, par cent ans. Sens, art 263. & parle du chef cens. Auxerre, art. 186. qui excepte finon apres contradiction. Berry, des prefcript. art. 3. Orleans, art. 263. Meleun, art. 173. Senlis. 191. & 279. dict que le cens ne fe perd par cryées, ores que le feigneur ne foit oppofant, ce qui eft general. Car le decret eft toufiours adiugé à cefte charge. Reims, art. 382. Blois, art. 35 Mais la quotité ou maniere de payer le cens, & les arrerages fe prefcriuent par trente ans. Paris, article 124. Niuernois de prefcript. article 2. Berry, de prefcript. article 12. Orleans, article 263. Auuergne, chapitre 17. artic. 6. horfinis Auuergne, art. 7. & Bourbonnois, art. 16. dict que arrerages font prefcripts par dix ans, autres couftumes dient que le cens eft prefcript par trente ans. Touraine, article 209. Bourbonnois, article 22. qui excepte celuy qui a recogneu, mais non pas fon heritier, & femble que Niuernois, des cens article 22. met la prefcription du cens à trente ans: mais ie croy que ledit article ne parle de la directe feigneurie, ou bié fe doit entendre que les trente ans ne commencent pas du temps de la ceffation du payement: car par la feule ceffation, la poffeffion du feigneur n'eft interuertie, ains commence du temps de l'interuertfion & contradiction. Mais vn feigneur peut prefcrire contre vn autre feigneur, la feigneurie directe cenfuelle par trente ans. S'il n'y a titre ou recognoiffance, ou que l'acquereur ait achepté à charge du cens. Paris, article 123.

A quoy se rapporte ce que dict Niuernois titre des fiefs, article 15. que seigneur peut prescrire contre seigneur la seigneurie directe de fief par trente ans, pourueu qu'il y ait eu deux reprises auec deux diuerses ouuertures, & saisies reelles deuëment notifiees. Ainsi dict Berry des prescript, article 6. que le droict d'estre, & se dire seigneur censier, peut estre prescrit par celuy qui par 30. ans aura perceu la censiue & droicts seigneuriaux, comme seigneur, & tout cela se doit entendre quand celuy qui veut prescrire a exercé actes de iouyssance publiquement & apparemment : Car les autres occultes, & qui ne sont pas d'exercice, quotidian, & attribuent vraye possession. *l. quamuis saltus. ff. de vsucq. poss.* Bretagne, article 273. dict que droicture & seigneurie se prescrit sans titre par quarante ans & article 279. dict que si vn seigneur à acoustumé leuer certains subsides en sa seigneurie, & aucuns s'en veulent dire exempts, ils doiuent prouuer leur exemption. C'est selon la theorique vulgaire des docteurs, que quand aucun est fondé en droict vniuersel, qui n'est point droict exorbitant & odieux en prouuant sa possession en aucuns endroicts, il est en presomption de possession par tout. Mais si c'est vn droict exorbitant & odieux auquel le droict commun resiste, il se dict que sa prescription ne s'estend plus auant que sa possession, & a lestroict selon le brocard, *tantum prescriptum quantum possessum vt per Panor. in cap. cum venerabilis. extra de relig. domib.*

Si aucun detenteur d'vn lieu composé de plusieurs pieces, aliene vne ou plusieurs desdites pieces, & le seigneur est payé de sa redeuance comme il souloit. Ce nouueau acquereur qui n'a rien payé, & a tenu la piece, ou pieces comme franches : n'a peu prescrire la liberté de la redeuance par quelque temps qu'il ait ioui iusques à ce que le seigneur ait esté deuëment informé de l'alienation. Niuernois és prescript. artic. 6. Auxerre. art 187. qui dict tant en rente fonciere que constituee. Berry, des prescript. article 14. qui dict de mesme, soit que tout l'heritage ou partie ait esté alienee. Bourbonnois, article 32. La raison peut estre que le seigneur direct ayant vne fois esté iouissant de la seigneurie directe de tout le tenement, est censé auoir conserué sa possession sur le tout, par le payement de la redeuance & la possession de ces pieces desmembrees n'a interuerty son droict iusques à ce qu'il ait sceu le desmembrement par ce qu'elle est clandestine à son esgard.

L'homme de mainmorte ne peut prescrire franchise par quelque temps qu'il demeure hors du lieu de seruitude. S'il n'y a priuilege au contraire. Bourbonnois, article 25. Mais Bourgongne, article 81. dict simplement sans reserue. Et Vitry, ar. 146. dict que l'homme de corps qui n'est reclamé par son seigneur & a iouy de franchise par 20. ans, en la prouince dont il est homme, A acquis franchise, s'il se retire hors la Prouince, il ne prescrit côme estât fugitif. Droict de tailles & coruees deuës à volonté, ne se prescript sinon apres contradiction. Mais tailles & coruees certaines deuës sur heritages se prescriuent par trente ans. Auuergne chap. 17. article 15. 16. La raison de la diuersité est que la coruee deuë sur heritage, certain est comme redeuance annuelle payable chacun an. La coruee dict l'exaction gist en la volonté du seigneur, est de faculté, & partant ne se prescript sinon apres contradiction.

La faculté octroyee pour rachepter vn heritage vendu, toutes fois & quantes se prescrit par trente ans. Ainsi Paris, ar. 120. Niuernois, des prescript. ar. 3. Berry, des prescript. art. 11. Bourbon. art. 20. Orleans, art. 269. Auuergne, chap. 17. art. 11. La raison est que telle faculté de rachepter est purement par conuention, & ce qui est de conuention hors la nature du contract est subjet à prescription comme sont toutes conuenances. Autrement est du rachapt des rentes côstituees à pris d'argét: car la faculté n'en est pas octroyee par conuention, mais par la nature qui est de l'essence du contract, parquoy le rachapt s'en peut faire apres cent ans. Paris, art. 119. Et Orleans, ar. 268. qui adiouste que s'il n'appert du pris de la constitution, le rachapt en doit estre faict au denier douze. Iaçoit que l'ordonnance sur le rachapt des rentes deuës sur maisons de villes, closes du mois d'Octobre, 1539. face audict cas le rachapt au denier quinze.

La maniere

La maniere de leuer difme & la quotité de difme font prefcriptible contre laigs, par trente ans contre l'Eglife par quarante ans. Niuernois des prefcript.art.4.Bourbonnois, art.21.Auuergne,chap.17.art.18.& parle de trente ans. Cecy eft contraire à l'opinion des canoniftes qui dient que ny la difme n'y la quotité n'y aucuns accidēts qui y appartiennent, ne peuuent eftre prefcripts. Mais en France felon la conftitution de Philippe le Bel Roy, nous tenons que le droiĉt du difme & tout ce qui y appartient peut eftre prefcrit par l'ong vfage. Vray eft qu'il s'y obferue quant aux difmes de gros bleds, que la feule ceffation ne fuffit pour la prefcription fi ce n'eft que le proprietaire des terres mette en auant l'infeodation auant le concile de Latran, & pour l'effeĉt d'icelle prenne fa poffeffion immemoriale de n'auoir payé difme cōme layant retenuë à luy. Mais pour les difmes d'autre fruiĉts, la prefcriptiō cōme de quarante ans fuffit:cōme auffi fuffit pour la prefcription de la quotité & forme de parceuoir. Et de cefte opinion ont efté les doĉtes Theologiens Scholaftiques, & encores on allegue vn doĉteur canonifte. *Anton. de butrio in cap. parrochianis extra. de decimis.*

Es biens propres ou autres immeubles appartenans à la femme mariee qui ne font de la communauté, & dont le mary a l'adminiftration : La prefcription ne court cōtre la fēme durant le mariage. Berry,des prefcript.art.16.Reims, art.260.C'eft felon la raifon mife,*in l.1.in fine. C.de annali except.*Mais Auuergne,chap.17.art.5.diĉt que la prefcription court durātle mariage.Sauf fi le mary ne fuft foluable pour refpondre de la negligence. Cecy eft pris felon la rigueur de la loy *fi maritus.ff.de fundo dotali.* Si le mary aliene les biēs dotaux de fa femme durant le mariage, fans le confentement d'elle, la prefcription ne court durant le mariage. Bourbonnois,art.28. La raifon eft que la femme tāt que le mariage ne peut auec le refpeĉt qu'elle doit à fon mary faire appeller l'achepteur qui appelleroit le mary d'elle à garand,& la femme fe mettroit en peril d'offenfer fon mary. Et la loy eftime eftre impoffible, non feulement ce qui de faict ne se peut faire, mais aussi ce qui ne se peut faire sans offenser la pieté, honneur & respect que lon doit à aucun. *l. filius qui. ff. de condit. instit.* Et en particulier à lesgard de mary & femme. *in l. reprehendenda. C. de instit. & subst. sub condit fact.* Reims, art. 260. semble donner à la femme, l'action possessoire dedans l'an apres le mariage dissolu.

Quand aucunes choses sont tenuës en commun, & par indiuis l'vn ne peut prescrire le droict de l'autre, soit en possessoire ou en petitoire. Bourbonnois, art. 26. La raison est *in l. merito. ff. pro socio.* Et Bretagne, article 277. dict que nulle longue tenuë ne nuit entre freres & sœurs viuans, quant au faict de leur partage.

La prescription ne court contre le mineur soit qu'on la vueille commencer contre luy, ou qu'elle soit commencee contre son predecesseur majeur. *l. superuacuũ. C. in quib. caus. restit. in integ.* Mais le temps & faculté de rachapt accordé au majeur contrahant court contre les mineurs successeurs. Sauf leur recours contre leur tuteur. Bourbonnois, art. 33. Car en ce cas la faculté de racheter est par conuention faicte auec le majeur, & la suruenance de l'heritier mineur ne adiouste rien de priuilege ny de faueur. *l. polla. C. de iis quibus vt indig.* Et pour le general *in l. 2. §. ex his. ff. de verb. obligat. l. pretorie. §. incertum. ff. de pretor. stipul.* Ceste questiõ est traictee & ainsi decidee par Bart. *in l. Æmilius. ff. de minor. & in l. 2. C. si aduers. vendit. pignor.*

Interruption de prescription contre l'vn des freres ou cõmuns possedans par indiuis, aucun heritage, nuit aux autres freres ou cõmuns. Niuernois, des prescript. ar. 5. Bourbonnois, art. 35. Berry, prescript. art. 13. de mesme, & parle de interruption ciuile par adiournement ou conuention iudiciaire. Il semble que cecy s'entend de interruption par action reelle, en ces mots, *possedans par indiuis, aucun heritage*, du Molin en l'adnot. sur ledict art. 13. de Berry, dict cela estre vray quand l'vn des possesseurs est conuenu pour le tout. Quãd l'interruption est naturelle par possession reelle, ie croy que indistinctement elle sert contre tous *l. naturalem. ff. de vsucap.*

Des executions sur biens meubles & immeubles & personnes Respits, cession de biens hypotheques.

Es obligations sous seel royal ou autre seel authentique de cour laye, emportent executiõ & garnison de main, & peut le sergent executeur garnir nõobstant opposition ou appellation, & sans preiudice Et a faute de garnir le Iuge de la cause, pourra debouter l'opposant de son opposition. Ainsi dict, Niuernois, des execut. ar. 3. Paris, ar. 165. Quant aux obligatiõs qui ne sont passees soubs seel royal, adiouxte si lors de l'obligation l'obligé estoit demeurant au lieu où elle est passee, mais l'ordonnãce de l'an 1539. dict demeurant au destroict où le seel est authentique. Orleans, ar. 430. Auuergne, ch. 24. ar. 51. & exceptes'il n'estoit inhibé, parties ouyes. Blois, art. 262. dict que l'opposant ne sera ouy en son opposition, iusques à ce qu'il ait faict rapporter la main de Iustice plaine. Berry des execut. art. 1. 13. & art. 24. Bourbonnois, art. 97. & excepte si l'obligatiõ est conditionnelle, auquel cas le Iuge n'ordonnera sur la garnison. Cecy semble contraire au droict Romain qui defend de commencer par execution. l. 1. C. de execut. rei iud. mais en effect & en repetant l'antiquité, il n'est contraire : Car l'ancienne obseruance estoit que les contrahans alloient deuers le garde du seel qui auoit Iurisdiction & apres auoir ouy leurs conuenances les condamnoit à l'obseruation d'icelles. Encores les Notaires de Paris, Orleans & Poictou és contracts grossoyez esquels le garde du seel parle, sont ces mots, *sont comparus en droict & iugement pardeuant nous* : Et selon le droict Romain qui a confessé en iugemeut est tenu pour iugé & condamné. l. debitoribus. ff. de re iudic.

La scedule recogncuë ou verifiee deuëmét emporte garnison de main. Niuern. exec art. 3. Orleans, art 462. & dict garnison & hypotheque, & si elle est conditiõnelle le Iuge ordõnera de la garnison. De vray cela gist en cognoissance de cause si la condition est acomplie. Blois, art. 296. Berry,

des execut.art.11.pourueu que la chofe deuë foit liquide,&
la fcedule non conditionnelle.La fcedule recogneuë en iugement,ou pardeuant notaire ou tenuë pour confeffee,ou
verifiee apres denegation emporte l'hypotheque. Paris,ar-
tic.107. Berry des execut.art.34.

La garnifon ou prouifion de la chofe deuë és mains du
creancier pourra eftre ordonnee par le Iuge , parties oyes
en baillant caution. Niuernois , art. 3. & plus amplement
l'ordonnance de l'an 1539.Berry,des execut.art.11.& 12.qui
dict que fur ladicte prouifion ne font receuës exceptions
dont la preuue n'eft pas prompte.Ny mefme la delation de
ferment faict par le debteur au creancier , finon qu'il fuft
proche & peuft venir dans huictaine. Ce qui fe rapporte à
la reigle de la loy. 3.§.*ibid.ff.ad exhib.* Bretagne,art. 235. dict
que les beftes prifes par execution doiuent eftre venduës &
les deniers mis és mains du creancier en fe côftituant ache-
teur de biens de iuftice & baillant caution.Auparauãt l'ordonnance de l'an 1539.on pratiquoit feulement la garnifon
de main de iuftice , par faifie de meubles depofez en main
tierce.Mais par l'ordõnance de l'an 1539. à efté introduicte
la garnifon & prouifion és mains du creancier, non pas des
meubles faifis,mais des deniers procedans de la vente d'i-
ceux.La garnifon de la main de iuftice fe faict par le fergêt
apres la feule vifion de l'obligation authentique.La prouï-
fion és mains du creancier,eft ordonnee par le Iuge apres
fommaire cognoiffance de caufe. L'vne des prouifions eft
ad inftar, du fequeftre en complainte. L'autre *ad inftar,* de la
re creance.

Le fergent executeur d'obligatió ou fentence doit eftre
acompagné de deux tefmoins , doit bailler les meubles par
luy faifis , en la garde de perfonnage reffeant fur les lieux
qui foit majeur de 25.ans à peine de nullité. Berry ,des exe-
cut.art.26. ce qui eft general. La vente des meubles pris &
faifis par execution,en cas qu'il n'y ait oppofition fera affi-
gnee par le fergent,au dixiefme iour à heure deuë & au lieu
accouftumé, lieu public dict l'encant, & au dixiefme iour
le fergent doit proceder à la vente apres proclamations:

fera rapport des noms des metteurs & des sommes &
prix des encheres. Et ne fera l'adjudication au plus offrant,
sinon en payant comptant, Niuernois des executions, article 4. 5. cela est general. Poictou, article 428. dit que
les meubles doiuent estre portez au marché de la chastellenie & s'il n'y en a au marché plus proche, à cause de la
frequence du peuple, à ce qu'ils soient vendus à prix iuste.
Berry des execut. art. 3. portez au lieu public de la iustice,
apres neuf heures de matin, deuant dix, estrousse vne heure apres midy. Bourbonnois, art. 111. dit que la vente de
meubles doit estre assignee à quinzaine, pardeuant le iuge
du lieu. Auuergne, ch. 24. ar. 46. 47. dit assigner la vente à
huictaine ou autre iour plus long, le sergent fera la vente :
mais ne deliurera, sinon apres la confirmation du iuge, &
consignation du prix, & art. 50. la vente se fera dedans vn
mois, autrement sera l'execution nulle. Bretagne, art. 243.
dit que les meubles qui aisément peuuent estre desplacez
seront portez au lieu public, sinon facilement desplacez
seront vendus sur le lieu, & art. 239. dit que le debteur peut
recouurer ses biens vendus dans huictaine, en rendant le
prix, & douze deniers pour liure auec les frais. Meleun,
art. 319. la vente, auec huict iours francs à iour certain, &
lieu accoustumé. Ces solemnitez semblent diuerses : mais
en effect, c'est afin qu'il se trouue prix raisonnable des meubles, afin d'euiter les fraudes & improbité des sergens, &
afin que le debteur puisse y faire trouuer achepteurs raisonnables.

L'achepteur de biens en iustice, doit estre contraint
par corps, à payer, Bourbonnois. art. 112. Orleans, 439. Blois
art 255. dedans trois Samedis, payer, & par prison. Berry
des executions, art 18. & dit de mesme des gardiens de biés
de iustice. Meleun, art. 315. 316. comme Berry, & 317. dit a-
uant que contraindre que le sergent doit faire commandement au domicile, le plus seur, est d'y pratiquer ce que
la loy. Romaine commande, qui est de ne deliurer à l'a-
chepteur sinon en payant comptant : car aussi bien le sergent vendeur ne peut transferer la propriété, *etiam* par

S f iii

tradition, finon en payant comptant. *l. à dixo pio.* §. *fed fi emptor in fine. ff. de re iud.* car les perfonnes publiques ne peuuét donner terme, ny faire credit. *l. fi procurator. 2. ff. de iure fifci.* Sergens ne peuuent eftre gardiens ny achepteurs de gages, pris par execution, directement ou autrement. Niuern. execut. art. 5. Ce qui eft bien raifonnable pour eftre general. Le creancier qui premier fait faifir meubles valablement doit eftre preferé & premier payé. Paris art. 178. Auxerre, art. 130. qui dit que fi tous font en pareille diligence, de mefme iour ils viennent par contribution. Orleans, article 447. Selon la reigle du droict Romain, qu'entre les creanciers non priuilegiez, la caufe de celuy qui occuppe, & qui premier fait fa diligence eft à preferer. *l. inter omnes ff. de re iudic. l. fed an hic. ff. quod cum eo.* Mais l'execution fur chofe mobiliaire, defire enleuement & tranfport. Et fi le meuble n'eft defplacé, la feconde execution auec defplacement, fera preferee à la premiere. Niuernois, des executions, art. 14. Orleans, 452. qui excepte fi les creanciers ne font priuilegiez, la raifon eft pource qu'en meuble n'y a hypotheque par conuention, ains feulement par apprehenfion reelle. *l. non eft mirum. ff. de pignor. act.* Auuergne, chap. 24. art. 53. parle de la preuention, nonobftant que les autres creanciers foient plus anciens en hypotheque. Meleun art. 312. & dit que l'execution où n'y a tranfport eft prefumee eftre fimulee, & ne preiudicie au creancier qui a trouué les meubles en la puiffance du debteur, *imo* doit eftre iugee n'auoir rien de realité. Toutesfois en cas de defconfiture, chacun creancier vient à contribution au fol la liure fur les biens meubles du debteur, nonobftant qu'aucuns creanciers fuffent plus diligens. Ainfi dit Paris, art. 179. Orleans, art. 448. Senlis, art 291. Reims, art. 396. La defconfiture eft quand les meubles & immeubles du debteur ne fuffifent pour payer tous fes creanciers apparens. Ce retenu toutesfois, qu'à l'efgard des immeubles, toufiours les creanciers hypothecaires font payez les premiers. Et ceux qui ne font payez par la vente des immeubles, font proprement ceux qui viennent à contribution par defconfiture. Et s'il y a difficulté, les premiers saisissans receuront en baillant caution de rapporter si les autres biens ne suffisent. Ainsi dit Paris, art. 180. & Orleans, art. 449. La desconfiture n'a lieu au preiudice du creancier, trouué saisy du meuble à luy baillé en gage par son debteur. Ainsi dit Paris, art. 181. Orleans, art. 450. pource que le gage est realisé par apprehension de faict. Auxerre, article 130. dit que desconfiture n'a lieu, quand les meubles estans en vne maison sont saisis pour le loüage d'icelle : quand le meuble est en la maison du locateur proprietaire, le gage, aussi est realisé, entant qu'il est chez luy. Ou pour la marchandise extante venduë, sans terme qui est poursuiuie par le vendeur : pource qu'en ce cas le vendeur peut la vendiquer, comme s'il n'y auoit tradition. *l. quod vendidi. ff. de contr. i. b. empt. l. se quasi. ff. de pignor. act.* Aussi n'a lieu la desconfiture en matiere de depost, si le depost se trouue en nature, Paris, art. 182. Orleans, 451. Selon la mesme raison : car le depositeur a non seulement l'action personnelle de depost : mais aussi a la reuendication, car il demeure proprietaire. Aussi le debte du depost est priuilegié. *l. si ventri. §. in bonis. ff. de priuileg. cred. l. si hominem. §. vlt. ff. depos.*

A la suitte du propos cy-dessus est à remarquer vne reigle en forme de brocard du droict François, que meubles n'ont suite par hypotheque, quand ils sont hors de la possession du debteur. Ainsi dient Paris, article 170. Sens, article 131. qui adiouste ces mots, *mis sans fraude hors la puissance du debteur.* Auxerre art. 129. Berry des execut. art. 9. Bourbonnois, art. 116. Orleans, ar. 447. & dit que le plus diligent est preferé, saufs'il y a priuilege ou desconfiture. Auuergne, chapitre vingt-quatre, article cinquante deux. Meleun, article 313. Troyes, article 72. Reims, article cent quatre-vingt six, qui excepte sauf pour loyer de maison. Blois article 268. qui met l'exception comme Reims, & adiouste ou autres debtes priuilegiés, pour lesquels les creanciers seront preferez, iusques à ce que les meubles soient vendus, & apres la vente solemnellement

faicte, nul ne sera receu, si ce n'estoit chose furtiue, Bourgongne, art. 50. met vne exception à meuble, n'a suitte, si
non pour la plus-valuë. Ce qu'on dit meuble n'a suitte par
hypotheque, s'entend que l'hypotheque n'est acquise par
la seule conuention, ainsi que dict le droict Romain. *l. 1.ff.
de pignor. act.* mais est requis qu'il y ait apprehention reelle,
auquel cas l'hypotheque y est, & peut-on suiure le gaige.
Qui monstre que c'est la distinction que les anciens Romains faisoient, disans que le gaige qui s'appelle en Latin
pignus est proprement de chose meuble, comme si on la
prenoit auec la main, ou le poing. *l. si rem. S. proprie. ff. de pignor. act.*

Aucuns debtes sont priuilegiez, tant pour n'estre subiects à respit à vn ou cinq ans: Comme pour n'estre subiects à cession, & pour n'estre subjects à la desconfiture.
Quand aux respits, plusieurs coustumes remarquent certains cas, esquels les debteurs ne peuuent iouyr du benefice de respit à vn ou à cinq ans. Comme quand aucune
chose est adiugee par sentence diffinitiue donnee contra-
dictoirement. Et ainsi dit Paris, ar. 111. Sens, ar. 259. & dit de
mesme és sentences donnees du consentement des parties.
Auxerre, art. 150. & adiouste comme Sens. Bourbonnois,
art. 68. Auuergne, ch. 19. art. 1. Senlis. art. 290. & adiouste
despens adiugez & taxez, Laon, art. 278. Reims, art. 392.
Semble que la raison peut estre, ou pour l'auctorité des
choses iugees, qui de grande anciennté emportoient cō-
trainte precise & par corps, sinon que le condemné feist
cession de biens. *l. 1. C. que bonis cedere possunt.* Ou pource que
celuy qui a plaidé & contesté est indigne de grace, ainsi cōme est celuy qui a nié la societé. *l. sed hoc ita. ff. de re iud.* & cōme se dit *in actione quod metus causa in quadruplo.*

Le second cas, quand c'est debte pour loüage de maison
ou arrerages de rentes foncieres: ou moison de grain, ou
ferme & accense d'heritages: tous lesquels cas sont de pareille raison. Paris, art. 111. Sens, art. 259. Auxerre, art. 150.
Berry des executions, art. 21. Bourbonnois, art. 68. Meleun,
art. 322. Senlis, art. 291. Laon, art. 278. Reims, art. 392. Orleans,

leans,art.424. Auuergne,chap.19.art.16.& art. 4. qui excepte si ce n'estoit trois ans apres les baux, à tiltre de ferme & accense. C'est pource que tels debtes ne sont de trafic & commerce,ains est le reuenu ordinaire de chacun destiné à sa nourriture & entretenement. Et n'est pas raison que celuy qui l'a perceu ait fermé pour faire ieusner celuy qui auoit son attente audit reuenu.

Le tiers cas est de debtes de mineurs, contractez auec
eux ou leurs tuteurs durant leur minorité , & de mesme
d'autres personnes qui sont en curatelle. Paris, article 111.
Sens, article deux cents cinquante neuf. Auxerre, art.150.
Bourbonnois, article 68. Meleun,art.322.Reims,art. 392.
Cela depend de l'antienne formule des lettres de respit ,
que l'on prenoit en Chancellerie , qui portoient charge
expresse des creanciers puissans d'attendre , c'est à dire qui
auec commodité peuuent attendre le payement de leurs
debtes.

Le quatriesme cas pour chose deposee. Sens , article
259.Auxerre,article 150. & adiouste pour gage non rendu.
Bourbonnois,article 68.Orleans,article 424. Meleun,art.
322. Senlis,article 291.pource que celuy qui ne rend le depost,commet dol & delict,& est tenu de furt.l.3.l. qui depo-
situm.Cod.depos.En France tout dol est coërcé extraordinairement,& par prison.

Le cinquiesme pour debte , procedant de delict.Sens,
article 259.Auxerre, article 150. Berry des executions , article 21.Bourbonnois,article 68.Orleans,article 424. Meleun,article 322. Laon , art. 278. Reims. art.392. La raison
est que l'adiudicatió procedát du delict,est subiecte à coërtion par prison , sans qu'on en soit deliuré par cession de
biens , & si la pauureté y est euidente le iuge doit com-
muer la peine pecuniaire en corporelle. Par l'Edict du mois
de Mars,1549.article 7.Et selon le droict Romain.l. siquis
idquod.ff.de iurisd. om. iud. Es Capitulaires de Charlemagne lib.3.cap.65.est dit que celuy qui condamné par delict,
n'a moyé de satisfaire,doit se côstituer serf en gage, iusques
en payement.idem cap.67. Et s'il decede,ses heritiers au-

ront fa fucceſſion. *Et lib. quarto capite decimo quarto.*

Le ſixieſme cas, marchandiſe priſe en plein marché. Senſ art.259. Laon, article 278. C'eſt le priuilege des marchez, afin qu'ils ſoient plus frequentez, & abondent de marchandiſe.

Le ſeptieſme cas: Penſions de nourriture d'enfãs & eſcoliers. Berry des execut. ar.21. Bourb. art.68. Orleans, article 424. qui adjouſte, & d'apprentifs. Le priuilege eſt en ce que le bien de l'vn a eſté employé pour nourrir la perſonne qui doit.

Le huictieſme cas de celuy qui eſt obligé ou condemné pour reddition de compte, de biens du public ou d'Egliſe. Berry des execut. art.21. Bourbonnois, art.68. Orleans, art. 424. Meleun, art.322. C'eſt la meſme cauſe de priuilege cy-deſſus touchee, de debte contracté auec mineurs durãt leur minorité. La choſe publique & l'Egliſe, ſont en meſme priuilege que les mineurs. *ca.1. extra. de integ. reſtit.*

Le neufieſme cas. Obligation ou condénation pour frais funeraux. Berry des execut. art.21. Selon le droict Romaia dont l'autheur de ladite couſtume eſtoit zelateur, les frais funeraux ſont priuilegiez pardeſſus tous debtes. *l. penult. ff. de religioſ. l. at ſi quis. §.1. ff. eod.*

t Le dixieſme cas. Pour aliments deus à enfans mineurs & pauures. Berry des executions, art.21. pource que tel debte n'endure dilation, & la formule des reſpits, & pour les creanciers puiſſans d'attendre.

L'vnzieſme cas. Quand aucun doit pour achapt de viures & victuailles, ſoit en gros, comme de bled, vin & beſtail, ſoit par le menu. Niuernois des executions, art.22. qu'outre dit que tels achepteurs ne ſont receus à ceſſion de biens. Orleans, art. 418. qui dit quand l'achapt eſt faict en marché public & donne terme de huictaine à payer. Auxerre, arti le 150. pour vente de vins. Berry des executions, article 22. Reims, art. 392. & adiouſte quãd c'eſt pour la prouiſion de l'achepteur debteur. Bourb. art.68. Laon art.278. Reims, art.392. La raiſon depend de ce qui a eſté dict cy-deſſus, que ce qui eſt pour la nourriture de la perſonne eſt priuilegié. Car la premiere confideration de tous les affaires de ce monde, en ce monde eſt pour les hommes, pour l'v-tilité defquels noſtre Seigneur a tout creé. Au Pſeaume huictiefme.

Le douziefme cas. Pour falaire de feruiteurs & merce-naires. Bourbonn.art.68. Orleans.art.424. Meleun, ar.322. La raiſon depend de la ſaincte Eſcripture qui defend auec grande commination, de retenir le ſalaire du merce-naire.

Le treizieſme cas, ſi le mary pourſuit le payement de la dot de ſa femme, ou la femme la reſtitution de ſa dot. Bourbonnois, art.69. Auuergne. chap.19. ar.3. Pource que le mary doit prendre les fruicts & profits de la dot de ſa femme, eu eſgard qu'il la nourrit & ſupporte les charges de mariage. Ce qui tient lieu d'aliments. Et la dot de la feme eſt ſon propre patrimoine, dont elle doit eſtre nour-rie quand elle eſt vefue.

Le quatorzieſme cas eſt quand le debteur a expreſſé-ment renoncé à impetration de reſpit. Ainſi dit Auuer-gne, au chapitre 19.art.3. Ce cas eſt plus à doubter. Car le reſpit eſt vne commemoratiõ, à chacun de nous de la con-dition humaine qui eſt ſubiecte à viciſſitudes & à inconue-niens.

Le quinzieſme cas, ſi l'achepteur a encores la marchan-diſe en ſa puiſſance. Auuergne, chap.19.art.5. La raiſon eſt que s'il a la marchandiſe, il eſt fraudateur, & le fraudateur eſt indigne de toute faueur. *leg. vltim. §.vlt.ff. quæ in fraud. cred.*

Le ſeizieſme cas: deniers deubs à cauſe de vendition d'he-ritages, Meleun, art.322. Laon, art.278. C'eſt bien raiſon que celuy qui iouït de l'heritage paye. Et ſeroit choſe in-iuſte, que le vendeur n'euſt argent ny heritage.

Le dix-ſeptieſme cas: le debte deu à aucun pour alimẽs & medicamens. Reims, art.392. Les raiſons ont eſté dictes cy-deſſus, num.7.num.11.

Ceſſion de biens n'eſt receuë en certains cas. Cõme quãd aucun eſt condéné en reparation d'intereſt ciuil, procedãt de delict. Laon, art. 279. Reims art. 393. Si aucun est achepteur de biens en iustice. Meleun, article 318. Achepteur de victuailles. Niuern. au tiltre des executions, article 22. Autant en faut dire de toutes condemnations & obligations qui procedent de delict, dol ou fraude : car en tels cas la prison doit seruir de peine au fraudateur, & delinquant. *l. vlt. §. vlt. ff. de iis quæ in fraudem credit.* La cession a esté inuentee pour euiter la prison. *l. 1. C. qui bonis cedere poss.*

Celuy qui a vendu sa marchandise sans terme, peut poursuiure la chose venduë pour estre payé. Et ores qu'il eust donné terme, si la mesme chose est saisie par vn autre creancier, il peut interuenir, & estre preferé. Paris, article 176. 177. Orleans, article 458. Reims, article 398. Qui a vendu sans terme, peut vendiquer. *l. quod vendidi. ff. de contrah. empt.* Qui a vendu auec terme, il a priuilege comme si le credit auoit esté extorqué de luy, par dol. *l. si quasi. ff. de pignor. act.*

Despens d'hostelage liurez aux hostes ou à leurs cheuaux, sont priuilegiez, & sont à preferer à tous creanciers, sur les biens & cheuaux hostelez. Et l'hostelier en a retention. Paris. article 175. Berry des executions, article 19. 20. & adiouste pour la despense faicte à la derniere fois, que l'estranger y a logé. Bourbonnois, article cent trentecinq. Reims, article 395. La reigle de droict est que chacun a retention de la chose pour la conseruation, de laquelle il a frayé. *l. creditoris in fine. ff. de furt. l. in hoc. ff. communi diuid.* Mais Meleun, art. 327. dit que tauerniers, qui sont cabaretiers, n'ont action ny retention de gager, & ne peuuent prendre obligation des habitans des lieux, esquels ils font tauerne.

Cheuaux, armes, & bagage des gentils-hommes, gens d'Ordonnance, ou de ban & arriere-ban, qui sont en voye pour aller au seruice du Roy, ne peuuent estre arrestez, ores que ce soit en vertu du priuilege des Bourgeois, de ville priuilegiee. Berry execut. ar. 7. Il y en a ordonnance du Roy Henry du vingtiesme. Auril, 1553. Qui excepte s'il eſt queſtion de debte procedant de vente de cheuaux & d'armes & de viures. Bretagne article 126. parle plus a-uant,& dit qu'on ne peut faire arreſter le cheual du gentil-homme ny d'autre homme d'Eſtat,qui eſt pour ſon vſage à cheuaucher, s'il n'eſt obligé par corps. Et encores audit cas ne peut-on ſaiſir ſi on peut trouuer meubles. Quel-quefois la Cour de Parlement a iugé des executions iniu-rieuſes,ores que de ſoy elles ne fuſſent tortionaires.Com-me quand ſur vne perſonne de qualité reſpectable on ſai-ſit ſon cheual luy eſtant hors de ſa maiſon,ſi tant eſt qu'on ait moyen d'executer ſa maiſon. La Cour par vn Arreſt du premier Feurier 1550. declara iniurieuſe l'execution faicte ſur vn Conſeiller au temps qu'il eſtoit en ſa ſeance de Parlement, ſans auoir faict commandement à ſa per-ſonne.

On ne doit prendre par execution beſtes de charrue & de labeur,ny les veſtemens à vſage quotidian du debteur, ny le lict où il repoſe,ny le pain ny la paſte quand on trou-ue autres meubles.Bretaigne,art.241. Soit veuë la *l.pigno-rum*,auec l'authent.*agricultores.C.que res pignori*.

Femme ne doit eſtre miſe en priſon pour debte ciuile,ny pour le debte & faict de ſon mary , ores qu'elle s'y fuſt ac-cordee.Bretaigne,art.425.

Executiõs en biens meubles ceſſent par la mort du deb-teur obligé.Sinon que l'obligation euſt eſté declaree exe-cutoire contre l'heritier, ou que la ſucceſſion & heredité fuſt jacente : auquel dernier cas on peut executer ſur les biens du defunct jacens & non occupez. Niuernois des execut.art.2. Paris,art.168. Orleans, art. 433. Meleun, ar-ticle 321. & exprime ces mots, *executer ſur l'heritier de l'o-bligé quand l'obligation eſt declaree executoire.* Auuergne, chap.24.ar.5.dit qu'on peut executer ſur les biens du deb-teur ou de ſon heritier , declaration prealablement faicte qu'il eſt heritier. Blois,art.252.dict qu'on ne peut executer ſur les biens de l'heritier,ains faut venir par action. Et art. 253.254.dict s'il n'y a heritier apparent, ou eſt abſent, on peut faire arreſter les biens du defunct. Paris, art.169.dict

que les biens du mary & de la communauté peuuent estre
saisis pour la conseruation du deu des creanciers, apres cō-
mandement faict à la vefue & heritiers. La distinction &
resolution de la diuersité peut estre en ceste sorte. Quand
le creancier saisit des biens hereditaires, qui sans difficulté
sont recogneus estre de l'heredité, il ne peut faire tort à personne pour la seule saisie: car s'il y a heritier il doit, si celuy
qui se plaint n'est pas heritier, il n'a point d'interest. Et le
creancier a interest tant pour la conseruation des biés, que
pour auoir le priuilege de sa diligence. Mais auant que de
vendre, il faut qu'il y ait vn defenseur legitime, soit l'heritier ou curateur à biens vacans. Cela se dict quant aux biés
hereditaires: mais quand on veut executer sur les biens de
l'heritier, sans distinction si ce sont les biens hereditaires
ou les biens propres de l'heritier : car par l'addition d'heredité ce n'est plus qu'vne sorte de biens. En ce cas faut preal-
lablement faire declarer l'obligation executoire auant que
saisir. Selon mon aduis ainsi doiuent estre entenduës les ordonnances & les coustumes. Si l'heritier est absent, le creā-
cier peut faire saisir les biens du defunct, en faisant apparoir
promptement de son debte. Niuernois, execut. art. 12. Orleans. art. 441. adioustant si la preuue n'est par escript, qu'il
en doit faire apparoir dans brief delay. Berry, des execut.
art. 14. dict quand l'heritier est estranger que le creancier
peut faire arrester les meubles hereditaires iusques à ce
qu'il y ait caution baillee. Et que l'heritier estranger doit
respondre pardeuant le Iuge du lieu des debtes deubs en
la mesme prouince. La raison est bonne : car tout cela
ne tend qu'à fin de conseruation de droict & ne nuit à personne.

 Celuy qui a transport & cession d'vn debte ne peut faire executer le debteur, sinon apres l'auoir certioré de la cession. Niuernois des execut. article 1. Paris, article 108. dict
que le simple transport ne saisit, & faut signifier le
transport au debteur, & luy en bailler coppie. Mascun, article 311. & Blois, article 263. dient que le cessionaire ne
peut faire executer, ains doit faire declarer l'obligation

executoire, & informer le debteur. Mais Bourbonnois, article cent vingt sept, permet faire proceder par execution, en iustifiant du transport. Le plus sur est de informer le debteur & luy bailler coppie signee auant que d'executer. A fin qu'il ait asseurance s'il pourra payer bien au cession naire.

On ne peut proceder par execution, si la somme ou espece deuë n'est liquide & claire. Paris, article 166. Et peut estre faicte execution pour vin, bled, ou autre espece contenuë en la condemnation, ou obligation : car lespece est liquide en soy, mais la valeur extrinseque n'est pas recogneuë. Toutesfois auant que proceder à la vente des biens pris, faut faire apprecier l'espece pardeuant le Iuge, partie presente ou appellee. Niuernois, des execut. article 20. Paris, article cent soixante six. Bourbonnois, article cent vingt six. Meleun, article trois cens trente, dict que appreciation de grains, doit estre faicte à l'estimation comme de l'annee en laquelle ils estoient deus. Mais en moisons & rentes foncieres, au plus haut pris de l'annee commençant au terme du payement. Ainsi Bourbonnois, article 128. Du Moulin en l'adnotation, dict plus haut pris commun. Ce qui se rapporte au droict Romain, & à la raison du sans commun. A fin que le creancier ne guette l'occasion de deux ou trois sepmaines ou marchez, que le bled aura valu extraordinairement. Ce qui seroit vraye fraude, & caption reprouuee par la loy. *l. pretia. §. vlt. ff. ad leg. falcid.* Mais en rapportant la valeur de toute l'annee, il soit cogneu quel pris le plus haut aura esté le plus commun.

Proxenetes & commis à vendre marchandise d'autruy peuuent estre contraincts par corps, à rendre le prix de la vente ou la chose baillee à vendre. Niuernois, des execut. article vingt & vn. Berry, des execut. article trente & vn. Bourbonnois, article cent trente & vn. Orleans, article quatre cens vingt neuf, pour la prison sans y receuoir respit ny cession. Pour ce qu'ils ne peuuent retenir le prix, sans dol dont la coërtion est par prison.

Celuy qui eſt obligé par corps peut eſtre empriſonné ſans faire auparauant diſcuſſion de ſes biens. Et apres l'empriſonnement, le creancier peut faire ſaiſir, & vendre ſes biens. Niuernois, des execut. art. 8. 9. Berry des execut. art. 15. & adiouſte apres commandement faict à perſonne en lieu opportun. Et ſi le debteur eſt lay doit tenir priſon laye: S'il eſt d'Egliſe, la priſon du Iuge d'Egliſe. Cela eſt general par tout en France, à cauſe du priuilege des Clercs: & ar. 6. dict ſi le debteur eſt trouué en la ruë, & il requierele ſergét d'aller en ſa maiſon, il y doit aller, les executions doiuent eſtre faictes auec modeſtie ſans animoſité. Chacun ne porte pas touſiours argent ſur ſoy pour payer tous ſes debtes: Et art. 17. dit que le creancier peut cumuler diuerſes ſortes de côtraintes l'vne non ceſſante pour l'autre. C'eſt ſuiuant l'Edict de Moulins de l'an 1566. art. 48. Bourbonnois art. 104. mais ne permet la cumulation s'il n'a eſté accordé que l'vne des contraintes ne ceſſera pour l'autre. Auuergne chap. 24. art. 59. 60. dit comme Bourbonnois, & dit comme Niuernois art. 8. qu'en fourniſſant meubles exploictables il ſera eſlargy. Meleun art. 314. comme Niuernois. Et pour la cumulation, Troyes art. 129.

Si pluſieurs ſont obligez pour meſme debte, chacū d'eux ſeul pour le tout : ou ſi vn ou pluſieurs pleiges ſe ſont conſtituez principaux payeurs chacun d'eux pour le tout, ils ſont executables directement ſans qu'ils ſe puiſſent ayder de diuiſion ny diſcuſſion, jaçoit qu'ils n'y ayent renoncé expreſſement. Niuernois des execut. art. 10. & Bourbonnois art. 114. pour les principaux obligez: Mais art. 115. dit quāt aux pleiges qu'il faut diſcuter le principal debteur, ſinon que le pleige ſe fuſt conſtitué principal debteur, ou que le debteur fuſt demeurant hors du pays. Bourgongne art. 49. dit que le creancier peut s'adreſſer au debteur ou au pleige lequel il voudra choiſir. Bretaigne art. 212. 214. ne ſe contente qu'ils ſoient obligez chacun pour le tout, mais deſire qu'ils ayent renoncé à diuiſion. De vray ſemble que les docteurs ayent recherché trop exactement ces ceremonies de renoncer à diuiſion & diſcuſſion, nos maieurs François,

se ſont

se sont contentez qu'il y ait declaration, par laquelle se cognoisse que la volonté du debteur a esté d'estre obligé, principalement & pour le tout.

Mercenaires, ouuriers & autres qui ont employé leur labeur ou industrie à culture de terres, cueillette de fruicts,
voicture de marchandise ou autre besongne pour autruy.
Peuuent saisir fruicts la marchandise ou ce qui est reuenu,
ou a esté côserué par leur labeur pour estre payez de leurs
salaires, & tient la saisie iusques à payement. Et outre ont
action contre ceux qui les ont mis en besongne. Niuernois,
des execut. art. 13. Orleans, art. 445. & adiouste qu'ils n'ont
action, sinon contre ceux qui les ont mis en besongne. Meleun, artic. 182. & adiouste faire saisir les fruicts, ores qu'ils
soient desplacez. Blois, artic. 267. qui adiouste que s'ils ont
baillee la marchandise sans la retenir, ou faire saisir qu'ils
doiuent agir dans quarante iours. Autrement le marchant
sera creu par serment. Bretagne, art. 195. dict comme Niuernois, & que tels mercenaires sont preferez à tous autres
creanciers en ladite chose. Et art. 245. dict que les mercenaires peuuent dedans le iour ou l'endemain de leur besongne prendre des biens pour leur loyer, & les vendre.
Ces priuileges & faueurs octroyez aux mercenaires sont
tres iustes consonans à la loy diuine, & à la raison de sens
commun, pour ce que ordinairement ce sont pauures gens
qui viuent au iour la iournee.

Le locateur d'vne maison ou autre heritage peut faire
proceder par exccution sur les biens meubles du conducteur estans en la maison, & sur les fruicts de l'heritage baillé à loüage. Iaçoit qu'il n'ait obligation par escript. Et peut
le locateur contraindre le conducteur à garnir la maison de
meubles. Niuernois des execut. art. 16. 17. Paris, art. 161. &
162. adiouste *etiam* des biens des soubs-locatifs qui leur seront rédus en payât le loyer de la soubs-location. Berry des
execut. art. 37. 38. & art. 41. pour la contrainte de garnir ou
de payer vn an, & à faute de ce expulser par iustice. Bourbonnois, art. 117. Orleans, art. 408. & 419. dict garnir pour
vn an & pour restablir les meubles enleuez pour la seureté

V u

de trois termes. Meleun, art. 179. Senlis, ar. 288. qui permet
au locateur de gaiger de soy mesme, quand il trouue le cõ-
ducteur qui s'en va emportant ses biens, à la charge de le
denoncer incontinent à iustice. C'est suiuant ce que dient
les docteurs se fondans sur le texte, *in l. ait pretor.* §. *si debitorem. ff. quod in fraud. cred.* Laon, artic. 273. Reims, article 387.
388. Blois, article 265. Le locateur est preferé à tous autres
creanciers, sur les meubles estans en sa maison. Meleun,
art. 180. Berry, des executions, art. 39. Bourbonn. artic. 119.
qui excepte s'il y a eu nouation. Laon, art. 273. Reims, art.
387. Peut le locateur poursuiure les meubles transportez.
Meleun, art. 179. Laon, art. 273. qui met l'exception pourueu qu'ils n'ayent esté vendus. Reims, art. 387. faisant re-
cueil de toutes les exceptions & l'imitations cy dessus,
qui se peuuent accorder, toutes semblent bien raisonnables.

Les fruicts d'vn domaine, ou d'vn heritage peuuent estre
saisis & arrestez, à la requeste du proprietaire ou seigneur
rétier, pour les loüages fermes accenses & rentes foncieres.
Ores qu'il n'y ait obligation expresse par escript. Et s'ils
estoient transportez & desplacez, le seigneur les peut poursuiure & faire rapporter: Et sera preferé à tous autres creanciers, & en cas d'opposition l'exploict tiendra. Niuer. des
execut. art. 19. Paris, art. 74. 75. 171. pour le second chef, &
pour trois annees.

Sens, art. 120. & 241. & adiouste pour la derniere annee,
quant au tiers detenteur. Ce qui est bien raisonnable en se
representant, ce qui est dict au droict Romain, que les personnes ne sont pas tant recherchees que les choses. *l. imperatores. ff. de publica.* de vray les fruicts doiuent, mais ce sont
les fruicts de la mesme annee, pource que fruict, ce qui reste
apres les charges foncieres payees. *l. neque stipendium. ff. de im-
pens. in res dot. fact.* & quant au personnellemét obligé pour
les trois annees. Auxerre, art. 118. Berry, des execut. art. 33.
44. 45. 46. 47. & au 4. chef adiouste iusques à cautiõ baillec.
Bourb. artic. 125. comme. Niuernois, sauf le dernier chef de
l'exploict tenant. Orleans ar. 406. de mesmes pour les trois

annees ou trois quartiers. & 415. 416. pour les meubles
tranſportez,& 421. Bretagne, art.194. pour la preferance
à tous creanciers. Meleun,art.181.& 107. pour l'annee derniere, les autres par action. Laon, art.275. horſmis qu'il en
doit apparoir par eſcript,& art.136. dict que la ſaiſie ne tié-
dra que pour la derniere annee. Reims,art.389. Blois,artic.
246.249. *etiam* ſur le tiers detenteur. Orleans, art. 434. dict
que pour rente fonciere on peut executer l'obligé perſonnellement pour les arrerages de trente ans. Mais Bourbōnois,artic. 415. ne donne execution & prouiſion que pour
dix ans en rentes foncieres. Et peut eſtre faicte execution
non ſeulement ſur les fruicts de l'heritage, mais auſſi ſur les
meubles eſtans en la maiſon. Auxerre,artic.118. Niuernois
des rentes,art.3. Blois,art.246. Sens,art. 120. c'eſt ſelon le
droict Romain qui parle de *inuectis & illatis*. Bourgongne,
artic.116. permet au Seigneur de s'addreſſer à la choſe ſans
diſcuter le perſonnellement obligé *quia magis res quam per-
ſonæ conueniuntur.C.Imperatores.ff. de publicanis*. Si le fermier
eſt en demeure de payer la ferme de toute l'annee precedē-
te ou la pluſpart, le locateur peut faire ſaiſir pour l'annee
ſequente non eſcheuë ſans toutesfois trāſporter les fruicts
ſaiſis hors du lieu. Laon,ar.276. dict que ſi c'eſt l'annee derniere de la ferme,& le fermier ne donne aſſeurance au Seigneur, le Seigneur peut ſaiſir les fruicts pour le terme non
eſcheu: Autant en dict Reims,art.391. Mais Blois, art.249.
ſemble permettre ſimplement de ſaiſir les fruicts pour le
terme prochain à venir. Me ſemble que par tout le Iuge
pourroit auec ſommaire cognoiſſance de cauſe, s'il luy
appert que ce rentier ou fermier ſoit vn mauuais payeur,
vn brouïlleur, ou mauuais meſnager, ordonner la ſaiſie
iuſques à ce qu'il ait baillé caution, ſelon la *l. in omnib.ff.
de iudic. leg. ſi fideiuſſor. §. vlt. ff. qui ſatisd. cog*. Si ç'eſt ſimple rente ou redeuance qui ne ſoit premiere fonciere,
& ſoit aſſignee ſpecialement ſur certain heritage qui eſt
és mains d'vn tiers detenteur, le creancier pourra faire ſaiſir les loyers, penſions & fruicts dudict heritage
pour la derniere annee ſeulement. Ainſi dict Niuernois,

des execut.art.11. Berry, execut.ar.33. Orleans, ar.438. Ce
que ie voudrois entendre en rentes foncieres & non rentes constituees à prix d'argët, iaçoit qu'il y ait hypotheque
speciale: Car l'hypotheque speciale n'est qu'accessoire, &
le debte est personnel principalement. Mais autres coustumes donnent seulement l'action hypothecaire contre le
tiers detenteur de l'heritage specialement obligé sans discussion du principal debteur. Laon, art.116. Reims, art.185.
Blois, art.248. Sens, art.134. & art. 121. dict que pour rentes
volantes on ne peut s'addresser contre le tiers detenteur
s'il n'y a declaration ou recognoissance. Auxerre, 119.&133.
Bourbonnois, art.136. Orleans, art.436. Auuergne, chap.
24. art.2.3. & art.7. dict que le tiers detenteur ne doit estre
depossedé en promettant de rendre les fruicts depuis la
mainmise: & art.8. dict de mesme du tiers opposant afin de
distraire qui est iouïssant. Ce qui semble deuoir estre general par tout, car on ne doit sequestrer sur le tiers detenteur
non obligé & quand il est legitime possesseur de plus d'an
& iour il doit estre tenu comme vn defendeur en action
petitoire pour iouir durant le procés & estre subject à restitution de fruicts depuis le procés intenté. *leg. si fundus. §. in*
venaicatione. vers. interdum. ff de pignor. Sens, art.135. dict que
le creancier de rente assignee generalement doit discuter
le constituant auant que s'addresser au tiers detenteur.
Mais pour interrompre la prescription peut agir contre le
tiers detenteur en declaration d'hypotheque. Ce qui est
general par tout. Ceux qui ont achepté bleds, vins & autres victuailles apres deliurance à eux faicte, peuuent estre
contraints par corps au payement sous le simple congé du
Iuge, qu'il octroyera à l'assertiõ du vedeur. Et s'il y a terme,
au bout du terme. Et s'il y côtradiction le vendeur doit faire apparoir du marché dans 24. heures. Niuer. des exec. art.
22. Berry, des execut. art 22. & dit seulement quand il n'y a
point de terme. Bourb. art.132. quãd il n'y a terme & que le
tout doit estre vuidé sommairement. Orleans, article 428.
pour ce qui est achepté en marché public & la prison apres
huictaine. C'est comme dict a esté à cause de la faueur de
la marchandise destinee pour la necessité de l'homme.

Ceux qui vont à foires & à marchez, & en iugement pour leurs caufes, ou qui en viennent. Ne doiuent eftre arreftez pour debte ciuil, ores qu'il foit priuilegié. Bourbonnois, ar. 133. Auuergne, chap. 24. art. 62. & dit qu'ils en font creus par ferment. A quoy fe rapporte ce qui eft en la loy des Alemans, faicte par Clothaire, Roy de France, cha. 28. ar. 1. & adioufte de n'inquieter celuy qui va vers le Roy, ou en vient, *etiam* pour crime.

Le feigneur haut iufticier peut faire proceder par execution pour fes droicts domaniaux anciens & accouftumez. Et y peut eftre ordonnee garnifon en faifant fommairement apparoir du droict. Niuernois, des executions, art. 15. Bourbonn. art. 101. qui adioufte apres que les fubiects ont efté declarez detenteurs des heritages chargez de la redeuance. Bretagne, art. 232. ne permet l'execution fi le feigneur n'eft detenteur des trois annees dernieres. Autremét doit venir par action, finon qu'il y euft obligation ou iugement.

Auparauant l'ordonnance de l'an 1539. le creancier ne pouuoit faire vendre les immeubles de fon debteur, finon apres auoir difcuté fes meubles, au moins fans auoir faict perquifition defdits meubles, pour cognoiftre fi par la vente d'iceux. Il pourroit eftre fatisfaict, & cet ordre de difcuffion depend de ce qui eft dict *in l.a diuo pio. §. de re iudicata.* Mais par ladite ordonnance cefte ceremonie eft abrogee. Et encores plus par l'Edict de Moulins de l'an, 1566. par lequel eft permis de cumuler plufieurs fortes de côtraindtes. Ce qui a efté introduict auec iufte raifon, pour empefcher les difficultez & fubterfuges que les debteurs auoiét accouftumé de pratiquer par cefte occafion. Cefte difcuffion de meubles a efté retenuë feulement quand les mineurs, font debteurs, pource que felon la reigle du droict Romain, on ne peut faire vendre l'immeuble d'vn mineur, fans cognoiffance de caufe & decret du iuge, laquelle cognoiffance de caufe. gift à fçauoir s'il y a autre moyen de payer le debte du mineur, fans vendre fon heritage, auquel effect on contraint le tuteur d'exhiber l'inuentatre, & rendre vn compte sommaire, & si par ce compte sommaire, appert qu'il n'y ait moyen de payer des meubles, ou du *reliqua*, le iuge permet de vendre l'heritage du mineur. Or quand le creancier veut faire vendre l'immeuble de son debteur, par auctorité de iustice, l'office du iuge est d'y employer son soing, afin que la vente soit auec toute seureté, pour l'achepteur adiudicataire, & afin que l'auctorité de iustice, ne soit illusoire, auquel effect les coustumes & les ordonnances ont introduit certaines formalitez qui sont necessaires à obseruer. Aussi quand elles ont esté obseruees, l'achepteur est asseuré de l'heritage qui luy a esté adiugé par decret, & ne peut estre poursuiuy pour debtes, hypotheques & charges, sinõ pour celles cõtenues au decret. La principale ceremonie est de faire sçauoir & appeller tous ceux qui peuuent pretendre interest és heritages qu'on veut faire vendre, à sçauoir qu'il faut appeller nommément, & par exprés ceux qui sont cogneus, comme sont les proprietaires & les detenteurs des heritages. Et ceux qui ne sont pas cogneus, doiuent estre appellez à cry public à diuerses fois. Qui est selon la pratique enseignee par *Bart. in l. si eo tempore. C. de remiss. pignorib.* Et les ceremonies estans obseruees, le iugement qui s'en ensuit, qui est l'adiudication par decret, a force de chose iugee quant à tous les iuges du decret plus exactes obseruateurs, apres le rapport des criees en iugement donne defaut contre tous ayans interest. Et pour le profit ordonne, que sans plus les appeller, sera passé outre, & le iugement qui sera donné, aura force de chose iugee contre tous. Qui est *ad instar* des sentences dont est parlé au droict Romain, qui sont droict quant à tous *vt in l. de etate. ff. de minorib. l. 1. §. vlt. ff. de liber. agnos.* Doncques la premiere ceremonie est que les heritages qu'on veut faire vendre soient saisis & mis sous la main de iustice, & pource faire que le sergent se transporte sur les lieux pour saisir realement, & en soit le proprietaire depossedé. Et pour mettre à effect ce depossedement, qu'vn commissaire soit estably au regime desdits biens qui les baillera à ferme & à cense sous l'auctorité de

iuſtice,au plus offrant & dernier encheriſſeur,pour autant
de temps que les cries dureront. Ce qui ſe faict à trois
fins,l'vne afin que le proprietaire eſtant depoſſedé ſoit cogneu à tous, que ſes biens ſont en main de la iuſtice, pour
eſtre vendus.L'autre , afin qu'eſtant depoſſedé,les moyens
luy ſoient oſtez de retarder les cries , & par attediation
il ſoit ſemons d'obeir à droict & raiſon, comme il eſt dit *in
cap.2.extra de dolo & contumacia.*Et la tierce fin , à ce que les
fruicts qui ſeront recueillis des heritages, ſoient employez
à payer les creanciers. L'Edict des cries met la nullité en
cas qu'il n'y aura commiſſaire eſtably , & le debteur ne ſera depoſſedé.Doncques ſe dit que durant les cries le debteur proprietaire, ny le tiers detenteur qui n'eſt pas oppoſant, ny autres oppoſans ne doiuent iouyr des heritages,
quelque caution qu'ils offrent, ains doiuent eſtre regis par
commiſſaires.Ainſi dit Niuernois des execut.art.28.Berry,
des execut.art. 71. Bourbonnois, art.140.& ne parle que
du debteur ou ſes heritiers. Il y faut mettre l'exception cy-
deſſus,ſauf ſi c'eſt vn tiers detenteur, iouïſſant reellement,
lequel peut ſe maintenir en iouïſſance , ſans ſe laiſſer de-
poſſeder,comme eſt porté par la verification que la Cour a
faicte ſur l'Edict des cries, & à la charge s'il eſt euincé par
l'iſſuë des cries,d'eſtre ſubiect à reſtitution des fruicts. Au-
regime & gouuernement d'heritages criez ne peuuent e-
ſtre commis & eſtablis commiſſaires. Et ne peuuent auſſi
eſtre fermiers deſdits heritages,le iuge,ſon greffier,ſergent
executeur des cries,Aduocats,ou Procureurs du ſiege,fre-
res ou enfans des parties. Niuern.des exe.ar. 29. Berry des
exe.ar.71.& dit outre les ſergés des lieux,les enfans, freres,
ou nepueux,ou fermiers du proprietaire.Bourb.ar.141.cela
eſt introduict pour euiter les fraudes & colluſions, & à ce
que les heritages ſoient accenſez à prix raiſonnable : car
telles ſortes de perſonnes peuuent pratiquer pluſieurs inuentions,& guetter des occaſions,pour auoir meilleur marché .Auuerg.cha.24.ar.6.reçoit le debteur proprietaire à
prendre la ferme en baillant caution. Cela ne ſemble pas
raiſonnable , car l'eſtabliſſement de Commiſſaire n'eſt

pas seulement pour les fruicts, mais aussi pour deposseder
& attedier le debteur. Et encores afin de faire cognoistre à
tous que l'heritage est en criees. Les criees doiuent estre
faictes les Dimanches, à yssuë de la Messe Parrochiale, de
la Parroisse en laquelle les heritages sont assis, de quinzaine en quinzaine, iusques à quatre fois, & que affixe soit
mise à la porte d'icelle Eglise Parrochiale, contenant declaration des heritages, auec vn panonceau à la porte de la
maison, s'il y a maison. Et en ce faut suiure ce qui est ordô-
né par l'Edict des criees, de l'an 1551. auquel Edict aucunes
coustumes ont adiousté ou modifié, & est bien à propos si
les coustumes ordonnent quelque chose, outre l'Edict qui
se puisse compatir auec l'Edict, de le suiure : mais ie croy
que les formes portees par l'Edict sont necessaires, & que
l'on ne peut y deroger. La coustume de Niuernois, tiltre
des executions, article 38. desire que durant les deux premieres criees, le sergent face vne proclamation en la plus
prochaine ville de l'assiette des heritages à iour de marché, & y mette des affixes. Cela est bon à faire, & nous
obseruons en Niuernois de le faire, afin que la cognoissance en vienne à plus de personnes. Le sergent executeur
des criees doit estre accompagné d'vn notaire de Cour
laye, & de deux tesmoins. Niuernois des executions, art.
41. Bourbonnois, art. 143. Auuergne, cha. 24. art. 25. dit que
si le sergent n'est pas lettré, il doit estre accompagné d'vn
notaire & d'vn tesmoin. Les Coustumes de Sens art. 128.
Auxerre, art. 126. & Troyes, art. 71. se contentent de deux
tesmoins : & Sens adiouste à peine de nullité. Le sergent
peut poursuiur & continuer les criees, iusques à la quatriesme incluse, nonobstant oppositions ou appellations.
Niuernois, art. 41. Poictou, art. 443. Bourbonnois, art. 143.
Auuergne, chap. 24. art. 34. & excepte, sinon qu'il fust inhibé par le iuge, parties ouyes, de passer outre. Meleun, art.
334. Vn sergent peut continuer les criees encommencees à
faire par vn autre sergent. Sens, art. 127. Auuergne, chap.
24. & 45. Si par aucun accident l'vne des criees ne se fait
pas au mesme iour, auquel elle eschet : il n'est pas besoin de
recom-

recommencer tout, mais fera recōmencé à reprendre du lieu & temps où a commencé la faute. Ainfi dit Sens, art. 127. Mais Auxerre, art. 125. diftingue que s'il y a continuation & prolongation outre les iours ordinaires deftinez pour les criées qu'il ne faut recommencer, & s'il y a anticipation defdits iours, il faut recommencer. Cela, felon mon aduis gift en l'office du iuge.

Si vne rente fonciere eft mife en criées, les criées doiuent eftre faictes au mefme lieu, & par la mefme façon que feroient criez les heritages fubiects à ladite rente: car la rente fonciere, faict portion du fonds. Mais fi vne rente conftituée à prix d'argent deuë par vn particulier, eft faifie fur le creancier d'icelle, les criées doiuent eftre faictes à la porte de l'Eglife Parrochiale de celuy fur lequel on faifit, qui eft le creancier de ladite rente, & les panonceaux mis en fa maifon. Ainfi dient Paris, article 348. 349. & Orleans, art. 482. 483.

S'il y a eu iugement de prouifion contre le debteur obligé par inftrument authentique, ou condemnation à faute de garnir la main, & ait efté dit nonobftant l'appel, & fans preiudice, le creancier pourra faire faifir, crier & vendre les immeubles du debteur, en vertu de ce iugement. Berry des execut. art. 49. Cela eft general, car autrement la prouifion n'auroit effect, & pourroit le debteur diftraire fes meubles & rendre la prouifion illufoire. Et il peut empefcher la vēte des heritages, en confignant la fomme és mains du creancier.

Les baux à ferme des heritages faifis par criées, doiuent eftre faicts pardeuant le iuge des criées. Et doiuent eftre lefdits baux à la charge d'entretenir les heritages en bon eftat, & de bailler caution. Berry des execut. art. 73. C'eft fuiuāt l'ordōnāce de l'an, 1539. art. 82. toutesfois le iuge des criées, pour faciliter l'accenfe peut deleguer le iuge des lieux, pour faire ladite accenfe, à la charge s'il y a oppofition, qui emporte d'ifficulté de renuoyer pardeuers luy. Et Auuergne chapitre vingt-quatriefme, article cinq, dit que le bail à ferme doit eftre faict au plus offrant, & que les deniers doiuent estre employez en deduction & diminution de ce qui est deu. Cela se dict bien en soy: mais l'execution n'en peut pas estre faicte sinon apres la discussion: car lesdits deniers doibuent estre distribuez selon le ranc des hypotheques.

Le commissaire à biens criez doibt payer les cens deus sur les heritages criez durant les criees. (Ie croy qu'il se doit entendre des arrerages qui escheent durant les criees, & non les precedens.) Mais les rentes foncieres ne seront payees durant les criees sinon apres, sommaire cognoissance de cause, par laquelle soit apparu qu'il n'y ait hypotheque precedente le bail à rente. Berry des execut. art. 75. 76. quant aux arrerages des cens & redeuances emportans seigneurie directe, fut iugé par Arrest és criees des heritages des Verons à Neuers, contre Antoine Vaillant, Commissaire.

Office venal peut estre saisi & vendu sur l'officier qui le tient à la requeste de ses creanciers, est reputé immeuble à effect, qu'il a suitte par hypotecque quand il est saisy sur le debteur auant resignation admise, & peut estre adiugé par decret: mais les deniers qui en prouiennent sont suiectes à contribution comme meubles. Ainsi dict Paris art. 95.

Les oppositions, àfin de distraire des criees aucuns heritages saisis, ou àfin de nullité des criees, ou àfin de faire adiuger les heritages, sous charge de rente fonciere ou autre reelle, doiuent estre formees auant l'adiudication par decret: mais l'opposition, afin de conseruer droict pour estre mis en ordre, ou pour estre payé sur le prix, quand on ne s'est opposé à temps pour distraire, ou pour charge fonciere, est receuë iusques à ce que le decret soit leue & scellé. Paris, article 354. 356. A uuergne, chapitre vingt-quatre, article. 8. dit que l'opposant, àfin de distraire iouissant, ne doit estre depossedé en promettàt de rëdre les fruicts, dont a esté parlé cy-dessus. Ceste façon de parler d'opposirion àfin de conseruer a esté inuentee par forme de contraposition, & non par forme de proprieté de par-

ler : car celuy qui eſt oppoſant afin de diſtraire, deſire ſon
droict luy eſtre conſerué, comme auſſi faict celuy qui eſt
oppoſant pour eſtre payé de ce qui luy eſt deu : mais pource que l'vn ſe dit afin de diſtraire, on a dit l'autre, afin de
conſeruer.

Tous oppoſans à criees doiuent eſlire domicile au lieu
où les criees ſont pourſuiuies : tel domicile eſleu ne finiſt
par la mort du procureur, ou de celuy, en la maiſon duquel
eſt eſleu le domicile. Paris, article 360. Auxerre, art. 124.
Sens, article 126. adiouſtant, ſi l'oppoſant eſt eſtranger, &
qu'à faute d'eſlire domicile, il doit eſtre debouté de ſon
oppoſition. Troyes, article 70. qui dit de meſme pour l'e-
ſtranger : Et que c'eſt la charge du ſergent de faire eſlire
domicile. Tout cela peut eſtre tenu en general : car il n'eſt
pas raiſon que les criees demeurent en ſurſeance. Ce qui
ſeroit ſi on ne ſçauoit à qui s'addreſſer.

Cauſes d'oppoſition & production de tous oppoſans
doiuent eſtre communiquees au demandeur pourſuiuāt,
& au proprietaire, ſur lequel ſe font les criees, ores qu'ils
ne le requierent. Et aux autres oppoſans s'ils le requierent.
Berry des executions, article 54. Mais il me ſemble qu'il
eſt expedient qu'il y ait appointemeut commun à tous,
pour contre dire & ſauuer, non ſeulement aux pourſui-
uants & proprietaires : mais auſſi à tous les oppoſans, car
en effect tous oppoſans ſont demandeurs, & requerant
adiudication.

Si le demandeur pour pourſuiuant criees, decede, & ſon
heritier ne reprenne le procez. Ou ſi le pourſuiuant delaiſſe
la pourſuite. L'vn des oppoſans peut ſe faire ſubroger, &
retirer les pieces des mains du pourſuiuant, en le rembourſant des frais raiſonnables qu'il a faicts. Ainſi dient Niuernois des execut. art 49. Berry des executions, art. 59. Bourbonnois, art. 147. Orleans, art. 477. Auuergne, chap. 24.
art. 65. Meleun, art. 337.

Le decret doit eſtre adiugé quarante iours apres le iugement donné, leſquels quarāte iours, ne courēt que du iour
de la premiere affixe miſe. Paris, article 359. Orleans

art.471.Les encheres pour l'adiudication par decret doiuent estre attachees à la porte de l'auditoire. Et encores à la porte de l'Eglise Parrochiale du lieu où sont les heritages assis : & doiuét estre publiees en iugement les plaidz ordinaires tenans. Berry des execu. ar.61. Et Senlis, art.383. dit que l'on est receu à encherir, iusques à ce que le decret soit signé & seellé en iugement du seel du iuge, & auant qu'il soit seellé, apres qu'il sera grossoyé, sera apporté en iugement, & sera signifié à tous, qu'à huictaine ensuiuant, il sera seellé: toutesfois par l'Edict de Moulins, art.49. & enioint à tous Greffiers de clorre les adiudications, sans tenir les decrets en suspens, & est declaré que par faute de seel, les adiudications ne seront suspenduës, ains seront tenuës pour parfaictes, apres les delais expirez. Tous encherisseurs doiuent declarer les lieux de leurs demeurances, estat & qualité. Berry des execut.ar.67. Mais par l'Edict des criees, de l'an 1551.art.9.tous encherisseurs doiuent constituer vn Procureur au mesme lieu, & y eslire domicile, & que ledit procureur le cognoisse, autremét só enchere ne sera receuë.

Toutes adiudications par decret doiuent estre faites à la charge du fief, & de la censiue, combien que les seigneurs ne se soiét opposez à ceste fin: mais doiuét les seigneurs s'oposer pour les arrerages & profits, si aucuns leur sót deus. Et pour lesdits profits & droicts seigneuriaux sont preferez à tous autres creanciers. Paris, art.355.358. & art.357. dit de chef cens. Orleans, art.480. Niuernois des execut.art.44. pour le premier & second chefs. Berry des execut. art. 70. pour le premier chef. Bourb.art.150. pour le premier & second chefs. Auuergne, ch.24.ar.41. pour le premier chef, & adiouste, pourueu que lesdits droicts soient plus anciés que les obligations des creanciers, & art. 42. pour les arrerages faut s'opposer. Troyes, art.127. pour le premier chef, & adiouste des rentes foncieres. Laon, art.144. Aussi par le decret sont purgees & perduës toutes les rentes cõstituees hypotheques & charges qui estoiét sur les heritages si l'adiudication n'est faicte à la charge d'icelles Troyes art. 127. Laon, art.144.

L'adiudication se faict à la charge des frais des criees, lesquels doiuent estre supportez par l'adiudicataire, outre le prix du decret. Dont resulte que les frais des criees font portion du prix de l'achapt, par la raison de la loy. *debet. ff. de edil. edicto.* par consequent est deu profict au seigneur direct non seulement sur le prix de l'enchere, mais aussi pour la somme de deniers, à quoy se montent les frais des criees. Frais de criees sont ceux qui sont faicts pour la saisie reelle, establissement de commissaires, criees & affixes, façon de peremptoires. Niuernois, des execut. article quarante six. Bourbonnois, article cent cinquante, Niuernois, adiouste interposition & deliurance du decret. Berry, des execut. article septante neuf, s'estend plus auant: car outre lesdits frais de saisie, criees & establissement, il met la signification: la certification des criees, le iugement de discussion, & les actes precedens iceluy. Mais, article septante, dict que les despens faicts à l'occasion des criees ne doiuent y estre comprins. Ie croy que les frais des criees auec ce priuilege doiuent estre dicts, ceux qui profitent en general à toutes les parties, & sans lesquels on n'eust peu paruenir au decret. Et pour ce que l'adiudicataire achepte à la charge de les payer, il se doit dire qu'ils sont portion du prix du decret. *l. quantitas ff. ad leg. falcid.*

Le dernier encherisseur peut estre contrainct par emprisonnement de sa personne & vente de ses biens, à consigner le prix de son enchere: & neantmoins à faute de consigner pourront les heritages estre recriez, à ses perils & fortunes. Niuernois, des execut. art. cinquante & vn. Bourbonnois, article cent quarante neuf, & donne le terme de huictaine. Berry, des execut. article soixante quatre, soixante cinq, soixante six, & adiouste que les precedens encherisseurs pourront estre receus à reprendre leurs encheres: demeurant le dernier encherisseur obligé pour sa folle enchere. Et s'ils ne veulent reprendre l'heritage sera recrié à la charge de la folle enchere.

Adiudicataires par decret sur criees, apres auoir payé le prix de leur enchere, sont faicts proprietaires,

ores qu'ils n'ayent pris poſſeſſion. Orleans, artic.478. Meleun,art. 358. dict apres decret ſeellé & deſiuré par le Iuge,
Selon le droict eſcript Romain comme par la ſeule vendition,la proprieté n'eſtoit transferee, & eſtoit requiſe la tradition. Ainſi apres la choſe iugee eſtoit requiſe apprehen-
ſion de poſſeſſion,*l.3.in fine.ff. de publicana.*

Les creanciers oppoſans à criees qui n'ont aucun droict
d'hypotheque. Si apres les creanciers hypothecaires payez
n'y à aſſez d'argent pour les payer tous doiuent eſtre payez
comme en deſconfiture par contribution au ſol la liure.
Bourbonnois,art.152.Suiuant la loy *pro debito. C. de bonis au-*
ctor. ind. poſſid.

En heritages vendus & adiugez par decret euiction n'a
lieu.Niuernois,des execut. artic. 54. Auuergne,chap 24.
art.38.dict qu'auparauant la redaction de la couſtume euiction y eſcheoit, & que lors on rabatoit à l'achepteur vn
quart du prix pour intereſt de l'euiction. Et que doreſna-
uant n'y aura euiction. Auſſi n'a lieu le remede de deception d'autre moytié de iuſte prix. Bourbonnois,artic. quatre cens huictante ſept.Auuergne chapitre 16. artic. vingt-
deux,pour nouuelle couſtume, pour ce que auparauant y
en auoit doute.

La choſe mobiliaire veuë à l'œil peut eſtre ſaiſie par auctorité de iuſtice, à effect de vendicatiõ. Et ſi elle n'eſt veuë
le detenteur ſera appellé pour l'exhiber. Meleun, art.325.
Reims,art.406.La ſaiſie & ſequeſtration du meuble qu'on
veut vendiquer n'eſt pas vray ſequeſtre, lequel ne ſeroit à
propos en vne action petitoire. Mais ſe faict pour la necel-
ſité de l'exhibition,tant pour aſſeurer le demandeur que
pour les teſmoins & le Iuge.Pourquoy apres la recognoiſſance,il faut remettre la choſe és mains du poſſeſſeur. Et
Bretagne,article 130. dict que la choſe mobiliaire que lon
craint eſtre deſtournee ou deſguiſee, peut eſtre arreſtee, &
tiendra l'Arreſt iuſques à ce que celuy ſur lequel l'Arreſt
eſt faict ait baillé plege.

Quand le debteur a faict ceſſion de biens , les biens pris
ſur luy ſeront vendus à l'encant, ſans garder autre ſolen-

nité de iuſtice. Orleans, article quatre cens quarante ſix. Dix iours termes de iuſtice.

Iugemens donnez contre les garends ſont executoires contre les garentis ſauf des deſpens dommages & intereſts, dont l'execution ne ſe fera contre les garentis , ſinon apres diſcuſſion ſur les meubles du garend. Orleans, article quatre cens cinquáte ſept. Meleun, article 320. L'ordonnance de l'an 1539. art. 20. dict que l'execution de deſpens dommages & intereſts, ſe fera contre le garend ſeulement. *Vide Molin.* ſur la couſtume de Bourb. art. 99.

Compenſation a lieu d'vn debte clair & liquide à autre debte clair & liquide : non autrement. Paris, art. 105. Bourbonnois, art. 37. Auuergne, chap. 18. art. 6. Meleun, art. 326. Reims, art. 397.

Reconuention en cour laye n'a lieu , ſi elle ne depend de l'action. Et que la demande en reconuention ſoit la defenſe contre l'action premierement intentee. Paris, article 106.

DES CONTRACTS ET

conuenances.

Es Notaires ne peuuent receuoir aucuns contracts hors les fins & metes du lieu où ils ont eſté inſtituez Notaire à peine de nullité & de dommages & intereſts. Poictou, article trois cens ſeptante huict. Orleans, article quatre cens ſoixante trois, la raiſon peut eſtre pour ce que le pouuoir leur eſt donné ſeulement en ce territoire, où chacun doit obſeruer ſon mandement & cõmiſſion exactement. Orleans, excepte les Notaires du Chaſtelet de Paris, & d'Orleans, & du petit ſeel de Montpellier, qui ont pouuoir de receuoir contracts par tout le Royaume. I'en ay autrefois ouy alleguer vn Edict du Roy Louys 12. du mois d'Auril 1510. Les Notaires apres auoir eſcript

les contracts, les doiuent relire aux parties, & leur donner à
entendre, les renonciations de diuision, discussion, & du
velleian & autres qui ne sont entenduës par simples gens.
Poictou, article 381. Berry, des Notaires, art. 1. dict que les
Notaires doiuent dresser la minute auant que prendre la
main & serment, & en faire lecture en presence des parties
& tesmoins: à ce faict l'ordonnance du Chastelet de Paris,
Notaires, art. 3.7. Bourbonnois, artic. 77. comme Poictou,
pour le premier chef, & les clauses qui ne sont ordinaires &
qui importent doiuent estre estenduës tout du long, en la
minute sans les comprendre au style soubs le, &c. Afin que
les contrahans oyans la lecture de la minute, oyent lesdites
clauses tout du long. Aussi fust ordonné par Arrest és grãds
iours de Moulins, le Samedy 25. Octobre 1550. en la cause
de Monsieur de Montpensier. Les tesmoins nommez en
l'instrument receu par vn Notaire, doiuent estre masles, &
doiuent estre nommez leurs noms qualitez & demeurances. Sens, art. 246. Auxerre, article 135. & adiouste tesmoins
non domestiques du Notaire, Bourbonnois, art. 75. & outre que les tesmoins doiuent estre majeurs de vingt ans, &
qui soient cogneus par les Notaires. Et doiuent les Notaires declarer le lieu où ils reçoiuent les contracts. A quoy se
rapporte l'Edict de Blois, art. 167. Bretagne, artic. 715. de
mesme quant à ce dernier poinct, & mesme declarer la
maison où ils reçoiuent les contracts. Prestres & religieux,
ne peuuent estre Notaires en Cour seculiere & si de faict
ils passoient quelques contracts, on ne deuroit y adiouster
foy. Poictou, article 384. long temps auparauant auoit esté
ainsi ordonné par Arrest de la Cour és grands-jours de
Moulins, 1540. & à ce faict le chap. *sicut extra ne cleric. vel mo-*
nach. Contract passé soubs le seel de la cour Ecclesiastique
ne porte hypotheque ny execution. Sens, article 133. Orleans, article 431. qui met exception quant à l'execution sinon apres la permission du Iuge lay. Berry, des Notaires article 2. dict en general, que Notaires de cour d'Eglise ne
doiuent receuoir contracts entre laigs, ny pour choses reelles ou mises. Et leur instrument ne porte aucun effect de
realité.

realité. Cela eſt general par tout, parce que la iuriſdiction Eccleſiaſtique n'eſt competente, *etiam inter volen-
tes*, ſi pour cognoiſtre ou produire aucun effect de realité. Ainſi fut iugé par Arreſt en plaidant le Lundy douzieſme May, mil cinq cens trente trois, entre Corbin & Peliſ-
ſon. Soit veuë l'adnotation de du Moulin, ſur les Arreſts
de galli. queſt. 45. Troyes, article 74. & adiouſte qu'il ne peuuent faire inuentaires.

Si le contract porte faculté de rachapt, l'achepteur
prendra à luy, tous les fruicts cueillis depuis le iour de ſon
acquiſition iuſques au rachapt. Et quant aux fruicts prochains à cueillir, il les aura par proportion de temps. Ainſi dit. Poictou, article trois cens ſoixante neuf. Soit veu cy
deſſus au titre de retraict fol. deux cens ſeptante & vn. Mais
Auuergne chapitre ſeize, article vingt & vn, dict ſi le rachapt ou la conſignation ſe faict auant les fruicts cueillis,
que celuy qui rachepte aura les fruicts en payant les labourages. La commune opinion eſt que les fruicts doiuent eſtre partis *pro rata* du temps, ſelon que lon auoit
les deniers en ſa bourſe, & l'autre ne les auoit en la ſienne.
Car il y a proportion entre les fruicts, & les prouficts de
deniers qui ſont le vray intereſt. *l. curabit. C. de act. empt.*
Le vendeur auquel a eſté accordee faculté de rachapt par
l'achepteur, doit en cas de refus faire adiourner l'achepteur formellement, & conſigner le prix en main de iuſtice: Autrement le retraict n'eſt faict ſuffiſamment. Poictou, article trois cens ſoixante ſix. La conſignation eſt
neceſſaire à effect de gaigner les fruicts, mais pour interrompre ſuffit d'offrir reallement & à deſcouuert dedans
le temps du rachapt, meſme s'il y à refus de receuoir.

L'action pour eſtre receu à rachepter ſuiuant la faculté octroyee. Le remede pour deception d'outre moitié de
iuſte prix. Ou l'action pour autre cas de reſciſion, peuuent eſtre adreſſez contre le premier acquereur, ou contre le detenteur. Auuergne, chapitre ſeize, article dix-
huict. Cecy emporte la deciſion d'vne queſtion faicte par
les docteurs, *in leg.* 2. *C. de pact. inter empt. & vend. compoſ.*

Y y

pour ce qu'il semble par ladicte loy, que l'action soit purement personnelle. Mais pour ce que la paction est accessoire à vn contract habile à transferer proprieté, lon doit dire que la paction est non seulement personnelle, mais reelle, par la raison de la loy, 3. §. *vlt.ff. qui potiores in pign.hab.* Ce qui a lieu, mesmement quand les contracts sont receus soubs seel authentique qui emporte hypotheque.

En vendition & autre alienation de chose mobiliaire, n'eschet rescision de contract pour deception d'outre moytié de iuste prix. Sens, article deux cens cinquante deux. Auxerre, article cent trente six. Berry, des Iugemens, article trente trois, & adiouste, de mesme pour bail à loüage au dessous de dix ans, sinon qu'il y ait dol ou fraude : ou qu'il fust question d'alienation d'vniuersité de meubles : ou de meubles pretieux. Bourbonnois, article huictante huict, de mesme horsmis qu'il dict de loüage de trois ans : Et adiouste que ny autres remedes de restitution en entier. Auuergne, chapitre seiziesme article neuf. Ce que dessus est general selon l'vsance de ce Royaume, de faict en chancellerie sont ordinairement refusees lettres de rescision és cas cy-dessus.

Le mineur ayant quatorze ans accomplis, non ayant curateur peut contracter sur son meuble, & bailler à loüage au dessous de dix ans. Mais s'il est deceu notablement par sa facilité, il sera restitué. Berry, des iugemens, article trente quatre, & en tous cas sera releué s'il y a dol de partie aduerse. Et combien que par la coustume de Bourbonnois, article cent septante trois, cent huictante, les masles en l'aage de vingt ans, & les femelles en l'aage de seize ans, soient reputez majeurs : toutesfois s'ils sont deceus auant vingt-cinq ans, ils peuuent estre releuez : cela s'entend és cas esquels on reçoit restitution de mineurs, comme dessus. Mais le mineur de vingt-cinq ans, ne peut disposer de son immeuble, *etiam,* en contract de mariage, ny faire association auec conuenance de succeder sans auctorité de curateur, & decret de Iuge. Auuergne, chapitre treize, article deux & trois.

Deliurance de marchandise mobiliaire arguë payement, si on ne monstre la creance ou promesse au contraire. Sens, article deux cens cinquante quatre. Auxerre, article cent trente huict, qui adiouste si le vendeur ne
veut se rapporter au serment de l'achepteur.

Si aucun tenant à loüage, vne maison defaut de payer la
premiere annee, & quinze iours apres sommation, peut
estre expulsé de son loüage, s'il ne baille caution. Auxerre,
article cent trente cinq, selon le droict Romain, qui defaut de payer par deux ans, peut estre expulsé du loüage.
leg. quero. §. inter. ff. locati. Le conducteur d'vne maison
apres auoir sommé le locateur qui refuse faire, peut faire
les reparations necessaires, & les rabatre par ses mains sur
les loüages. Auxerre, art. cent cinquante deux. Troyes art.
deux cens deux. Berry, des execut. art. quarante, & dict de
reparations necessaires ou conuenuës, Bourb. art. 120. à ce
faict la loy, *ædiles. §. quicunque. ff. de via pub. & l. dominus. §. 1.
ff. locati. l. colonus. in princip. eod. tit.* Le conducteur d'vne maison, ne la peut bailler à autre, au preiudice du locateur,
comme s'il la bailloit à personne qui la peust endommager ou qui menast train deshonneste. Berry, des execut.
article quarante trois. Bourbonnois, article cent vingt
trois, la reigle est generale que le conducteur doit estre soigneux de n'endommager l'heritage, ny les droicts d'iceluy *l. videamus. §. item prospicere. ff. locati.* Entre les droicts de
l'heritage est que l'honneur de la maison soit conserué *l.
non aliter. ff. de vsu & habit.* Conducteurs de domaines &
metayers qui mal versent & deteriorent l'heritage peuuent
estre expulsez par auctorité de iustice apres sommaire cognoissance de cause. Berry, execut. article quarante huict, *l.
æde C. locati.* Conducteur de maison qui n'a dequoy ou refuse
de payer le loüage, ou ne garnit l'hostel de biens meubles
pour le loyer d'vn an : peut estre expulsé auec auctorité de
iustice. Bourbonnois, art. 121. Orleans, art. 417. & dict quãd
il y a deux termes de loyer escheus. Si durant la ferme &
accense d'vne seigneurie, le seigneur direct bailleur ac-

quiert la seigneurie vtile d'vn heritage mouuant de ladite seigneurie baillee à ferme, il doit au fermier les lots & ventes. Et si le fermier acquiert la seigneurie vtile, le seigneur pourra retraire trois mois apres la ferme finie en rembourfant, & payant les lots & ventes. Bourbonnois, article quatre cens septante six. Il y a grande raison : car les lots & ventes sont au ranc des fruicts, *vt supra* au titre des fruicts art. 31.

Celuy qui a quittance de redeuance pour trois annees consecutiues est quitte des arrerages precedans, en affermant par luy auoir payé. Bourbonnois, art. 419. Auuergne, chap. 17. art. 8. qui adiouste *etiam*, si le payement de trois ans estoit faict tout à vne fois. Conforme au droict Romain. *l. quicunque. C. de apoch. publicis. lib.* 10. Le seigneur auquel est payee vne redeuance peut requerir à ses despens luy estre faicte lettre, par le debteur qui paye la redeuance. Bourbonnois, article quatre cens vingt *leg. plures apoch. C. de fide instrument.*

Femme ne se peut obliger pour autry si ce n'est pour son pere ou sa mere, ou pour son seigneur espoux, ou pour ses enfans. Bretagne, art. 218. Es autres prouinces on obserue le velleien, *etiam*, si elle est obligee pour son mary ou pour ses enfans. Ce qui toutesfois se doit dire auec temperament. Comme si le mary qui est homme de mestier ou Estat est prisonnier pour debte, & la femme s'oblige pour luy, elle ne s'aidera du velleien. Car elle doit receuoir proufit de la liberté de son mary pour gaigner leur vie. Ainsi fut iugé par Arrest en plaidant le mardy quinziesme Mars mil cinq cens cinquante & vn, i'y estois present, de mesme si elle s'oblige pour son fils accusé d'homicide à fin qu'il ait moyen de payer l'interest ciuil & faire les frais de la remission. Ou pour le rachepter de prison de guerre, car à cause de son honneur & pieté naturelle, se doit dire que c'est sa cause, aussi bien que de son fils. A quoy sert la raison de la *l. cum is qui. §. si mulier. ff. de condict. indeb.*

Si l'vn des debteurs d'vne rente fonciere admortit la

rente , ceux qui ont part en l'heritage chargé de la rente, peuuent recouurer leur part, en remboursant *pro rata* les deniers de l'admortissement. Touraine, ar. 192. C'est selon la decision du texte, & de la glosse *in l. vlt. §. quatuor. ff. de lega. secund.*

Apres le vin vendu, remply & marqué, le vin demeure aux perils & fortunes de l'achepteur, ores qu'il soit en la puissance du vendeur. Auxerre, art. 142.

Vendeur de cheuaux n'est tenu des vices d'iceux, excepté de morve, pousse, ou courbature, sinon qu'il les ait vendus sains & nets, auquel cas il est tenu des vices apparens & non apparens. Auxerre, art. 151. Bourbonnois, art. 87. & adjouste qu'il en est tenu huict iours apres la tradition. C'est selon l'ancienne ordonnance de la Police de Paris.

Les rentes constituees à moindre prix que du denier quinze, pourueu qu'elles soient au dessus du denier dix, doiuent estre reduictes au denier quinze, & ne seront iugees nulles & illicites. Berry des cens, art. 24. Mais Troyes , art. 58. dit que le franc de rente fonciere & perpetuelle est estimé vingt francs. Et en rente constituee, le franc est estimé dix francs. Anciénemét les rentes constituees estoiét permises au denier dix , comme se void par la coustume de Bourgongne, & par l'ancienne de Niuernois. Encores aujourd'huy sont tolerees en Normandie à ceste raison. Pour l'estimation des heritages au denier vingt, soit notee la *l. Papinianus. §. vnde,* auec le calcul vn peu subtil. *ff. de inofficios. testam.*

Celuy auquel est deferé le serment n'est tenu iurer ny referer, si on ne le veut croire, tant sur la delation, que sur ses responses peremptoires qu'il doit declarer promptement Auuergne, chap. 3. art. 1. Bourbonnois, art 48.

Quand il y a deception d'outre-moitié de iuste prix en la vente d'heritage, auec faculté de rachepter, & le vendeur demeure detenteur de l'heritage, le côtract est reputé nul, & les fruicts perceus par loüage, sont comptez au fort. Cet article peut estre general, pource qu'vn amas de presomption vaut preuue entiere. Qui est la vraye decision de la *l. procula. ff. de probat.* & non pour la restreindre aux trois cas declarez par Bartole. Auuergne, chap. 16. art. 18. Les vsures sont defenduës à tous, ainsi est dit és Capitulaires de Charlemagne, *lib. 1. cap. 5. & lib. 5. cap. 36.* Et par les deux ordonnances du Roy Philippe le Bel, des annees 1311. 1312. & côme l'vsure ouuerte est defenduë, ainsi sont les contracts qui soubs le voile de contract licite, donnant moyen de prendre profits *ad instar* d'vsure. Aussi est defendu d'achepter bleds ou autres denrees à lucre, ains seulement quand la chose venduë est presente. En l'appendice deuxiesme des Capitulaires *post lib.* 4. *nu.* 16. *fol.* 178. & *num.* 25. *fol.* 179 semble pour le general, qu'il n'est pas besoin que la deception soit d'outre moitié, & suffit qu'elle soit notable.

En aucunes prouinces de ce Royaume, la proprieté ne peut estre acquise ny hypotheque constituee sur heritage, sans qu'il y ait realization & ensaisinement ou vestement, par les seigneurs directs, ou par les iuges ordinaires des lieux, auec enregistrement: & y a certaine ceremonie qu'on appelle nantissement ou vest & deuest: & si ladite ceremonie n'est interposee on acquiert seulement droict personnel & non reel. Ainsi se dit en la coustume de Senlis, art. 273. Laon 119. 120. 132. Reims, art. 173. & autres sequens. Ce que dessus n'a lieu en successions par laigs testamentaire, deliuré par l'heritier ou par iustice, en don mutuel, en donation par auancement d'hoirie, ou en faueur de mariage, ny en retraict lignager, ny en franc alleu, ny en hypotheque de biens de tuteurs enuers leurs pupilles, ny de maris enuers leurs femmes. Reims, art. 136. 137. 171. 182. Laon art. 124. Reims, art. 325. Laon, 57.

DES BASTARDS ET AVBAINS.

LE seigneur haut iusticier succede aux bastards decedez pour les biens qui sont en sa terre & seigneurie, quand lesdits bastards decedent sans enfans procreez d'eux en loyal mariage. Niuernois des success. ar. 23. Berry des success. art 29. Meleun, art. 301. Vitry, art. 1. Sens, art. 30. en dit autant, mais y a contredict par le procureur du Roy. Aucunes coustumes conformes à vn ancien arrest de Parlement, ou ordonnance de l'an 13~2. repeté par vn Arrest solemnel du ~. Septembre 1545. contre le sieur de Culant, mettent certaines conditions, auec lesquelles les seigneurs succedent: assauoir que les bastards soient nais & domiciliez en la haute iustice des seigneurs, y soient decedez, & leurs biens y soient assis: cessans lesquels cas le Roy succede. Ainsi dient Laon, art. 4. Reims, art. 335. Touraine, art. 321. Mais Valois, art. 3. dit que le Roy succede aux bastards. Et Bretagne, art. 450. 451. 452. donne la succession des bastards au seigneur moyen iusticier, pourueu qu'il ait obeissance, & les meubles du bastard quelque part qu'ils soient, appartiennent au seigneur iusticier, au territoire duquel le bastard a son domicile, & s'il n'a point de domicile, appartiennent lesdits meubles, au seigneur suzerain, sous lequel le bastard a gaigné ses meubles. Bourgongne, art. ~5. donne les biens du bastard, au Duc de Bourgongne, soient lesdits biens, en lieu de main-morte ou frac, aussi il paye les debtes, & doit le Duc vuider ses mains dans l'an. Et art. ~9. le Duc succede aux immeubles du Prestre bastard, & son Prelat succede aux meubles, cela procede d'vn ancien brocard vsité en France, que les meubles suiuent la personne. Mais les biens sont acquis aux seigneurs hauts iusticiers, à cause de leur iurisdictiõ & territoire, & les Prelats, à cause de leur iustice Ecclesiastique n'ont aucun territoire, soit veu au fol. 42. Et ar. 76. si les enfans legitimes du bastard decedent sans enfans, le Duc prend les heritages,& les heritiers collateraux les autres biens. Bretagne art. 456. dit si le bastard delaisse des enfans bastards, qui n'ayent moyen , ils doiuent estre pourueus sur les biens du pere.

Bastards peuuent se marier. Et les enfans procreez d'eux, en mariage leur succedent. Aussi ils succedent à leurs enfans legitimes. Niuernois des successions, article 22. Orleans, article 311. Auuergne, chap. 12. art. 11. Meleun, article 300. Laon , article 5. Reims, article 337. Sens, article 29. Bourbonnois , article 186. 187. Senlis, article 172. Troyes, article 117. Blois 146. Bretagne, article 459. Mais Auxerre, article 32. dit que les peres ne succedent à leurs enfans , sinon en meubles &conquests;& peuuent succeder aux propres, à l'exclusion du fisque. Et Bourbonnois , art. 187. dit que si l'enfant du bastard decede sans pere ny frere , le seigneur hault iusticier succede , pour la moitié des meubles &conquests. Et les parens maternels pour l'autre moitié (soit noté que par ladite coustume, les meubles & côquests ne vont au plus prochain, mais se departent aux deux lignes(Touraine , art. 320. dit que la succession du bastard se depart roturierement.

Bastards , de quelque qualité qu'ils soient, ne succedent point à leurs parens en ligne directe ou collaterale (sinon ainsi que dit est à leurs enfans legitimes) Niuernois des successions, article 22. Sens, article 31. Orleans, article 310. Auuergne chapitre 12. article 10. Bretagne, article 454. Bourgongne, article 77. Meleun, article 297. qui adiouste que le bastard peut receuoir donation entre vifs, ou par testament de pere mere & parens, pourueu que le don ne soit immense. Et Poictou , article 297. dit que pere & mere peuuent faire donation au bastard , pour son entretenement selon son estat. Bourbonnois, article 185. dit que bastard ne succede *ab intestato*, ne par testament. Auuergne chapitre 14. article 47. permet de donner tant qu'on veut au bastard, qui se marie en faueur de mariage, sauue la legitime aux autres enfans. Touraine, art. 242. permet de donner au bastard entre vifs, ou par testament le quart des

acquests

acquefts à vie, & tous meubles à perpetuité. Le droict Romain, en la nouuelle authentique. *licet. C. de natural. lib.* permet donner au baftard par fon pere, tant qu'il veut, quand le pere n'a aucuns enfans legitimes, furquoy on allegue diuerfité d'Arrefts: mais ie croy quand c'eft vn baftard qui n'eft pas nay de conjonction inceftueufe ou puniffable, & qu'il n'y a point d'enfans legitimes, que ladite authentique peut auoir lieu. S'il eft baftard nay de conjonction puniffable, les pere & mere ne luy puiffent donner, finon pour fes alimés, pour luy faire apprendre meftier ou fciéce, & fi c'eft vne fille, pour la doter, & non plus auant, felon le temperament mis par les Canoniftes *in cap. cum haberet. extra de eo qui dixit in matri. quam polluit per adult.* qui limite l'Auth. *ex complexu. C. de inceft. nupt.* Et nous l'obferuons ainfi en France.

Baftards peuuent acquerir toutes fortes de biens, & peuuent auffi difpofer de leurs biens entre vifs, & par derniere volonté. Niuernois des fucceffions, article 24. (mais des fiefs, article 20. ne peut tenir fiefs, fans congé du feigneur feodal) Laon, article 5. Sens, article 28. Auxerre, article 31. Berry des fucceffions, article 30. Orleans, article 311. Touraine, article 245. felon que les legitimes peuuent difpofer. Meleun, article 299. Reims article 336. Mais Bourbonnois leur permet feulement difpofer entre vifs, art. 184. Bretag. art. 455. dit qu'ils peuuent donner par teftament leurs meubles, finon que ce fuft en fraude du feigneur.

Les baftards peuuent eftre legitimez par refcript du Roy, ou par mariage fequent. Celuy qui eft legitimé par mariage fequent fuccede comme legitime. Niuernois des fiefs, article 20. Auxerre, art. 33. Sens art. 92. & adioufte, pourueu que le baftard foit nay *ex foluto & foluta*, & qu'il fuccede à toutes fortes de parens, *etiam* auec les enfans nais depuis le mariage. Troyes, art. 108. auec la limitation de Sens. Cela eft general en France, pourueu que les pere & mere, lors de leur conjonction fuffent en liberté de pouuoir s'efpoufer, autrement le mariage fequent ne feroit la legitimation, *cap. tanta. extra, qui filij funt legit.* il eft requis que le pere euft la mere en fa compagnie, comme

Z z

est vne femme mariee, sauf la dignité & Sacrement, & qu'elle ne s'abandonnast a autre, *dict.l auth.licet*, *& l. cum quis.C.l. natural.lib.*

Aubains sont estrangers nais hors le Royaume, & quãd ils decedent, leurs biens appartiennent au Roy. Sinon qu'ils ayent esté naturalisez, ou que les hauts iusticiers, ayent priuilege de leur succeder. Meleun, art.5. Laon, article 10. Reims, article 342. Poictou article 398. Mais Bourbonnois, article 188. dit que la succession des aubains, appartient au Duc de Bourbonnois. Aubains peuuent acquerir biens en ce Royaume, & disposer d'iceux entre vifs. Et pour cause de mort moderémēt pour leurs exeques. Laon, article 8.9. Reims, article 340. 341. Sens artic. 91. dit qu'vn estranger demeurant hors du Royaume, ne succede à son parent regnicole, natif en ce Royaume: mais luy succedent les autres parens natifs en ce Royaume, & y demourans, ores qu'ils ne soient si proches. Vitry, article septante deux, dit qu'en Noblesse ne gist espauité, c'est à dire aubainage, pource que les nobles estrangers succedent à leurs parens, au Royaume.

SAISINE.

Omplaintes n'ont lieu pour chose mobiliaire seule. Mais quãd le meuble vient en cõsequēce de l'immeuble, par vn droict & moyen, comme d'vne maison, en laquelle sont meubles, ou en cas de succession de meubles, ou si en la iustice d'autruy est pris aucun meuble, dont il fust troublé en sa iurisdiction. La complainte en ce cas a lieu. Poictou, art. 401. Sens, art. 117. Bourbonnois, art 91. Orleans, art. 489. Auuergne, ch. 2. art 8. dit simplement que complainte n'a lieu pour meubles. Faut excepter *nisi fundo, vel rei immobili accedant. l. 1. §. plane. l. 3. §. consequenter. ff. de vi, & vi arm.tta.*

Celuy auquel le debuoir annuel a esté payé, demeure en possession & saisine, contre celuy qui a payé, iusques à ce qu'il y ait contradiction : ores que le debteur eust cessé par

long temps, au dessous de trente ans. Bourbonnois, art. 92.
Io.Fab.§.*retinende,inftit.de interdict.* dit que la seule cessation
de payement ne cause pas trouble de possession, dont s'ensuit que le seigneur conserue, & retient sa possession *animo*,
tant qu'elle ne luy est point contredicte.

Le proprietaire demeure possesseur, tant de temps qu'il
est payé par son colon, iaçoit que ledit colon ait voulu in-
teruertir, pourueu qu'il intête sa côplainte, dedãs l'an apres
le bail finy. Meleũ, ar. 168. Voyez la *l.derniere.C.de acq. poss.*

Iouyssance & exploicts faicts en choses cachees & la-
tentes, qui ne ce peuuent facilement cognoistre ne acquierent possession. Blois, art. 116. Ainsi se dict és choses dont
l'exercice & iouyssance n'est pas quotidiéne ny apparente
à tous, par la raison de la *l.quinis saltus.l.peregre.f.de acq.poss.*

CHAPTELS DE BESTES.

L A coustume de Niuernois traicte abõ-
damment de ceste matiere, pource que
le principal mesnage des champs est en
nourriture de bestail. Dõcques elle dit
que toutes sortes de bestes peuuết estre
baillees à chaptel, pour le prix dont les
parties sõt d'accord par le bail, Niuern.
des chaptels, art. 1. Le preneur de bestail doit garde nourriture & traittement au bestail. Et s'il y a perte par sa faute, il
en est tenu seul. Niuern.art. 2.3. Berry des cheptels, art. 4. Si
aucunes bestes meurent, ou autrement deperissent sans la
faute du preneur, il faut attendre que le reste des bestes
puisse refaire le cheptel, *quia ex agnatis supplendus est grex. l.*
vetus.cum legib.seq.ff.de vsuf. Sed si totus grex perierit per incur-
sum hostium, vel vim maiorem sine culpa: chacun perd ce qu'il
a au trouppeau, assauoir le bailleur son cheptel, & la moitié du profit, & le preneur, l'autre moitié du profit, & n'est
tenu le Preneur de satisfaire du chaptel en tout ou par-
tie. *Quia cuique res sua perit, & pro ea parte, & eo iure quo sua est.l.*

pignus. C. de pignorati. Le peril & la perte du beſtail eſt en commun comme eſt le croiſt, & le profit commun. Toutesfois les greſſes, labeurs & laictages appartiennent au preneur. Niuernois, art. 3. 4. Bourbonnois, art. 554. dit que le bailleur & le preneur ſont tenus par moitié de la deterioration & perte, ſinon qu'elle ſoit aduenuë par la faute du preneur. Berry des cheptels, art. 11. dit que la paction eſt nulle & illicite, s'il eſt dit que le peril ſera entierement ſur le preneur, & article 12. iaçoit que les beſtes ſuiſent baillees à moiſon & penſion annuelle. Le bailleur peut exiguer & priſer le beſtail, depuis le dixieſme iour, auant la natiuité ſainct Iean, iuſques audit iour. Et le preneur dix iours auant la feſte S. Martin. Niuernois artic 9. Berry, des chaptels art. 1. dict que le bailleur, & le preneur ne peuuent exiguer deuant trois ans, à compter du bail art. 2. & ſi le beſtail eſt à moytié, deuant cinq ans.

Apres que le bailleur a priſé, le preneur a dix iours pour retenir ou laiſſer: & ſi le preneur priſe, le bailleur a ſemblable temps. Niuernois art. 10. Berry des cheptels art. 3. dict que celuy qui priſe doit payer comptant, ſi les beſtes luy demeurent, & ſi elles demeurent à celuy qui n'a pas priſé, il a huictaine pour payer. Bour. art. 553. Ne baille que 8. iours apres le priſage: mais charge le preneur de bailler caution du prix, autremét les beſtes ſeront miſe en main tierce.

S'il y a conuenance par laquelle il y ait inequalité de proufit ou dommage elle eſt vſuraire. Niuernois, article 15. Bour. art. 555. Berry, de cheptels art. 11. met vne exemple s'il eſt dict que les beſtes ſeront entierememét au peril du preneur, & qu'il ſera tenu du cas fortuit, la paction eſt illicite.

Si le preneur vend, ou laiſſe par execution ſur luy faicte vendre le beſtail, ou autrement le laiſſe emmener, le bailleur peut le ſuiure & vendiquer. Et luy ſera faicte prouiſion en faiſant apparoir du bail, & baillant caution. Niuernois, des cheptels art. 16. Berry, des cheptels art. 7. 8. 10.

F I N.

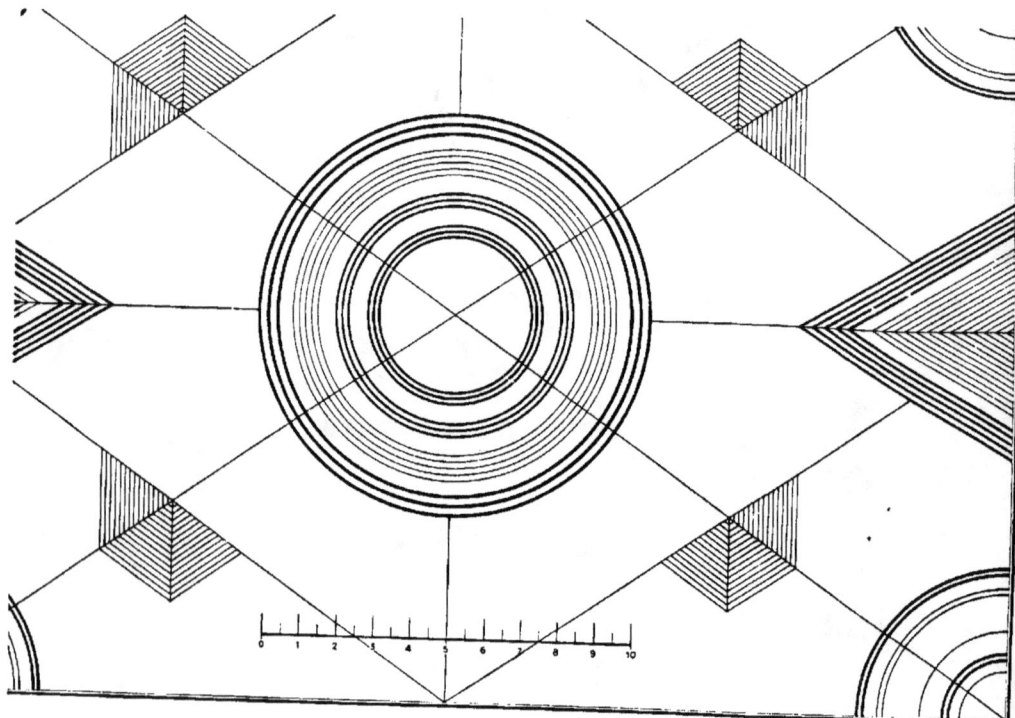

SERVICE PHOTOGRAPHIQUE